"十三五"国家重点出版物出版规划项目
面向可持续发展的土建类工程教育丛书
普通高等教育工程造价类专业"十三五"系列教材

项目可行性研究与评估

第2版

主　编　高　华
副主编　李丽红　段继效
参　编　姜　琳　娄黎星　朱俊文
主　审　吴佐民　竹隰生

U0361635

机 械 工 业 出 版 社

本书在第 1 版的基础上，根据国内外经济形势的变化，依据国家相关政策法规、标准规范，对相关内容进行了修订和完善，以满足教学要求。

本书共 13 章，内容包括导论、项目方案的经济比选、投资项目的概况和必要性分析、市场研究、项目生产规模的确定及生产条件分析、项目厂址选择分析、项目技术条件及工程方案的选择、投资估算及资金筹措方案、项目财务分析及评价、建设项目经济费用和经济效益分析及评价、项目社会评价、项目环境影响评价及安全评价、项目的不确定性及风险分析。

本书主要章节均列举了实际案例，有利于训练和培养学生独立编写项目可行性研究报告或项目评估报告的能力。

本书可作为高等院校工程管理、工程造价、项目管理、财务管理等专业的教材，也可供相关领域从业人员参考使用。

本书配有 PPT 电子课件和章后习题参考答案，免费提供给选用本书作为教材的授课教师，需要者请登录机械工业出版社教育服务网（www.cmpedu.com）注册后下载。

图书在版编目（CIP）数据

项目可行性研究与评估/高华主编 . —2 版 . —北京：机械工业出版社，2019.2（2025.2 重印）

普通高等教育工程造价类专业"十三五"系列教材　"十三五"国家重点出版物出版规划项目

ISBN 978-7-111-61845-4

Ⅰ.①项…　Ⅱ.①高…　Ⅲ.①基本建设项目 – 可行性研究 – 高等学校 – 教材②基本建设项目 – 项目评价 – 高等学校 – 教材　Ⅳ.①F282

中国版本图书馆 CIP 数据核字（2019）第 011399 号

机械工业出版社（北京市百万庄大街 22 号　邮政编码 100037）
策划编辑：刘　涛　责任编辑：刘　涛　刘　静　商红云
责任校对：郑　婕　封面设计：马精明
责任印制：单爱军
保定市中画美凯印刷有限公司印刷
2025 年 2 月第 2 版第 11 次印刷
184mm×260mm · 22.75 印张 · 555 千字
标准书号：ISBN 978-7-111-61845-4
定价：69.80 元

电话服务　　　　　　　网络服务
客服电话：010 - 88361066　机　工　官　网：www.cmpbook.com
　　　　　010 - 88379833　机　工　官　博：weibo.com/cmp1952
　　　　　010 - 68326294　金　书　网：www.golden-book.com
封底无防伪标均为盗版　机工教育服务网：www.cmpedu.com

第2版前言

本教材是在 2014 年出版的《项目可行性研究与评估》基础上，针对高等院校使用者的需求和国内外经济形势的变化进行了修订和完善，在此特别感谢机械工业出版社的编辑刘涛老师及安徽财经大学、东北电力大学、东北林业大学、昆明理工大学城市学院、洛阳理工学院等使用本教材的教师，感谢他们提出的宝贵建议。

本次修订依然**突出实践性和应用性，尽力做到理论和实际结合，增加更多的案例分析。**在项目方案的经济比选、项目厂址选择、投资估算和资金筹措、财务评价、经济费用效益分析、社会评价、环境影响评价、不确定性分析和风险分析等章节，讲述理论方法之后，加入实际例题强化训练；对于重要章节，比如投资估算及资金筹措方案、财务分析、经济费用效益分析及评价、社会评价、环境影响评价等章节加入了综合案例分析，增加学生对理论的综合运用能力，凸显教材的实用性。通过理论和实际的结合，训练学生独立编写项目可行性研究报告或项目评估报告的能力。另外，本教材各章后面附有习题，为学生复习和巩固所学知识提供了便利条件。

此外，本教材有机融入了"守正创新"等党的二十大精神，各章节遵循项目可行性研究和评估的本质内涵，并结合我国国情增补了相关内容，例如，增加了 PPP 项目评估的内容，凸显中国特色。

修订后本教材共 13 章，与第 1 版相比增加了两章：一是增加了第 2 章项目方案的经济比选，虽然项目方案比选的方法在工程经济学或技术经济学教材中都有涉及，但为保证知识和理论的完整性，本次修订将其纳入，如果学生已经学过，为避免重复，此章可不必讲解，让学生自行复习即可；二是鉴于环境影响评价的重要性，将原来的项目社会评价和环境评价拆分，各设立一章，并在环境影响评价中增加了安全评价的内容。修订后的教材体系更合理，理论框架更系统、更全面，教师可根据本课程设置的学分自行选择讲解的内容。各章的具体变化见下表。

本教材修订的章节说明

各章名称	修订的主要内容
第1章 导论	增加了项目投资决策的程序及行政许可制度
第2章 项目方案的经济比选	新增章节，介绍了项目方案比选的评价指标和方法
第3章 投资项目的概况和必要性分析	主要增加了项目建设必要性分析的案例
第4章 市场研究	主要对原来案例进行了修订
第5章 项目生产规模的确定及生产条件分析	将生产条件分析纳入此章，增加了节水节能分析和原材料、燃料、动力供应方案的比选
第6章 项目厂址选择分析	主要增加了地质灾害危险性评价内容
第7章 项目技术条件及工程方案选择	将原来项目技术选择与评价的内容单列为一章，增加了总图布置方案及比选和配套工程方案的内容

（续）

各 章 名 称	修订的主要内容
第8章 投资估算及资金筹措方案	增加了资金成本分析及融资方案分析的比较资金成本法、每股利润无差别点分析方法
第9章 项目财务分析及评价	增加了PPP融资模式财务分析的主要内容，并依据2016年"营改增"政策对税金内容进行了修订，综合案例分析中按新政策修订，并给出了PPP融资分析案例
第10章 建设项目经济费用效益分析及评价	增加了公路项目经济费用效益分析方法
第11章 项目社会评价	增加了社会评价方法的系统性介绍以及社会评价报告的编写
第12章 项目环境影响评价及安全评价	增加了环境影响评价的主要方法、安全评价的相关内容和案例分析
第13章 项目的不确定性及风险分析	增加了风险程度等级的分类和风险管理的流程

　　本教材的主编为天津理工大学管理学院的高华教授，负责全书的统稿、校正工作，副主编为沈阳建筑大学管理学院的李丽红教授和天津理工大学的段继效讲师，参编人员有天津城建大学经济与管理学院的姜琳副教授及天津理工大学管理学院的娄黎星和朱俊文讲师，这些编写者具备良好的学科专业知识，都是讲授此课程或相关课程的教师，保证了本教材的编写质量。此外，高华教授的研究生孙琳镐、陈龙、陈清清和张璇参加了本书的编写、格式调整、例题及案例的复查计算工作。具体分工如下：第1章由段继效和高华合编，第2章由孙琳镐编写，第3章由陈龙编写，第4章由朱俊文编写，第5章和第10章由高华编写，第6章和第7章由姜琳编写，第8章由李丽红编写，第9章由李丽红和高华合编，第11章由陈清清编写，第12章由张璇编写，第13章由娄黎星编写。

　　本教材主审是中国建设工程造价管理协会的吴佐民博士和重庆大学竹隰生教授，他们对本教材提出了许多中肯的建议及修改意见，为他们的付出表示感谢。此外，本书教材的出版得到了天津高等学校创新团队建设规划项目（TD13-5018）的支持。

　　在本教材的编写过程中，参阅了国内外相关的多本教材和有关著作，在此向所有参考文献的作者表示感谢。由于时间和水平有限，本教材难免存在着不足和缺陷，望读者批评和指正。

编　者

第1版前言

本教材的主编自2006年开始为工程硕士讲授"项目可行性研究"课程，发现在教学过程中很难找到一本合适的教材，于是从2008年起就打算编写一本工程管理、工程造价、项目管理、财务管理等专业的本科生和研究生都适用的教材。恰逢2009年全国普通高等院校工程造价专业扬州会议与机械工业出版社联合出版全国普通高等院校工程造价专业规划教材，为本教材的写作和出版提供了机会，在此特别感谢中国建设工程造价管理协会及机械工业出版社。

针对现有项目可行性研究与评估类教材的理论性强、应用和实践内容较少的特点，本教材突出实践性和应用性，尽力做到理论和实际结合，增加了较多的案例分析。在主要章节，比如市场研究、项目选址、投资估算和资金筹措、财务评价、经济评价、社会评价、环境评价、风险分析和不确定性分析等章节，在讲述理论方法之后，加入实际案例，增强教材的实用性。通过理论和实际的结合，训练学生独立编写项目可行性研究报告或项目评估报告的能力。为避免重复，本教材删除了项目方案比选法，因为这些方法在工程经济学或技术经济学教材都有涉及。另外，本教材各章后面附有习题，为学生复习和巩固所学知识提供便利。

本教材共11章，包括导论、投资项目的概况和必要性分析、市场研究、项目生产规模的确定及技术选择、建设地区和厂址选择分析、项目建设和生产条件分析、投资估算及资金筹措方案、项目财务分析及评价、建设项目经济费用效益分析及评价、社会评价与环境影响评价以及项目的不确定性及风险分析。

本教材主要由四位教师编写，主编为天津理工大学管理学院的高华副教授，副主编为沈阳建筑大学管理学院的李丽红副教授，参编人员还有天津城建大学经济与管理学院的姜琳副教授及天津理工大学管理学院的娄黎星讲师，这些编写者都是博士毕业，具备良好的学科专业知识。具体分工如下：

高华：前言、第2章、第3章、第4章、第8章、第9章；姜琳：第1章、第5章、第6章；李丽红：第7章；娄黎星：第11章。

同时，齐浩参与了第2章、第3章的编写工作，独立执笔编写了第10章，并进行了全书的格式调整和案例的复查计算。

本教材主审是中国建设工程造价管理协会的秘书长吴佐民博士和重庆大学竹隰生副院长，他们为本教材提出了许多中肯建议及修改意见，为他们的付出表示感谢。

本教材得到了天津理工大学教务处教材编写计划的资助，在此一并感谢。

在本教材的编写过程中，参阅了国内外相关的多本教材和有关著作，在此向所有参考文献的作者表示感谢。由于时间和水平有限，本教材难免存在着不足和缺陷，望读者批评和指正。

编　者

2014年

目　　录

1

1.1 投资概述

1.1.1 投资的含义及分类

1. 投资的含义

投资作为一种经济行为有许多含义。当一个人把现金存到银行做定期储蓄或购买大额存单时，他的行为是投资；当一个人购买股票、债券和投资基金时，他是在投资；当一个人将资金投向房地产市场购买住房时，其行为是投资；当一个人购买古董时，他在投资；当一个人出资办厂时，这种行为也是投资；当一个人为未来进行职业规划，进行各种技能的培养和学习时，他的行为是教育投资；当企业利用未分配利润扩大生产规模时，企业的行为是投资。那么，究竟什么是投资？从上述各类投资行为现象，可以看出投资者共同的本质行为是根据自身的偏好，延迟现期的消费，将节约的资本投向某种资产，以期未来获得一定的收益。当然，从不同角度来看，人们对投资内涵的理解还存在一定的差异。

（1）从投资和消费的关系着眼来界定投资　威廉·F. 夏普将投资定义为：为了（可能不确定的）将来的消费（价值）而牺牲现在一定的消费（价值）[The sacrifice of certain present value for（possibly uncertain）future consumption（future value）]。他认为，从广义上讲，投资是为未来收入货币而奉献当期的货币。投资一般具有两点特征：时间和风险。风险是当期发生的、确定的，如果有回报的话，也是以后才有，而且数量是不确定的。有时，时间因素是主要的，如政府债券；有时，风险因素是主要的，如普通股的买进期权；有时，两者都是重要的，如普通股。

（2）从资本的形成过程来界定投资　如《简明不列颠百科全书》对投资的定义为："投资是指在一定时期内期望在未来能产生收益而将当前收入变换为资产的过程。""如从个体的观点来看，投资可分为生产资料投资和纯金融投资。就个体而言，二者均对投资者提供货币报酬。但就整体而论，纯金融投资仅表现为所有权的转移，并不构成生产能力的增加；生产资料投资能增加一国经济生产的能力，它是反映经济增长的因素。"再如沃纳·西奇尔在《微观经济学——基本经济学概念》中的定义："投资是资本货物的购买（The purchase of capital goods）"。

（3）从宏观经济分析的角度来界定投资 保罗·萨缪尔森在其《经济学》中认为："对于经济学者而言，投资的意义总是实际的资本形成——增加存货的生产，或新工厂、房屋和工具的生产……只有当物质资本形成生产时，才有投资。"夏皮洛在其《宏观经济分析》中认为："投资在国民收入分析中只有一个意义——该经济在任何时期以新的建筑物、新的生产耐用设备和存货变动等形式表现的那一部分产量的价值。"

（4）从投资包含的范围将投资分为广义投资和狭义投资 如 G. M. Dowrie 和 D. R. Fuller 在其《投资学》中定义："广义的投资是指以获利为目的的资本使用，包括购买股票和债券，也包括运用资金以建筑厂房、购置设备、原材料等从事扩大生产流通事业；狭义的投资指投资人购买各种证券，包括政府公债、公司股票、公司债券、金融债券等。"

这里借用王立国教授的观点，给出投资的含义。投资是指经济主体为未来获得收益而现时投入生产要素（包括货币资金、人力资本、实物资本、无形资产等要素），以形成资产的一种经济活动。该定义包含以下几个方面的内容：

（1）投资是由投资主体进行的一种有意识的经济活动 任何一项投资都是由自然人或法人这些投资主体组织的经济活动，具有主观能动性。

（2）投资的最终目的是为了获得一定的预期效益 由于人类可利用的资源的有限性，任何一项投资活动都是为了获得一定收益，包括财务效益、经济效益和社会效益，尽可能以较少的投入换取较多的产出，实现资源的最佳配置。

（3）投资投入的资本是生产要素 投资要在未来获得回报，必须先要投入一定的资本，包括货币资金，机器设备、厂房、土地、原材料等实物资产，人力资本及专利权、特许经营权等无形资产。这些资本属于生产要素，最终经资产评估后，以货币表示为一定数量的资金投入。

（4）投资具有一定的期限性 投资的目标是未来的预期获利，所有投资从开始到结束都要经过一段时间，不论时间长短，都具有一定的期限性。

（5）投资具有风险性 由于社会经济生活存在不可预见性，任何投资的预期收益都是不确定的，未来可能获得高额回报，也可能遭受巨大损失，风险显而易见。

2. 投资的分类

（1）按投入行为的直接程度不同划分为直接投资和间接投资 直接投资是指投资者将货币资金、实物资产以及无形资产作为项目资本金直接投入投资项目，或者购买现有企业的投资，获得一定的经营权。直接投资的主要形式有：①投资者开办独资企业；②投资者与其他个人或企业合资或合作，获得直接经营企业的权利，参与企业管理；③投资者投入资本，不参与经营，必要时派人任顾问或指导；④投资者在股票市场上购买现有企业一定数量的股票，通过股权获得部分或全部经营权，从而达到收购企业的目的。间接投资是指投资者以货币资金购买公司债券、金融债券、股票等有价证券，以期获得一定收益的投资。间接投资的目的不是获得企业经营权或参与企业管理，而是将闲置不用的资金购买有价证券，以期获得一定的投资收益。因此，间接投资一般也称为证券投资。

（2）按投入形式不同划分为实物资产投资和金融资产投资 实物投资总是与实际资产有关。实物资产是用于生产产品和劳务的资产，是创造收入的资产。一个社会的物质财富最终取决于该社会的生产能力，这种生产能力是社会中的实物资产的函数，包括土地、建筑物、知识、机械设备和技术工人。金融投资离不开合约，如普通股、债券等。金融投资不能增加全社会资本存量，因为甲方的投资必然伴随乙方的负投资。金融资产是收入或财富在投资者之间的配置凭证，是不创造收入的资产，但对实物资产创造的收入有要求权。

（3）按投资用途的不同划分为生产性投资和非生产性投资　生产性投资是指投入到生产、建设等物质生产领域中的投资，其直接成果是货币转化为生产性资产。非生产性投资是指投入到非物质生产领域中的投资，其成果是货币转化为非生产性资产，主要用于满足人民的物质文化生活需要。

（4）按形成资产性质的不同划分为固定资产投资、无形资产投资和流动资产投资　固定资产是指在社会再生产过程中，可供较长时间反复使用，并在其使用过程中基本不改变其原有实物形态的劳动资料和其他物质资料。用于建设和形成固定资产的投资称为固定资产投资。无形资产是指能长期为使用者发挥作用但不具备实物形态的资产，如土地使用权、专利权、非专利技术、商标权、商誉等。用于构建无形资产的投资称为无形资产投资。流动资产是指在企业的生产经营过程中，经常改变其存在状态的资金运用项目。用于流动资产的投资称为流动资产投资。

本书所讲述的投资是指实物资产的投资，实物资产投资决策阶段进行的可行性研究与评估，不涉及证券投资。

1.1.2　投资项目

1. 投资项目的概念

按照世界银行的解释，投资项目是指在规定的期限内，为完成一项（或一组）开发目标而规划的投资、政策、机构以及其他各方面投入的综合体。大部分项目都属于投资项目，本书若没有特殊解释，投资项目简称为项目。

2. 投资项目的类型

投资项目种类繁多，可按照不同的标准、从不同的角度对其进行分类。

（1）根据项目的性质不同，可划分为基本建设项目和更新改造项目

1）基本建设项目。简称为建设项目，它是指通过增加生产要素的投入，以扩大生产能力或工程效益为目的的投资项目。建设项目又可划分为新建项目、扩建项目、改建项目、恢复项目和迁建项目等不同的类型。

① 新建项目。是指原来没有、现在开始建设的项目，或对原有的规模较小的项目扩大建设规模，其新增固定资产价值超过原有固定资产价值 3 倍以上的建设项目。

② 扩建项目。是指为了扩大原有主要产品的生产能力或增加经济效益，在原有固定资产的基础上，增建一些车间、生产线或分厂的项目。

③ 改建项目。是指为了改进产品质量或改进产品方向，对原有固定资产进行整体性技术改造的项目。此外，为提高综合生产能力，增加一些附属辅助车间或非生产性工程，也属于改建项目。

④ 恢复项目。是指对因重大自然灾害或战争而遭受破坏的固定资产，按原规模重新建设或在重建的同时进行扩建的项目。

⑤ 迁建项目。是指因调整生产力布局或环境保护的需要，将原有单位迁至异地重建的项目，不论其是否维持原来规模，均称为迁建项目。

2）更新改造项目。是指以新的设备、厂房、建筑物或其他设施替换原有的部分，或以

新技术对原有的技术装备进行改造的投资项目。建设项目与更新改造项目的主要区别在于:前者主要是固定资产的外延扩大再生产,后者主要是固定资产的简单再生产和以内涵为主的扩大再生产。

(2) 根据项目的用途不同,可划分为生产性投资项目和非生产性投资项目

1) 生产性投资项目。是指直接用于物质生产或满足物质生产需要的建设项目,包括工业、农业、林业、水利、气象、交通运输、邮电通信、商业和物资供应设施建设、地质资源勘探建设等。

2) 非生产性投资项目。是指用于人们物质和文化生活需要的建设项目,包括住宅建设、文教卫生建设、公用事业设施建设、科学实验研究以及其他非生产性建设项目。

(3) 根据项目的资金来源不同,可划分为政府投资项目和企业投资项目

1) 政府投资项目。是指政府直接投资兴建和政府注入了资本金的投资项目。

2) 企业投资项目。是指企业直接投资兴建的项目,包括企业使用政府补助、转贷、贴息投资建设的项目。

(4) 根据项目产品性质和行业不同,可划分为竞争性投资项目、基础性投资项目和公益性投资项目

1) 竞争性投资项目。是指项目所属的行业基本不存在进入与退出障碍,行业内存在众多企业,各企业产品基本具有同质性和可分性,项目以追求利润最大化为目标,如加工工业项目、商业项目和服务业项目等。

2) 基础性投资项目。是指投资的目的是为其他产业的发展提供基本生产资料和生产条件的基础产业项目,包括农业项目、基础工业项目和基础设施项目。

3) 公益性投资项目。是指投资的目的是为满足社会公众需要的项目。公益性投资项目又可分为两类:一类是免费供社会公众消费的项目,如城市道路、公园和社会安全等投资项目;另一类是有偿供社会公众消费的项目,如公立学校、文化设施和新闻传播等投资项目。

(5) 按政府管理权限不同,可划分为实行审批制、核准制、备案制项目

1) 审批制。对于采用直接投资和资本金注入方式的政府投资工程,政府需要从投资决策的角度审批项目建议书、可行性研究报告、初步设计、概算。对于采用投资补助、转贷和贷款贴息方式的政府投资工程,则只审批资金申请报告。政府投资工程一般经过评估论证,特别重大的应实行专家评议制度。国家将逐步实行政府投资工程公示制度。非政府投资工程实行核准制或登记备案制。

2) 核准制。企业投资建设《政府核准的投资项目目录》中的项目时,仅需向政府提交项目申请报告,不再经过批准项目建议书、可行性研究报告和开工报告的程序。

3) 备案制。对于《政府核准的投资项目目录》以外的企业投资项目,实行备案制。除国家另有规定外,由企业按照属地原则向地方政府投资主管部门备案。

3. 项目投资决策

(1) 项目投资决策的含义 投资是利用资源的一种重要方式,怎样在投资活动中充分利用有限的资源就成为投资者首先关心的问题。一方面,投资者要审慎地选择项目,以达到最佳资源配置,使生产最有效率。从另一方面讲,进行投资不但需要热情,而且需要冷静的头脑。投资者应当在拟建项目之前进行科学的分析论证,分析该项投资能给投资者带来什么好处,给整个社会经济带来什么影响,在权衡利弊的基础上决定是否实施该项投资。另外,

投资项目不但具有效益性、长期性和不可逆性的特点，而且在未来具有很大的不确定性，投资者能否取得预期的利润取决于未来社会经济发展的条件、环境和趋势等，所有的投资都建立在对未来收益的预测上。这就需要投资者和资金的供给者在拟建项目之前进行科学的投资决策，充分估计未来的不确定性，使一定的投入取得最佳的回报。**项目投资决策就是指根据预期的投资目标，拟定若干个有价值的投资方案，并用科学的方法或工具对这些方案进行分析、比较和遴选，以确定最佳实施方案的过程。**

（2）项目投资决策的分类　按照不同投资者的角度可将项目决策分为以下几类。

① 企业投资项目决策。企业（包括个人投资者兴办企业）投资项目决策是指企业根据总体发展战略、自身资源条件、在竞争中的地位以及项目产品所处的生命周期阶段等因素，以获得经济效益、社会效益和提升持续发展能力为目标，做出是否投资建设项目的决定。

② 政府投资项目决策。政府投资项目决策是指政府有关投资部门根据经济和社会发展的需要，以满足社会公共需求，促进经济、社会、环境可持续发展为目标，做出政府是否投资建设项目的决定。

③ 金融机构贷款决策。金融机构贷款决策是指银行等金融机构遵照"独立审贷、自主决策、自担风险"的原则，依据申请贷款的项目法人单位的信用水平、经营管理能力、还贷能力以及项目的盈利能力，做出是否贷款的决定。

（3）项目投资决策的工作内容

1）一般投资决策的工作内容。

① 调查研究，收集信息，提出问题，并在此基础上**确定预期目标**。一般来讲，投资项目是投资者在充分调研和分析的基础上提出的。政府为了充分发挥其经济职能，必然要投资于项目建设，而一项投资总是为实现一定的目的服务的，或是为了更多地提供公共产品，满足社会需求；或是为了充分发挥城市的功能；或是为了消除外部不经济性和垄断等。同样，对于企业来说，无论是老企业还是新建企业，为了自身的生存和发展，也要进行项目投资，而一项投资也是为一定的目的服务的。

企业投资的主要目的有：A. 高科技成果的商品化和产业化；B. 扩大市场份额，提高市场竞争力；C. 扩大生产规模，实现规模经济；D. 开发与企业目前正在生产的产品相关的产品（如上游和下游产品），实现范围经济；E. 平衡企业的生产能力，增加产量；F. 进行产品的更新换代，保持市场占有率；实施进口替代战略服务；G. 把资源优势转化为经济优势等。

② 根据宏观环境和现有条件**拟定若干个有价值的方案**。一般来讲，要达到预期目标，可能存在诸多可实施的方案。投资者或受投资者委托的中介咨询机构可根据预期的目标和现有的市场、技术、资源、条件等因素，拟定若干个有价值的方案。所谓有价值的方案，是强调拟定的方案要具有可实施性。在拟定方案时，可能只有实施和不实施两个方案（后者称为"零方案"），也可能是若干个实施方案和不实施方案。这里需要牢记：不实施方案本身也是一个有价值的方案。

③ **对拟定的方案进行分析、比较，遴选出最满意的实施方案。**拟定出一系列有价值的方案以后，还要用科学的方法对这些方案进行全面的分析、比较，遴选出最能使投资者满意的方案。所谓科学的方法是指可行性研究和项目评估，它们都是投资决策的重要手段和工具。对于政府投资的项目，可主要进行经济分析，遴选出既可以保证项目的可持续性，又有

利于政府财政和利益相关者的可实施方案。对于企业投资的项目，可以利用可行性研究和项目评估对这些方案的市场、规模、建设条件、生产条件、技术工艺、财务效益以及经济效益等进行分析、比较，遴选出具体实施的方案。所谓投资者满意的方案是指在各个方面都基本满足投资者要求的方案。实施一项投资项目，需要满足各方面的条件，项目可行与否取决于诸多方面的因素。从某一个方面看，实施某方案可能是最佳的，但从另一方面看，这个方案却可能是次佳方案，甚至是不可行的，所以，几乎不存在从各个方面看都是最佳的方案，所选择的方案只能是使投资者最满意的方案。

④ 确定实施计划，提出合理化的建议。确定了实施方案以后就要制订实施计划，或是细化可行性研究和项目评估中的实施计划；或是修改实施计划；或是根据论证的结果重新制订实施计划。之所以要提出合理化建议，是因为在项目实施中，不是所有的条件都能满足要求，需要有关部门或有关人员为项目的顺利实施提出建议，使项目按照预期的目标和时间竣工投入使用，发挥应有的效益。

2）国际金融机构的项目投资决策内容。各个国家和国际组织对项目投资决策程序都有自己的规定。世界银行和一些地区性的开发银行如亚洲开发银行、非洲开发银行等的项目决策内容如下：①明确问题和目标；②研究项目的背景；③搜集有关信息资料；④安排项目分析的步骤；⑤对项目进行经济分析；⑥衡量非经济因素的影响；⑦进行不确定性分析；⑧综合权衡；⑨提出项目评估报告及其他建议；⑩最终做出投资决策。

这仅仅是国际金融机构一般的投资决策程序，实际上，不同规模、不同性质的投资项目具有不同的特点，从而决策内容也会有繁简的区别。

（4）我国现行投资项目决策的行政许可制度　根据《国务院关于投资体制改革的决定》（国发〔2004〕20号）的要求，把投资项目划分为政府投资项目和企业投资项目。企业投资项目不再实行审批制，区别不同情况实行核准制和备案制。其中，政府只对重大项目和限制类项目从维护社会公共利益角度进行核准，其他项目无论规模大小均改为备案制。对于企业使用政府补助、转贷、贴息投资的建设项目，政府只审批资金申请报告。实行核准制的投资项目，投资者仅需向政府提交项目申请报告，政府不再批准项目建议书、可行性研究报告和开工报告等；对于实行备案制的投资项目，除国家另有规定外，由投资者按照属地原则向地方政府主管部门备案。政府投资项目仍然实行审批制：对于政府投资项目，采用直接投资和资本金注入的，只从投资决策角度审批项目建议书和可行性研究报告，除特殊情况外不再审批开工报告，同时应严格政府投资项目的初步设计、概算审批工作。

对于实施核准制或登记备案制的项目，虽然政府不再审批项目建议书和可行性研究报告，但为了保证企业投资决策的质量，企业也应该编制可行性研究报告。

上述三种行政许可制度存在一定的区别，体现在以下几个方面。

1）适用对象上的区别。

① 审批制：企业使用政府投资建设的项目。

② 核准制：重大项目、限制类项目（从维护社会公共利益角度进行核准）。由国务院颁发的《企业投资项目核准和备案管理条例》（国务院令第673号）和《政府核准的投资项目目录（2016年本）》确定，一般各个省也会出具更为细化的核准目录。

③ 备案制：除目录以外的企业投资项目一律实行备案制，无论规模大小。

2）审查内容上的区别。

① 审批制：审查很详细，审查速度慢，审查内容包括项目建议书、可行性研究报告、初步设计、概算等。

② 核准制：主要从维护国家经济安全、合理开发利用资源、保护生态环境、优化重大布局、保障公共利益等方面进行核准审查。国家出台《企业投资项目核准和备案管理办法》对核准审查内容作出规定。项目核准机关审查项目主要有 A. 是否危害经济安全、社会安全、生态安全等国家安全；B. 是否符合相关发展建设规划、产业政策和技术标准；C. 是否合理开发并有效利用资源；D. 是否对重大公共利益产生不利影响。

③ 备案制：备案制的具体实施办法是由省级人民政府自行制定的。备案机关对申报备案项目主要从以下方面进行核查：A. 是否符合有关法律、法规、规章和产业政策、生产力布局和行业准入标准；B. 是否符合即期宏观调控政策；C. 是否符合应予备案的项目范围。另外经济特区或者其他一些地区的政府也有制定自己的备案管理办法。

3）审查力度的区别。在审查力度上，审批制 > 核准制 > 备案制。

4）环境影响评价（简称环评）时间的区别。

① 审批制：先报送项目建议书，建议书批复下来后进行环评（同时进行规划选址、土地预审等手续），然后编制可行性研究报告（简称可研），环评批复作为可研附件上报，政府部门给出可研批复，最后办理规划许可、用地许可等正式手续。

② 核准制：先进行环评（同时进行选址、土地预审等手续），然后编制核准申请报告，环评作为申请报告附件，政府部门给出核准批复，最后办理规划许可、用地许可等正式手续。

③ 备案制：先上报备案申请表，备案成功后，进行环评（同时办理规划许可、用地许可等正式手续）。

（5）我国现行投资项目决策的审批程序

1）实行核准制企业投资项目的决策程序。

① 编制项目申请书。企业投资的重大项目和限制类项目，在完成内部决策后，由企业自主编制项目申请书，任何单位和个人不得强制企业委托中介服务机构编制项目申请书。核准机关应制定并公布项目申请书示范文本，明确项目申请书的要求。

项目申请书应当包括：企业基本情况、项目情况、项目利用资源情况分析及对环境的影响分析、项目对经济和社会的影响分析以及法律法规规定的相关手续的证明文件。

② 提交和受理项目申请书。在投资者提出项目申请以后，政府核准机关应在规定的时间内对项目进行核实、论证。如果属于重大项目，政府职能部门还要委托有资质的中介咨询机构进行项目评估，若符合有关要求，则予以核准并出具核准文件。不予核准的应当书面通知企业并说明理由。核准机关在受理项目申请书后，应当从以下方面进行审查。

A. 是否危害经济安全、社会安全、生态安全等国家安全。

B. 是否符合相关发展建设规划、技术标准和产业政策。

C. 是否合理开发并有效利用资源。

D. 是否对重大公共利益产生不利影响。

③ 办理相关手续，项目进入实施准备阶段。项目核准后，投资者可以此办理相关手续，包括环境保护、土地转让和城市规划等。在办理环境保护手续前，根据要求委托有资质的机构编制环境影响评价报告。

④ 金融机构进行项目评估。如果企业需要贷款，金融机构在提供贷款之前，要按照贷款程序进行项目评估。

实行核准制企业投资项目的决策程序如图 1-1 所示。

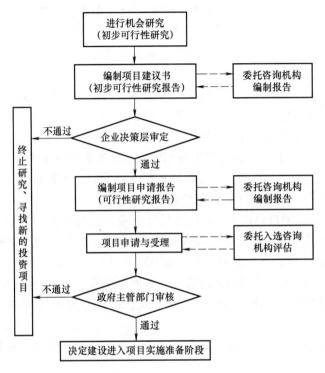

图 1-1 实行核准制企业投资项目的决策程序

2）实行备案制企业投资项目的决策程序。备案制项目由企业自主决策后，向有关政府部门提交备案申请，应在开工前通过在线平台将下列信息告知备案机关：①企业基本情况；②项目名称、建设地点、建设规模、建设内容；③项目总投资额；④项目符合产业政策的声明。

企业应当对备案信息的真实性负责，备案机关收到规定的全部信息即为备案。信息不全的，备案机关应当指导企业补正。

备案机关应在正式受理后的 5 个工作日内做出是否予以备案的决定。由于特殊原因难以在 5 个工作日内做出决定的，经备案机关负责人批准，可以延长 5 个工作日，并应及时书面通知备案申报单位，说明延期的理由。

经复核机关复核同意备案的项目，由备案机关向企业出具《企业投资项目备案确认书》；复核不同意备案的项目，由备案机关向企业出具不予备案决定书。

履行备案手续后分别向城乡规划、国土资源和环境保护部门申请办理规划选址、用地许可和环评审批手续。最后，依据相关批复文件，向建设主管部门申请办理项目开工手续。

企业投资备案制项目的决策程序如图 1-2 所示。

3）政府投资项目的决策程序。政府投资项目实行审批制，包括审批项目建议书、项目可行性研究报告、初步设计。除情况特殊、影响重大的项目需要审批开工报告外，一般不再审批开工报告，同时应严格执行政府投资项目的初步设计、概算审批工作。政府投资项目的决策程序如图 1-3 所示。

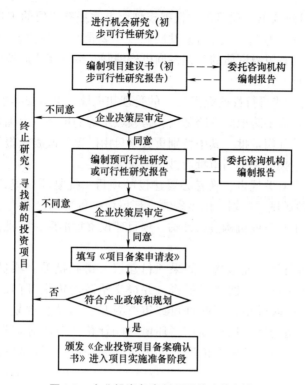

图 1-2　企业投资备案制项目的决策程序

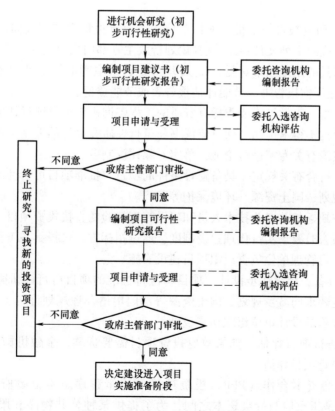

图 1-3　政府投资项目的决策程序

① 编制报送项目建议书。项目单位根据规划要求委托有资质的工程咨询机构编制项目建议书（初步可行性研究报告）。由国家发展和改革委员会（简称发改委）负责审批的项目，其项目建议书由具有甲级资质的工程咨询机构编制。编制完成后按照规定的程序和事权报送项目审批部门审批。

② 项目建议书（初步可行性研究报告）的受理和审批。申请安排中央预算投资3000万元及以上的项目，以及需要跨地区、跨部门、跨领域统筹的项目，由国家发改委审批或者国家发改委委托中央有关部门审批，其中特别重大项目由国家发改委核报国务院审批；其余项目按照隶属关系，由中央有关部门审批后抄送国家发改委。

审批机构对于符合有关规定、确有必要建设的项目，批复项目建议书（一般称项目立项），并将批复文件抄送城乡规划、国土资源、环境保护等部门。若有必要，审批部门受理项目建议书后可委托工程咨询机构进行评估。项目建议书批准后，审批机构应按照有关规定进行公示。

③ 编制并提交可行性研究报告。如果项目建议书得到批准，项目单位要委托有资质的工程咨询机构编制项目可行性研究报告，并提交给政府审批部门。落实各项建设和运行保障条件，并按规定取得相关行政许可或审查意见，向城乡规划、国土资源、环境保护等部门申请办理规划选址、用地预审、环境影响评价、节能等审批手续。项目单位要根据《中华人民共和国环境影响评价法》的要求，委托有资质的机构编制环境影响评价报告。

由国家发改委负责审批的项目，其项目可行性研究报告由具有甲级资质的工程咨询机构编制。

④ 受理可行性研究报告与审批。项目单位按照原审报程序和事权向原审批部门申报可行性研究报告，并应附下列文件：A. 城乡规划行政主管部门出具的选址意见书；B. 国土资源行政主管部门出具的用地预审意见；C. 环境保护行政主管部门出具的环境影响评价审批文件；D. 项目节能评估报告书、节能评估报告表或节能登记表。

对一般投资项目，审批机构要委托有资质的工程咨询机构进行项目评估。承担咨询评估任务的工程咨询机构不得承担同一项目建议书和可行性研究报告的编制工作。对重大投资项目，审批机构应组织有关专家进行论证，落实专家评议制度。

审批机构对于符合有关规定、具备建设条件的项目，批准项目可行性研究报告，并将批复文件抄送城乡规划、国土资源、环境保护等部门。

对于项目单位缺乏相关专业技术人员和建设管理经验的直接投资项目，审批部门应当在批复可行性研究报告时要求实行代理建设制度，通过招标方式选择具备工程管理资质的工程咨询机构，作为项目管理单位负责组织项目建设实施。

⑤ 项目实施准备，组织初步设计。项目单位将批准的项目可行性研究报告作为建设项目依据，按照规定要求向城乡规划、国土资源等部门申请办理规划许可、正式用地手续等，并委托具有相应资质的设计单位组织初步设计。

⑥ 金融机构进行项目评估。如果政府投资项目需要贷款，金融机构在提供贷款之前，要按照贷款程序进行项目评估。

4）政府和社会资本合作（PPP）投资项目的决策程序。实施政府和社会资本合作（PPP）的项目，是指政府与社会资本之间，为了提供某种公共物品和服务，以特许权协议为基础，彼此之间形成一种伙伴式的合作关系，并通过签署合同来明确双方的权利和义务，以确保合作顺利完成，最终使合作各方达到比预期单独行动更为有利结果的项目。

PPP模式通过特许经营、政府购买服务等方式，使政府与社会资本建立起"利益共享、风险共担、全程合作"的共同体关系，使政府的财政负担减轻，使社会主体的投资风险减小。这种模式需要合理选择合作项目和考虑政府参与的形式、程序、渠道、范围与程度等问题。

这类项目决策一般仍应纳入正常的基本建设程序，按照审批制项目决策程序要求，编制项目建议书、项目可行性研究报告，进行项目立项、决策审批。在此基础上按照PPP模式的内涵、功能作用、适用范围和管理程序等规定进行进一步论证决策。

① 识别、筛选适用PPP模式的备选项目，列入项目年度和中期开发计划。根据经济社会发展规划，从可行性研究报告被批准的准备建设的公共服务、基础设施项目库中识别、筛选适用PPP模式的项目，进行培育开发。投资主管部门、财政部门会同行业主管部门，经过对潜在PPP项目进行评估筛选，确定备选项目。根据筛选结果制定项目年度和中期开发计划。

② 项目准备，编制实施方案。县级（含）以上人民政府可建立专门的协调机制，指定项目实施机构负责项目准备、采购、监管和移交等工作，会同行业主管部门建立联审机制，从项目储备库或社会资本提出申请的潜在项目中筛选条件成熟的建设项目，组织编制实施方案，提交联审机构审查。实施方案的具体内容见第9章第3节。

③ 实施机构报政府审核。项目实施机构应对公共服务类项目实施方案进行物有所值评价和财政承受能力验证。通过验证的由项目，实施机构报政府审核；未通过验证的，可在实施方案调整后重新验证。经重新验证仍不能通过的，不再采用政府和社会资本合作（PPP）模式，按照正常政府投资项目进入实施准备阶段。

政府和社会资本合作（PPP）投资项目的决策程序如图1-4所示。

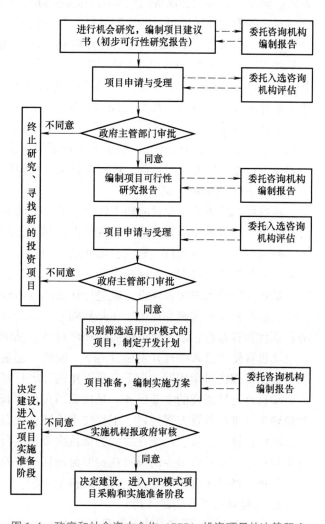

图1-4　政府和社会资本合作（PPP）投资项目的决策程序

1.2 项目可行性研究概述

1.2.1 项目可行性的起源及含义

1. 可行性研究的起源

美国是最早开始采用可行性研究的国家。20 世纪 30 年代，美国开始开发田纳西流域，田纳西流域的开发，对当时美国经济的发展关系重大。为保证田纳西流域的合理开发和综合利用，开创了可行性研究的方法，并获得了成功。第二次世界大战以后，西方工业发达国家普遍采用这一方法，广泛地应用到科学技术和经济建设领域，已逐步形成一整套行之有效的科学研究方法。

我国进行可行性研究的起步比较晚，改革开放以后，逐渐引进西方可行性研究的概念和方法，国家有关部门和高等院校多次举办讲习班，培训了一批骨干。同时国家经济建设主管部门对一些重大建设项目，如宝钢项目、石油化工引进装置项目、核电站项目、山西煤炭开发项目等，多次组织专家进行可行性分析和论证。我国自 1981 年开始正式将可行性研究列入基建程序。国务院 1981 年 30 号文件《关于加强基本建设计划管理，控制基本建设规模的若干规定》和 1981 年 12 号文件《技术引进和设备进口工作暂行条例》中明确规定所有新建、扩建的大中型项目，都要在经过反复周密的论证后，提出项目可行性研究报告。1983 年国家计委颁发计资〔1983〕116 号文件《关于建设项目进行可行性研究的试行管理办法》，其中规定，可行性研究一般采取主管部门下达计划或有关部门、建设单位同设计或咨询单位进行委托的方式。目前，可行性研究在我国已经普遍受到重视，并取得一定成效。

2. 可行性研究的含义

项目可行性研究是项目前期工作中最重要的内容，它是在项目投资决策前对工程建设项目进行全面的技术经济分析论证的科学方法和工作阶段。

所谓建设项目的可行性研究，即所谓"可以行得通的方案研究"，通常指的是在投资决策前，对与拟建项目有关的社会、经济和技术等各方面情况进行深入细致的调查研究；对各种可能拟定的技术方案和建设方案进行认真的技术经济分析与比较论证；对项目建成后的经济效益进行科学的预测和评价。在此基础上，综合研究建设项目的技术先进性、适用性、经济合理性和有效性，以及建设可能性和可行性，从而确定该项目是否应该投资，如何投资；是继续投资使之进入项目开发建设的下一阶段，还是就此中止项目不投资等，为项目的投资决策提供可靠的科学依据，为下一步工作的开展打好基础。

项目可行性研究的主要任务，是按照国民经济长期规划和地区规划、行业规划的要求，对拟建项目进行投资方案规划、工程技术论证、社会与经济效果预测和组织机构分析，经过多方面的计算、分析、论证评价，为项目决策提供可靠的依据和建议。因此，项目可行性研究是保证建设项目以最少的投资耗费取得最佳经济效果的科学手段，也是实现建设项目在技术上先进、经济上合理和建设上可行的科学方法。

3. 项目可行性研究的作用

1）项目可行性研究是建设项目投资决策和编制项目可行性研究报告的依据。项目可行性研究是项目投资建设的首要环节，项目投资决策者主要根据可行性研究的评价结果决定一个建设项目是否应该投资和如何投资，因此，它是项目投资决策的主要依据。

2）项目可行性研究是筹集资金向银行申请贷款的依据。我国的建设银行、国家开发银行和投资银行等以及其他境内外的各类金融机构在接受项目建设贷款时，首先会对贷款项目进行全面、细致的分析评估。银行等金融机构只有在确认项目具有偿还贷款的能力、不承担过大风险的情况下才会同意贷款。

3）项目可行性研究是项目主管部门商谈合同、签订协议的依据。根据项目可行性研究报告，建设项目主管部门可同国内有关部门签订项目所需原材料、能源资源和基础设施等方面的协议和合同，以及同国外厂商就引进技术和设备正式签约。

4）项目可行性研究是进行项目工程设计、设备订货、施工准备等基本建设前期工作的依据，是编制设计文件、进行建设准备工作的主要根据。

5）项目可行性研究是项目拟采用的新技术、新设备的研制和进行地形、地质及工业性试验工作的依据。项目拟采用的新技术、新设备必须是经过技术经济论证认为可行的，方能拟订研制计划。

6）项目可行性研究是环保部门审查项目对环境影响的依据，也是向项目建设所在地的政府和规划部门申请施工许可证的依据。

7）项目可行性研究是施工组织、工程进度安排及竣工验收的依据。项目可行性研究报告对拟建工程项目的施工组织、工程进度安排及竣工验收工作都必须有明确的要求。所以，可行性研究报告可以作为检查施工进度及工程质量的依据。

8）项目可行性研究是项目后评估的依据。在项目后评估时，以项目可行性研究报告为依据，将项目的预期效果与实际效果进行对比考核，可对项目的运行进行全面评价。

1.2.2　项目可行性研究的内容

项目可行性研究是在对项目进行深入细致的技术经济论证的基础上对多种方案所做的比较和优选，以及对项目投资最后决策提出的结论性意见。因此，其在内容上应能满足作为项目投资决策的基础和重要依据的基本要求。通常，项目可行性研究报告应由有资格的设计（咨询）单位编制。项目可行性研究的基本内容和深度应按国家的有关规定确定，一般工业建设项目的可行性研究应包括以下十个方面的内容：

1. 总论

综述项目概况、项目可行性研究的主要结论、概要和存在的问题与建议。总论中应阐明对推荐方案在论证过程中曾有的重要争论问题、不同意见和观点，并对建设项目的主要技术经济指标列表说明；说明建设项目提出的背景、投资环境、项目建设投资的必要性和经济意义、项目投资对国民经济的作用和重要性；提出或说明项目调查研究的主要依据、工作范围和要求；说明项目的历史发展概况、项目建议书及有关审批文件。

2. 产品的市场需求和拟建规模

调查国内外市场近期需求情况；国内现有工厂生产能力的估计；销售预测、价格分析、产品竞争能力、进入国际市场的前景；建设项目的规模；产品选择方案和发展方向的技术经济比较和分析。

3. 资源、原材料、燃料及公用设施情况

经过国家正式批准的资源储量、品位、成分以及开采、利用条件的评述；所需原料、辅助材料、燃料的种类、数量、质量及其来源和供应的可能性；有毒、有害物质及危险品的种类、数量和储运条件；材料试验情况；所需动力（水、电、气等）公用设施的数量、供应方式和供应条件；外部协作条件以及签订协议和合同的情况。

4. 建厂条件和厂址方案

根据建设项目的生产技术要求，应在指定的建设地区内，对建厂的地理位置、气象、水文、地质、地形、地震、洪水情况和社会经济现状进行调查研究，收集基础资料，了解交通、运输及水、电、气、热基础设施的现状和发展趋势；厂址面积、占地范围、厂区总体布置方案、建设条件、地价、拆迁费及其他工程费用情况；与原料产地和产品市场的距离，厂址周边的条件；对厂址选择进行多方案的技术经济分析和比较，提出选择意见。

5. 项目工程技术方案

在选定的建设地点内进行总图和交通运输的设计，需进行多方案的比较和选择，以确定项目的构成范围，主要单项工程（车间）的组成，厂内外主体工程和公用辅助工程的方案比较论证；项目建筑工程总量估算；建筑工程布置方案的选择，包括场地平整、主要建筑和构筑物与室外工程的规划；采用技术和工艺方案的论证，技术的来源、工艺路线和生产方法，主要设备选型方案和技术工艺的比较；引进技术、设备的必要性及其来源国别的选择比较；设备的国内外分别交付规定或与外商合作制造方案的设想，并应附上工艺流程图等。

6. 环境保护与劳动安全

环境现状调查，拟建项目"三废"（废气、废水、固体废弃物）的种类、成分和数量，对环境影响的预测；治理方案的选择和回收利用情况；对环境影响的预评价；劳动保护与安全卫生；城市规划；防震、防洪、防空、文物保护等要求以及相应的措施方案。

7. 生产组织、劳动定员和人员培训

包括对全厂生产管理体制、机构的设置和方案的选择论证；工程技术和管理人员的素质和数量的要求；劳动定员的配备方案；人员培训的规划和费用估算。

8. 项目实施计划和进度要求

按照勘察设计、设备制造、工程施工、安装、试生产所需时间和进度要求，选择整个工程项目实施方案和制定总进度，并用横道图和网络图来表述最佳实施计划方案的选择。

9. 经济效果的分析与评价

包括对各项基建费用、流动资金和项目总投资的估算；项目资金来源和筹措方式（包括贷款计划）；企业生产成本估算；项目财务评价、国民经济评价和不确定性分析。

10. 评价结论与建议

对建设方案进行综合分析评价与方案选择；运用各项数据，从技术、经济、社会、财务等方面论述建设项目的可行性；推荐一个以上的可行方案，提供决策参考，指出其中存在的问题；最终应得出结论性意见和改进的建议。

总之，项目可行性研究的基本内容可概括为三大部分：一是产品的市场调查和预测研究，这是可行性研究的先决条件和前提，它决定了项目投资建设的必要性，是项目成立的最重要的依据。二是技术方案和建设条件，从资源投入、厂址、技术、设备和生产组织等问题入手，这是可行性研究的技术基础，它决定了建设项目在技术上的可行性。三是对经济效果的分析和评价，说明项目在经济上的合理性，它是决定项目投资的关键，因此也是项目可行性研究的核心部分。项目可行性研究就是从以上三大方面对建设项目进行优化研究，并为项目投资决策提供科学依据的。

以上关于项目可行性研究的内容主要是针对新建项目而言的，对于改建或扩建项目的可行性研究，还应增加对原有固定资产的利用和企业现有概况的说明和分析等内容。鉴于建设项目的性质、任务、规模及工程复杂程度的不同，项目可行性研究的内容应随行业不同而有所区别，它们各有侧重，深度和广度也不完全一致。例如，对于矿产企业，重点应弄清矿藏资源的产量和开采条件；对于纺织企业，则应主要调查市场的销售要求；对于非工业项目的可行性研究内容，应结合各行业（如农业、运输、公用事业）情况，参照工业项目要求对内容进行适当的增减。对于工业、交通中的中小型项目（不含技术引进和设备进口项目）和农业、商业、文教卫生等项目，若经济、技术条件不太复杂，协作关系比较简单，初步可行性研究与详细可行性研究可以合并为一个阶段。对于合资项目，应根据《中外合资经营项目经济评价方法》的要求编制可行性研究报告。

1.2.3 项目可行性研究的阶段划分

投资项目的可行性研究一般包括投资机会研究、初步可行性研究和详细可行性研究三个阶段。

1. 投资机会研究阶段

投资机会研究也称投资鉴定，即为寻求最佳投资机会而进行的准备性调查活动。投资机会研究的目的是发现有价值的投资机会。其主要任务是提出建设项目投资方向的建议，即在一个确定的地区和部门，根据对自然资源和对市场需求的调查、预测以及国内工业政策和国际贸易联系等情况，选择建设项目，寻求最有利的投资机会。

机会研究的依据是国家的中、长期计划和发展规划。其主要内容是：地区情况、经济政策、资源条件、劳动力状况、社会条件、地理环境、国内外市场情况，以及工程项目建成后对社会的影响等。投资机会研究可分为一般机会研究和具体机会研究。

一般机会研究又可划分为三种：一是地区研究，旨在通过研究某一地区自然地理状况及该地区在国民经济体系中的地位和自身的优势、劣势而寻求投资机会；二是部门（或行业）研究，旨在分析某一部门（或行业）由于技术进步、国内外市场变化而出现的新的发展和投资机会；三是以资源为基础的研究，旨在分析由于自然资源开发和综合利用而出现的投资机会。

在进行一般机会研究时，可参考国内外同类项目、同类地区和同类投资环境的成功案例。发展中国家的一般机会研究通常由政府部门或专业机构进行，并可作为政府制定国民经济长远发展规划的依据。机会研究通常与规划研究同步进行，以机会研究结果为基础，可以设立备选项目库，进行项目储备，供今后制定投资计划和开展投资项目可行性研究之用。机会研究主要依靠经验进行粗略预测估计，不需进行详细的分析计算。在工程咨询市场发育比较完善的情况下，机会研究是咨询工程师为业主提供咨询服务的重要业务领域。

根据一般机会研究的结论，当某项目具有投资条件时，就可进行具体机会研究，即具体研究某一项目得以成立的可能性，将项目设想转变为投资建议。

投资机会研究是项目可行性研究的第一阶段，如果投资机会研究的结论表明投资项目是可行的，则可进入下一阶段，进行更深入的研究。投资机会研究是比较粗略的，投资费用和生产（或经营）成本一般根据同类项目加以推算，其误差一般要求控制在 ±30% 以内，而研究费用一般占总投资额的 0.2% ~ 1.0%，时间一般为 1 ~ 3 个月。

投资机会研究的成果性文件是投资机会研究报告，该报告是开展初步可行性研究的依据。实践中，机会研究逐步被产业规划所替代，无论是区域、行业或者企业，随着规划的重要性及其内容的不断加深，产业规划逐步担当了机会研究甚至项目建议书的角色。

2. 初步可行性研究阶段

初步可行性研究也称预可行性研究，是指在投资机会研究的基础上对项目可行与否所做的较为详细的分析论证，是根据国民经济和社会发展长期规划、行业规划和地区规划以及国家产业政策，经过调查研究、市场预测，从宏观上分析论证项目建设的必要性和可能性。

初步可行性研究是介于投资机会研究与详细可行性研究之间的一个中间阶段，起着承上启下的作用，它对于大型复杂项目而言是不可缺少的阶段。一般来讲，进行深入的可行性研究需要收集大量的基础资料，花费较长的时间，支出较多的费用，因此，在此之前进行项目初步可行性研究是十分必要和科学的。但对于小型项目或者简单的技术改造项目，初步可行性研究阶段不是必需的阶段，这类项目在选定投资机会后可直接进行可行性研究。

初步可行性研究的主要任务是弄清在机会研究阶段提出的项目设想能否成立，主要有以下几方面。

1) 拟建项目是否确有投资的吸引力。

2) 是否具有通过可行性研究在详细分析、研究后做出投资决策的可能。

3) 确定是否应该进行下一步的市场调查、各种试验辅助研究和详细可行性研究等工作。

4) 是否值得进行工程、水文、地质勘查等代价高的下一步工作。

初步可行性研究与继续深入的详细可行性研究相比，除研究的深度与准确度有差异外，其内容大致是相同的。初步可行性研究得出的投资额和生产（或经营）成本误差一般要求控制在 ±20% 以内，而研究费用一般约占总投资额的 0.25% ~ 1.25%，时间一般为 4 ~ 6 个月。

初步可行性研究的成果性文件是初步可行性研究报告或项目建议书。对于企业投资项目，政府不再审批项目建议书，初步可行性研究仅作为企业内部决策层进行项目投资策划、决策的依据。而对于政府投资项目，仍需按照基本建设程序要求审批项目建议书，此类项目往往是在完成初步可行性研究报告的基础上形成或代替项目建议书。项目建议书批准后，方可进行可行性研究工作，但并不表明项目非上不可，批准的项目建议书不是项目的最终决策。

3. 详细可行性研究阶段

详细可行性研究也称最终可行性研究，属于深入的可行性研究，它是投资决策的重要阶段。它是经过技术上的先进性、经济上的合理性和财务上的营利性论证之后，对工程项目做出投资的结论。因此，它必须对市场、生产纲领、厂址、工艺过程、设备选型、土木建筑以及管理机构等各种可能的选择方案进行深入的研究，才能寻得以最少的投入获取最大效益的方案。在该阶段，要全面分析项目的组成部分和可能遇到的各种问题，并最终形成可行性研究的书面成果——可行性研究报告。详细可行性研究得出的投资额和生产（或经营）成本误差一般要求控制在 ±10% 以内，而研究费用一般占总投资额的 1.0% ~ 3.0%（小型项目）或 0.2% ~ 1.0%（大型项目），时间一般为 8 ~ 12 个月或更长。

此外，对某些特定的大型复杂项目，还要进行辅助研究。辅助研究也称功能研究，是指对项目某一个或几个方面的关键问题进行的专门研究。辅助研究并不是一个独立的阶段，而是作为初步可行性研究和详细可行性研究的一部分。辅助研究一般可以包括以下类型：产品市场研究、原材料和其他投入物研究、实验室和中间试验研究、厂址选择研究、规模经济研究、设备选择研究等。

由于基础资料的占有程度、研究深度与可靠程度要求不同，可行性研究的各个工作阶段的研究性质、工作目标、工作要求、工作时间与费用各不相同。一般来说，各阶段的研究内容由浅入深，项目投资和成本估算的精度要求由粗到细，研究工作量由小到大，研究目标和作用逐步提高，因此，工作时间和费用也逐渐增加。可行性研究各工作阶段的要求见表1-1。

表1-1　可行性研究各工作阶段的要求汇总表

工 作 阶 段	机 会 研 究	初步可行性研究	详细可行性研究
研究性质	项目设想	项目初选	项目准备
研究要求	编制项目建议书	编址初步可行性研究报告	编制可行性研究报告
估算精度（%）	±30	±20	±10
研究费用（占总投资的比例）（%）	0.2 ~ 1.0	0.25 ~ 1.25	大项目：0.2 ~ 1.0 小项目：1.0 ~ 3.0
需要时间（月）	1 ~ 3	4 ~ 6	8 ~ 12 或更长

1.2.4　项目可行性研究的程序

按照我国现行的工程项目建设程序和国家计委于1983年3月3日颁布并实施的《建设项目进行可行性研究的试行管理办法》，可行性研究的一般工作程序如下。

1. 项目业主提出项目建议书和初步可行性研究报告

各部、省、自治区、直辖市或计划单列市和全国性工业公司以及现有的企事业单位，根据国家和地区经济发展的长远规划、经济建设的方针任务和技术经济政策，结合资源情况、建设布局等条件，在广泛调查研究、收集资料、踏勘建设地点、初步预测投资效果的基础上，提出需要进行可行性研究的项目建议书和初步可行性研究报告。跨地区、跨行业的建设项目以及对国计民生有重大影响的大型项目，应由相关部门和地区联合提出项目建议书和初步可行性研究报告。

2. 项目业主、承办单位委托有资格的工程咨询或设计单位进行可行性研究工作

各级计划部门汇总和平衡项目建议书。当项目建议书经国家或地区的计划部门、贷款单位或有关部门授权的工程咨询单位评估同意，并经审定批准后，该项目即可立项，分别纳入各级的前期工作计划和贷款计划。项目业主或承办单位可自行或委托经过资格审定的工程咨询公司（或设计单位）着手编制拟建项目的可行性研究报告。

委托方式可由国家计划部门或主管部门直接给工程设计咨询公司下达计划任务，也可由各主管部门、国家专业投资公司、项目业主采用签订合同的方式委托有资格的设计咨询单位承担可行性研究工作。在主管部门下达的委托任务或双方签订的合同中，应规定研究工作的依据、研究的范围和内容、前提条件、研究工作的质量和进度安排、费用支付办法以及合同双方的责任、协作方式及关于违约处理的方法等。

3. 设计单位或有资质的咨询单位进行项目可行性研究工作

设计单位或有资质的咨询单位与委托单位签订合同承担项目可行性研究任务以后，即可开展工作。通常有以下五步程序：

（1）组织班子与制订计划 承担项目可行性研究的单位在承接任务后，需获得项目建议书和有关项目的背景与指示文件，摸清委托者的目标和要求，明确研究内容，之后方可组成项目可行性研究工作小组或项目组，确定项目负责人和专业负责人。项目组根据书面任务书研究工作范围和工作要求，制订项目工作计划，安排具体实施进度。

（2）调查研究与收集资料 项目组在摸清委托单位对项目建设的意图和要求后，首先应组织收集和查阅与项目有关的自然环境、经济与社会情况等基础资料和文件资料，并拟定调研提纲，组织人员赴现场进行实地踏勘与调查，收集整理得到设计基础资料，必要时还需进行专题调查和研究。

此阶段主要通过实际调查和技术经济研究，进一步明确拟建项目的必要性和现实性。调查研究主要从市场调查和资源调查两方面着手。市场调查要查明和预测社会对产品需求量、产品的价格和竞争能力，以便确定项目产品方案和经济规模；资源调查包括原材料、能源、厂址、工艺技术、劳动力、建材、运输条件、外围基础设施、环境保护、组织管理和人员培训等自然、社会、经济方面的调查，为选定建设地点、生产工艺、技术方案、设备选型、组织机构和定员等提供确切的技术、经济分析资料，通过论证分析，研究项目建设的必要性。

（3）方案设计和优化 根据项目建议书的要求，结合市场和资源调查，在收集一定的基础资料和数据的基础上，提出几种可供选择的技术方案和建设方案，结合实际条件进行多次反复的方案论证和比较，会同委托部门明确选择方案的重大原则问题和优化标准，从若干方案中选择或推荐最优及次优方案，研究论证项目在技术上的可行性，进一步确定产品方案、生产经济规模、工艺流程、设备选型、车间组成、组织机构和人员配备等总体建设方案，以备进行进一步的综合经济评价。在方案设计和优化过程中，对重大问题或有争论的问题，要会同委托单位共同讨论确定。

（4）经济分析和评价 项目的调研与经济分析人员应根据调查资料和有关规定，选定与本项目有关的经济评价基础数据和定额指标参数，列表并注明数据来源。

在论证了项目建设的必要性和可能性以及技术方案的可行性之后，应对所选定的最佳建设总体方案进行详细的财务预测、财务效益分析、国民经济评价和社会效益评价，从测算项目建设投资、生产成本和销售利润入手，进行项目营利性分析、费用效益分析和社会效益与影响分析，研究论证项目在经济上和社会上的营利性和合理性，进一步提出资金筹集建议，制订项目实施总进度计划。

当项目的经济评价结论达不到国家或投资者规定的标准时，可对建设方案进行调整或重新设计。

（5）编写项目可行性研究报告 在对建设项目进行了认真的技术经济分析论证，证明了项目建设上的必要性、技术上的可行性和经济上与社会上的合理性后，即可编制详尽的项目可行性研究报告，推荐一个以上项目建设可行性方案和实施计划，提出结论性意见和重大措施建议，为决策部门的最终决策提供科学依据。

经过技术经济分析论证，也可以在报告中提出项目不可行的结论意见或项目改进建议。

1.2.5 初步可行性研究与详细可行性研究在内容深度上的差异

考虑到初步可行性研究和详细可行性研究是投资项目前期工作的两个不同阶段，故需指出二者在服务功能、研究重点、结构内容和深度要求上的差异，具体比较见表1-2。

表1-2 初步可行性研究与详细可行性研究内容深度比较表

序号	研究内容深度	初步可行性研究	详细可行性研究
1	总论		
1.1	项目背景	1）项目名称 2）报告编制依据 3）项目提出理由与过程	1）项目名称 2）承办单位概况 3）报告编制依据 4）项目提出理由与过程
1.2	项目概况	1）拟建地区 2）建设规模与目标 3）主要建设条件 4）项目投入总资金及效益情况 5）主要经济技术指标	1）拟建地区 2）建设规模与目标 3）主要建设条件 4）项目投入总资金及效益情况 5）主要经济技术指标
1.3	问题与建议		
2	市场预测		
2.1	产品市场供应预测	预测产品在国内、国际市场的市场容量及供需情况	国内、国际市场供应现状与预测
2.2	产品市场需求预测		国内、国际市场需求现状与预测
2.3	产品目标市场分析	初步选定目标市场	确定产品的目标市场
2.4	价格预测	价格走势初步预测	国内、国际市场产品销售价格现状与预测
2.5	竞争力分析		确定主要竞争对手；产品竞争力优/劣势；产品目标市场占有率；营销策略
2.6	市场风险	识别有无市场风险	确定主要市场风险及风险程度
3	资源条件评价（资源开发项目）	1）资源可利用量 2）资源自然品质 3）资源储存条件 4）资源开发价值	1）资源可利用量 2）资源自然品质 3）资源储存条件 4）资源开发价值
4	建设规模与产品方案		
4.1	建设规模	初步确定建设规模及理由	1）建设规模比选 2）推荐建设规模
4.2	产品方案	主要产品方案	1）主产品和副产品组合方案 2）各种产品方案优化比选，确定最终推荐方案
5	厂址选择	1）厂址所在地区选择 2）厂址初步比选 3）绘制厂址地理位置示意图	1）厂址具体位置选择 2）建厂条件分析 3）厂址比选 4）绘制厂址地理位置图
6	方案		

（续）

序号	研究内容深度	初步可行性研究	详细可行性研究
6.1	技术方案	1）拟采用的生产方法 2）主体和辅助工艺流程 3）技术来源设想 4）绘制主体工艺流程图 5）估算物料消耗定额	1）生产方法比选 2）主体和辅助工艺流程比选 3）论证技术来源的可靠性和可得性 4）绘制工艺流程图 5）绘制物料平衡图 6）确定物料消耗定额
6.2	主要设备方案	主要设备初步方案	1）主要设备选型比较 2）主要设备清单、采购方式、报价，深度达到采购订单要求
6.3	工程方案	主要建、构筑物初步方案	1）主要建、构筑物工程方案 2）建筑安装工程方案 3）设备安装工程方案 4）建筑安装工程量及"三材"用量估算 5）编制主要建、构筑物工程一览表
7	主要原材料、燃料供应		
7.1	主要原材料供应	1）主要原材料和辅助材料的品种、质量、年需要量 2）主要原材料和辅助材料的来源和运输方式	1）主要原材料和辅助材料的品种、质量、年需要量 2）主要原材料和辅助材料的来源和运输方式
7.2	燃料供应	1）燃料品种、质量、年需要量 2）燃料来源和运输方式	1）燃料品种、质量、年需要量 2）燃料来源和运输方式
7.3	主要原材料、燃料价格	价格现状及价格走势	价格现状及价格走势
7.4	主要原材料、燃料供应表		编制主要原材料、燃料供应表
8	总图运输与公共辅助工程		
8.1	总图布置	1）列出项目构成 2）绘制总平面布置图	1）列出项目构成 2）平面布置、竖向布置方案比选 3）绘制总平面布置图 4）绘制总平面布置主要指标表
8.2	场内外运输		1）场内外运输量、运输方式 2）场内运输设备
8.3	公共辅助工程	提出主要公用工程方案	提出给水排水、供暖、供电、通信、维修、仓储、空分、空压、制冷等公用辅助工程方案
9	节能措施		1）节能措施 2）能耗指标分析
10	节水措施		1）节水措施 2）水耗指标分析
11	环境影响评价		
11.1	环境条件调查	调查项目所在地自然、生态、社会等环境条件及环境保护区现状	调查项目所在地自然、生态、社会等环境条件及环境保护区现状

（续）

序号	研究内容深度	初步可行性研究	详细可行性研究
11.2	影响环境因素分析	污染环境因素及危害程度，破坏环境因素及破坏程度	污染环境因素及危害程度，破坏环境因素及破坏程度
11.3	环境保护措施	环境保护初步方案	环境保护措施
11.4	环境保护设施费用		治理环境需要费用的方案
11.5	环境影响评价	分析环境是否影响项目立项	环境治理方案比选与评价
12	劳动安全、卫生、消防		1）危害因素及危害程度 2）安全、卫生措施方案
13	组织机构与人力资源配置	估算项目所需人员的数量	1）组织机构设置方案及其适应性分析 2）人力资源配置构成、人数、技能素质要求 3）编制员工培训计划
14	项目实施进度	初步确定建设工期	1）确定建设工期 2）编制项目实施进度表 3）编制大型项目主要单项工程时序表
15	投资估算	初步估算项目建设投资和流动资金	1）分别估算建筑工程费、设备配置费、安装工程费、其他建设费用 2）分别估算基本预备费、涨价预备费、建设期利息 3）估算流动资金
16	融资方案	资本金和债务资金的需要数额和来源设想	1）编制并优化融资方案 2）资本金来源及承诺文件 3）债务资金来源及意向协议
17	财务评价		
17.1	销售收入与成本费用估算	粗略估算产品销售收入与成本费用	按规定科目详细计算销售收入与成本费用
17.2	财务评价指标		
17.2.1	盈利能力分析	1）项目财务内部收益率 2）资本金收益率	1）项目财务内部收益率 2）资本金收益率 3）投资各方收益率 4）财务净现值 5）投资回收期 6）投资利润率
17.2.2	偿债能力分析	初步计算借款偿还能力	借款偿还期或利息备付率
17.3	不确定性分析		1）敏感性分析 2）盈亏平衡分析 3）必要时进行概率分析
17.4	非营利性项目财务评价	1）初步计算单位功能投资 2）负债建设的项目粗略估算借款偿还期	1）计算单位功能投资、单位工程运营成本、运营收费价格 2）负债建设的项目计算借款偿还期
18	国民经济评价		
18.1	国民经济效益和费用计算	初步计算国民经济效益和费用	利用影子价格计算投资、销售收入、经营费用、流动资金

（续）

序号	研究内容深度	初步可行性研究	详细可行性研究
18.2	国民经济评价指标	经济内部收益率	1）经济内部收益率 2）经济净现值
19	社会评价	以定性描述为主的社会评价	以动态分析、过程分析为主的详细社会评价
20	风险分析	1）初步识别主要风险因素 2）初步分析风险影响程度	1）识别项目主要风险因素 2）分析风险影响程度，确定风险等级 3）研究防范和降低风险的对策
21	研究结论与建议	1）推荐方案总体描述 2）推荐方案优缺点描述 3）结论与建议	1）推荐方案总体描述 2）推荐方案优缺点描述 3）主要对比方案描述 4）结论与建议
22	附图、附表、附件		

1.3 项目评估

1.3.1 项目评估概述

2004 年，《国务院关于投资体制改革的决定》（国发〔2004〕20 号）把建设项目审查划分为审批、核准、备案三类，对于需经政府审批的建设项目，政府需对上交的项目可行性研究报告进行评估，而对于核准和备案类的建设项目，政府则不再进行项目评估。

1. 项目评估的含义

项目评估是指在项目可行性研究的基础上，根据国家有关部门颁布的政策、法律法规、方法与参数，从项目的国民经济和社会角度出发，由有关部门对拟建项目建设的必要性、建设条件、生产条件、产品市场需求、工程技术、财务效益、经济效益和社会效益等进行全面的分析论证，并就该项目是否可行提出相应的判断。

项目评估作为一种对投资项目进行科学审查和评价的方法，强调从长远和客观的角度对可行性研究进行论证并做出最后的决策。为此，应参照给定的目标，对项目的净收益进行审定，权衡利弊得失，寻找可替代方案；或为达到给定的目标，在对项目可行性研究进行论证的过程中，通过计算分析其净收益来确定最佳方案并得出最终结论。

按照我国现行政策和建设程序的规定，在项目投资的前期阶段，项目评估工作的主要内容是对项目可行性研究报告进行评估。在项目可行性研究报告编制上报后，各级主管部门和综合计划部门对拟建项目尚未做出投资决策前，应由决策部门组织或委托有资格的工程咨询机构、贷款银行（或单位）、有关专家对上报的建设项目可行性研究报告进行全面的审核和再评价，其目的是审查和判断项目可行性研究的可靠性、真实性和客观性，对拟建项目投资是否可行并对最佳投资方案的确定是否合理提出评估意见，并编写评估报告，作为项目投资最终审批决策的重要依据。

对拟建项目可行性研究报告的评估主要应从以下三方面进行论证：

1）项目是否符合国家和地区的有关政策、法令和规定。

2）项目是否符合国家和地区的宏观经济政策，是否符合国民经济发展的长远规划、行业规划和国土规划的要求，布局是否合理。

3）项目在工程技术上是否先进、适用，在经济和社会效益上是否合理、有效。

要落实上述要求，项目评估人员就必须从国家全局利益出发，坚持实事求是的原则调查研究，广泛听取各方面的意见，对项目可行性研究报告中的基础资料、技术和经济参数进行认真审查核实，对拟建项目的评估意见应尽量做到公正、客观和科学。

2. 项目评估的作用

1）为上级主管部门把关提供依据。

2）为金融机构贷款决策提供依据。

3）为政府职能部门审批项目提供依据。

1.3.2　项目评估的内容

对工程项目可行性研究报告的评估一般应包括以下主要内容。

1. 对项目建设必要性的评估

1）从国民经济和社会发展的宏观角度论证项目建设的必要性。分析拟建项目是否符合国家宏观经济和社会发展意图，是否符合市场要求和国家规定的投资方向，是否符合国家建设方针和技术经济政策；项目产品方案和产品纲领是否符合国家产业政策、国民经济长远发展规划、行业规划和地区规划的要求。

2）产品需求的市场调查和预测。分析产品的性能、品种、规模构成和价格，分析其是否符合国内外市场需求趋势，有无竞争能力，是否属于升级换代的产品。

3）根据产品的市场需求及所需生产要素的供应条件，分析项目的规模是否经济合理。

2. 对项目建设和生产条件的评估

1）根据水文、地质、原料供应和产品销售市场、生产与生活环境状况，分析项目建设地点的选择是否经济合理，建设场地的总体规划是否符合国土规划、地区规划、城镇规划、土地管理、文物保护和环境保护的要求和规定，有无多占土地和提前征地的情况，有无用地协议文件。

2）评估在建设过程和建成投产后所需原材料、燃料、设备的供应条件及供电、供水、供热与交通运输、通信设施条件是否落实，有无保证，是否取得有关方面的协议和意向性文件，相关配套协作项目能否同步建设。

3）评估建设项目的"三废"（废水、废气和固体废弃物）治理是否符合保护生态环境的要求，项目的环境保护方案有否获得环境保护部门的批准认可。

4）评估项目所需的建设资金是否落实，资金来源是否符合国家有关政策规定，是否可靠。

5）生产条件评估。主要根据不同行业建设项目的生产特点，评估项目建成投产后的生产条件是否具备。例如，加工企业项目应着重分析原材料、燃料、动力的来源是否可靠、稳定，产品方案和资源利用是否合理，交通项目是否有可靠的货运量等。

3. 对工艺技术的评估

1）对拟建项目所采用的工艺、技术、设备的技术先进性，经济合理性和实际适用性，必须进行综合论证分析。

2）分析项目采用的工艺、技术、设备是否符合国家的科技政策和技术发展方向，能否适应当时技术进步的要求，是否有利于资源的综合利用，是否有利于提高生产效率和降低能耗与物耗，并能提高产品质量。通过技术指标衡量项目技术水平的先进性，与国内外同类企业的先进技术进行对比。

3）采用的新技术和新科研成果是否先进、适用、安全、可靠，是否经过工业性试验和正式技术鉴定，是否已经证明确实成熟和行之有效，是否属于国家明文规定淘汰或禁止使用的技术或设备。

4）对于引进的国外技术与设备，应分析其是否成熟，是否确实处于国际先进水平，是否符合我国国情，有无盲目或重复引进的情况；引进的技术和设备与国内设备零配件和工艺技术是否配套，是否有利于国产化。

5）对于改建、扩建项目，还应注意评估原有固定资产是否得到充分利用，采用的新工艺、新技术能否与原有的生产环节衔接配合。

6）论证建筑工程总体布置方案的比较优选过程是否合理，论证工程地质、水文、气象、地震、地形等自然条件对工程的影响和治理措施；审查建筑工程所采用的标准、规范是否先进、合理，是否符合国家有关规定和贯彻勤俭节约的方针。

7）论证项目建设工期和实施进度所选择的方案是否正确。

4. 对项目效益的评估

（1）财务基础经济数据测算　首先对项目效益评估所必需的各项基础经济数据（如投资、生产成本、利润、收入、税金、折旧和利率等）进行认真、细致和科学的测算和核实，分析这些数据估算是否合理，有无高估冒算、任意提高标准、扩大规模计算定额和费率等现象，有无漏项、少算、压价等情况；检查这些基础数据的测算是否符合国家现行财税制度和国家政策；还要论证资金筹措计划是否可行。

（2）财务效益评估　从项目本身出发，采用国家现行财税制度和现行价格，测算项目投产后企业的成本与效益，分析项目对企业的财务净效益、盈利能力和偿还贷款能力，检验财务效益指标的计算是否正确，是否达到国家或行业投资收益率和贷款偿还期的基准判据，以确定项目在财务上的可行性。

（3）经济效益评估　通常是从宏观的角度分析项目对国民经济和社会的贡献，检验经济效益指标（如经济净现值、经济内部收益率等）的计算是否正确，审查项目投入物和产出物采用的影子价格和国际经济参数测算是否科学合理，项目是否符合国家规定的评价标准，以确定项目在经济上的合理性。

（4）社会效益分析　按照项目的具体性质和特点，分析项目给整个社会带来的效益，如对促进国家或地区社会经济发展和社会进步，提高国家、部门或地方的科学技术水平和人民文化生活水平，对社会收入分配、劳动就业、生态平衡、环境保护和资源综合利用等进行定量和定性分析，检验指标的计算是否正确、分析是否恰当，以确定项目在社会效益上的可行性。

（5）不确定性分析　包括对项目的各种效益进行盈亏平衡分析、敏感性分析和风险分析，以确定项目在财务上和经济上抵御投资风险的能力，主要测算项目财务经济效益的可靠程度和项目承担投资风险的能力，以利于提高项目投资决策的可靠性、有效性和科学性。

5. 对项目进行总评估

对项目进行总评估是在全面调查、预测、分析和评估上述各个方面内容的基础上对拟建项目进行的总结性评估，也就是通过汇总各方面的分析论证结果，进行综合研究，提出关于可否批准项目可行性研究报告和能否予以贷款等结论性意见和建议，为项目决策提供科学依据。具体说来有以下几方面。

对于利用外资、中外合资或合作经营项目，需要补充评估合资（或合作）外商的资信是否良好；项目的合资（或合作）方式、经营管理方式、收益分配方式和债务承担方式是否合适，是否符合国家有关规定；分析借用外资贷款条件是否有利，创汇和还款能力是否可靠，返销产品的价格、数量及内外销比例是否合理；国内匹配资金和国内配套项目是否落实。

对于国内合资项目，需要补充说明评估拟建项目的合资方式、经营管理方式、收益分配和债务承担方式是否恰当，是否符合国家有关规定。另外，要认真审核项目经济评价依据的合法性和合资条件的可靠性。

对于技术改造项目，需要补充评估对原有厂房、设备、设施的拆迁利用程度和建设期间对生产的影响，摸清企业生产经营和财务现状；对技术改造项目的性质、改造任务和改造范围进行严格界定；比较项目改造前后经济效益的变化，比较项目进行技术改造和不进行技术改造的经济效益变化；对比与新建同类项目投资效益的差别；鉴定分析所采用的经济评价方法是否正确，效益和费用数据的含义是否适当；对因项目的增量效益不足带动企业的存量效益的，还应进行企业总量效益的评估。

1.3.3　项目评估的依据

1）进行项目可行性研究报告评估的依据通常包括以下几方面。

① 项目建议书及其批准文件。

② 项目可行性研究报告。

③ 报送单位的申请报告及主管部门的初审意见。

④ 项目（公司）章程、合同及批复文件。

⑤ 有关资源、原材料、燃料、水、电、交通、通信、资金（含外汇）、组织征地、拆迁等项目建设与生产条件落实的有关批件或协议文件。

⑥ 项目资本金落实文件及各投资者出具的当年度资本金安排的承诺函。

⑦ 项目长期负债和短期借款等落实或审批文件，以及借款人出具的用综合效益偿还项目贷款的函件。

⑧ 必备的其他文件和资料。

2）对于项目贷款机构来说，通常还需要补充以下文件资料作为评估的依据。

① 借款人近三年的损益表、资产负债表和财务状况变动表。

② 对于合资或合作投资项目，各投资者近三年的损益表、资产负债表和财务状况变动表。

③ 项目保证人近三年的损益表、资产负债表和财务状况变动表。

④ 银行评审需要的其他文件。

1.3.4　项目评估的工作程序

通常，项目建议书和可行性研究报告应由各级项目审批单位委托有资质的工程咨询机构或项目贷款机构进行，一般遵循下列评估程序（图1-5）。

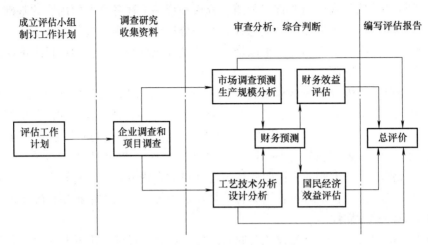

图1-5 项目评估的工作程序

1. 了解评估项目，做好准备工作

工程咨询公司或项目贷款机构在接受或确定项目评估任务后，应及时组织力量参与待评项目的有关调查、考察、文件编制和预审等工作，为开展评估工作做好准备；及时了解和分析建设单位（项目业主）或项目主管部门对项目产品方案、拟建规模、建设地点及资金来源等方面的初步设想，以及对项目投资和效益等方面的希望和要求，确定在评估中需要着重解决的问题；明确评估目标，以利于有针对性地开展评估工作和提高评估的效率和质量。

2. 成立评估小组，制订工作计划

工程咨询公司或银行评估机构根据国家或地区有关部门下达的委托评估项目的特点及其复杂程度，采取不同的评估方式，成立项目评估小组或专家组，确定项目负责人，评估小组应包括经济、技术与市场分析等专业人员，并明确分工。评估小组应制订评估工作计划，进行工作安排，提出具体实施意见，以保证评估质量。在评估工作计划中，应明确评估目的、任务、内容、时间进度、人员分工，以及评估报告的编写原则及细则等内容。

3. 调查研究，收集资料，核查整理

通过事前调查收集评估资料，是项目评估的一项基础工作。

为做好此项工作，评估单位首先应认真审阅委托单位提供的作为评估依据的待评项目的可行性研究报告和主管部门的审查意见等文件资料，加以查证核实，进一步分析研究。检查文件资料是否齐全，有无缺漏；办理这些文件的手续是否完备；提供的文件是否合法，内容是否有效；核查资金、资源、原材料的供应是否落实可靠，如果发现有不符合国家有关规定和评估要求的，则可要求委托单位提供补充或修改的文件资料。

另外，还应根据具体项目的评估内容和分析要求进行企业调查和项目调查，进一步收集必要的数据和资料，核实和补充评估工作中所需的情况、数据和资料。

企业调查是对承担建设项目的现有企业（项目业主）进行的调查，内容包括该企业的历史情况、生产规模、近年生产经营情况、财务情况以及存在的问题，企业近期的会计、统计报表和评估所需的调查表等书面资料。

项目调查是向项目主管部门、商业和外贸部门以及与项目有关的其他单位和设计咨询机构，调查和收集有关项目产品在国内外市场上的工艺技术、设备选型、产品价格、成本、原材料供应等方面的资料。对于利用外资和合资的项目，还应对投资双方进行调查，着重对投资方的资信状况进行评估。

对于调查中收集的资料，要查证核实、加工整理、汇总归类，使之真实、可靠、正确、具有系统性和完整性，以供评估时进行审查分析及编写评估报告。

4. 审查分析，综合判断

评估单位收集到必要的文件资料并达到要求后，可正式开展评审分析和论证工作，在审查分析的工作过程中，若发现原有资料不足，应继续调查和收集资料，予以必要的补充。

审查分析的内容有：按照项目评估的内容对建设项目可行性研究报告进行审查分析，对企业和项目概况的审查（包括对借款人资信的评估），对市场规模、工艺技术和设计的分析，对项目财务数据的预测，对企业财务效益和国民经济效益的分析等各方面进行多方案比选、论证，归纳分析结果，说明评估项目建设的必要性，技术、财务上的可行性和经济上的合理性，提出项目投资建设的可行方案或否定项目投资建设的总结性意见与建议。

在审查分析的过程中，通常要注意以下三方面的问题。

1）对所得资料在情况发生突然变化或在时间顺序、数据异常及同行业对比等方面进行核实，提出疑问。

2）对发现的疑问和存在的问题进一步调查，找出原因，加以证实。

3）针对找出的原因，研究问题的性质，分析这些问题是主要的还是次要的，其原因的产生是源于内部还是外部，问题的存在是暂时的还是持续的，问题能够改善还是不能克服，以及这些问题的发展趋势和变化情况。

经过审查分析得出数据资料，再去粗取精、去伪存真、由表及里地加以综合判断。在审查分析中，应遵循公正、客观和科学的原则，避免片面性和主观随意性。

5. 编写评估报告

在完成各项审查分析和综合判断后，评估单位应根据调查和审查分析结果，编写拟建项目可行性研究报告的评估报告。评估报告中要对可行性研究报告中提出的多种方案加以比较、论证和评估，推荐1~2个最佳的投资建设方案。

银行对贷款项目评估报告内容的要求，应在全面评估的基础上侧重评估贷款项目的投资估算与资金来源、财务经济效益与偿还能力、银行效益与风险防范能力，并对拟建项目的借款人进行资信评估，主要评估借款人的经济地位，法定代表人的素质和领导班子的整体素质，主要投资者的生产经营情况、资产负债及偿债能力，信用和发展前景。通过综合论证分析，判断借款人的资信水平，说明企业资信等级及评价单位，其目的是优化信贷资产结构，提高信贷资产质量，防范和减少贷款风险，以保障信贷资金的效益性、安全性和流动性。

1.4 项目可行性研究与项目评估的关系

1. 项目可行性研究与项目评估的一致性

1）两者均处于项目投资的前期，都是在投资决策前为项目实施而进行的技术经济分析论证工作，都是前期工作中不可缺少的重要准备工作阶段，都是关系到项目的生命力及其在未来市场的竞争能力的重要步骤，都是决定项目投资成败的重要环节。

2) 两者都是投资项目决策前的技术经济分析，其目的均是实现项目投资决策的科学化、民主化和规范化，减少投资风险和避免投资决策失误，促使提高项目投资效益。

3) 两者的基本原理、内容和方法相同，它们都是运用国家已规范化的评价方法和统一颁布的经济参数、技术标准和定额资料，采用同一衡量尺度和判别基准，通过产品的市场调查预测、建设条件和技术方案的技术经济分析论证，以及项目未来经济效益与社会效益的科学预测，判断项目投资的可行性和合理性，形成抉择性意见。

2. 项目可行性研究与项目评估的差异性

(1) 概念与作用不同　项目可行性研究是在投资决策前对工程建设项目从技术、经济和社会等各方面进行全面的技术经济分析论证的科学方法，其形成的项目可行性研究报告是项目投资决策的基础，为项目投资决策提供可靠的科学依据。而项目评估是对项目可行性研究报告进行全面的审核和再评价的工作，审查与判断项目可行性研究的可靠性、真实性和客观性，对拟建项目投资是否可行和确定最佳投资方案提出评价意见，编写评估报告。作为项目投资最终审批决策的主要依据，它为项目决策者（或上级主管部门）提供结论性意见，具有一定的权威性和法律性。

(2) 执行的单位不同　在我国，项目可行性研究通常是由投资主体（项目业主）及其主管部门主持和实施，或委托给有资质的工程咨询公司或设计单位等中介机构去执行，委托单位或机构的工作主要体现投资者的意见和建设目的，是为决策部门和投资主体服务的，并对项目业主负责。项目评估则是由决策机构（如国家或地区主管投资的综合计划部门）和贷款决策机构（如银行）组织实施或授权给专门的咨询机构（如中国国际工程咨询公司）或有关专家，代表国家和地方政府对上报的项目可行性研究报告进行评估。委托机构和人员在执行过程中应体现国家和地区发展规划的目标，贯彻宏观调控政策，并对投资和贷款的决策机构负责。

(3) 研究的角度和侧重点不同　项目可行性研究主要是从企业自身的角度出发，侧重于产品市场预测，对项目建设的必要性、建设条件、技术可行性和财务效益的合理性进行研究分析，评估项目的盈利能力并进行取舍，因此着重项目投资的微观效益。若国家（或地方）的投资决策部门和国家开发银行（管理政策性投资项目）主持项目评估，因其担负着国家宏观调控的职能，故将站在国家的立场上，依据国家、部门、地区和行业等各方面的规划和政策，对项目可行性研究报告的内容和报告的质量（如数据的正确性、计算的理论依据和结论的客观公正性等）进行评估，综合考察项目的社会经济整体效益，侧重于项目投资的宏观效益。若项目评估由商业性的专业投资银行所做，由于受贷款风险机制约束，考虑到项目投资贷款的安全性和提高贷款资金的利用效率，其对项目投资的评估除了应符合国家宏观经济发展的前提外，还必须讲求项目投资效益中的银行收益，即重视借款企业的财务效益和偿还借款能力的评估。

(4) 报告撰写的内容格式和成果形式不同　可行性研究报告主要包括总论、产品市场预测、建设规模分析、建设条件和技术方案论证、项目经济效益分析评价和结论与建议等方面的内容。报告中还应附有研究工作依据、市场调查报告、厂址选择报告、资源信息报告、环境影响报告和贷款意向书等技术性和政策性文件。项目评估报告则主要包含项目建设必要性、建设与生产条件、技术方案、经济效益和项目总评估五个方面内容，对可行性研究报告全部情况的可靠性进行全面的审核。此外，项目评估报告还要分析各种参数、基础数据、定额、费率和效果指标的测算以及选择是否正确，并且要求在报告中必须附有关于企业资信、产品销售、物资供应、建设条件、技术方案专利与生产协作、资金来源等一系列证明和协议文件，以判断和证实项目可行性研究的可靠性、真实性和客观性，以利于决策机构对项目投资提出决策性建议。

（5）在项目管理工作中各自所处的阶段和地位不同　可行性研究工作处于投资前期的项目准备工作阶段，它是根据国民经济长期规划及地区与行业规划的要求，对拟建项目进行投资方案规划、工程技术论证、社会与经济效益预测和组织机构分析，经过多种方案的计算、分析、论证和评价，为项目决策提供可取的科学依据和建议，属于项目规划和预测工作，而且是项目决策活动中不可忽略的重要步骤，是投资决策的首要环节，为项目决策提供了必要的参考。项目评估处于前期工作的项目审批决策阶段，是对项目可行性研究报告提出评审意见，最终确定项目投资是否可行，并选择最佳投资方案。项目评估是投资决策的必备条件，为决策者提供直接的、最终的决策依据，具有可行性研究工作不能替代的更高的权威性。

3. 项目可行性研究与项目评估的相关性

作为投资决策过程中的两大基本步骤，项目可行性研究与项目评估之间是相辅相成、一先一后、彼此映照、不可或缺的。

（1）项目可行性研究是项目评估的对象和基础　项目评估应在可行性研究的基础上进行。

（2）项目评估是可行性研究的结果得以实现的前提　可行性研究的内容和成果必须要通过项目评估的抉择性建议来实现。因此，项目评估的客观评审结论是实现可行性研究所做的投资规划的前提。

（3）项目评估是可行性研究的自然延伸和再评价　项目评估是对可行性研究报告各方面情况进一步论证和审核，因此它是可行性研究工作的自然延伸和再评价。

课后复习题

1. 简述投资的含义及其分类。
2. 简述投资项目的类型及各自的特点。
3. 简述我国现行的项目投资决策的行政许可制度及审批程序。
4. 项目可行性研究有哪些作用？包括哪些内容？
5. 项目可行性研究分为哪几个阶段？各个阶段有哪些特性？
6. 试举例说明项目可行性研究有哪些程序。
7. 项目评估的依据有哪些？
8. 试作图分析项目评估的工作程序。
9. 试简述项目可行性研究与项目评估的关系。

第 2 章
项目方案的经济比选

在解决实际问题时，会遇到需要对多个项目方案进行比选的情况，而经济比选是这个过程中的核心内容。因此研究经济效果评价的指标和方法是十分必要的。本章对项目方案的经济评价指标进行介绍，根据是否考虑资金的时间价值，将经济评价指标分为贴现指标和非贴现指标。在确定项目方案的经济评价指标后，再对多个项目方案进行比选。另外，本章对项目方案之间的关系及类型以及互斥方案、独立方案的比选进行了介绍。

2.1 项目方案的经济评价指标

2.1.1 项目经济评价指标概述

在项目评价的过程中，其核心步骤是项目的经济评价。项目的经济评价是对项目方案计算期内各种有关技术经济因素和方案投入与产出的有关财务、经济资料数据进行调查、分析、预测，利用经济评价指标对经济效果进行计算、评价，通过对各个方案的财务可行性和经济可行性进行分析论证，从而做出全面的经济评价。项目的经济评价是指从投资项目或企业角度对项目进行的经济评价。它包括两方面的内容：一方面是对单个项目方案的评价，从而判断单个项目的可行性；另一方面是对多个项目方案的评价，以从多个方案中选择最优为目的。经济评价的好坏，一方面取决于基础数据的完整性和可靠性，另一方面则取决于选取的评价指标体系的合理性。只有选取正确的评价指标，经济评价结果才能与客观实际情况相吻合，才具有实际意义。

项目的经济评价指标是多种多样的，它们从不同角度反映项目的经济性。根据是否考虑资金的时间价值，将项目的经济评价指标分为贴现指标和非贴现指标。资金的时间价值是不同时间发生的等额资金在价值上的差别，资金在投入使用后经过一段时间，便产生了增值。贴现指标是考虑资金的时间价值，把不同时间点收入或支出的现金按照统一的贴现率折算到同一时间点上，从而使不同时期的现金具有可比性。非贴现指标是不考虑资金的时间价值，直接根据不同时期的现金流量分析项目的经济效益。根据项目对资金的回收速度、获利能力和资金的使用效率，可以将贴现和非贴现指标分为三类：第一类是以时间为计量单位的时间型指标；第二类是以货币单位计量的价值型指标；第三类是反映资源利用效率的效率型指标。本章节在贴现指标这一部分，将对时间型、价值型、效率型这三种指标进行介绍。而在非贴现指标中，由于不考虑资金的时间价值，在不同时期相等的资金其价值一致，因此没有价值型指标这一概念，将对时间型和效率型这两种指标进行阐述。

对于任何一个投资项目，完成后能否获得预期的投资效果是评价该项目甚至决定是否投资该项目的重要内容，为了保证投资的科学性，全面准确地分析、评价投资项目的投资效果，建立一套合理的效果评价指标体系，是一项有重要意义的工作。

2.1.2　贴现指标

贴现指标是考虑资金时间价值，把不同时间点的资金按照统一的贴现率折算到同一时间点上。在贴现指标中，根据指标的计量单位，将贴现指标分为价值型、效率型、时间型三种，下面对这三种类型的指标分别进行介绍。

1. 价值型指标

（1）净现值（NPV）　它是对项目进行动态评价的重要指标之一，是反映投资方案在计算期内获利能力的动态评价指标。净现值是将项目生命期内每年发生的现金流量，按一定的折现率折算到同一时间点上并进行累加。为了对项目进行统一的评价，通常采用的折现率是基准折现率，并且时点为期初。

净现值的计算公式为：

$$NPV = \sum_{t=0}^{n}(CI-CO)_t(1+i_c)^{-t} = \sum_{t=0}^{n}(-K_t+NB_t)(1+i_c)^{-t} \qquad (2-1)$$

式中　NPV——净现值；

$(CI-CO)_t$——第 t 个计算期的净现金流量；

K_t——第 t 年的投资支出；

NB_t——第 t 年的除 K 外的净现金流量；

n——项目生命年限；

i_c——行业基准折现率。

从净现值的计算公式中可以明显看出，净现值的大小与折现率 i_c 有很大关系，当 i_c 变化时，NPV 也随之变化，两者呈非线性关系：$NPV(i_c)=f(i_c)$。

一般情况下，同一净现金流量的净现值随着折现率 i 的增大而减少，故基准折现率 i_c 定得越高，能被接受的方案就越少。净现值与折现率的关系如图 2-1 所示。

图 2-1 中，在某一个 i^* 值上，净现值曲线与横坐标相交，表示该折现率下的净现值 NPV =0，且当 $i_c<i^*$ 时，$NPV(i_c)>0$；$i_c>i^*$ 时，$NPV(i_c)<0$，i^* 是一个具有重要经济意义的折现率临界值，被称为内部收益率（IRR），后面将进行详细分析。

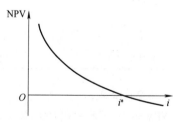

图 2-1　净现值与折现率的关系

NPV 之所以随着 i 的增大而减小，是因为一般投资项目正的现金流入（如收益）总是发生在负的现金流出（如投资）之后，随着折现率的增加，正的现金流入折现到期初的时间长，其现值减小得多，而负的现金流出折现到期初的时间短，相应现值减小得少，这样现值的代数和就减小。

评价准则：净现值是评价项目盈利能力的绝对指标，它反映项目在满足按设定折现率要求的盈利能力之外，获得的超额盈利的现值。计算出的净现值可能有三种结果。

1）当 NPV > 0 时，表示该投资方案实施后除保证可实现预定的收益率外，还可获得更高的收益。

2）当 NPV = 0 时，表示该投资方案刚好达到预定的收益率标准，但并不代表盈亏平衡。

3）当 NPV < 0 时，表示该投资方案实施后的投资收益率不能达到所预定的收益率水平，但不能因此确定项目已经亏损。

综上，净现值指标衡量项目盈利能力的评价准则为：若 NPV ≥ 0，表示该项目经济上可行，可以考虑接受该项目；若 NPV < 0，表示该项目经济上不可行，应当拒绝该项目。

净现值的计算方法有两种：一是列表法，在项目的现金流量表上按基准折现率计算生命周期内累计折现值；二是公式法，利用一次支付现值公式或等值分付现值公式，将生命周期内每年发生的现金流量按基准折现率折现到期初，然后累加起来。

【例 2-1】 某项目现金流量表见表 2-1，若已知基准折现率 $i_c = 10\%$，试计算净现值，并判断该项目方案在经济上是否可行。

表 2-1　某项目现金流量表 （单位：万元）

年　份	0	1	2	3	4	5	6
现金流入			40	60	60	60	60
现金流出	50	80					
净现金流量	−50	−80	40	60	60	60	60

解：1）列表法。在表 2-1 下方增加 "$(1 + 0.1)^{-t}$" "折现值" "累计折现值" 三行，分别进行计算，见表 2-2。NPV = 生命期内的累计折现值 = 67.51 万元

表 2-2　某项目现金流量和净现值计算表 （单位：万元）

年　份	0	1	2	3	4	5	6
现金流入			40	60	60	60	60
现金流出	50	80					
净现金流量	−50	−80	40	60	60	60	60
$(1 + 0.1)^{-t}$	1	0.9091	0.8264	0.7513	0.683	0.6209	0.5645
折现值	−50	−72.73	33.06	45.08	40.98	37.26	33.87
累计折现值	−50	−122.7	−89.67	−44.59	−3.61	33.65	67.51

2）公式法。

NPV = −50 万元 − 80(P/F,10%,1) 万元 + 40(P/F,10%,2) 万元 + 60(P/A,10%,4)(P/F,10%,2) 万元

= 50 万元 − 80 × 0.9091 万元 + 40 × 0.8264 万元 + 60 × 3.170 × 0.8264 万元 = 67.51 万元

根据判别准则，由于 NPV = 67.51 万元 > 0，故项目在经济上是可行的。

净现值的优点可以表现在以下几个方面。

1）考虑了资金的时间价值，并全面考虑了项目在整个计算期内的经营状况，可以衡量投资者期望收益率条件下项目在整个生命期内的盈亏情况，从而显示出对项目的基本满意度。

2）净现值指标直接以货币为单位来表示项目在生命期内的超额收益，可以明确直观地

反映出项目的经济意义。

3）在给定净现金流量、计算期和折现率的情况下，能计算出唯一的一个净现值指标，它在理论上比其他方法更加完善。

其缺点表现在以下几个方面：

1）净现值指标的计算，必须事先给定一个符合经济现实的基准折现率，而基准折现率的确定往往是比较困难的。基准折现率如果定得偏高，会导致许多可行的项目不能够被接受。基准折现率如果定得偏低，会导致许多不可行的项目被接受。

2）在项目评价投资额不同、生命期不同的情况下，判断和选择方案时，如果单纯地看净现值的大小，有可能会忽略效率高的方案，所以应当结合其他方法进行评价。

（2）净年值（NAV）　它是指按给定的基准折现率，通过等值换算将方案计算期内各个不同时点的净现金流量分摊到计算期内各年的等额现值。

净年值计算公式为：

$$NAV = NPV(A/P, i_c, n) = \left[\sum_{t=0}^{n}(CI_t - CO_t)(1 + i_c)^{-t}\right](A/P, i_c, n) \quad (2-2)$$

式中　NAV——净年值；

　　　NPV——净现值；

$(A/P, i_c, n)$——等额分付资本回收系数；

　　　CI_t——第 t 年的现金流入额；

　　　CO_t——第 t 年的现金流出额；

　　　n——项目生命期年限；

　　　i_c——基准折现率。

判别准则：对项目单方案而言，若 NAV≥0，则可以考虑接受项目方案；若 NAV<0，则应当拒绝项目方案。

将净年值的计算公式及判别准则与净现值的计算公式及判别准则做比较可知，由于 $(A/P, i_c, n)≥0$，故净年值与净现值在项目评价的结论上总是一致的。进行多方案比选时，净年值越大的方案越优（净年值最大准则）。

因此，就项目的评价结论而言，净年值与净现值是等效的评价指标。净现值给出的信息是项目除达到基准收益率的要求外，在整个生命期内获取的超额收益的现值，与净现值不同的是，净年值给出的信息是生命期内每年的等额超额收益。由于信息的含义不同，而且由于在某些现金流结构（如投产后年净现金流相等）和某些决策结构形式的情况下，采用净年值比采用净现值更方便和易于计算，因此，净年值法在财务评价方法中占有相当重要的地位。

由于净年值与净现值是等效指标，因此具有与净现值指标同样的优点和缺点，此处不再重复说明。

【例 2-2】　某设备的购价为 40000 元，每年的运行收入为 15000 元，年运行费用为 3500 元，4 年后该设备可以按 5000 元转让，如果基准折现率为 5%，试用净年值法判断此项设备投资是否值得？

解：NAV = -40000(A/P,5%,4)元 + 15000 元 - 3500 元 + 5000(A/F,5%,4)元

$$= -40000 \times 0.282 \ 元 + 11500 \ 元 + 5000 \times 0.232 \ 元$$

$$= 1380 \ 元$$

由于 NAV > 0，故此项投资是值得的。这与用净年值指标的评价结论是一致的。

（3）费用现值（PC）和费用年值（AC）　费用现值（PC）和费用年值（AC）：在对多个方案比较优选时，如果各个方案产出价值相同，或者各个方案能够满足同样需要但其产出效益难以用价值形态（货币）计量（如环保、教育、保健、国防）时，可以通过对各个方案费用现值或费用年值的比较进行选择。

费用现值的计算公式：

$$PC = \sum_{t=0}^{n} CO_t(P/F, i_c, t) \tag{2-3}$$

费用年值的计算公式：

$$AC = \left[\sum_{t=0}^{n} CO_t(P/F, i_c, t) \right](A/P, i_c, n) = PC(A/P, i_c, n) \tag{2-4}$$

式中　PC——费用现值；

　　　AC——费用年值；

　　　CO_t——第 t 年的费用（包括投资和经营成本等）。

费用现值和费用年值指标只能用于多个方案的比选，其判别准则是：费用现值或费用年值最小的方案为优。

2. 效率型指标

（1）内部收益率（IRR）　又称内部报酬率，它是经济评价中重要的动态评价指标之一。所谓内部收益率，简单说，就是使方案在生命期内的净现值为零时的折现率。

在图 2-1 中，净现值函数变化趋势为：随着折现率的不断增大，净现值不断减小。当折现率增至 IRR 时，项目净现值为零。对该项目而言，IRR 即为内部收益率。一般而言，IRR 是 NPV 曲线与横坐标交点处对应的折现率。

内部收益率可通过解下述方程求得：

$$NPV(IRR) = \sum_{t=0}^{n} (CI_t - CO_t)(1 + IRR_0)^{-t} = \sum_{t=0}^{n} (-K_t + NB_t)(1 + IRR)^{-t} = 0$$

$$\tag{2-5}$$

式中　IRR——内部收益率；

　　　NPV——净现值；

　　　CI_t——第 t 年的现金流入额；

　　　CO_t——第 t 年的现金流出额；

　　　K_t——第 t 年的投资支出；

　　　NB_t——第 t 年的除 K 外的净现金流量；

　　　n——项目生命年限。

从式（2-5）中可以看出，内部收益率完全取决于项目内部现金流量要素，与外部变量（如基准收益率）无关。这就是内部收益率之所以称为"内部"的原因。

内部收益率通常被认为是项目投资的盈利率，其实这是不确切的。其正确的经济含义应该是：在项目的整个生命期内如果以内部收益率为利率计算，始终存在着未回收的投资，而在生命期结束时，恰好收回全部投资。也就是说，在项目生命期内，项目始终处于"偿还"未回收的投资的状态，而项目的"偿还"能力又完全取决于项目"内部"，这就是"内部收益率"称谓的由来。因此，从实质上看，内部收益率不是指项目初始投资的盈利率，而是项目对初始投资的偿还能力或项目对贷款利率的最大承担能力。内部收益率不仅受到项目初始投资规模的影响，而且受到项目生命期内各年净收益大小的影响。

内部收益率也可以看成是动态的投资收益率。因为，NPV ≥ 0 的实质是指项目除达到基准折现率的要求外，在整个生命期内获取的超额收益的现值；而现在达到内部收益率的要求后，NPV = 0，不再存在超额收益，即全部收益都是由内部收益率形成的，所以内部收益率实际上是动态的投资收益率。

判别准则：设基准折现率为 i_c，对项目单方案而言，若 IRR ≥ i_c，则项目方案可以考虑接受；若 IRR < i_c，则应当拒绝项目方案。

计算内部收益率，理论上可以通过式（2-5）求解。但这是一个高次方程，不容易直接求解，通常采用"试算内插法"求 IRR 的近似解，其原理如图 2-2 所示。

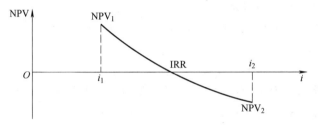

图 2-2　内部收益率试算内插法原理

如图 2-2 所示，既然 NPV(IRR) = 0，如能找到两个与 IRR 临近的折现率 i_1、i_2，使 i_1 < IRR，NPV_1 > 0；i_2 > IRR，NPV_2 < 0。根据相似三角形原理，$(IRR - i_1)/(i_2 - i_1) = NPV_1/(NPV_1 + |NPV_2|)$，即：

$$IRR = i_1 + (i_2 - i_1)NPV_1/(NPV_1 + |NPV_2|) \qquad (2\text{-}6)$$

求解内部收益率的方程式（2-5）是一个高次方程。如果这是一个 n 次方程，必有 n 个根（包括复数根和虚数根），故其正实数根可能不止一个。根据笛卡尔符号法则，若方程的系数序列（项目的现金流序列）正负号变化仅一次，方程肯定有唯一解，而当净现金流序列的正负号有多次变化时，方程可能有多解。

净现金流序列符号只变化一次的项目称作常规项目；净现金流序列符号变化多次的项目称作非常规项目。就一般情况而言，在项目生命期期初（项目建设期和投产初期），净现金流一般为负值（现金流出大于流入），项目进入正常生产期后，净现金流量就会变成正值（现金流入大于流出）。所以，绝大多数投资项目属于常规项目。只要其累计净现金流量大于零，内部收益率就有唯一的正实数解。

可以证明，对于非常规项目，如果求解内部收益率的方程存在多个正实数根，则所有的根都不是真正的项目内部收益率。但若非常规项目的求解内部收益率的方程只有一个正实数根，则这个根就是项目的内部收益率。在实际工作中，对于非常规项目可以用通常的办法（如试算内插法）先求出一个内部收益率的正实数解，对这个解按照内部收益率的经济含义进行检验,若其满足内部收益率经济含义的要求(项目生命期内式中存在未被回收的投资),则这个解就是内部收益率的唯一解,否则项目无内部收益率,不能用内部收益率指标进行评价。

【例2-3】 某项工程方案的现金流量如表2-3所示,设其行业基准收益率为10%。试用内部收益率法分析判断方案是否可行。

表2-3 某项工程方案的现金流量表 (单位:万元)

年份(年末)	0	1	2	3	4	5
现金流量	−2000	300	500	500	500	1200

解:该方案的净现值表达式为:

$$NPV = -2000 + 300(P/F,i,1) + 500(P/A,i,3)(P/F,i,1) + 1200(P/F,i,5)$$

第一次试算,取 $i_1 = 12\%$ 并代入上式求得:

$$NPV(i_1) = -2000\ 万元 + 300(P/F,12\%,1)万元 + 500(P/A,12\%,3)(P/F,12\%,1)万元 + 1200(P/F,12\%,5)万元$$

$$= -2000\ 万元 + 300 \times 0.8929\ 万元 + 500 \times 2.402 \times 0.8929\ 万元 + 1200 \times 0.5674\ 万元$$

$$= 21\ 万元 > 0$$

第二次试算,取 $i_2 = 15\%$ 并代入上式求得:

$$NPV(i_2) = -2000\ 万元 + 300(P/F,15\%,1)万元 + 500(P/A,15\%,3)(P/F,15\%,1)万元 + 1200(P/F,15\%,5)万元$$

$$= -2000\ 万元 + 300 \times 0.8696\ 万元 + 500 \times 2.283 \times 0.8696\ 万元 + 1200 \times 0.4972\ 万元$$

$$= -150\ 万元 < 0$$

可见,内部收益率必然在12%~15%,代入试算内插法计算式(2-6)可求得:

$$IRR = i_1 + (i_2 - i_1)NPV_1/(NPV_1 + |NPV_2|) = 12\% + (15\% - 12\%) \times 21/(21 + |-150|) = 12.4\%$$

因为 $IRR = 12.4\% > i_c = 10\%$,所以该方案可行,可以接受。

---

1)内部收益率指标的优点主要表现在以下几方面。

① 内部收益率法与净现值法一样,既考虑了资金时间价值因素,又考虑了项目在整个生命期内的全部情况。

② 内部收益率作为动态的投资收益率,反映了投资项目的实际贡献率;同时它又反映了项目对初始投资的偿还能力或项目对贷款利率的最大承担能力,即反映了投资的使用效率,概念清晰明确。与净现值与净年值相比,各行各业的实际经济工作者更喜欢采用内部收益率作为评价指标。该指标可以作为有关部门监控行业经济效益的衡量标准,如主管部门可以据此制定本行业的基准折现率,这是净现值、净年值等指标无法比拟的。

③ 内部收益率与实践的关系体现在,当盈利额一定时,盈利取得的时间越早,IRR 越高;盈利取得的时间越迟,IRR 越小。因此,IRR 可以综合反映项目未来现金流入的数量和时间。

④ 内部收益率不是事先外生给定的,而是内生决定的,由项目现金流计算出来的(在试算时也可任意选取第一个折现率)。当基准折现率不易被确定为单一值而是落入一个小区

间时，若内部收益率落在该小区间之外，则使用内部收益率指标的优越性是显而易见的。而在计算净现值和净年值时需要事先给定基准折现率，这是一个既困难又易引起争论的问题。

2）内部收益率指标的缺点表现在以下几方面。

① 对非常规投资项目而言，在整个生命期内，净现金流序列符号变化多次，内部收益率方程可能会出现多解或无解的情况，此时不能用内部收益率指标来评价方案，宜选用净现值等其他指标。当内部收益率有多个时，若确实需要用内部收益率，则须将项目的现金流量进行调整，才可能求出唯一的正实数解。可用以下两种方法进行调整：一是把期初以后发生的净现金流出（投资），以基准折现率调整到期初，使现金流成为符号只变化一次的序列形式；二是把非期初的净现金流出（投资），以基准折现率换算为与其前面相邻的现金流入同年的现值，并与现金流入合并，使该项目的现金流变成符号只变化一次的序列形式。

② 进行多方案比较时，要结合评价目标考虑指标的适用性。例如对企业而言，若希望利润最大化，就不宜用内部收益率作为衡量指标。因为内部收益率不是用来计算期初投资的收益率的，内部收益率大的方案不一定是利润最大的方案。

③ 由于在对内部收益率的计算中采用了复利计算法，这就隐含了这样一个基本假定：项目生命期内所获得的净收益可全部用于投资，再投资的收益率等于项目的内部收益率，而现实投资中出现这种情况的机会较少。

④ 由于内部收益率是根据项目方案本身数据计算出来的，而不是专门给定的，所以它不能直接反映资金时间价值的大小。

（2）外部收益率（ERR）　它是对非常规项目进行动态评价的主要指标，同时也是对内部收益率指标的一种修正。

如前文所述，投资方案内部收益率的计算，隐含着一个基本假定，即项目生命期内所获得的净收益全部可用于再投资，再投资的收益率等于项目的内部收益率。这种隐含假定是由现金流计算中采用复利计算方法导致的。

计算内部收益率的方程式（2-5）可以变换为：

$$\sum_{t=0}^{n} \mathrm{NB}_t (1 + \mathrm{IRR})^{-t} = \sum_{t=0}^{n} K_t (1 + \mathrm{IRR})^{-t} \tag{2-7}$$

再在上式两端乘以 $(1 + \mathrm{IRR})^n$，也就是通过等值计算公式将现值折算成 n 年年末的终值，则有：

$$\sum_{t=0}^{n} \mathrm{NB}_t (1 + \mathrm{IRR})^{n-t} = \sum_{t=0}^{n} K_t (1 + \mathrm{IRR})^{n-t} \tag{2-8}$$

这个等式意味着每年的净收益以 IRR 为收益率进行再投资，到 n 年年末历年净收益的终值和与历年投资按 IRR 折算到 n 年年末的终值和相等。

由于投资机会的限制，这种假定往往难以与实际情况相符。因为事实上每年的净收益不可能马上就拿去投资与原来的投资项目内部收益率相同的新项目，从而获得那么高的再投资效益，而通常的情况是这些净收益只能用于补充日常经营资金，也就是只能获得相当于基准收益率那样的再投资效益。

正是基于这种考虑，外部收益率是对内部收益率进行的一种修正。计算外部收益率时也要假定项目生命期内所获得的净收益全部可用于再投资，所不同的是，其假定再投资的收益率等于基准折现率。

求解外部收益率方程式：

$$\sum_{t=0}^{n} NB_t (1 + i_c)^{n-t} = \sum_{t=0}^{n} K_t (1 + ERR)^{n-t} \tag{2-9}$$

式中　ERR——外部收益率；

K_t——第 t 年的投资支出；

NB_t——第 t 年的除 K 外的净现金流量；

n——项目生命期年限；

i_c——基准折现率。

可以证明方程式（2-9）不会出现多个正实数解的情况，也就是说，外部收益率是唯一的，因此适用于对非常规项目的财务评价。

ERR 指标用于评价投资方案经济效益时，也要与 i_c 相比较。判别准则：若 $ERR \geq i_c$，则可以考虑接受项目方案；若 $ERR < i_c$，则应当拒绝项目方案。

【例 2-4】　某重型机械公司为一项工程提供一套大型设备，合同签订后，买方要分两年先预付一部分款项，待设备交货后再分两年支付设备价款的其余部分。重型机械公司承接该工程项目预计各年的净现金流量见表 2-4。

表 2-4　某工程项目预计各年的净现金流量表　　　　　　（单位：万元）

年　份	0	1	2	3	4	5
净现金流量	1900	1000	− 5000	− 5000	2000	6000

i_c 为 10%，试用收益率指标评价该项目是否可行。

解：该项目是一个非常规项目，其 IRR 方程有两个解：10.2% 和 47.3%。不能用 IRR 指标评价，可计算其 ERR。根据式（2-9），列出如下方程：

$$1900(1 + 10\%)^5 万元 + 1000(1 + 10\%)^4 万元 + 2000(1 + 10\%) 万元 + 6000 万元$$
$$= 5000(1 + ERR)^3 万元 + 5000(1 + ERR)^2 万元$$

可解得：$ERR = 10.1\%$，$ERR > i_c$，项目可行。

3. 时间型指标

动态投资回收期（P_t'），是在考虑时间价值的条件下，从项目开始投资建造之日起，按设定的基准折现率计算项目各年的净现金流量的现值的累加值为零的期限。其一般表达式为：

$$\sum_{t=0}^{P_t'} (CI_t - CO_t)(1 + i_c)^{-t} = 0 \tag{2-10}$$

式中　P_t'——动态投资回收期；

CI_t——第 t 年的现金流入总额；

CO_t——第 t 年的现金流出总额；

i_c——基准折现率。

用动态投资回收期指标对投资项目进行评价时，需要与项目生命期进行比较。设项目生命期为 n，判别准则为：当 $P_t' \leq n$ 时，可以考虑接受项目方案；当 $P_t' > n$ 时，则应当拒绝此项目方案。

从式 (2-10) 可以看出, 贴现指标的投资回收期实际上就是累计净现金流量现值为零的时间, 贴现指标的投资回收期与静态投资回收期的计算方法类似, 一般采用列表法, 即根据现金流量表求得的净现金流量计算累计净现金流量现值, 计算投资回收期的公式:

$$投资回收期 = 累计净现金流量折现值开始出现正值年份数 - 1 + \frac{上年累计净现金流量折现值的绝对值}{当年净现金流量折现值}$$

$$(2-11)$$

使用投资回收期这个经济评价指标很容易理解, 计算也比较简便。投资回收期在一定程度上显示了资本回收的周转速度。可以很明显地看出, 投资回收期越短, 说明资金的周转速度越快, 相对来说, 风险就越小, 盈利就越多。这对于那些资金相对短缺, 或未来资金的回收情况难以预测而投资者又特别关心资金补偿的项目来说, 进行投资回收期指标的分析是特别有用的。但投资回收期这项指标不能全面反映投资回收之后的情况, 也无法准确地衡量某个具体计算期内的经济效果, 这也是投资回收期本身的局限性。因此, 在采用投资回收期这个指标时, 更多的是把它作为辅助的评价指标, 或者与其他评价方法结合使用。

【例 2-5】 某项目现金流量见表 2-5, 若已知基准折现率为 10%, 项目生命期为 5 年, 试计算投资回收期, 并判断项目方案在经济上是否可行。

表 2-5　某项目现金流量表　　　　　　　　　　　（单位：万元）

年　　份	0	1	2	3	4	5	6
现金流入			40	60	60	60	60
现金流出	50	80					
净现金流量	−50	−80	40	60	60	60	60

解: 由于净现值计算这一部分将会在后面的内容中介绍, 因此在这里直接给出列表法计算出的净现值计算结果, 得到表 2-6。

表 2-6　某项目现金流量和净现值计算表　　　　　　（单位：万元）

年　　份	0	1	2	3	4	5	6
现金流入			40	60	60	60	60
现金流出	50	80					
净现金流量	−50	−80	40	60	60	60	60
$(1+0.1)^{-t}$	1	0.9091	0.8264	0.7513	0.683	0.6209	0.5645
折现值	−50	−72.73	33.06	45.08	40.98	37.26	33.87
累计折现值	−50	−122.7	−89.67	−44.59	−3.61	33.65	67.51

根据式 (2-11), 投资回收期 = [5 − 1 + (|−3.61|/37.26)] 年 = 4.1 年。

因投资回收期 < 项目生命期, 故项目方案在经济上可行。

2.1.3　非贴现指标

非贴现指标是指不考虑资金的时间价值, 直接根据不同时期的现金流量对项目的经济效益进行评价的指标。由于在非贴现指标不考虑资金的时间价值，因此将非贴现指标分成时间型和比率型两种类型，下面对这两种类型的指标进行介绍。

1. 时间型指标

静态投资回收期（P_t）是指从项目投建之日起，用项目各年的净收益将全部投资回收所需的期限。其一般表达式为：

$$\sum_{t=0}^{P_t} (CI_t - CO_t) = 0 \tag{2-12}$$

式中　CI_t——第 t 年的现金流入总额；

　　　CO_t——第 t 年的现金流出总额；

　　　P_t——静态投资回收期。

根据式（2-12），显然，如果将投资包括在内，静态投资回收期就是累计净现金流量为零的期限。因此，计算静态投资回收期的一般方法是列表法，即根据现金流量表上求得的净现金流量计算累计净现金流量，再用式（2-13）计算静态投资回收期：

$$静态投资回收期 = 累计净现金流量首次为正的年份 - 1 + \left(\frac{去年累计净现金流量的绝对值}{当年净现金流量} \right)$$

$$\tag{2-13}$$

用静态投资回收期评价投资项目时，需要与基准投资回收期比较。设基准投资回收期为 P_c，判别准则：若 $P_t \leq P_c$，则可以考虑接受项目方案；若 $P_t > P_c$，则应当拒绝项目方案。

【例 2-6】　某项目现金流量见表 2-7，试计算项目静态投资回收期。

表 2-7　某项目现金流量表　　　　　　　　　　（单位：万元）

年　份	0	1	2	3	4	5	6
现金流入			40	60	60	60	60
现金流出	50	80					
净现金流量	-50	-80	40	60	60	60	60

解：用列表法计算，结果见表 2-8。

表 2-8　某项目累计现金流量计算表　　　　　（单位：万元）

年　份	0	1	2	3	4	5	6
净现金流量	-50	-80	40	60	60	60	60
累计净现金流量	-50	-130	-90	-30	30	90	150

根据式（2-13），静态投资回收期 $= [4 - 1 + (|-30|/60)]$ 年 $= 3.5$ 年。

静态投资回收期法有如下优点：

1）概念比较清晰，容易理解，使用较为方便。

2）静态投资回收期指标不但在一定程度上反映项目的经济性，而且反映项目风险的大小。项目决策者面临着未来不确定性因素的挑战，这种不确定性所带来的风险随着时间的延长而增加，因为离当前时点越远，人们所能确定的因素就越少。一般而言，项目时间越长，项目的现金流量越难预计，其收益也越难保证，为了减少这种风险，就必然希望静态投资回收期越短越好。作为能够反映一定经济性和风险性的投资回收期指标，静态投资回收期指标在项目评价中具有独特的地位和作用，在项目可行性研究的财务评价中，通常是必须计算的辅助性指标。

3) 由于静态投资回收期法选择方案的标准是回收资金的速度越快越好，迎合了一部分怕担风险的投资者的心理，因而静态投资回收期法是人们容易接受和乐于使用的一种经济评价方法。

但是，**静态投资回收期法存在着缺陷，一般只能作为一种辅助方法，不能单独使用**，主要原因如下：

1) 它没有考虑资金的时间价值，这对这项指标的科学性、准确性产生影响。

2) 它仅以投资的回收快慢作为决策的依据，没有考虑投资回收期以后的情况，没有考虑投资回收以后的项目收益，没有考虑投资项目的实际使用年限，没有考虑投资项目的期末残值，没有考虑将来累计或追加投资的效果。一句话可以概括为，它没有考虑投资项目整个生命期的经济效益。因而投资回收期是一个短期指标，用该指标进行计算，只对短期收益的方案有利，而难以对不同方案的比较选择做出正确判断。

2. 比率型指标

投资收益率（R），即静态投资收益率，也称投资效果系数，是指项目年净收益与投资总额的比值。其一般表达式为：

$$R = \frac{\text{NB}}{K} \times 100\% \tag{2-14}$$

式中　K——投资总额；

　　　NB——年净收益；

　　　R——投资收益率。

投资总额：根据不同的分析目的，投资总额可以是全部投资总额，也可以是固定资产投资总额、投资者的权益投资总额、自有资金投资总额。

年净收益：与计算投资回收期的情形相同，根据不同的分析目的，年净收益可以是净利润（税后利润）、利润总额（税前利润）、净利润＋折旧与摊销、净利润＋折旧与摊销＋借款利息支出等。在技术经济分析中，以现金流量为基础数据，因此净收益通常是指不包括投资在内的净现金流量。

投资收益率：根据投资总额和净收益不同的具体含义，投资收益率就可以表现为各种不同的具体形态。

（1）全部投资收益率　全部投资收益率（ROI）表示总投资的盈利水平，指项目达到设计能力后正常年份的年息税前利润或运营期内年平均息税前利润（EBIT）与项目总投资（TI）的比率，具体计算如下：

$$\text{ROI} = \frac{\text{EBIT}}{\text{TI}} \times 100\% \tag{2-15}$$

（2）资本金投资净利率　资本金投资净利率（ROE）表示项目资本金的盈利水平，是指项目达到设计能力后正常年份的年净利润或运营期内年平均净利润（NP）与项目资本金（EC）的比率，资本金投资净利率的计算如下：

$$\text{ROE} = \frac{\text{NP}}{\text{EC}} \times 100\% \tag{2-16}$$

（3）投资利税率 投资利税率是指项目达到设计生产能力后的正常生产年份的年利润总额或项目生产期内的年平均利润总额与项目总投资的比率。投资利税率的计算如下：

$$\text{投资利税率} = \frac{\text{年利税总额或年平均利税总额}}{\text{项目总投资}} \times 100\% \tag{2-17}$$

对于权益投资收益率和投资利润率来说，还有所得税后与所得税前之分，相应的，年利润取净利润或利润总额计算。

如果年净收益是投产后各年的平均净收益，R 则是平均投资收益率。

如果年净收益是投产后某年的平均净收益，R 则是某年的投资收益率。

如果年净收益是投产后达到设计生产能力的正常年份的净收益，R 则是正常年份的投资收益率。

因此，同一项目方案可以根据不同的分析目的，计算不同的投资收益率；当进行方案评价和比较时，一定要明确投资收益率指标的具体含义。

对比式（2-13）与式（2-14）可以看出，如果不考虑项目建设期，在投资总额和净收益计算范围一致的情况下，投资收益率与投资回收期互为倒数，关系比较清晰。这也是一部分人主张投资回收期应从项目投产时算起的原因。

用投资收益率指标评价投资项目时，需要与基准投资收益率作比较。设基准投资收益率为 R_b，正常年份的投资收益率为 R，判别准则为：若 $R \geqslant R_b$，则可以考虑接受项目方案；若 $R < R_b$，则应当拒绝项目方案。

【例2-7】 某项目经济数据见表2-7，假定全部投资自有资金，现已知基准投资收益率 $R_b = 15\%$，试以投资收益率指标判断项目取舍。

解：根据式（2-14），投资收益率 $R = 60/130 \times 100\% = 46.15\% > R_b$（15%），故可以考虑接受项目方案。

投资收益率法的优点如下所述。

1）投资收益率指标与国家统计资料和企业财务资料较为匹配，计算简单方便，如投资利润率就可以根据损益表的有关数据计算求得。

2）投资收益率指标的基准容易确定，可以选取银行利率、企业利税率等作为基准投资收益率。

3）投资收益率指标实际操作性强。例如，在财务评价中，将投资利润率与行业平均利润率相比，可以衡量出项目单位投资盈利能力是否达到本行业的平均水平。因此，该指标的使用范围较广。

但是，作为静态评价方法，投资收益率法与投资回收期法一样，只能作为一种辅助方法，而不能单独使用。其原因是：投资收益率指标没有反映资金的时间价值，而且舍弃了项目建设期、项目生命期等众多经济信息，不能体现早期收益比后期收益的优越性。

2.2　项目方案的经济比选方法

对项目投资方案进行经济评价，通常有两种情况：一是单方案评价，即投资项目只有一种技术方案或独立的项目方案可供评价；二是多方案评价，即投资项目有几种可供选择的技术方案。对单方案的评价，一般采用前述的经济评价指标就可以决定项目的取舍。但应该指出的是，在实际项目评价中，由于决策类型的复杂性、决策结构的多样性，往往只有对多方案进行比较评价，才能判断并选出技术先进、经济合理、社会效益好的最优方案。

2.2.1　项目方案之间的关系类型

多方案的动态评价方法的选择和各个比选项目方案的不同类型，即项目方案之间的相互关系有关。项目方案之间的相互关系可分为如下两种类型。

1. 独立型

独立型是指各个方案的现金流量是独立的，不具有相关性，在投资无限额的条件下，任一方案的采用与否都不影响是否采用其他方案的决策。例如个人投资，只要钱足够，可以购买国债，也可以购买股票，还可以购买房地产等。只要方案自身可行，可以选择其中一个方案，也可选择其中两个、三个或多个方案，各自的效果与选择不受影响，互相独立。

2. 互斥型

互斥型是指各方案之间存在着互不相容、互相排斥的关系，在对多个互斥方案进行比选时，最多只能选取其中之一，其余方案必须放弃。因此，方案具有排他性，在多方案当中只能选择一个方案，如特定项目经济规模的确定、厂址方案的选择、土地利用方案的选择、特定水电站坝高方案的选择等。从某种意义上说，多方案选择主要就是对互斥方案的选择。其他类型的方案，往往可以组合成互斥方案，然后采用互斥方案的选择方法进行选择。

项目经济分析经常要对可实现某一预定目标的多种方案进行比较，从中选出最优或最满意的方案。项目方案的水平高低主要体现在两个方面：①实现目标程度的高低；②在实现目标的前提下取得的经济效益大小。为了选出最佳方案，根据技术经济比较原理，需对两个以上的方案进行经济效益比较。

项目方案可比原则是指对拟议的不同方案进行技术经济比较时，对可比条件的认识和要求。具体包括：①对拟议的各种项目方案进行比较；②分析在什么条件下技术方案的产品质量、费用、时间、价格等因素具有可比性，可以直接进行比较，以及在什么条件下不具有可比性，不能进行直接比较；③如何使不可比条件转化为可比条件。

2.2.2　互斥方案的比选

在对互斥型方案进行决策时，参加比选的方案必须具有可比性，如前文所述，主要包括计算的时间具有可比性，计算的收益与费用的范围、口径一致，以及计算的价格具有可比性。

互斥方案经济效果的评价包含了两部分内容：一是考察各个方案的经济效果，即进行绝对（经济）效果的检验，用经济效果评价标准（如 $NPV \geq 0$，$NAV \geq 0$，$IRR \geq i_c$）检验方案的经济性，叫"绝对（经济）效果的检验"。凡通过绝对（经济）效果检验的方案，就认为它在经济效果上是可以接受的，否则就应予以拒绝。二是考察哪个方案相对最优，称"相对（经济）效果检验"。两种检验的目的和作用不同，通常缺一不可。

1. 生命周期相同的互斥方案的选择

对于生命周期相同的互斥方案，计算期通常设定为其生命周期，这样能满足计算时间的可比性。通过计算增量净现金流量评价增量投资经济效果，对投资额不等的互斥方案进行比选的方法，被称为增量分析法或差额分析法，这是互斥方案比选的基本方法。

（1）增量分析法　通过下面的例题来对增量分析法进行介绍。

【例 2-8】 现有 A、B 两个互斥方案，生命期相同，其各年的净现金流量如表 2-9 所示，试对方案进行评价选择（$i_c = 10\%$）。

表 2-9　互斥方案 A、B 的净现金流及评价指标　　　　　（单位：万元）

年　　份	0	1 ~ 10	NPV	IRR（%）
方案 A 的净现金流	− 2500	800	2415. 2	29. 64
方案 B 的净现金流	− 1800	650	2193. 6	34. 28
增量净现金（A − B）	− 700	150	221. 6	17. 72

解：首先计算两个方案的绝对经济效果指标 NPV 和 IRR，计算结果见表 2-9。

$$\mathrm{NPV_A} = -2500\ \text{万元} + 800(P/A, 10\%, 10)\ \text{万元} = 2415.2\ \text{万元}$$
$$\mathrm{NPV_B} = -1800\ \text{万元} + 650(P/A, 10\%, 10)\ \text{万元} = 2193.6\ \text{万元}$$

由方程式：
$$-2500 + 800(P/A, \mathrm{IRR_A}, 10) = 0$$
$$-1800 + 650(P/A, \mathrm{IRR_B}, 10) = 0$$

可求得：
$$\mathrm{IRR_A} = 29.64\%$$
$$\mathrm{IRR_B} = 34.28\%$$

$\mathrm{NPV_A}$、$\mathrm{NPV_B}$ 均大于零，$\mathrm{IRR_A}$、$\mathrm{IRR_B}$ 均大于基准折现率，所以方案 A 与方案 B 都能通过绝对经济效果检验，且使用 NPV 指标和使用 IRR 指标进行绝对经济效果检验得到的结论是一致的。

由于 $\mathrm{NPV_A} > \mathrm{NPV_B}$，故按净现值最大准则方案 A 优于方案 B。但计算结果还表明 $\mathrm{IRR_B} > \mathrm{IRR_A}$，若以内部收益率最大为比准原则，方案 B 优于方案 A，这与按净现值最大准则比选的结论相矛盾。

到底按哪种准则进行互斥方案比选更合理呢？解决这个问题需要分析投资方案比选的实质。投资额不等的互斥方案比选的实质是判断增量投资的经济合理性，即投资大的方案相对投资小的方案多投入的资金能否带来满意的增量收益。显然，若增量投资能够带来满意的增量收益，则投资额大的方案优于投资额小的方案；若增量投资不能带来满意的增量收益，则投资额小的方案优于投资额大的方案。

表 2-9 也给出了方案 A 相对于方案 B 各年的增量净现金流，同时计算了相应的差额净现值（记作 ΔNPV）与差额内部收益率（记作 ΔIRR）。

$$\Delta\mathrm{NPV} = -700 + 150(P/A, 10\%, 10) = 221.6(\text{万元})$$

由方程式：
$$-700 + 150(P/A, \Delta\mathrm{IRR}, 10) = 0$$

可解得：
$$\Delta\mathrm{IRR} = 17.72\%$$

计算结果表明：$\Delta NPV > 0$，$\Delta IRR > i_c$（10%），增量投资有满意的经济效果，投资大的方案 A 优于投资小的方案 B。

上例表明了互斥方案比选的基本方法，即采用增量分析法，计算增量现金流量的增量评价指标，通过增量指标的判别准则，分析增量投资是否有利，从而确定两方案的优劣。

（2）增量分析指标 净现值、净年值、投资回收期、内部收益率等评价指标都可以用于增量分析，下面就具有代表性的指标净现值和内部收益率在增量分析中的应用做进一步讨论。

1）差额净现值，又叫增量净现值，是指在给定的基准折现率下，两方案在生命期内各年净现金流量差额折现的累计值，或者说差额净现值等于两个方案的净现值之差。设 A、B 为投资额不等的互斥方案，A 方案比 B 方案投资大，两方案的差额净现值可由式（2-18）求出：

$$\Delta NPV = \sum_{t=0}^{n} \left[(CI_A - CO_A)_t - (CI_B - CO_B)_t \right] (1 + i_c)^{-t}$$
$$= \sum_{t=0}^{n} (CI_A - CO_A)_t (1 + i_c)^{-t} - \sum_{t=0}^{n} (CI_B - CO_B)_t (1 + i_c)^{-t} \quad (2\text{-}18)$$
$$= NPV_A - NPV_B$$

式中 ΔNPV——差额净现值；

$(CI_A - CO_A)_t$——方案 A 第 t 年的净现金流量；

$(CI_B - CO_B)_t$——方案 B 第 t 年的净现金流量；

NPV_A——方案 A 的净现值；

NPV_B——方案 B 的净现值。

用增量分析法进行互斥方案比选时，若 $\Delta NPV \geqslant 0$，表明增量投资可以接受，投资大的方案经济效果好；若 $\Delta NPV < 0$，表明增量投资不可以接受，投资小的方案经济效果好。显然，用增量分析法计算两方案的差额净现值 ΔNPV 进行互斥方案比选，与分别计算两方案的净现值 NPV，根据净现值 NPV 最大准则进行互斥方案比选，其结论是一致的。

在实际工作中，当有多个互斥方案时，直接用净现值最大准则选择最优方案比两两比较的增量分析更简便。分别计算各备选方案的净现值，根据净现值最大准则选择最优方案可以将方案的绝对经济效果检验和相对经济效果检验结合起来，判别准则为：净现值最大且非负的方案为最优方案。

类似的等效指标有净年值，即净年值最大且非负的方案为最优方案。当互斥方案的效果一样或者满足相同的需要时，仅需计算费用现金流，采用费用现值或费用年值，其判别准则为：费用现值或费用年值最小的方案为最优方案。

2）差额内部收益率，又叫增量内部收益率，是指相比较两个方案的各年净现金流量差额的现值之和等于零时的折现率。计算差额内部收益率的方程式为：

$$\sum_{t=0}^{n} (\Delta CI - \Delta CO)_t (1 + \Delta IRR)^{-t} = 0 \quad (2\text{-}19)$$

式中 ΔIRR——差额内部收益率；

ΔCI——互斥方案 A 与 B 的差额现金流入，$\Delta CI = CI_A - CI_B$；

ΔCO——互斥方案 A 与 B 的差额现金流出，$\Delta CO = CO_A - CO_B$。

差额内部收益率定义的另一表述方式是：两互斥方案净现值（或净年值）相等时的折现率。其计算公式也可以写成：

$$\sum_{t=0}^{n} (CI_A - CO_A)_t (1 + \Delta IRR)^{-t} = \sum_{t=0}^{n} (CI_B - CO_B)_t (1 + \Delta IRR)^{-t}$$

$$\sum_{t=0}^{n} (CI_A - CO_A)_t (1 + \Delta IRR)^{-t} - \sum_{t=0}^{n} (CI_B - CO_B)_t (1 + \Delta IRR)^{-t} = 0$$

$$NPV_A(\Delta IRR) = NPV_B(\Delta IRR) \tag{2-20}$$

用差额内部收益率比选方案的判别准则是：若 $\Delta IRR > i_c$，则投资大的方案优；若 $\Delta IRR < i_c$，则投资小的方案优。

下面用净现值函数曲线来说明差额投资内部收益率的几何意义以及比选方案的原理。

在图 2-3 中，曲线 A、B 分别为方案 A、B 的净现值函数曲线。a 点为 A、B 两方案净现值曲线的交点，在这点上两方案净现值相等。a 点所对应的折现率就是两方案的差额内部收益率 ΔIRR。由图 2-3 可以看出，当 $\Delta IRR > i_c$ 时，$NPV_A > NPV_B$；当 $\Delta IRR < i_c$ 时，$NPV_A < NPV_B$。用 ΔIRR 与 NPV 比选方案的结论是一致的。

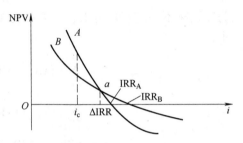

图 2-3 用于方案比较的差额内部收益率

由此可见，在对互斥方案进行比较选择时，净现值最大准则以及净年值最大准则、费用现值和费用年值最小准则都是正确的判别准则，而内部收益率最大准则只在基准折现率大于被比较的两方案的差额内部收益率的前提下成立。也就是说，如果将投资大的方案相对于投资小的方案的增量投资用于其他投资机会，会获得高于差额内部收益率的盈利率，用内部收益率最大准则进行方案比选的结论就是正确的。但是若基准折现率小于差额内部收益率，用内部收益率最大准则选择方案就会导致错误的决策。由于基准折现率是独立确定的，不依赖于具体待比选方案的差额内部收益率，故用内部收益率最大准则比选方案是不可靠的。

用差额内部收益率 ΔIRR 评价互斥方案的步骤如下。

第一步，根据每个方案的净现金流，计算每个方案的内部收益率 IRR（或净现值 NPV、净年值 NAV），淘汰内部收益率小于基准折现率 i_c（或净现值 NPV < 0、净年值 NAV < 0）的方案，即淘汰通不过绝对经济效果检验的方案。

第二步，按照投资额从大到小的顺序排列经过绝对经济效果检验保留下来的方案。首先计算头两个方案的差额内部收益率 ΔIRR。若 $\Delta IRR \geq i_c$，则保留投资额大的方案；若 $\Delta IRR < i_c$，则保留投资额小的方案。

第三步，将第二步得到的保留方案与下一个方案进行比较，再计算两个方案的差额内部收益率 ΔIRR，取舍准则同上。以此类推，直到检验所有可行方案，找出最优方案为止。

值得指出的是，差额内部收益率 ΔIRR 与差额净现值 ΔNPV 类似，它只能说明增加投资部分的经济性，并不能说明全部投资的绝对经济效果。因此，采用差额内部收益率 ΔIRR 进行方案评选时，首先必须要判断被比选方案的绝对经济效果，只有在某一方案的绝对经济效果较好的前提下，才能用于比较对象。

2. 生命周期不同的互斥方案的选择

对于生命周期相等的互斥方案，通常将方案的生命周期设定为共同的分析期（或称计算期），这样，在利用资金等值原理进行经济效果评价时，各个方案在时间上就具有可比性。

对于生命周期不等的互斥方案比选，同样要求各个方案具有可比性。满足这一要求需要解决两个方面的问题：一是设定合理的共同分析期；二是给生命周期不等于分析期的方案选择合理的方案接续假定或者残值回收假定。下面结合具体评价指标在生命周期不等互斥方案比选中的应用中讨论这两个问题的解决方法。

（1）年值法 它是指投资方案在计算期的收入及支出，按一定的折现率换算为等额年值，用以评价或选择方案的一种方法。

在对生命周期不等的互斥方案进行比选时，年值法是最简便的方法，当参加比选的方案数目众多时，年值法的优势更为明显。年值法使用的指标有净年值与费用年值。

设 m 个互斥方案的生命周期分别为 n_1, n_2, n_3, $\cdots$, n_m，方案 j $(j=1, 2, \cdots, m)$ 在其生命周期内的净年值为：$NAV_j = NPV_j (A/P, i_c, n_j)$

$$= \sum_{t=0}^{n_j} (CI_j - CO_j)_t (P/F, i_c, t)(A/P, i_c, n_j) \tag{2-21}$$

净年值最大且非负的方案为最优可行方案。

【例 2-9】 设互斥方案 A、B 的生命分别为 4 年和 6 年，各自生命周期内的净现金流量如表 2-10 所示。基准折现率为 10%，试用年值法评价选择。

表 2-10 互斥方案 A、B 的净现金流量 （单位：万元）

年份 \ 方案	0	1	2	3	4	5	6
A	−1000	320	320	320	320		
B	−1200	350	350	350	350	350	350

解：由式 (2-21) 计算可得两方案的净年值

$NAV_A = -1000(A/P,10\%,4)$ 万元 $+320$ 万元 $= -1000 \times 0.31547$ 万元 $+320$ 万元 $= 4.53$ 万元

$NAV_B = -1200(A/P,10\%,6)$ 万元 $+350$ 万元 $= -1200 \times 0.22961$ 万元 $+350$ 万元 $= 74.47$ 万元

由于 $NAV_B > NAV_A > 0$，故可选取 B 方案。

用年值法进行生命周期不等的互斥方案比选，实际上隐含着这样一种假定：各个备选方案在其生命结束时均可按原方案重复实施或以与原方案经济效果水平相同的方案接续。因为一个方案无论重复实施多少次，其年值是不变的，所以年值法实际上假定了各个方案可以无限多次地重复实施。在这一假定前提下，年值法以"年"为时间单位比较各方案的经济效果，从而使生命周期不等的互斥方案间具有可比性。

对于仅有或仅需要计算费用现金流的互斥方案，可以比照净年值指标的计算方法，用费用年值指标进行比选。判别准则是：费用年值最小的方案为最优方案。

（2）现值法 当互斥方案生命周期不等时，一般情况下，各个方案的现金流在各自生

命周期内的现值不具有可比性。如果要使用现值指标进行方案比选，必须设定一个共同的分析期。分析期的设定通常有以下几种方法。

1）生命周期最小公倍数法。此法是以不同方案使用生命期的最小公倍数为共同的分析期，在此期间各方案分别考虑以同样规模重复投资多次，据此算出各方案的净现值，然后进行比选。

【例 2-10】 互斥方案 A、B 各年的净现金流量如表 2-11 所示，基准收益率为 10%，试用现值法评价选择。

表 2-11　互斥方案 A、B 的净现金流量表　　　　　　　（单位：元）

方　案	投　资	年净现金流	残　值	寿命（年）
A	-100000	30000	15000	6
B	-150000	40000	20000	9

解：由于两个方案的生命周期不同，必须先求出两个方案生命周期的最小公倍数，其值为 18 年，A 方案重复实施 3 次，B 方案重复实施 2 次。

$$\text{NPV}_A = -100000[1 + (P/F,10\%,6) + (P/F,10\%,12)]元 + 30000(P/A,10\%,18)元 +$$
$$15000[(P/F,10\%,6) + (P/F,10\%,12) + (P/F,10\%,18)]元 = 73665 元$$

$$\text{NPV}_B = -150000[1 + (P/F,10\%,9)]元 + 40000(P/A,10\%,18)元 + 20000[(P/F,10\%,9) +$$
$$(P/F,10\%,18)]元 = 126505 元$$

由于 $\text{NPV}_B > \text{NPV}_A > 0$，故可选取 B 方案。

2）年值折现法。按某一共同的分析期将各个备选方案的年值折现得到用于方案比选的现值。这种方法实际上是年值法的一种变形，隐含着与年值法相同的接续方案假定。设方案 $j(j = 1, 2, \cdots, m)$ 的生命期为 n_j，共同分析期为 N，按年值折现法，方案 j 的净现值的计算公式：

$$\text{NPV}_j = \left[\sum_{t=0}^{n_j} [(\text{CI}_j - \text{CO}_j)_t (P/F, i_c, t)]\right](A/P, i_c, n_j)(P/A, i_c, N) \qquad (2-22)$$

用年值折现法求净现值时，共同分析期 N 取值的大小不会影响方案比选结论，但通常 N 的取值不大于最长的方案生命周期，不小于最短的方案生命周期。

用上述方法计算出的净现值用于生命周期不等互斥方案评价的判别准则是：净现值最大且非负的方案是最优可行方案。对于仅有或仅需计算费用现金流的互斥方案，可比照上述方法计算费用现值进行比选，判别准则是：费用现值最小的方案为最优方案。

【例 2-11】 互斥方案 A、B 的生命期分别为 5 年和 3 年，各自生命周期内的净现金流量如表 2-12 所示，基准收益率为 12%，试用现值法比选方案。

表 2-12　互斥方案 A、B 的净现金流量　　　　　　　（单位：万元）

方　案＼年　份	0	1	2	3	4	5
A	-280	96	96	96	96	96
B	-100	50	50	50		

解：取最短的方案生命期 3 年作为共同分析期，用年值折现法求各方案的净现值：

$$NPV_A = [-280(A/P,12\%,5) + 96](P/A,12\%,3)$$
$$= [-280 \times 0.27741 + 96] \times 2.402 \ 万元 = 44.01 \ 万元$$
$$NPV_B = -100 + 50(P/A,12\%,3) \ 万元 = -100 + 50 \times 2.402 \ 万元 = 20.1 \ 万元$$

由于 $NPV_A > NPV_B > 0$，故选取 A 方案。

对于某些不可再生资源开发型项目，在进行生命周期不等的互斥方案比选时，方案可重复实施的假定不再成立。在这种情况下，不能用含有方案重复假定的年值法和前面介绍的现值法，也不能用含有同一假定的内部收益率法。对于这类项目方案，可以直接按方案各自生命周期计算的净现值进行比选。这种处理方法所隐含的假定是：用最长的方案生命周期作为共同分析期，生命期短的方案在其生命周期结束后，其再投资按基准折现率取得收益。

（3）内部收益率法　用内部收益率法进行生命周期不等的互斥方案经济效果评价，需要首先对各备选方案进行绝对经济效果检验，然后对通过绝对经济效果检验的方案用计算差额内部收益率的方法进行比选。

求解生命周期不等互斥方案间差额内部收益率的方程，可用令两方案净年值相等的方式建立，其中隐含了方案可重复实施的假定。设互斥方案 A、B 的生命周期分别为 n_A，n_B，求解差额内部收益率 ΔIRR 的方程为：

$$\sum_{t=0}^{n_A} (CI_A - CO_A)_t (P/F, \Delta IRR, t)(A/P, \Delta IRR, n_A) \tag{2-23}$$
$$= \sum_{t=0}^{n_B} (CI_B - CO_B)_t (P/F, \Delta IRR, t)(A/P, \Delta IRR, n_B)$$

就一般情况而言，用差额内部收益率进行生命周期不等的互斥方案比选，应满足下列条件之一：

1）初始投资额大的方案年均净现金流大，且生命周期长。

2）初始投资额小的方案年均净现金流小，且生命周期短。

$$方案 \ j \ 的年均净现金流 = \sum_{t=0}^{n_j} (CI_j - CO_j)_t / n_j \tag{2-24}$$

方案比选的判别准则为：在 ΔIRR 存在的情况下，若 $\Delta IRR > i_c$，则年均净现金流大的方案为优；若 $0 < \Delta IRR < i_c$，则年均净现金流小的方案为优。

【例 2-12】　设互斥方案 A、B 的寿命分别为 5 年和 3 年，各自生命周期内的净现金流量如表 2-13 所示，基准收益率为 12%，试用内部收益率法比选方案。

表 2-13　互斥方案 A、B 的净现金流量　　　　　　　　（单位：万元）

方　案 \ 年　份	0	1	2	3	4	5
A	-300	96	96	96	96	96
B	-100	42	42	42		

解：首先进行绝对经济效果检验，计算每个方案在各自生命周期内现金流的内部收益

率。列出求解内部收益率的方程：

$$-300 + 96(P/A, IRR_A, 5) = 0$$
$$-100 + 42(P/A, IRR_B, 3) = 0$$

可求得：$IRR_A = 18.14\%$；$IRR_B = 12.53\%$。

由于 IRR_A、IRR_B 均大于基准折现率，故方案A、B均能通过绝对经济效果检验。

方案比选应采用差额内部收益率指标。初始投资大的方案A的年均净现金流 [（-300÷5）万元 +96万元 =36万元] 大于初始投资小的方案B的年均净现金流 [（-100÷3）万元 +42万元 =8.7万元]，且方案A的生命期5年长于方案B的生命期3年，差额内部收益率指标可以使用。根据式（2-24）列出求解差额内部收益率的方程式：

$$[-300 + 96(P/A, \Delta IRR, 5)](A/P, \Delta IRR, 5) - [-100 + 42(P/A, \Delta IRR, 3)](A/P, \Delta IRR, 3) = 0$$

利用试算内插法，可求得：$\Delta IRR = 20.77\%$。由于 $\Delta IRR > i_c$，由判别准则可知，应选择年均净现金流大的方案A。

2.2.3 独立方案的比选

1. 完全不相关的独立方案

独立方案的采用与否，只取决于方案自身的经济性，即只需检验它们是否能够通过净现值、净年值或内部收益率等绝对经济效果评价指标。因此，多个独立方案与单一方案的评价方法是相同的。

【例2-13】 三个独立方案A、B、C，其净现金流量如表2-14所示。设基准收益率 i_c 为12%，试判断其经济可行性。

表2-14 独立方案 A、B、C 的净现金流量表 （单位：万元）

方 案 \ 年 份	0	1 ~ 8
A	-140	45
B	-180	47
C	-170	32

解：本例为独立方案，可首先计算方案自身的绝对经济效果指标：净现值、净年值、内部收益率，然后根据各指标的判别准则进行绝对经济效果检验并决定取舍。

$$NPV_A = -140 万元 + 45(P/A, 12\%, 8) 万元 = 83.56 万元$$
$$NPV_B = -180 万元 + 47(P/A, 12\%, 8) 万元 = 53.50 万元$$
$$NPV_C = -170 万元 + 32(P/A, 12\%, 8) 万元 = -11.02 万元$$

由于 $NPV_A > 0$，$NPV_B > 0$，$NPV_C < 0$，根据净现值判别准则，A、B方案可以接受；C方案应予以拒绝。

$$NAV_A = -140(A/P, 12\%, 8) + 45 = 16.82 万元$$
$$NAV_B = -180(A/P, 12\%, 8) 万元 + 47 万元 = 10.77 万元$$
$$NAV_C = -170(A/P, 12\%, 8) 万元 + 32 万元 = -2.22 万元$$

由于 $NAV_A > 0$、$NAV_B > 0$、$NAV_C < 0$，根据净年值判别准则，A、B 方案可以接受；C 方案应予以拒绝。

设 A 方案内部收益率为 IRR_A，B 方案内部收益率为 IRR_B，C 方案内部收益率为 IRR_C，由方程：

$$-140 + 45(P/A, IRR_A, 8) = 0$$
$$-180 + 47(P/A, IRR_B, 8) = 0$$
$$-170 + 32(P/A, IRR_C, 8) = 0$$

解得各方案的内部收益率为：$IRR_A = 27.6\%$；$IRR_B = 20.1\%$；$IRR_C = 10.1\%$。

由于 $IRR_A > i_c$、$IRR_B > i_c$、$IRR_C < i_c$，根据内部收益率判别准则，A、B 方案可以接受；C 方案应予以拒绝。

对于独立方案而言，经济上是否可行的判断依据是其绝对经济效果指标是否优于一定的检验标准，不论采用净现值、净年值和内部收益率中的哪种评价指标，评价结论都是一样的。

2. 有资源约束的独立方案的选择

这里讨论的独立方案是指方案之间虽然不存在相互排斥或相互补充的关系，但由于资源的约束，不可能满足所有方案投资的要求，或者由于投资项目的不可分性，这些约束条件意味着接受某几个方案必须要放弃另一些方案，使之成为相关的相互排斥的方案。

受资源约束的方案选择使用的主要方法有"互斥方案组合法"和"净现值指数排序法"。

（1）互斥方案组合法　尽管独立方案之间互不相关，但在有约束的条件下，它们会成为相关方案。互斥方案组合法的基本思想是把各个独立方案进行组合，其中每一个组合方案代表一个与其他方案相互排斥的方案，这样就可以利用互斥方案的评选方法选择最佳的方案组合。

【例 2-14】　有三个独立方案 A、B、C，各方案的有关数据如表 2-15 所示，已知总投资限额为 210 万元，基准收益率为 10%，试选择最佳投资方案组合。

表 2-15　A、B、C 方案的有关数据　　　　　　（单位：万元）

方　案	投　资　额	1~10 年净收入
A	100	30
B	70	27
C	120	32

解：由于 A、B、C 三个方案的总投资额为 290 万元，超过了投资限额，因而不能同时被选中。

互斥方案组合法的基本步骤如下。

第一步，列出全部相互排斥的组合方案。如果有 m 个独立方案，组合方案数共有 $(2^m - 1)$ 个。本例原有 3 个独立方案，互斥组合方案共有 7 个（$2^3 - 1$）。这 7 个方案彼此互不相容，互相排斥。组合结果如表 2-16 所示。

第二步，保留投资额不超过投资限额的方案，淘汰其余组合方案。本例中，除去不满足约束条件的 A、C 组合及 A、B、C 组合。

第三步，采用净现值或差额内部收益率法选择最佳方案组合。本例采用净现值法，净现值最大的组合方案为最佳组合方案。结果如表 2-16 所示。

表 2-16　用净现值法选择最佳方案组合　　　　　　　　（单位：万元）

序　号	方案组合	投　资	1～10 年净收入	净现值	决　策
1	A	100	30	84.32	
2	B	70	27	95.89	
3	C	120	32	76.61	
4	A + B	170	57	180.21	最佳
5	B + C	190	59	172.5	
6	A + C	220	62	160.93	不可行
7	A + B + C	290	89	256.82	不可行

由表 2-16 可知，按最佳投资决策确定选择方案 A 和 B，其净现值总额为 180.21 万元。

当方案的个数增加时，其组合数将成指数式增长。所以互斥方案组合法比较适用于方案数比较小的情况。当方案数目较多时，可采用净现值指数排序法。

（2）净现值指数排序法　此法是在计算各方案净现值指数的基础上，将净现值指数大于或等于零的方案按净现值指数大小排序，并依此次序选取项目方案，直至所选取方案的投资总额最大限度地接近或等于投资限额为止。这一方法的目标是达到总投资的净现值最大。

【例 2-15】　某地区投资预算为 150 万元。有 6 个投资方案，其净现值及投资额如表 2-17 所示，基准折现率为 10%，试按净现值指数排序法进行评选。

解：各方案的净现值、净现值指数及排序结果如表 2-17 所示。

表 2-17　各方案的净现值、净现值指数及排序结果表　　　（单位：万元）

方　案	第 0 年投资	净　现　值	净现值指数	按净现值指数排序
A	60	13.73	0.23	1
B	40	1.78	0.04	5
C	35	5.5	0.16	3
D	20	-1.56	-0.08	6
E	55	11.58	0.21	2
F	10	1.06	0.11	4

由表 2-17 可知，方案的优先顺序为 A、E、C、F、B、D，方案 D 净现值指数小于零，应淘汰。当资金总额为 150 万元时，最优组合方案是 A、E、C，净现值总额为 30.81 万元。

按净现值指数排序原则选择项目方案，其基本思想是单位投资的净现值越大，在一定投资限额内所能获得的净现值总额就越大。净现值指数排序法简便易算，这是它的主要优点，但是，由于投资项目的不可分性，在许多情况下，应用净现值指数排序法不能保证现有资金的充分利用，不能达到净现值最大的目标。只有在下述情况之一时，它才能达到或接近于净现值最大的目标：

1）各方案投资占投资预算的比例很小。

2）各方案投资额相差无几。

3）各入选方案投资累加额与投资预算限额相差无几。

实际上，在各种情况下都能保证实现最优选择的更可靠的方法是互斥方案组合法。

课后复习题

1. 某项目净现金流量如下表所示。

（单位：万元）

年	0	1	2	3	4	5	6
净现金流量	-40	-70	40	50	60	60	60

计算静态投资回收期、净现值、净年值、内部收益率和动态投资回收期（$i_c = 10\%$）。

2. 某项目第 1 年和第 2 年各有固定资产投资 400 万元，建设期为 2 年，第 3 年投入流动资金 300 万元并于当年投产，每年有销售收入 580 万元，生产总成本 350 万元，折旧费 70 万元，项目生命期 10 年，期末有固定资产残值 100 万元，并回收全部流动资金。若基准收益率 $i_c = 10\%$，试求：

（1）计算各年净现金流量，并做现金流量图。

（2）计算该项目的静态投资回收期（包括建设期）。

（3）计算净现值，并判断项目是否可行。

3. 为一条蒸汽管道敷设不同厚度绝热层的初始费用以及蒸汽管道运行中不同绝热层厚度对应的热损失费用见下表。

（单位：万元）

绝热层厚度/cm	0	2	2.5	3	4.5	6	7.5
初始费用（元）	0	18000	25450	33400	38450	43600	57300
年热损失费用（元）	18000	9000	5900	4500	3910	3600	3100

估计该蒸汽管道要使用 15 年，若最低希望收益率为 8%，分别用年值法、现值法和内部收益率法分析多大厚度的绝热层最经济。

4. 某项目净现金流量如下表所示。

（单位：万元）

年　份	0	1	2	3
净现金流量	-100	420	-585	270

判断 IRR = 20% 是不是其内部收益率？

5. 某企业为降低产品成本，拟定出三个互斥的项目方案，各方案的生命期均为 10 年，净现金流量见下表，试在基准折现率为 15% 的条件下分别用增量净现值法和增量内部收益率法选择经济上最有利的方案。

（单位：万元）

方　案	初始投资	年净现金流量	生命期
A_1	5000	1400	10
A_2	8000	1900	10
A_3	10000	2500	10

6. 互斥方案 A、B、C 的净现金流量如下表所示，应该选择哪个方案（基准收益率 $i_c = 10\%$）？

（单位：万元）

年份 方案	0	1	2	3	4	5	6
A	-5000	2000	2000	2000	2000	2000	2500
B	-1600	-1800	1800	1800	1800	1800	2000
C	-1000	400	400	400	400	400	450

7. 购置一台设备的初始费用为 60000 元，该设备可使用 7 年，使用 1 年后设备价值降为 36000 元，以后每年递减 4000 元。设备在其生命期内的运行费用和修理费用逐年增加，见下表。

（单位：万元）

年份	1	2	3	4	5	6	7
年运行费与修理费	1	1.1	1.2	1.4	1.6	2.2	3

假定设备可随时在市场上转让出去，若最低希望收益率为 15%，该设备使用几年最经济？

8. 某制造厂考虑下面三个投资计划。在 5 年计划期中，这三个投资方案的现金流量情况如下表所示，基准收益率为 10%。

（单位：万元）

方案	A	B	C
期初投资	65000	58000	93000
年净收入（1~5 年年末）（元）	18000	15000	23000
残值	12000	10000	15000

(1) 假设这三个计划是独立的，且资金没有限制，那么应选择哪个方案或哪些方案？

(2) 在（1）中假定资金限制为 160000 元，试选出最好的方案。

(3) 假设计划 A、B、C 是互斥的，试用增量内部收益率法来选出最适合的投资计划，增量内部收益率说明什么？

9. 某企业现有若干互斥投资方案，有关数据如下表所示。各方案生命期均为 7 年，试问：

(1) 当折现率为 10% 时，资金无限制，哪个方案最佳？

(2) 折现率在什么范围时，B 方案在经济上最佳？

（单位：万元）

方案	初始投资	年净收入
A	2000	500
B	3000	900
C	4000	1100
D	5000	1380

10. 某公司计划进行投资，有三个独立方案 A、B、C 可供选择，A、B、C 三个方案的投资分别是 200 万元、180 万元和 320 万元，净年值分别是 55 万元、40 万元和 73 万元，如果资金有限，不超过 600 万元，如何选择方案？

11. A、B 两个互斥方案各年的现金流量如下表所示，基准收益率为 10%，试评价选优。

（单位：万元）

方　案	投　资	年净现金流量	残　值	生命期（年）
A	−5	1.5	0.75	6
B	−7.5	2	1	9

12. 某城市近些年来社会经济发展迅速，城区面积不断扩大。日前，该市已决定在南郊兴建新区，该区除了将迁入人口外，市内的部分工厂也将迁入该区内。为了满足新区用水需要，现提出两个备选方案：方案一是扩建距离该区最近的原市第二自来水厂，方案二是在新区内新建自来水厂，两个方案的日供水能力均为 3 万吨，现须在两个方案中选择一个。基础数据预测如下：①两个方案均为建设期 1 年，运营期 25 年；②项目投资与经营成本的估算结果见下表。试对两个方案进行选择。

（单位：万元）

项　目	扩建方案第 1 年，第 2~26 年	新建方案第 1 年，第 2~26 年
1　投资合计	16500	15350
1.1　土建工程	8400	6200
1.2　设备采购及安装	5300	6800
1.3　预备费	2000	1650
1.4　增加的流动资金	800	700
2　经营成本	320	380

3.1 投资项目概况分析

投资项目概况分析是项目可行性研究的基础阶段，是根据已经确定的初步可行性研究报告，对项目的提出背景、项目设想、预期目标、发展程度以及项目所处的环境等基本情况进行的研究与分析。

3.1.1 项目提出的背景分析

项目提出的背景是指最初设计的或规划的投资项目的建设根据和理由。任何一个投资项目都是在一定背景下提出的。从整体上讲，项目提出的背景均可归纳为宏观背景和微观背景两个方面，相应地，项目提出背景评估也可分为宏观背景评估和微观背景评估。

项目宏观背景评估主要是考察项目是否符合国家一定时期的方针、政策、规划等，这是项目是否可行的基本依据。评估人员应掌握各级政府一定时期的方针、政策，分别论述其要点，把项目的动机与这些要点进行比较。同时，评估人员要充分研究政府的有关规划，以考察项目投资与这些规划的关系。另外，评估人员还要考察项目在规划中所处的地位和安排的投资时机等，并论述有关规划和项目的建设内容，以及项目对有关规划的影响。

项目微观背景评估主要是从项目本身提出的理由着手进行分析评估。通过分析投资该项目是否能给地方、部门和企业带来好处，考察投资项目的提出理由是否充分；是否可以利用资源，或增加加工产品的附加值；或增补本地区的空白，替代进口；或增加出口；或扩大就业等。

在实际进行项目评估时，通常从项目的产业背景、区位背景和项目定位三个方面入手，对投资项目的相关背景进行分析和评价。

1. 产业背景分析和评估

对于一个投资项目而言，进行背景分析，首先应对国家在当时的有关政策进行深入研究。因为产业政策是政府为了实现一定的经济和社会目标而制定的与产业有关的一切政策的总和，是政府对未来产业结构变动方向的干预，是为了弥补市场机制可能造成的"调节失灵"而采取的一些干预和补救措施。产业政策的主要功能就是协调产业结构，如扶持战略产业、调整和扶持弱小产业、培育和鼓励新兴产业等。因此，产业政策在某种意义上较集中地反映了政府希望通过调整投资结构以实现经济发展目标的强烈愿望，确定了国民经济中优先发展产业和抑制发展的产业。产业政策对项目的建设具有指导作用，引导投资者把资金投向鼓励发展的行业，而项目的建设也是实现国家产业政策的一个重要手段。

对项目的产业背景进行分析和评估，需要分析国家的产业政策，包括产业结构政策、产业组织政策、产业布局政策，以及国家在这一时期的技术政策和投资政策，把项目的建设与国家同期的产业政策、技术政策和投资政策的要求进行对比分析。只有符合国家产业政策、技术政策和投资政策要求的项目，才可以认为是合理的，项目建设才是必要的。同时，不仅要考察项目建设与国家这一时期的产业政策、技术政策和投资政策的关系，还要分析产业政策与项目建设内容的相符程度，以及项目建设对产业政策的影响程度。

2. 区位背景分析与评估

任何经济活动都离不开特定的空间，不管这种经济活动的发展水平如何，最终都要在某一特定空间找到它的位置。投资项目建设也与一定地区紧密联系在一起。若区位条件优越，对投资者和生产者来说，可以用同样的投入获得更多的产出；对消费者来说，可以用同样的支出获得更大的效用。

投资者或生产者应尽可能寻找能使利益最大化的地点进行建设或生产，因为不同的投资项目对生产要素和相配套服务的要求是不同的，对市场距离、资源分析和环境等的依赖程度也有所差异。从区位角度看，项目对生产要素、市场和环境的区位指向类型主要有市场指向型、资源地指向型、原材料供应地指向型、燃料及动力指向型、劳动力指向型、技术指向型以及集聚经济指向型等。

（1）**市场指向型**　市场指向型也称消费地指向型，它指项目分布点趋于靠近消费地的倾向。具有这种布局倾向的项目通常包括：

1）产品易碎或易失重，经长途运输可能会发生较大途中损失的项目。

2）产品易腐，难以长久保存，经过长时间、远距离运输，不能保证产品质量的项目。

3）原料产地相当分散，而消费区分布相对集中的项目。

（2）**资源地指向型**　这里的资源仅指自然资源。有些项目在布局时只能考虑建在有某种自然资源储量丰富的地区，一般是那些直接以自然资源的开采和利用为目的的项目，如采煤项目、采油项目、森林加工项目和水力发电项目等。这类项目在布局时几乎没有其他选择。

（3）**原料供应地指向型**　原料供应地指向型指项目分布点趋于原材料产地的倾向。具有这种倾向的项目通常包括：

1）生产中所需要原料用量大且不易运输的项目，如制糖项目、钢铁项目和建材项目等。

2）为便于某种重要原料的运输而对其进行初步处理、加工的项目，如棉花打包厂项目。

3）生产过程与其主要原料的生产过程之间存在着重要的生产联系与互补关系的项目。如果将这类项目设在原料产地，可能会取得比较好的经济效益。例如，石油化工项目设在炼油中心，冶金机械项目设在钢铁产地等。

4）消费市场在地域分布上十分分散，没有明显的主次之分，而各种重要的生产原料分布相当集中的项目，如矿产品加工项目等。

（4）**燃料及动力指向型**　许多工业项目在布局时要侧重考虑接近原料和动力产地，主要是指那些在生产过程中对燃料和动力依赖程度极强，且消耗量非常大的项目。例如，火力发电项目、有色金属冶炼项目、稀有金属生产加工项目等。这类项目在生产加工过程中，燃料和动力的消耗量往往占其生产总消耗的 50% 左右，靠近燃料和动力产地，可以大大节省燃料或动力长距离运输中所发生的巨大的成本费用和损耗，并且有助于燃料和动力供给的充分性和稳定性。

（5）劳动力指向型 劳动力指向型指某些项目具有密集使用廉价劳动力的倾向。有些生产活动受劳动力费用、劳动力供给数量和质量的影响程度比较高，在布局时需要重点考虑那些有条件节约劳动力费用或能提供相应劳动力资源的区域。劳动力指向型的项目，一般是劳动密集型的项目，但也可能是技术密集型的项目（如需要高素质劳动力的项目）。这类项目如纺织、服装、食品和造船等行业实施的项目。

（6）技术指向型 技术指向型指随着新技术变革而产生的一系列新兴产业趋向文化、教育、科技发达的地区分布，如电子、信息和生物基因工程等项目。

（7）集聚经济指向型 在现代化大生产的条件下，不同企业间的经济联系日趋紧密，一些企业的产出常常是另一些企业的投入。如果这些互相联系、互相依赖的企业集聚在一起，就能够更好地协调其相互间的产供销关系，进行更有效更合理的分工协作，从而节约成本。同时，这些企业集聚在一起，即使它们之间没有直接的联系，也可以共同使用某些基础设施，以节省投资费用。如果一个投资项目在将来生产经营中的协作关系对其非常重要，或必须使用某种基础设施，且凭自身能力无法独自建设，因而在布局中必须首先考虑接近具备上述条件的工业基地，这个项目在布局上就是集聚经济指向型的项目。

综上所述，投资项目的建设，要充分发挥项目所在地的地区优势，就是要在诸多绝对优势中强调最大的优势，在没有绝对优势的情况下选择劣势最小者，这符合地区作为相对利益主体的要求。只有这样，项目的提出背景才是合理的。

3. 项目定位分析与评估

在市场经济条件下，需求总量决定了产业调整的空间，需求结构牵动产业结构的调整，从而在根本上决定了项目的市场定位。项目定位分析，是从项目角度即微观角度对项目的建设背景进行分析。投资项目所生产的产品是否为社会所需要，确切地讲是否为市场所接受，从根本上决定了项目能否取得比较好的经济效益，也就决定了项目是否有建设的必要性。因此，企业必须生产市场需要的产品，这是企业生产的真谛，投资项目也是如此。市场的变化必然引起产业结构、产品结构的变化，同时也引起投资"热点"的变化。只有把资金投向适应市场需求的产品生产中去，才能使投资取得预期效益，投资才具有必要性。

想要成功地为项目的产品定位，就必须了解项目在生产中所处的位置，必须清楚项目的强项和弱项，对竞争对手进行全面的分析，对项目所在地的行业进行透彻的分析，从而获得差异优势。因此，项目定位分析首先要研究市场的需求情况，调查目前的市场需求和供给状况，预测市场未来的发展态势，判断项目投产后生产的产品是否符合市场的要求。在此基础上，再制定策略，进行企业或产品的市场定位。只有项目定位准确，项目的建设才能实现预期的经济目标。

3.1.2 项目的预期目标分析

1. 项目目标

项目目标简单地说就是实施项目的期望结果，即项目所能交付的成果或服务。项目的实施过程实际就是追求预定目标的过程，因此，从一定意义上讲，项目目标应该能被清楚定义，而且可以最终实现。项目目标的特点包括：多目标性、优先性、层次性。

（1）多目标性 对一个项目而言，项目目标往往不是单一的，而是一个多目标系统，希望通过一个项目的实施，实现一系列的目标，满足多方面的需求。但是很多时候不同目标之间存在着冲突，实施项目的过程就是多个目标协调的过程，有同一个层次目标的协调，不同层次总项目目标和子目标的协调，和项目目标和组织战略的协调等。

项目目标基本表现为三方面，即时间、成本、技术性能（或质量标准）。实施项目的目标，就是充分利用可获得的资源，使得项目在一定时间内、在一定的预算基础上获得期望的技术成果。然而这三个目标之间往往存在着冲突。例如，通常时间的缩短要以成本的提高为代价，而时间及成本的投入不足又会影响技术性能的实现，因此要对三者进行一定的平衡。

（2）优先性 项目是一个多目标系统，不同目标根据不同需要在项目的不同阶段，其重要性也不一样，例如在启动阶段，主要关注技术性能；在实施阶段，主要关注成本；在验收阶段，主要关注时间进度。对于不同的项目，关注的重点也不一样，例如单纯的软件项目可能更关注技术指标和软件质量。

当项目的三个基本目标发生冲突的时候，成功的项目管理就会采取适当的措施进行权衡，进行优选。当然，项目目标的冲突不仅限于三个基本目标，有时项目的总体目标体系也会存在协调问题，都需要项目管理者根据目标的优先性进行权衡和选择。

（3）层次性 项目目标的层次性是指需要对项目目标从抽象到具体的层次结构进行描述。即一个项目目标既有最高层次的战略目标，也要有较低层次的具体目标。通常明确定义的项目目标按照意义和内容表示为一个阶梯层次结构，层次越低的目标描述的应该越清晰具体。

2. 项目的预期目标分析

根据项目兴建的理由，对初步可行性研究报告提出的拟建项目的轮廓和预期达到的目标进行总体分析论证，其主要内容包括以下几点。

1）项目的建设内容和建设规模。

2）项目建设的周期。

3）项目的技术装备水平。

4）项目的成本和收益等经济指标。

5）项目所提供产品（服务）的性能和档次。

6）项目建成后在国内外同行业中所处的地位或在经济和社会发展中的作用等。

通过分析论证，判断项目预期目标与项目兴建理由是否吻合，预期目标是否具有合理性和现实性。

3.1.3 项目的投资环境分析

1. 投资环境的概念及分类

投资环境是指影响和制约项目投资活动全过程的各种外部环境和条件的总称，它是决定和影响项目投资资金增值的各种政策、自然、社会因素相互作用而形成的一个整体。投资环境是投资赖以进行的前提。根据不同的标准，可将投资环境划分为不同的类型。

（1）按投资环境层次的不同，可以分为宏观投资环境（大环境）和微观投资环境（小环境） 宏观投资环境是指在国内外大环境中具有全社会性，对所有产业部门和企业都将产生影响的各种因素和力量的总称，主要包括政治法律环境、经济环境、技术环境、社会文化环境、自然环境等。

微观投资环境是指进行投资活动具体场所的自然、经济、社会条件，以及外资企业所处的具体微观投资环境，主要包括物质环境和人际环境。

（2）按投资地域的不同，可以分为国内投资环境和国外投资环境 国内投资环境是指投资者在本国境内投资，对其投资决策造成影响的诸多因素所构成的环境的总称。进行国内项目的分析评估，其分析对象是国内投资环境。

国外投资环境是指东道主国家影响投资决策的诸多因素所构成的环境的总和。

（3）按投资环境的表现形态不同，可以分为软投资环境和硬投资环境 软环境是指非物质形态的，影响投资项目的各种人际环境因素所构成的环境的总称。一般指吸引投资的政策和措施、政府对投资的态度、办事效率、服务机构设置、科学文化发展程度以及法律、经济制度、经济结构等社会、经济、政治环境。

硬环境属于有形的物质条件，是投资环境的物质基础，是指具有物质形态影响投资项目的各种物质环境因素所构成的环境的总称。如基础设施和自然地理条件，一般包括与项目相关的交通运输条件、通信设施、城市基础设施，为生产、生活服务的第三产业发展状况、地理位置、资源状况和气候条件等。

2. 项目投资环境的分析

（1）项目投资宏观环境分析 宏观环境是指在国内或国际大环境中具有全局性的、对所有产业部门和企业都将产生影响的各种因素和力量的总和。对投资项目来说，宏观环境是只能对其产生一定影响而不可控的外部环境。项目的宏观投资环境评估主要是分析项目的政治法律环境、经济环境、社会文化环境、技术环境、自然环境等，这种分析方法也被称为PEST 分析法。

1）政治法律环境。

① 政治形势和制度。政治稳定性、战争风险、政策连续性和对外政策是政治形势和制度分析的几个重要方面，其中政治稳定性和对外政策分析更加重要。关于政治稳定性，首先要看一个国家的政权是否稳定，政权的非正常更迭可能导致经济政策发生变化并给投资者带来极大的损害；其次应看社会治安状况，良好的治安环境会给投资企业的正常经营带来方便。关于对外政策，主要看是积极有效地吸引外资，还是有所限制或完全拒绝。

② 法律制度。法律制度主要表现在立法和执法两方面。立法系统是否正常运行是关系到法律是否完整的关键，关于法律的完整性，主要看与投资相关的法律是否健全、配套。在立法系统完善的地区，投资者可以明确项目本身的合法权益，可以通过各种法律和法规来保护自身的合法利益，项目活动及组织之间的大部分关系都可以受到有关法律和法规的制约。执法则是保护法律稳定的一个重要环节，公正的执法会使投资者产生安全感，增强其投资信心。如果法律得不到应有的支持，投资的风险就会很大。完善的执法系统能起到保护正当竞争的作用。

2）经济环境。

① GDP 分析。GDP 是反应经济发展情况的重要指标，项目宏观环境必须对此做出分析。GDP 总量反映了经济的整体发展水平，GDP 的人均量反映了经济增长的效果，GDP 的增长

率则反映了经济整体的发展速度，所以对区域 GDP 的分析是必要的。有些地区每月公布工业增加值的同比和环比增长率，对于项目投资必要性的分析具有一定的参考作用。

② 可支配收入。项目的经济效益最终取决于市场需求，市场需求受到市场实际购买力和购买意愿的影响。购买力受到现行收入水平、价格水平、储蓄率、负债及信贷状况等的影响，其中可支配收入决定了社会和个人的实际购买力，由此决定了潜在的市场力量。因而，可支配收入与 GDP 一起起到影响项目发展的作用。除了可支配收入的总量之外，可支配收入的分配结构决定具体产业所面临的市场容量和市场分布结构，影响着产业结构和产业布局，进而影响具体产业的发展空间。此外，项目环境分析还要研究居民的消费倾向。同样的收入，不同的消费倾向可能使可支配收入大不相同。了解居民的消费倾向对于项目的市场选择是必不可少的。

③ 金融与财政形势。银行利率、信贷规模、政府投资、税收政策、外汇变化、股票行情、国际金融形势等是构成项目财务环境的主要宏观因素，它们都会对项目和投资者形成重大的影响，所以在项目宏观环境分析时必须逐一进行分析和评估。具体来说，银行利率直接决定项目的财务费用，所以要分析银行利率的变化趋势；信贷规模是项目资金及其流动性的保证；政府投资的力度是项目投资人需要权衡的；税收政策和税率因其项目运行成本的变化而变化，涉及进出口的项目会受到外汇汇率变化的较大影响；股票市场和行情是资本市场资金宽松程度的主要标志；国际金融环境会对国内的金融环境造成影响等。

3）社会文化环境。社会文化环境通过两个方面影响项目：一是影响人口总量和人口分布、居民的价值观和生活方式，从而影响他们对产业和项目的态度。二是影响企业内部人员的价值观和工作态度，从而影响企业的士气。

① 文化环境。文化环境是指项目所在地居民的宗教信仰、生活方式、人际交往、对事物的看法、对储蓄和投资的态度、对环境保护的态度、职业偏好和选择偏好等。这些当地居民的风俗习惯与价值观念能否与投资者的习惯与观念相融合也影响项目的成败，即投资者与项目所在地居民的文化习惯上的不一致会对投资项目的经济效益产生影响。

② 社会服务环境。项目的正常运行和有效运行离不开项目所在地的社会服务。社会服务环境主要是指项目所在地政府机构的办事效率、金融系统的服务质量，投资项目所在地的生活条件和医疗卫生条件等方面的条件。这些条件的改善和提高对投资者无疑具有很大的吸引力。

③ 社会统计数据。如家庭规模、出生率和死亡率、人均寿命、人口地区分布、教育水平、人口在民族和性别上的比例等社会统计数据，都对项目有影响。因此，在项目的宏观环境评价中都应做出相应的分析。

4）技术环境。

① 基础设施。投资项目的基础设施环境是项目发展的重要技术因素，它包括区域的能源、交通、邮电通信等几个方面的发展情况。区域能源（包括煤、电、水、气、燃料等）的供应设施条件和进一步发展的规划，区域交通设施（包括铁路运输、公路运输、水上运输和航空运输等）的现有状态和未来的发展趋势，邮电通信（包括邮政、电话、电报、电传和卫星等方面）的服务设施和条件等，都对项目的运行产生较大的影响。只有区域具有良好的基础设施，才能有理于提高项目的工作效率、降低产品成本、提高盈利水平，所以在项目宏观环境分析中必须对基础设施做出评估。

② 技术进步的速度和趋势。技术是项目存在和发展的根本，一个项目的外部技术环境会对项目产生重大影响。例如，随着信息技术的应用，机器人、卫星通信网络、光导纤维、计算机辅助设计和制造生产中心（CAD/CAM）、企业信息化技术等都得到了快速发展，这些都会对项目所用的具体技术产生很大影响。如果项目的工艺技术和设备不能适应技术的快速发展，则项目将面临较大的技术风险，所以项目的宏观环境分析必须对此做出评估。当前，技术进步的速度随着生物工程技术、纳米技术、航空航天技术、海洋技术等的快速突破而日新月异，每一个项目的评估都不能忽视对宏观环境的技术评估。

（2）项目投资微观环境分析

1）项目自然环境评估。

① 自然地理环境。自然地理环境的优劣，关系到投资项目所在地与原材料供应地点、产品销售市场的远近，而这对于节约运输费用、降低经营成本有着重要影响。另外，良好的气候条件也会促进投资项目建设和生产的顺利进行。

② 自然资源环境。自然资源是项目存在和发展的物质基础。一个区域的自然条件包括资源的储量、品位、开采量、流通量等很多方面，它们对项目的建设成本和经营成本都会产生一定的影响。

2）项目行业背景分析。尽管已经进行了宏观环境分析和评估，但项目的行业背景分析仍然是必要的。在同样的宏观环境背景下，由于不同行业之间在经济特点、竞争环境、未来的利润前景以及受到的政策性限制等方面存在着很大的区别，所以还必须了解项目所进入的行业的背景情况。

一般来说，行业是指这样一些企业所构成的群体，这些企业的产品有着众多相同的属性，以至于它们为了争取同样的一个买方群体而展开激烈的竞争。一个新的投资项目就是要加入到这样的行业中去，所以，必须要了解这个行业的情况，包括竞争对手、产品需求量、产品开展前景、产品应用范围、本项目的竞争地位等，通过这样的背景资料分析，了解项目所处的微观环境。

① 行业基础评估。行业基础是包括行业发展状况和未来发展前景在内的行业基础特性，行业基本状况是项目最直接、最重要的微观环境。对一个新的项目而言，首先要判断自己进入的行业是否存在发展机会，要根据行业的生命周期来判断行业所处的发展阶段。对于一个没有前途的行业，是没有必要进行项目建设的。

② 行业能力评估。行业内部既存在着竞争，又需要协作，行业做大需要这个行业有一定规模。如果行业规模很小，行业的技术就不能得到较快发展，行业的能力就比较弱，在这样的行业中发展新的投资项目就比较困难。

③ 行业竞争评估。行业竞争是不可避免的，一个投资项目必须充分研究本项目加入的行业的竞争情况。波特认为：行业的竞争强度是由五种基本竞争力决定的。这五种竞争力是：现有公司的竞争、新加入者的威胁、替代产品的威胁、购买者的议价能力、供应商的议价能力。波特提出：上述五种竞争力的合力决定了一个行业的基本竞争潜力，这种潜力可用长期利润率来测定。

④ 行业的吸引力评价。行业的吸引力是项目发展的重要因素，一般来说，一个行业的吸引力受到很多因素的影响，以下三个因素通常被认为是最重要的：市场规模、市场增长率和行业盈利率。市场规模使项目具有进一步扩大发展的可能；市场不断增长的需要，可以保

持行业的生命力，给行业内的企业更多生存和发展的机会；行业的盈利率是行业最吸引人的地方，也是行业内部竞争最激烈的原因。

3）项目运营环境分析。项目运营环境分析主要包括竞争者的分析和市场分析。这里只介绍竞争者分析。对项目竞争者的评估应该主要集中在对主要竞争者的分析。所谓主要竞争者是指那些对项目未来市场地位构成直接威胁或对项目未来目标市场地位构成主要挑战的竞争者。主要竞争者分析包括主要竞争者目标分析、主要竞争者强势和弱势分析、主要竞争者反应形态分析及主要竞争者战略能力分析和项目产品竞争力分析等方面的内容。

① 竞争者目标分析。竞争者似乎都在追求利润最大化、市场占有率和销售增长等目标，实际上，大多数竞争者都不是仅有单一的目标，而是在追求实现一组目标，各目标之间有轻重缓急，且侧重点不同，每一个竞争对手在不同的时期都会为自己规定合理且可行的期望值。影响竞争者目标的因素包括该企业的规模、历史沿革、目前的管理方式以及经济状况等，因此，对竞争者的目标分析也包括对上述内容的分析。对竞争者的目标进行分析有利于对本项目投资必要性的判断。

② 竞争者强势和弱点的分析。评估竞争者的强势与弱点很重要，有利于帮助判断项目存在的价值。竞争者强弱的判断可以从很多方面展开，如可以从财务强弱展开。竞争者的财务状况一般可用下列五种主要的比率来衡量：流动比率、杠杆资本结构比率、获利率比率、周转率、普通股安全性比率。

③ 竞争者反应形态分析。竞争者的反应也会对项目产生影响，一般来说，竞争者的反应形态包括下面四种类型。

A. 沉默型竞争者：竞争者对项目的加入没有反应或反应不强烈。此时要搞清楚他们反应不强烈的原因，是因为没有做出强烈反应所需要的资源实力，还是因为企业信念的原因而对自己经营前景和顾客的忠诚性充满信心，或仅仅因为反应迟钝而没有做出反应。

B. 选择型竞争者：竞争者可能仅对某些方面的攻击行为做出反应，而对其他方面的攻击不予理会。

C. 勇猛型竞争者：也有个别竞争者对任何有碍于他的进攻都会做出迅速而强烈的反应且反击到底。这类公司一般具有相当的实力，其激烈的反应也是为向竞争者表明他坚定的态度，以使其他公司不敢轻易发起攻击。

D. 随机性竞争者：属于难以确定的一类。

④ 竞争者战略能力分析。竞争者的战略和本项目准备采取的战略的比较是项目环境分析的一个方面。常见的竞争基本战略主要有：低成本战略、差异化战略、重点集中战略。避开竞争者的战略似乎是有效的，但必须要分析竞争者为什么要采用这样的竞争战略，如果是竞争不得不采用的，而在与竞争者采用同样战略的情况下，如果本项目处于劣势，则项目的竞争环境就属于不利的状态。

⑤ 项目产品竞争力分析。投资项目产品要在本行业中具有生存地位，与同类产品相比，必须具有一定的竞争力。因而投资前要做好以下几个方面的分析：首先，应该分析投资项目建成后生产的产品是否是本行业发展的重点产品。因为重点产品的生产可以调整行业内部不合理的产品结构，对行业发展起着主导作用。其次，应分析投资项目生产的产品质量在行业内是否领先。由于项目建成后面临着巨大的市场竞争压力，为使项目立于不败之地，就要求项目产品在质量方面有可靠的保证，经得起市场考验，有较强的竞争力。再次，应分析项目

产品是否具有较低的成本。项目产品成本应低于现有同类产品的最低水平，保证项目产品在较强竞争力的前提下，给项目带来较好的经济效益。最后，应分析项目建设是否运用了新技术或填补了行业产品空白。如果投资项目运用了新的生产技术，有可能生产出质量更高、性能更好、功能更全的新产品，这样不仅满足了消费者的需求，填补了行业新产品的空白，而且也起着推动行业技术进步的作用。

4）项目实施环境评估。

① 财务环境。财务环境是指项目实施过程中及建成后的经营过程中所遇到的有关资金、成本、税收、利润分配等方面的规定。资金的筹措成本和经营成本直接影响项目建成后的财务状况，如项目所在地的支付或社会提供各种优惠和服务，可以降低成本，提高投资项目的盈利水平；税收和利润的分配政策，关系到投资者能否自由转移资本及所获得利润的问题。为吸引更多的投资者，受资方所在地税收部门都会制定一定的优惠政策，这将引起地区间的竞争。

② 经营管理水平。经营管理水平是构成经济环境的主要组成部分，它标志着项目所在地生产质量的水平，对项目建成后产品产出质量有重要影响。它包括当地管理人员的经营管理水平和项目所在地的协作配套能力。这些条件越好，越有利于吸引外来投资，特别是一些高技术投资项目把经营管理水平看作是重要的投资环境因素。

3.2 项目建设必要性分析

项目建设必要性分析是指项目评估者就是否应当组织有关投资项目的建设提出建议和评价的工作。项目建设必要性分析是在说明项目概况之后进行项目可行性研究的另一个基础环节，是对项目可行性研究报告中提出的项目投资建设的必要性的理由及建设的重要性和可能性进行重新审查、分析和评估。一般从宏观、微观两方面对项目建设必要性分析的具体内容进行阐述。

1. 项目建设的宏观必要性分析

从宏观上对项目建设的必要性进行分析，就是从国民经济发展的角度出发，站在全局的角度，衡量项目对国民经济和社会发展的影响，分析项目是否符合国民经济总量平衡发展和经济结构平衡发展的需要；项目是否符合国家一定时期内的产业政策；项目是否符合国家布局经济的要求，能否促进国民经济地区结构优化；项目产品在国民经济和社会发展中的地位与作用。具体的分析内容如下：

（1）项目是否符合国民经济总量平衡发展和经济结构平衡发展的需要 国民经济总量的平衡是指社会总供给量和总需求量的基本平衡。社会总供给量由投资品供给和消费品供给组成；社会总需求量由投资需求和消费需求构成。项目建设投资直接构成投资需求，在消费供求平衡条件下，如果投资需求规模过大，将使社会总需求大于总供给，会引起财政和信贷收支不平衡，引发通货膨胀和经济波动；如果投资需求规模过小，将导致社会总需求小于总供给，使经济出现萧条和衰退。所以，应根据国民经济总量平衡的需要决定项目的压缩、停建、缓建或者相应扩大规模。

国民经济结构的平衡主要是指国民经济各部门之间的比例关系协调、产业结构合理。经济结构包括产业结构、地区结构、企业结构和投资结构等。项目建设应充分考虑投资对经济结构的影响。在社会主义市场经济条件下，国家各级政府要利用国民经济发展计划和各种经济杠杆，根据获取资源的可能性和社会的需求实现资源的合理配置，主动寻求实现国民经济结构优化的途径。

（2）项目是否符合国家一定时期内的产业政策　国家产业政策可以指导投资项目的建设，可以引导投资者把资金投向鼓励发展的产业。当前，我国产业政策总的原则是"依靠科技进步，促进产业结构的调整和优化，在改造和提高传统产业的基础上，发展新兴产业和高新技术产业，推进国民经济信息化"。产业结构优化的重点是高度重视农业，调整和改造加工工业，加快发展基础设施建设、基础工业和第三产业。项目评估者应当深入研究国家在一定时期内的产业政策，把产业政策的要求与项目建设进行对比分析，考察项目在宏观上是否符合国家的产业政策，只有符合产业政策的项目才有建设的必要性。

（3）项目是否符合国家布局经济的要求，能否促进国民经济地区结构优化布局经济是指在一个国家或一个地区范围内，根据生产力最佳配置的要求，选择最适宜的地理位置和最佳的组合形式安排投资建设而产生的经济效益。每个国家在一定时期内都有相应的布局构想，根据我国区域政策的要求，要积极推进西部大开发，促进区域经济协调发展。对投资项目进行考察评估时，必须考察项目是否符合布局经济的需要，将拟建项目放入国家或地区的经济布局中，从而判断项目是否符合国家的产业政策与区域政策，是否符合布局经济的要求。

（4）考察评估项目产品在国民经济和社会发展中的地位与作用　根据项目产品的品种、类别、特性及采用的生产工艺，评估项目产品在国家或行业产品中的地位，评估产品在国计民生中所起的作用及在国民经济中所处的地位，并分析项目产品在社会经济发展中的作用。如果项目产品的投产能促进国民经济的发展、提高人们的生活水平、促进社会和谐稳定发展，则该项目产品的投产是必要的。

2. 项目建设的微观必要性分析

从微观上对项目建设的必要性进行分析，主要是从企业自身发展的角度，以投资者的角度衡量项目对市场需求、企业发展、科技进步和投资效益等微观方面的影响，重点分析项目产品（或提供的服务）是否符合市场需求，项目建设是否符合企业发展战略，是否考虑合理生产规模的要求，能否取得较好的经济效益、社会效益和环境效益，是否有利于促进科技进步。

（1）项目所生产的产品（或提供的服务）是否符合市场的需求　市场需求是项目建设的基础，也是企业生存和发展的基本前提。评估项目的微观必要性，必须首先研究市场的需求情况，调查分析项目产品的市场需求和产品的竞争能力。投资项目所生产的产品（或提供的服务）是否符合市场需求，从根本上决定了投资项目能否取得良好的经济效益，也决定了项目是否有建设的必要性。通过对与项目产品有关的生产资料和消费资料以及项目产品在国内外的供应与需求量的调查和预测，判断和评估项目产品的市场需求可靠性，进一步分析产品在质量、性能、成本和价格等方面在国内外市场上的竞争能力和占有率。只有满足市场和社会需求的项目产品（或提供的服务），才具有投资的必要性。

（2）项目是否符合企业的发展战略　企业的发展是社会发展的基础，而企业的发展是企业追求剩余产品、追求利润的结果，这个过程是通过满足市场需要来实现的。企业的发展目标包括产品结构的调整、生产能力的扩大、经营范围的拓宽等，企业围绕自己的发展目标开发相关的项目，又通过项目的投资建设来实现企业的目标，两者之间是相辅相成的。进行评估分析时，首先要了解承担项目投资的企业单位的发展规划和要求，并且分析企业的发展规划与国家经济发展规划和地区或行业发展规划的结合是否合理，判断企业的发展是否与大环境相吻合，然后再将拟建投资项目的目标与企业的发展规划和要求进行对比分析，判断两者是否一致。当项目的投资实施能对企业的发展起到推进作用时，则该项目的投资是必要的。

（3）项目是否考虑合理生产规模问题　企业的生产规模直接影响企业的经济效益。同样的，生产规模也直接影响对项目建设条件的要求、技术方案的选择和生产产品的成本与效益。合理生产规模是在产品市场需求与市场竞争能力充分的前提下，根据行业规模经济原则和自身所需的原材料、能源及配套条件等因素确定的。在进行评估分析时，要重点分析项目的设计生产能力是否与产品的市场需求和竞争能力相适应，是否与资金、原材料、能源及外部协作配套条件相适应，是否与项目的合理经济规模相适应，是否符合本行业的产业结构变化趋势。当项目符合市场需求并符合合理经济规模的要求时，该项目的投资建设就是必要的。

（4）项目是否有利于促进科技进步　当今生产力的发展离不开科学技术的投入，科学技术对社会生产力发展的推动作用已经上升为第一位。投资建设的项目要能够对社会的进步起到推动的作用，要能够促进生产力的发展，而科学技术是第一生产力，因此在评估分析时，要分析项目是否有利于促进科技进步。无论是新建还是改扩建项目，应尽可能地采用先进适用的新技术、新工艺和新设备，满足项目在技术上的先进性和适用性要求，并能把这些新的科研成果尽快运用于产品的设计与生产，使其转化为社会生产力，使项目能生产出社会所需要的高质量的新产品。对这类项目进行必要性评估时，首先要分析评估科研成果转化为社会生产力的必要性和可能性。考察评估拟建项目，如果能够促进科技进步，把可研成果转化为社会生产力，并推动社会发展，则该项目的建设就是必要的。

3.3 案例分析

【案例1】

1. 项目名称

某市监狱罪犯劳动改造用房项目

2. 项目运作主体

某市监狱管理局

3. 项目背景

作为维护国家和人民根本利益，肩负着改造、教育在押罪犯的监狱面临着许多困难。劳动改造是罪犯进行自我改造和执行刑罚最有效的手段，同时也是世界上通用的惯例。但是，作为劳动改造的场所面积严重不足，往往给实施劳动改造带来困难，同时也潜伏着罪犯抗拒改造的隐患。根据《监狱建设标准》（建标139—2010）的规定，某市监狱属于中度戒备小型监狱，监狱干警用房及附属用房建筑面积指标为 $35m^2$/人，该监狱现有干警300人，标准面积为 $11600m^2$，实际面积为 $10200m^2$，基本能满足使用要求；监狱罪犯用房建筑面积指标为 $18.99m^2$/人，该监狱现有罪犯2000人，标准面积为 $39955m^2$，实际面积为 $31200m^2$，尚差 8755m²。其中罪犯劳动改造用房面积指标应为 7.6m²/人，需要面积为 15204m² 的劳动改造用房，而该监狱实际新建罪犯劳动改造用房面积仅为 10008m²，其余皆为自行修建的老厂房。经过几十年的发展变化，该监狱狱政设施简陋陈旧、破损严重，随着在押罪犯数量的不断增加，监狱原有设施已无法满足监管改造的需要，也不符合新形势下监狱对于罪犯监管安全和劳动改造的要求。因此，为适应当前的需要，改变该监狱的现有状况，急需建设新劳动改造用房。

4. 项目概况

该监狱隶属于某市监狱管理局，始建于 1958 年，坐落于某市北区。该监狱总占地面积为 3600 亩（1 亩 = 666.67m²），其中行政办公区占地 60 亩，罪犯监管区占地 150 亩。该监狱设计押犯能力为 2100 人，主要关押刑期为 10 年以下的罪犯，属中度戒备小型监狱，该监狱现有在编监狱干警 300 人，看押武警 110 人。

该监狱罪犯劳动改造用房项目坐落在监狱院内，具体位置为监区监舍楼西侧，现第六监区劳动改造用房北侧。该项目的建筑主要作为罪犯改造用房、罪犯集体就餐以及干警值班、储物等。新建劳动改造用房总建筑面积约为 4500m²，为 L 型二层的框架结构，现浇钢筋混凝土楼板及屋面板。设计使用年限为 50 年，抗震设防烈度为 7 度（0.15g），屋面防水等级为三级，建筑物耐火等级为二级。

新建罪犯劳动改造用房工程总投资为 800 万元（其中包括静态投资费用 708.80 万元，建设期利息费用 57.70 万元，不可预见费用 33.50 万元）。资金筹措来源为中央补助资金 300 万元，地方配套资金 500 万元。

5. 建设必要性分析

该监狱始建于 1958 年，由于监狱内部分建筑老化及劳动改造任务变化等原因，原有的监狱设施已经不能适应新的需要，而劳动改造被证明是罪犯进行自我改造和执行刑法的最有效的手段，故该监狱新建劳动改造用房成了当务之急。建设必要性分析如下：

(1) 微观方面必要性分析　新建该监狱罪犯劳动改造用房是监管改造工作的需要。由于历史原因，第四监区以前的生产项目是墙体砌块加工，这需要大片的生产区域，因此该监区与其他监区生产区距离很远。现在该监区为保证生产和监管安全，生产项目由砌块加工改为扎毯，但仍使用旧有的砌块加工车间作为生产车间，这无论从使用功能上还是从监管区域的划分上，都存在着较大的安全隐患。因此需要在监狱集中生产区附近新建罪犯劳动改造用房一处，将第四监区迁入新的改造用房，这样既解决了劳动改造用房不足的问题，又解决了生产区域过于分散的问题，便于集中管理，提高了监管安全系数。根据《中华人民共和国监狱法》及《监狱建设标准》（建标 139—2010），罪犯劳动改造用房不仅是罪犯劳动改造的场所，同时也是保证监狱监管安全的重要阵地，它的建设必将对监狱硬件设施的完善起到积极的作用。

(2) 宏观方面必要性分析

1) 新建该监狱罪犯劳动改造用房是落实司法部监狱布局调整方案的需要，根据司法部监狱布局调整方案的要求，全国大部分省市已完成了监狱布局调整任务，而该市是尚未完成监狱布局调整任务，为此，司法部十分关注该市的监狱布局调整工作。把握这一有利时机，用好、用足国家对监狱布局调整的各项优惠政策，可以说是机遇难得、势在必行。

2) 新建该监狱罪犯劳动改造用房是该市政治和社会发展的需要。随着大批外来人口的涌入，该市的犯罪人口呈上升趋势，所以监狱设施的建设是非常必要的。加入世界贸易组织后，我国社会机构都面临着与国际惯例接轨的问题。为了反击国际敌对势力对我国所谓"人权"问题的攻击，满足我国改造罪犯"白皮书"的标准，进行监狱项目的建设是必需的。新建该监狱罪犯劳动改造用房也会为更好地改造罪犯，将该市的监狱建设成为文明的、有良好国际影响的监狱打下坚实基础。

综上所述，该监狱在维护该市社会治安稳定方面发挥着积极重要的作用，监狱的安全关系着社会公众的安全，而原有设施已无法满足监管的要求。鉴于上述问题，对该监狱罪犯劳动改造用房进行新建是十分必要的。该监狱罪犯劳动改造用房工程的立项符合司法部《关于进一步加强"严打"整治斗争工作的通知》的要求以及司法部的相关要求，符合该市关于监狱工作的长远发展规划。

【案例2】

1. 项目名称

孟州市小型农田水利项目

2. 项目运作主体

孟州市小型农田水利重点县项目建设领导小组

3. 项目背景

农业是国民经济的基础，农田水利建设是关系到经济建设的发展速度，是国家粮食安全的保证，是实现农民增收快富的重要途径，因此为了加强农业基础设施建设，改善农业生产条件，提高农田抗御旱涝灾害的能力，提高农业特别是粮食综合生产能力，孟州市要大力发展小型农田水利设施建设。

项目区为纯井灌区，灌溉用水主要由地下水供给，降雨入渗为浅层地下水的主要补给来源，其次是河流的侧向入渗和灌溉回归水补给，连续干旱时，地下水位有所下降，可合理开发利用地表、地下水资源，提高水的利用率，从而实现水资源的可持续利用。项目区现有机井井深60m左右，静水位15m，动水位30m，出水量30~35m³/h。这些机井多为20世纪60~70年代修建，由于管理问题和年久失修，已不能达到现代农业灌溉要求和项目建设高效节水灌溉的标准，须新打井和对旧井进行升级改造。按照焦作市城镇环境用水水平和孟州市水资源环境现状，确定项目区人均绿地建设和环境卫生用水量12m³/（人·年），项目区涉及人口2.19万人，则生态需水量为26.28万m³。

4. 项目概况

2015年，孟州市发展有效灌溉面积0.76万hm²（包括改善现状灌溉面积0.51万hm²），其中中型灌区面积0.44万hm²，小型灌区面积0.28万hm²；发展节水灌溉工程灌溉面积1.19万hm²；排水除涝5年一遇排涝面积2.52万hm²。按照孟州市小型农田水利项目建设总体布局，2016~2020年，孟州市发展有效灌溉面积0.07万hm²，其中：小型灌区灌溉面积0.04万hm²，纯井灌区灌溉面积0.03万hm²。发展节水灌溉工程灌溉面积0.22万hm²；排水除涝5年（一般来说，暴雨重现期为5年，表示5年内发生的24h降雨量只有一次）一遇排涝面积0.12万hm²。

该项目的建设内容包括：

（1）水源工程　新建小型塘坝18座，改造小型塘坝8座，有效库容207万m³；新建小型灌溉（含灌水、排水两用）泵站93座，改造小型灌溉（含灌水、排水两用）泵站37座，装机容量 13976kW；新打配电井、机电井 727 眼，改造机电井 1535 眼，装机容量 10563kW；新建水池、水窖、水柜 86 个，改造 36 个，有效库容量为 2.13 万 m^3。

（2）灌排工程　疏通排水沟道 1317km，建设配套建筑物 463 座；管道输水灌溉系统配套改造长度 400km，控制面积 0.33 万 hm^2；灌溉渠系配套改造长度 4490km，衬砌长度 4490km，配套建筑物 1568 处。

5. 建设必要性分析

孟州市人口与耕地矛盾突出，水资源相对紧缺，自然灾害频繁。新中国成立以来，为了改善农业生产条件，孟州市陆续兴建了一部分水利工程设施，初步形成了防洪、排涝、灌溉、供水等多功能的水利体系，其中农村小型水利工程设施占有相当大的比例。这些水利设施对保障人民生命财产安全，促进国民经济的发展，发挥了巨大的作用。但是，由于多方面原因，全市的水利工程防洪、灌溉标准偏低，工程基础薄弱，工程设施少，旱涝灾害仍然是影响农业快速稳定发展的主要原因之一。

（1）微观必要性分析　项目区自然条件差、农业基础薄弱、科技水平低已成为制约经济发展的重要因素。频繁的自然灾害，迫切要求加强农田水利工程建设；水资源利用水平较低，生产手段落后、市场经济意识淡薄、管理粗放，灌溉水利用率低、浪费严重；水利建设资金不足，缺口较大，农村水利工程设施偏少。通过小型农田水利重点县高效节水灌溉试点区建设，项目区的农业基本条件将会得到大幅度提高，粮食稳产高产有保证，并能够在周边地区起到很好的示范带动作用，实现农业增效的最终目标。经统计分析，孟州市近十年粮食生产能力最高为 29.80 万 t，最低为 22.10 万 t，开展重点县建设，发展高效节水灌溉工程，有利于发挥骨干工程效益，提高灌溉保障率。项目的实施，可切实加强当地农业抗御自然灾害的能力，改善农业生产条件，为粮食安全生产打下坚实基础，为新农村建设提供强有力的保障。

孟州市现有的小型农田水利工程存在诸多问题，越来越不适应现代农业生产的需要，严重制约了全市农业生产的发展。在孟州实施小型农田水利重点县项目，改善灌溉条件，发展高效、节水、低耗型农业，是促进农业发展、提高农民收入的最有效途径，由此产生的经济、社会和生态效益十分显著，对农村发展、农村经济和农民收入的影响巨大，可以提高农业综合生产能力，进而使粮食产量大大上升，农民收入大幅度增加，从而减轻农民的负担，有效促进农村经济的持续稳定地发展。而随着孟州市农业结构调整步伐的加快，发展高效、节水、低耗型农业已成为提高市场竞争力，促进农民增收的有效途径。针对目前项目区农田水利基础设施存在的问题，集中资金，连片改造，大力发展高效节水灌溉，提高灌溉水的利用率和农田灌溉保证率，扩大有效灌溉面积，可切实提高全市农业综合生产力，促进农业和农村经济的可持续发展。因此，加快农田水利建设步伐是十分迫切和必要的。

（2）宏观必要性分析　农业是我国国民经济的基础，农田水利建设关系到经济建设的发展速度，是国家粮食安全的保证，是实现农民增收快富的重要途径。孟州市推动小型农田水利项目建设是确保粮食安全的重要措施，是保障农民增收的有效途径，同时也是改善农村生态环境的迫切要求。

综上所述，为了加强农业基础设施建设、改善农业生产条件、提高农田抗御旱涝灾害的能力、提高农业特别是粮食综合生产能力，孟州市继续推进小型农田水利设施建设是非常有必要的，这将有利于确保粮食安全、保障农民增收、改善农村生态环境。

课后复习题

1. 项目的提出背景分析主要包括哪些内容?
2. 项目投资环境的含义是什么? 投资环境主要有哪些分类?
3. 对于项目预期要达到的目标进行论证分析, 其主要包含的内容有哪些?
4. 项目建设的宏观必要性分析主要有哪些内容?
5. 项目建设的微观必要性分析主要有哪些内容?

第4章

市 场 研 究

一个项目是否进行投资及投资后经济效益的好坏，不仅取决于项目投产后所处的市场状况，还取决于项目产品的社会需要和市场需求，只有当项目所提供的产品（或服务）满足市场需求时，才能为投资者带来经济效益，才有投资的必要。所以，在项目投产建设之前，必须开展市场调查，进行市场预测，并确定相应的项目营销战略。

4.1 市场调查

市场调查是指运用适当的方法，有目的地、系统地搜集整理市场信息资料，分析市场的客观实际情况。**市场调查是市场预测的基础，是拟建项目可行性研究的起点。**

4.1.1 市场调查的程序

市场调查的程序通常可以划分为三个阶段：调查准备阶段、调查实施阶段和调查结果处理阶段。

1. 调查准备阶段

调查准备阶段主要是解决调查的必要性和定义的问题，确定调查的任务和目的，设计调查方案，组建调查队伍，明确调查要求、范围和规模。

2. 调查实施阶段

调查实施阶段主要是通过实际的调查工作，完成与市场预测有关的资料搜集工作。此阶段的主要任务是组织调查工作人员，按照既定的调查计划和方案要求，系统地收集和市场预测相关的信息和数据，听取被调查者的意见并认真记录。

3. 调查结果处理阶段

调查结果处理阶段主要是对市场调查所获得的全部资料进行鉴别和整理，进行统计分析，并完成调查报告。该阶段通过对调查资料的分析和总结，形成调查结果的处理意见，它是市场分析能否充分发挥作用的关键一环。如果对这一阶段草率处理，会导致整个调查工作功亏一篑，甚至前功尽弃。

4.1.2 市场调查的方法

市场调查的方法主要有访问调查法、通信调查法、会议调查法、观察法、资料法和实验法等。

1. 访问调查法

这种调查方法是委派受过一定训练或具有一定经验的调查人员直接向抽样调查对象当面进行提问调查，通常也叫面询法，是一种广泛采用的调查方法。这种方法费用高、耗时长，但可以使调查人员及时发现新问题，市场调查人员可以比较深入地进行了解，根据情况做出分析判断，并根据询问补充一些问题。

2. 通信调查法

这是问卷调查的一种，即事先准备好调查提纲，设计一套精确而又便于明确回答的调查表格，邮寄给调查对象，请调查对象回答表格中的问题或发表看法。这种方法的费用相对较低，耗时也比较短，但主要缺点是回收率低。

3. 会议调查法

这种方法是专门召集某种调查会议或借其他会议之机，分发事先拟好的问卷或调查表格，请代表们回答问题。这种方法一般比较有效，且费用低、费时少，但组织工作要求必须科学、严密，还要注意揣摩代表的心理。

4. 观察法

观察法主要是请被调查人员亲自到销售现场或使用现场等进行实地观察，并听取其反馈意见，做好记录工作，以进行研究分析。这种方法的目的是对市场进行探索性的调查。一般情况下，开展这种调查的难度较大，且费用较高、费时长，一般很少在项目可行性研究的实践中采用。

5. 资料法

资料法是通过分析第二手资料进行的，即研究人员对档案馆、图书馆及政府机构等单位已经公布或搜集整理的有关资料进行分析，研究得出市场调查所要收集的信息。这种方法方便实用，而且有较高的效率，但是由于某些问题的最新情况没有在第二手资料中体现，因此需要进行补充调查，以使调查严谨、完整。

6. 实验法

这种方法是在新产品投入市场，或在大批量生产某种商品之前，在一定的限制条件下，在局部市场进行试验，如在商店设立新产品试销专柜、新产品陈列室或试销门市部进行实验性销售，系统记录顾客的反应和计算用户的实际购买数量，然后进行分析。实验法虽然可以排除某些影响因素的干扰而在规定条件下观察调查结果，使问题相对简化，但是由于只能适应某些情况，故一般较少使用。

在实际的调查操作中，要根据不同的情况选用不同的方法，具体情况具体分析，灵活运用适当的方法，才能使调查的结果更加合理真实。

4.1.3 市场调查中应注意的问题

市场调查中通常应该注意以下几个方面的问题：

1. 是否需要和怎样收集第一手资料的问题

第一手资料是指通过调查人员直接从调查对象那里获得的原始资料。收集第一手资料时，必须考虑如下问题。

1）具体收集什么样的资料，要确定内容，即 "What"。

2）用什么方法来收集资料，要确定方法，即 "How"。

3）具体由哪些人来提供资料，确定调查对象，即"Who"。

4）在什么地方进行调查，确定调查地点，即"Where"。

5）在什么时候进行调查，确定调查时间，即"When"。

6）调查的费用是多少，编制调查预算，即"How much"。

第一手资料的收集往往比较费时，而且需要较高的费用，一般在第二手资料无法满足调查要求时考虑搜集第一手资料作为补充，进而完善调查。

2. 设计问卷时应注意的问题

1）问卷所包含的内容应尽量简洁，问题应具有代表性。

2）问卷中问句的意思要清晰，不要产生歧义。

3）每个问题后面最好有选项，以供被调查人进行选择。

4）问题的设置应尽量使被调查者感兴趣，以使调查顺利进行。

3. 善于利用外部市场调查的专门机构

在市场调查方面，有许多专门的信息收集机构积累了丰富的经验和全面详细的系统资料，所以某些特殊的调查项目或内容最好能委托这些机构去完成，以提高调查的质量。

4. 资料的收集要有明确的目的性

在收集调查资料时，如果没有明确的目的，往往会造成收集资料过多或冗长，增加资料筛选的工作量，造成资源浪费。这往往是缺乏市场调查经验的人最易犯的错误。为了避免这个问题的发生，要确保资料搜集的目的性。

4.2 市场预测

4.2.1 市场预测的概念及意义

市场预测是在市场调查取得一定资料的基础上，运用已有知识、经验和科学方法，通过对市场资料的分析研究，对市场未来的发展状态、行为、趋势等进行分析，推测市场未来的发展前景。市场预测是项目可行性研究中不可缺少的组成部分。

市场调查和预测的主要作用是说明项目建设的必要性。拟建项目的实施和项目产品的投产要以市场预测的结果为依据和依托，对市场进行预测，能够避免项目的重复建设，减少不必要的浪费，杜绝盲目建设。根据市场预测的分析结果，可以保证社会供需平衡的实现、提高项目的投资效益、促进国民经济协调发展等。可以说，市场预测分析是项目投资效益分析指标正确的重要保证。

4.2.2 市场预测的内容及步骤

1. 市场预测的内容

市场预测主要围绕与项目产品相关的市场条件展开。由于项目产品存在多样性、复杂性，既包括为特定使用人提供的有形产品、无形产品，还包括为社会大众群体提供的公共物品，如交通运输设施等、城市基础设施等，造成了市场预测内容的差异化，但是市场预测的基本内容和方法是相互联系的。

市场预测的内容主要有：市场现状调查、产品供应与需求预测、产品价格预测、目标市场与市场竞争力分析以及市场风险分析。同时，市场预测的范围应包括国内市场和国外市场，并应进行区域市场分析。

由于项目生产产品的生命周期不同，市场预测的时间跨度也应与之相适应，并考虑市场变化的规律以及数据资料的实效性等。对于竞争性项目的产品，其预测跨度一般为10年左右；对于更新换代快、生命周期短的产品，预测的时间跨度可适当缩短；对于大型交通运输、水利水电等基础设施项目，预测时间跨度可以适当延长。

2. 市场预测的步骤

（1）确定目标，拟定预测计划　首先确定预测的目标，有明确的目标，其余的预测工作才能够顺利展开。预测目标的内容主要有：明确预测对象、预测目的、预测范围等。预测目标明确详细，才能保证预测结果的准确性。

（2）收集数据，分析和整理信息　确定预测目标后，要收集相关的数据，包括预测对象自身发展的历史信息、影响其发展的各种因素等。收集数据后，要对相应的信息进行分析、整理，判断信息的可靠度，去伪存真，使预测结果的误差减少到最低程度，保证预测结果的可靠性。

（3）选择适当的预测方法，建立预测模型进行预测　根据预测对象的特点和预测结果的要求选择适当的预测方法，同时根据数据变化的趋势建立相应的预测模型，适当的方法和科学的模型能够使预测工作更加科学、准确。

（4）对预测结果进行合理分析　通过对预测结果的判断，得到的评价可能是肯定的，也可能是否定的，一般情况下需要对预测结果进行修正。对预测结果进行分析的重点要放在预测误差的分析上，找出误差产生的原因，修正预测结果。

4.2.3　市场预测方法的分类

1. 按预测方法的类型分类

预测方法按其类型可以分为定性预测方法和定量预测方法。定性预测方法是建立在经验判断的基础上，对判断结果进行有效处理的预测方法，如德尔菲法；定量预测方法是建立在数学模型基础上的预测方法，如时间序列法、回归分析法、投入产出法、弹性系数法和产品终端消费法等。

2. 按预测的范围分类

预测方法按预测的范围可以分为宏观预测和微观预测。宏观预测是从国民经济的角度出发，一般是对一个国家或一个地区的市场进行预测；微观预测则是指对一个小范围的市场进行预测。

3. 按预测的时间跨度分类

预测方法按预测的时间跨度可以分为短期预测方法、中期预测方法和长期预测方法。适合短期预测的方法有简单移动平均法、简单指数平滑法、霍特双参数线性指数平滑法、时间序列分解法等；适合中、长期预测的方法有德尔菲法、回归分析法、投入产出法、弹性系数法和产品终端消费法等，其中回归分析法和弹性系数法也可用于短期预测。

4. 按预测的内容分类

预测方法按预测内容可以分为购买力预测、需求预测、供给预测、资源预测、价格预测、市场占有率预测等。

4.2.4 市场预测常用方法介绍

1. 德尔菲法

德尔菲法又称专家调查法,是以不记名方式轮番征询专家意见,最终得出预测结果的一种集体经验判断法。德尔菲法于 20 世纪 40 年代末期由美国兰德公司首创,是定性预测方法中最重要、最有效的一种方法。德尔菲法尤其适合中、长期需求预测,当其他定量预测方法无法做出较为精确的预测时,或当预测中缺乏历史数据,应用其他方法有较大困难时,采用德尔菲法能够有较好的效果。

(1) 德尔菲法的适用范围

1) 问题难以借助精确分析和技术处理,但是建立在集体基础上的直观判断可以给出有用的结果。

2) 问题庞大而复杂,缺少或没有历史数据,甚至是首创性的,这时专家们的意见是仅有的预测来源。

3) 专家人数众多,面对面交流思想的方法效率低,或专家分歧严重,或由于其他原因不宜面对面交流。

4) 为了多有创见,避免盲从权威或从众心理而欲保留应答专家的多种意见进行分析时,特别是预测技术创新问题时,这种方法较为有效。

(2) 德尔菲法的关键工作 德尔菲法的关键工作体现在专家选择和征询意见表设计两方面。

1) 专家选择。例如确定以下问题:什么人是专家?怎样选择专家?选择什么样的专家?专家人数多少合适?

2) 征询意见表设计。首先提出预测目标,其次题意要明确,再次征询意见表要清晰。一般提问有三种类型。

① 对本问题发展做定量的估计和描述,如某工程可能完成的时间、概率成本等。

② 对几个事件或目标做出选择和说明。

③ 要求对时间进行论述、分析和说明。

(3) 德尔菲法预测的步骤 用德尔菲法进行长期市场需求预测,一般分三阶段进行。

1) 准备阶段。准备阶段的主要工作是准备背景资料、设计征询意见表和选择专家。背景资料应使专家获得系统化的信息,配以精心设计的征询意见表(包括产品市场容量、供需变化趋势、价格走势等),以便使专家能得出准确的预测。选择专家是德尔菲法预测的关键。德尔菲法所要求的专家应对预测的问题有深入的研究,同时应知识渊博、经验丰富、思路开阔,富于创造性和洞察力。专家人数视项目的大小和对市场预测的要求而定,一般可为 20~50 人。

2) 征询阶段。选定专家之后,即可开始征询,征询采用函询方式进行,一般进行 3~4 轮。在进行函询的整个过程中,应避免专家彼此联系,可直接由预测人员函询或派专人与专家联系。

第一轮函询,向专家寄去预测目标的背景资料以及所需预测的具体项目。首轮函询任凭专家回答,不设限制。预测人员对专家的各种回答进行综合整理,把相同的事件、结论统一起来,剔除比较分散的事件,用准确的术语进行统一的描述,然后反馈给各位专家,再进行第二轮函询。

第二轮函询,要求专家对所预测目标的各种有关事件发生的时间、空间、规模大小等提出具体预测，并说明理由。预测人员对专家意见进行处理，再次反馈给有关专家。

第三轮征询，各位专家再次得到函询统计报告后，对预测人员提出的综合意见和论据进行评价，重新修正原先的预测值，对预测目标重新进行预测。

经过3~4轮函询，预测人员要求专家根据提供的全部预测资料提出最后的预测意见，若这些意见收敛或基本一致，即可以此为依据进行预测。

3）结果最终处理阶段。该阶段的主要工作是对最后一轮专家意见进行统计归纳处理，得出代表专家意见的预测值和离散程度，并对其做出分析评价，确定预测方案。

对结果的处理通常采用四分位点法和主观概率统计处理法。

① 四分位点法。该方法主要用于预测结果为时间或数量时的统计处理，用中位数代表专家预测意见的协调结果，用上、下四分位数反映专家意见的离散程度。

设参加预测的专家数为 n，对某一问题各专家回答的定量值为 $x_i(i=1,2,\cdots,n)$，设 x_i 出小到大或由前到后的顺序排列，即 $x_1 \leq x_2 \leq \cdots \leq x_n$，使用下面的公式来计算中位数：

$$\bar{x} = \begin{cases} x_{\frac{n+1}{2}} & (n\text{ 为奇数}) \\ \frac{1}{2}(x_{\frac{n}{2}} + x_{\frac{n+2}{2}}) & (n\text{ 为偶数}) \end{cases}$$

中位数可以看作是预测结果的期望值。在小于或等于 $\bar{x}$ 的定量值中再取中位数，便得到预测结果的下四分位数，在大于或等于 $\bar{x}$ 的定量值中再取中位数，便得到预测结果的上四分位数。上下四分位数之间的区域为四分位区间，该区间的大小反映专家意见的离散程度。区间相对越大，表示专家意见越不统一；区间越小，表示专家意见相对集中。

【例4-1】 已知某物流公司2013~2017年五年间的运单总量，见表4-1，通过德尔菲法得到第三轮专家预测意见的统计表，见表4-2，试用四分位点法预测（1）2018年的运单总量；（2）10年后的运单总量。

表4-1 某公司2013~2017年运单总量 （单位：万件）

年　份	2013	2014	2015	2016	2017
运单总量	412.3	376.0	340.4	303.9	273.7

表4-2 第三轮专家预测意见统计表 （单位：万件）

问题（1）	预测值	394	410	417	420	425
支持人数（人）		8	3	1	2	1
问题（2）	预测值	967	1000	1120	1177	1301
支持人数（人）		2	3	4	5	1

解：经分析计算得到表4-3。

表4-3 四分位点法预测结果 （单位：万件）

问题序号	中　位　数	上四分位数	下四分位数
（1）	394	417	394
（2）	1120	1177	1000

② 主观概率统计处理法。主观概率是指人们根据自己的经验和知识对某一事件可能发生程度的主观估计数。主观概率具有可检验性。对于主观概率的处理，一般采用加权平均值作为专家集体预测的结果，其权数为相应的专家人数。其步骤如下：

A. 确定主观概率。根据过去的实际资料和对过去推测的准确程度来确定各种可能情况的主观概率。

B. 确定权数。

C. 计算综合预测值。

【例4-2】 某个地区生产家具的企业，邀请专家根据以往5年的市场需求数量预测明年的市场需求量，从而确定产量。预测采用主观概率统计处理法，邀请了5位专家，得出的主观概率估算表如表4-4所示。已知A、C为权威专家，B为次权威专家，D、E为普通专家。试对该预测过程进行分析，预测该地区明年的市场需求量。

表4-4 主观概率估算表 （单位：万件）

参加预测专家	估 计 值						期 望 值
	最 高 值	概 率	中 位 数	概 率	最 低 值	概 率	
A	2300	0.3	2100	0.5	2000	0.2	
B	2500	0.2	2200	0.6	2000	0.2	
C	2250	0.3	2000	0.4	1800	0.3	
D	2700	0.25	2500	0.45	2200	0.3	
E	2400	0.2	2200	0.7	1900	0.1	

解：（1）求出各个专家预测销售值的期望值

专家A预测期望值 = 2300 × 0.3 万件 + 2100 × 0.5 万件 + 2000 × 0.2 万件 = 2140 万件

专家B预测期望值 = 2500 × 0.2 万件 + 2200 × 0.6 万件 + 2000 × 0.2 万件 = 2220 万件

专家C预测期望值 = 2250 × 0.3 万件 + 2000 × 0.4 万件 + 1800 × 0.3 万件 = 2015 万件

专家D预测期望值 = 2700 × 0.25 万件 + 2500 × 0.45 万件 + 2200 × 0.3 万件 = 2460 万件

专家E预测期望值 = 2400 × 0.2 万件 + 2200 × 0.7 万件 + 1900 × 0.1 万件 = 2210 万件

（2）确定权数

因为A、C为权威专家，B为次权威专家，D、E为普通专家，故确定每位专家的权数为：A为3，B为2，C为3，D为1，E为1。

（3）计算综合预测值

$$综合预测值 = \frac{2140 \times 3 + 2220 \times 2 + 2015 \times 3 + 2460 \times 1 + 2210 \times 1}{3 + 2 + 3 + 1 + 1} 万件 = 2157.5 万件$$

综上，得到该地区明年的市场需求量为2157.5万件。

---

2. 移动平均法

移动平均法是时间序列分析法，它将观察期的数据由远而近，按照一定的跨越期向前移动，逐一求得各观察期的平均值，并以最后一个移动平均值为依据确定预测期的预测值。在得到某一期的预测数后，可以把该预测数看作实际数，依次向后移动一期，继续预测下一期的预测值。移动平均法主要有简单移动平均法和加权移动平均法。

（1）简单移动平均法 这种方法是指对由移动期数的连续移动所形成的各组数据，使用算术平均法计算各组数据的移动平均值，并将其作为下一期预测值。预测公式为

$$y = \frac{\sum\limits_{i=1}^{n} y_i}{n}$$

式中 $\sum\limits_{i=1}^{n} y_i$——第 1 期至第 n 期资料实际数之和；

n——期数；

y——预测值。

【例 4-3】 某地区 2012～2017 年空调销量的统计数据见表 4-5，试用简单移动平均法预测该地区 2018 年、2019 年、2020 年各年的空调销售量。

表 4-5 某地区空调销量统计表 （单位：万台）

年 度	2012	2013	2014	2015	2016	2017
空调销售量	10	11	12	14	16	18

解：根据表中提供的数据，由简单移动平均法可得：

$$y_{2018} = (10 + 11 + 12 + 14 + 16 + 18) 万台 / 6 = 13.5 万台$$
$$y_{2019} = (11 + 12 + 14 + 16 + 18 + 13.5) 万台 / 6 = 14.1 万台$$
$$y_{2020} = (12 + 14 + 16 + 18 + 13.5 + 14.1) 万台 / 6 = 14.6 万台$$

（2）加权移动平均法 在简单移动平均法中，是把各期数字相加进行简单平均来预测未来的数值。但是，通常情况下，不同时期的资料对预测结果的作用和影响是不同的。一般情况下，距离预测期较近的资料对预测结果影响较大，反之则较小。加权移动平均法就是利用移动平均法的原理，考虑不同时期资料对预测结果的影响程度，并赋予权重，计算得出预测平均值的方法。预测公式为：

$$y = \frac{\sum\limits_{i=1}^{n} f_i y_i}{\sum\limits_{i=1}^{n} f_i n}$$

式中 y——预测值；

y_i——第 i 期实际值；

f_i——第 i 期权数；

n——期数。

【例 4-4】 以表 4-5 为例，已知某地区 2012～2017 年空调销量的统计数据，试用加权移动平均法预测 2018 年、2019 年、2020 年各年的空调销售量（权重依据至估算年份远近分别赋予 1，2，3，…，n）。

解：根据表中提供的数据，由加权移动平均法可得：

$$y_{2018} = \frac{1 \times 10 + 2 \times 11 + 3 \times 12 + 4 \times 14 + 5 \times 16 + 6 \times 18}{1 + 2 + 3 + 4 + 5 + 6} 万台 = 14.9 万台$$

$$y_{2019} = \frac{1 \times 11 + 2 \times 12 + 3 \times 14 + 4 \times 16 + 5 \times 18 + 6 \times 14.9}{1 + 2 + 3 + 4 + 5 + 6} 万台 = 15.3 万台$$

$$y_{2020} = \frac{1 \times 12 + 2 \times 14 + 3 \times 16 + 4 \times 18 + 5 \times 14.9 + 6 \times 15.3}{1 + 2 + 3 + 4 + 5 + 6} 万台 = 15.5 万台$$

3. 因果分析法：回归分析法

因果分析法是运用经济现象各变量之间的因果关系来预测未来发展变化的一种方法。在经济活动中，许多经济现象之间（如商品销售量多少与消费者的购买力、商品价格等）都有一定的关系。为了预测市场需求的变动，需要分析影响市场需求量变化的各种有关因素，找出市场需求量变化的因果关系，建立模型，对未来市场需求量的发展变化进行预测。

回归分析法是因果分析法的一种，是将自变量与因变量之间的关系用回归方程的形式表示，并根据自变量的数值变化来预测因变量数值变化的数学方法。当自变量取某个特定值时，则依据自变量来推测因变量的变化和变化程度。

运用回归方程进行分析，步骤如下。

①根据历史数据绘出散布图；②建立模型；③参数估计；④应用模型预测；⑤误差估计。

项目评价中常用的回归分析法主要有一元线性回归预测法和多元线性回归预测法。

（1）一元线性回归预测法　一元线性回归预测法就是分析一个因变量与一个自变量之间的关系。在市场预测中，市场上的变动因素有很多，如果一个因变量的变动主要取决于某一个自变量，且两者之间的关系呈线性关系，则可以用一元线性回归预测法进行分析。一元回归方程式为：

$$y = a + bx$$

式中　y——因变量，即预测值；

x——自变量，即引起因变量变化的某种影响因素；

a、b——回归系数，a 为截距，b 为斜率。

运用最小二乘法可以推导出 a、b 两个回归系数，计算公式为：

$$a = \frac{1}{n} \left(\sum y - b \sum x \right)$$

$$b = \frac{n \sum xy - \sum x \sum y}{n \sum x^2 - \left(\sum x \right)^2}$$

式中　n——项目数。

运用线性回归方程预测时，为了判断两个变量之间是否有关系及其相关程度如何，要对确定的预测模型进行相关系数的检验。设相关系数为 γ，其计算公式为：

$$\gamma = \frac{n \sum xy - \sum x \sum y}{\sqrt{\left[n \sum x^2 - \left(\sum x \right)^2 \right] \left[n \sum y^2 - \left(\sum y \right)^2 \right]}}$$

$0 \leqslant |\gamma| \leqslant 1$，$|\gamma|$越接近1，说明$x$和$y$的相关性越大，预测结果可信度越高。若$|\gamma| > 0.7$，表明两个变量相关程度较好；若$0.5 \leqslant |\gamma| \leqslant 0.7$，表明两个变量相关程度一般；若$|\gamma| < 0.5$，表明两个变量相关程度较差；若$|\gamma| = 0$，表明两个变量完全不相关。

【例4-5】 现有某地区2011～2017年汽车销售量y与平均家庭收入x的统计数据如表4-6所示。该地区的统计部门准备用简单回归预测模型对2018年、2019年的汽车销售情况进行预测，试分析其预测的过程（假设已由其他方程式预测2018年和2019年的平均家庭年收入分别为20万元和22万元）。

表4-6 汽车销售量与家庭收入的基础数据

年 份	销售量y（千辆）	平均家庭年收入x（万元）	xy	x^2	y^2
2011	11	10	110	100	121
2012	13	11	143	121	169
2013	12	13	156	169	144
2014	14	14	196	196	196
2015	15	15	225	225	225
2016	16	17	272	289	256
2017	18	18	324	324	324
合计	99	98	1426	1424	1435

解：由表4-6可知，$n = 7$，$\sum y = 99$，$\sum x = 98$，$\sum xy = 1426$，$\sum x^2 = 1424$，$\sum y^2 = 1435$。由简单回归分析法可知，a、b两个回归系数的值为：

$$b = \frac{7 \times 1426 - 99 \times 98}{7 \times 1424 - 98 \times 98} = 0.769$$

$$a = \frac{99 - 0.769 \times 98}{7} = 3.377$$

将a、b代入回归方程，得到预测的数据模型为

$$y = a + bx = 3.377 + 0.769x$$

将$x_{2018} = 20$和$x_{2019} = 22$分别代入上算式，得到

$$y_{2018} = 18.757 \text{万辆}, y_{2019} = 20.295 \text{万辆}$$

在本例中，将相关数据代入相关系数公式，得到：

$$\gamma = \frac{n \sum xy - \sum x \sum y}{\sqrt{[n \sum x^2 - (\sum x)^2][n \sum y^2 - (\sum y)^2]}}$$

$$= \frac{7 \times 1426 - 98 \times 99}{\sqrt{(7 \times 1424 - 98 \times 98) \times (7 \times 1435 - 99 \times 99)}}$$

$$= 0.940$$

相关系数为$0.940 > 0.7$，表明汽车销售量与平均家庭年收入之间的相关程度较好。

（2）多元线性回归预测法 在市场上常常发生一个因变量与两个或者多个自变量有相关性的情况。多元线性回归预测法就是分析一个因变量与两个或者多个自变量之间的关系，

其方程式为:

$$y = a + b_1x_1 + b_2x_2 + \cdots + b_mx_m$$

式中 y——因变量,即预测值;

   x——自变量,即引起因变量变化的某种影响因素;

a、b——回归系数。

多元线性回归预测需要的数据较多,计算烦琐,一般需要借助相关计算软件进行计算预测。

4.3 项目营销战略选择

可行性研究既要进行详尽的市场分析,又必须通过利用市场分析所取得的信息资料及获得的研究结论,从而制定具体的经营和销售战略和选择项目的营销战略。项目营销战略是为达到项目目标所需采取的方法和活动,如确定采取竞争战略、创新战略或形象战略等。

4.3.1 市场营销战略的种类

市场战略一般分为总体战略、基本竞争战略和职能战略三种。

1. 总体战略

总体战略的作用是确定企业的发展方向和目标,明确进入或退出哪些领域,选择和放弃哪些业务。其核心问题是:第一,要把企业的业务管理作为一项投资组合来管理;第二,要准确预测企业每项业务的利润潜力;第三,为每一项业务制定战略计划。

(1)稳定战略 限于经营环境和内部条件,只能基本保持在战略起点和范围的战略,包括无变化战略、利润战略等。

企业特点:①企业对过去的成绩满意;②企业过去的战略是成功的;③企业以过去的产品和服务来满足社会。

(2)发展战略 充分利用外部机会,挖掘内部优势资源,求得更高层次发展的战略。对大部分企业来说,发展战略是基本的战略选择。它的实现方式有内部发展和外部发展两种途径,包括产品开发、直接投资、并购、战略联盟等。

1)新领域进入战略。企业为了摆脱困境,发展新的成长机会,为培育新的增长点而采取的产业拓展战略或市场拓展战略,包括进入新的市场或新的产业。

2)一体化战略。一体化战略就是企业将原来可独立进行的、相互联系或相似的经济活动组合起来。

①纵向一体化。相互联系的活动的组合,可细分为前向一体化战略和后向一体化战略。后向一体化指经营方位延伸到原料供应端;前向一体化指经营范围延伸到渠道,包括销售和实体分配。

②横向一体化。横向一体化是指把与本企业处在生产—营销链上同一阶段具有不同资源优势的企业单位联合起来形成一个经济体。横向一体化的实现途径包括收购、兼并、基于契约关系的分包经营和许可及特许权经营、基于产权关系的合资经营等。

3)多元化战略。多元化战略是指企业在原主导产业范围以外的领域从事生产经营活动,是通过开发新产品或开展新业务来扩大产品品种或服务门类,来增加企业的产量和销量,扩大规模,提高盈利水平。

① 相关多元化。其特点是新增的产品或服务与原有产品或服务在大类别方面、生产技术方面或营销方式方面是相似的、相关联的，可以共同利用本企业的专门技能和技术经验、设备或生产线、销售渠道或顾客资源。

② 不相关多元化。其特点是新增的产品或服务与原有产品或服务毫不相关，不能共用企业原有的专门技能、设备、生产线、销售渠道等。

③ 既相关多元化又非相关多元化。前两种战略的组合。其特点是企业经营的业务中，一部分是相关多元化的，可共同使用技术经验，生产设备、销售渠道等，另一部分却是不相关多元化的，需要跨入别的产业。

（3）撤退战略 在没有发展或者发展潜力很小的行业，选择退出的一种战略。具体可分为紧缩战略、转向战略和放弃战略。

2. 基本竞争战略

（1）成本领先战略 企业通过扩大规模，加强成本控制，在研发、生产、销售、服务和广告等环节把成本降到最低，成为行业成本领先者的战略。

1）核心思想。在追求产量规模经济效益的基础上，降低产品的生产成本，用低于竞争对手的成本优势来获胜。

2）适用条件。包括：①具有规模经济效益；②市场容量大；③有较高的管理水平；④不断更新技术设备。

3）成本优势的获得。包括：①控制成本驱动因素：规模经济、学习曲线、投入成本、生产能力利用、价值链联系、垂直一体化、时机选择、相互联系、组织政策、社会因素；②重构企业价值链。

4）战略风险。包括：①多年积累得到的降低成本的投资与方法可能因为新技术的出现而变得毫无用处；②新技术可能具有更强的成本竞争力，从而抵消率先实行这种战略的企业的竞争优势；③过于注重成本往往导致对市场需求变化反应迟钝，因而产品落后或不能适合需求；④由于定价处于成本的最低边界，因此当竞争对手发动进攻时，自身缺少回旋余地。

（2）差异化战略 企业向市场提供与众不同的产品或服务，满足顾客需求而形成竞争优势的一种战略，包括产品质量、销售服务、产品性能、品牌差别化战略等。实行产品差异化可以培养客户的品牌忠诚度，使企业获得高于同行的平均利润。

1）核心思想。通过对市场的全面分析，找出顾客最重视的利益，集中力量开发不同特色的业务，以比竞争者更有效地满足顾客的需要。

2）适用条件。包括：①企业在产品研发方面有较强的创新能力；②企业在生产技术方面有较强的适应能力和应变能力；③企业有较强的营销能力。

3）差异化优势的获取。包括：①目标顾客的确定；②顾客价值分析；③差异化的创造层面；④差异化优势的获取，即产品特性、产品销售、服务与支持、产品识别与认知、组织管理等。

4）战略风险。包括：①顾客偏好变化，导致差异不再对顾客有吸引力；②成本高于对手，导致差异对顾客的吸引力丧失；③竞争对手对于顾客特别喜欢的差异的模仿。

（3）重点集中战略 企业把经营战略的重点放在一个特定的目标市场上，为特定的地区或消费群体提供特殊的产品、服务。采用重点集中战略的企业，基本上是由特殊的差别化或特殊的成本领先企业。重点集中战略也可使企业获得超过行业平均水平的收益，它的三种主要策略为：一是针对竞争对手最薄弱的环节，形成产品的差异化；二是为该目标市场的专门服务中降低成本，形成低成本优势；三是兼有产品差异化或低成本优势。该战略的缺点是在获得市场份额方面有局限性，企业的市场份额总体水平也较低。

1）核心思想。将经营目标集中到整个市场的某一个或几个较小的细分市场，在这部分市场中通过提供最有效和最好的业务，建立自己的成本和产品差异方面的优势。

2）适用条件。企业能比竞争对手更有效地为某一特定的目标市场服务，在这一特定的市场处于有利的竞争地位，获得良好的效益。

3）实施条件。①企业有很强的学习能力和研究能力，能根据消费者的特定需求生产出适合销路的产品；②企业有较强的创造能力和营销能力，能在特定领域里树立起"市场专家"的企业形象；③企业各部门能密切合作，能紧密地围绕战略目标来开展组织活动。

4）战略风险。①当覆盖整个市场的竞争对手因为规模经济的好处大幅降低成本；②集中目标指向的特定细分市场的需求变化时，转移产品到其他细分市场相当困难；③在过度细分的市场中，市场容量小，目标集中无明显好处。

（4）其他战略

1）创新战略。创新是知识经济时代的灵魂。知识经济时代为企业创新提供了极好的外部环境，创新作为企业营销的基本战略，主要包括以下几个方面：

① 观念创新。为了适应新的经济时代，使创新战略卓有成效，必须树立新观念，即以观念创新为先导，带动其他各项创新齐头并进。

② 技术创新。随着科技进步的加快，新技术不断涌现，技术的生命期趋于缩短。技术创新是企业营销创新的核心，要不断开发新技术，满足顾客的新需求，即使是传统产品也要增加其技术含量。

③ 产品创新。技术创新最后要落实到产品创新上，所以产品创新是关键。

④ 市场创新。营销者要善于捕捉市场机会，发现消费者新的需求，寻求最佳的目标市场。在市场创新中，要在科学的细分市场的基础上，从消费者需求的差异中找出创新点，这是至关重要的。

2）形象战略。绝大多数企业现在已经应用形象竞争战略，但很多企业并没有予以足够的重视。现今广告宣传进入"印象时代"，企业利用各种广告宣传和促销手段提高企业声誉，创立名牌产品，使消费者根据企业的"名声"和"印象"选购产品。

3. 职能战略

职能战略又称职能支持战略，是按照总体战略或业务战略对企业内各方面职能活动进行谋划。职能战略一般分为生产运作型职能战略、资源保障型职能战略和战略支持型职能战略。职能战略具体包括营销战略、人力资源战略、财务战略、生产战略、研究与开发战略、品牌战略等。职能战略是为企业战略和业务战略服务的，所以必须与企业战略和业务战略相配合。比如，企业战略确立了差异化的发展方向，要培养创新的核心能力，企业的人力资源战略就必须体现对创新的鼓励；要重视培训，鼓励学习；把创新纳入考核指标体系；在薪酬方面加强对各种创新的奖励。

4.3.2　项目营销战略的分析

分析项目营销战略的目的在于合理确定和系统反映项目的营销战略，主要包括以下四个方面。

1. 确定地理区域营销战略

根据项目产品的特点、项目投资能力及财务效益，选择项目产品的销售市场，确定潜在的消费对象，特别是应确定生产经营的地理区域，制订各种战略方案，以确定企业的实际竞争地位。

2. 确定市场占有额营销战略

确定拟建项目在市场上所期望达到的市场占有额或市场目标地位，这一点是十分必要的。通常，市场占有额的变化会直接影响项目的盈利能力，随着市场占有额的增加，企业有可能从规模经济中获得利润，使得企业的盈利能力提升。但在有些情况下，随着市场占有额的增加，边际销售额的增加可能低于边际销售成本的增加，使项目盈利率下降。因此，应分析项目盈利率和市场占有额之间的关系，实施适当的营销战略，进行项目盈利率和市场占有额之间的最优选择。

3. 确定产品—市场关系营销战略

产品—市场关系是项目营销战略的基础，也决定了营销战略规划的范围。产品—市场关系营销战略有四种类型：其一，进入市场战略。企业主要采用广告和推销的手段在某个特定的市场范围内加强其产品的市场实力和市场占有率；其二，市场开发战略。企业着眼于开发新的地理区域、新的顾客阶层，并通过新的分销渠道来增加现有产品的销量；其三，产品开发战略。企业的目的是通过开发新的产品来满足未来顾客的潜在需求；其四，多种经营战略。企业不断用新产品来开发新市场，达到增加销量的目的。

4. 确定竞争和扩大市场营销战略

企业可以通过两种途径来提高市场占有率：其一，采用让竞争对手丧失一部分市场的战略，即在现有市场中从竞争对手那里赢得市场份额，提高自己的市场占有率；其二，采用扩大销售市场的扩大战略，在一个新市场发展的最初阶段取得领先于竞争对手的地位，也就是扩大现有市场份额或开拓新市场，从而提高自己的市场占有率。

4.3.3　营销过程中的促销措施及其组合

在进行了市场分析，确定项目目标和战略以后，项目可行性研究就应进入制定具体措施的阶段，以促使项目按既定的目标和战略方向去发展。一般认为"4P"营销理论具有较好的代表性和实用性，通过对"4P"环节的分析，可以有效地确定产品的市场营销策略。这些措施包括以下四个策略：

1. 产品策略（Product Strategy）

产品策略主要是指企业以向目标市场提供各种适合消费者需求的有形和无形产品的方式来实现其营销目标，其中包括对产品的品种、规格、式样、质量、包装、特色、商标、品牌以及各种服务措施等可控因素的组合和运用。

2. 价格策略（Pricing Strategy）

价格策略主要是指企业以按照市场规律制定和变动价格等方式来实现其营销目标，选择适当的产品和服务价格标准，特别是应针对消费者的支付能力和消费心理，决定采用低价政策、高价政策，或部分低价、部分高价政策，或不同时期采用不同的价格的政策等。

3. 渠道策略（Placing Strategy）

渠道策略主要是指企业以合理选择分销渠道和组织商品实体流通的方式来实现其营销目标，设计项目的销售渠道，可采用直销、分销或多渠道销售；落实各销售渠道上各个环节的人员、机构，使其在时间和空间上配套衔接。

4. 促销策略（Prompting Strategy）

促销策略主要是指企业以利用各种信息传播手段刺激消费者的购买欲望和促进产品销售的方式来实现其营销目标，主要通过定制广告、利用公共关系、派出人员进行推销、展销和赠送样品、创造商标名牌等措施来促进产品销售。

具体而言，产品策略分析需要结合消费者行为和项目产品功能特性进行分析，对产品的分类、产品线的长度等进行探讨，提出产品的组合决策；进行价格策略分析，一方面要结合供求分析和价格预测的内容，另一方面要从企业战略目标出发，考虑具体的营销战略、策略以及促销手段等因素，确定一个适合项目产品自身特点的市场价格，并将其作为财务基础数据中的产品参考价；进行渠道策略分析，一般需要初步架构项目产品的各级分销渠道，并明确各级分销商之间的职能分工和隶属关系；促销策略分析的重点应放在对产品市场拓展的战略方向和促销方式的选择上，而具体实施则应专门制订详细的营销计划。

项目可行性研究中的市场营销策略分析虽然不是项目投产后具体的营销策略，但是仍然体现出项目产品在营销环节上的思路、方针和策略，可为具体实施营销策略提供有益的借鉴。

课后复习题

1. 市场调查的含义是什么？具体有哪些程序和步骤？

2. 简述市场调查的主要方法及各自的特点。

3. 市场调查中应注意哪些问题？

4. 市场预测的概念是什么？有哪些分类？

5. 简述德尔菲法的具体实施步骤。

6. "4P" 营销理论的主要内容是什么？

7. 根据某公司项目部的统计数据，某地区2017年1~6月产品销量见表4-7，试根据该表数据，用简单移动平均法预测未来3个月的产品销量。

表4-7　某公司1~6月产品销售量表　　　　　　　　　　（单位：万件）

月　　份	1	2	3	4	5	6
产品销量	6	8	7	8	4	5

8. 根据第7题的数据，运用加权移动平均法预测未来3个月的产品销售量。

9. 现有某地区2017年5~10月便携式计算机销售量与当地人均月收入的统计数据见表4-8。现已知2017年11月和12月的人均月收入分别为5000元和6000元，试用一元线性回归预测模型对2017年11月和12月的便携式计算机销售量进行预测，并简述预测过程。

表4-8　某地区2017年5~10月便携式计算机销售量与当地人均月收入统计表

月　　份	5	6	7	8	9	10
销售量（万台）	10	12	15	13	16	14
人均月收入（元）	3800	4000	4200	4100	4300	4500

第5章
项目生产规模的确定及生产条件分析

5.1 项目生产规模的确定

确定投资项目的生产规模是项目可行性研究中的重要组成部分。项目生产规模合理与否，直接关系到项目建成投产后生产经营状况的好坏和经济效益的高低。

项目生产规模是指项目设定的正常生产运营年份可能达到的生产能力或者使用效益。不同类型项目，其生产规模的表述不同，工业项目通常以年产量、年加工量、装机容量等表述；农林水利项目以年产量、种植面积、灌溉面积、防洪治涝面积、水库库容、供水能力等表述；交通运输项目以运输能力、吞吐能力等表述；城市基础设施项目和服务行业项目以年处理量、建筑面积、服务能力等表述；生产多种产品的项目的生产规模一般以主要产品的生产能力表示。

5.1.1 规模经济与生产规模的含义

1. 经济规模与规模经济

（1）经济规模 熊映梧教授在《生产力经济学原理》中指出："经济规模是指在一定经济实体中生产力诸因素的集约度。"

薛永应研究员在《生产力经济学》中认为："经济规模是指劳动者、劳动手段和劳动对象这些生产要素在种种经济实体中的集中程度。"集中程度的衡量指标通常有产量、生产能力、职工人数、产值等。

王立国教授在《项目评估理论与实务》一书中指出："工业企业生产规模是指生产要素在企业中的集中程度，其衡量指标主要有产量、生产能力、产值、职工人数和资产价值等。"

可见，经济规模与生产规模是相同的概念，通常是指企业拥有的各生产要素的集中程度。本书中的生产规模是指经济实体所拥有或占用的一定质态的固定投入要素的集中程度。企业一段时间内的固定投入规模就是企业的经济规模，短期内企业经济规模是不变的。

（2）规模经济 规模经济（Economies of Scale）是从西方经济学中引进的概念，是指企业经济规模扩大导致单位产品成本下降的现象。一般来说，规模经济是指在一定的规模下或一定的规模区间内，企业的生产最有效率，能够取得比较好的效益，是人们根据生产力因素组合方式发展变化的规律，科学地、自觉地选择和控制企业的规模而取得的增产或节约。

规模经济可以从以下几个方面理解。

第一，规模经济是与经济学中的长期概念相联系的，这里的"长期"是指一切投入要素（包括资本要素）均可以变化的期间。

第二，只有长期成本下降才是规模经济，因此，规模经济是从长期成本变化趋势来看的，如图 5-1 所示。LAC 代表某行业的长期平均成本曲线，SAC_1、SAC_2、SAC_3 代表特定短期规模下的平均成本曲线，其中 Q 代表生产规模，C 代表生产成本。从图中可以看出，在规模达到 Q_B 之前，长期平均成本处于下降趋势，也就是存在规模经济；如果生产规模扩大，如达到 Q_C，长期平均成本已由下降趋势转为上升趋势，成本将加大，这时就是规模不经济。因此，该行业从规模经济来看，最佳规模在 B 点，即 Q_B。但一般来说，一个行业的长期平均成本曲线通常在底部表现为一段平缓的曲线，如图 5-2 所示，从 B 点到 B_1 点是一段规模近似不变阶段，此阶段的任意规模都存在着规模经济，因此，Q_B 和 Q_{B1} 之间称为最佳规模范围，B 点称为最小有效规模，B_1 点称为最大有效规模。

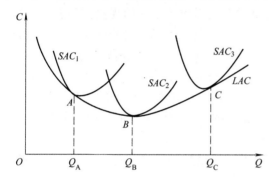

图 5-1　理想的长期平均成本曲线图
注：Q—产量，C—成本，LAC—长期平均成本，
SAC—短期平均成本。

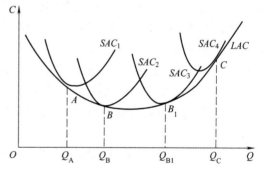

图 5-2　实际的长期平均成本曲线图
注：Q—产量，C—成本，LAC—长期平均成本，
SAC—短期平均成本。

可见，规模经济是有一定范围的，其规模并不能无限扩大。随着企业生产规模的扩大，边际效益会渐渐下降，甚至成为负数，这时出现了规模不经济（Diseconomies of Scale）。造成此现象的原因可能是企业内部结构因规模扩大而更趋复杂，这种复杂性会消耗企业内部资源，而此耗损与规模扩大本应带来的好处相互消减，因此出现了规模不经济的现象。

第三，本书讨论的规模经济属于工厂规模经济。理论界认为规模经济至少包括三个层次，即工厂规模经济、众多企业在局部空间上的集中而产生的聚集经济，以及范围经济。工厂规模经济是从设备、生产线、工艺过程等角度提出的，其形成的原因有：①采用先进工艺，设备大型化、专业化，实行大批量生产，可降低单位产品成本和设备投资；②实行大批量生产方式，有利于实现产品标准化、专业化和通用化（通常称产品的"三化"），提高产品质量，降低能耗和原材料消耗等各种物耗，促进技术进步，取得显著的经济效果。项目规模确定主要是从设备、生产和工艺流程讨论，因此属于工厂规模经济。

第四，区分工厂规模经济和范围经济。范围经济是指一个企业同时生产多种产品的成本小于多个企业分别生产的总成本，即一个企业在生产原产品的基础上，把产品生产领域拓展到其他关联产品，从而使整体成本下降和整体效益提高。一个企业同时生产多种产品的成本小于多个企业分别生产的总成本的关键在于生产相关性，其实质是多样化基础上的规模经济。

工厂规模经济与范围经济的主要区别在于，工厂规模经济只讨论要素变动对一种产品产出的影响情况，而范围经济则讨论在同样的要素投入下，多生产几种产品与少生产几种产品的效益区别。

第五，理解聚集经济和工厂规模经济的关系。聚集经济，即经济活动在空间上呈现局部集中特征，这种空间上的局部集中往往伴随着在分散状态下所没有的经济效益，使得企业聚集而成的整体系统功能大于在分散状态下各企业所能实现的功能之和。这种因众多企业的空间聚集而产生的额外好处称为聚集经济。聚集经济是由外部性引起的，表现为外在经济使成本节约，表现为长期平均成本曲线（LAC）向下平移。外在经济是由于厂商的生产活动所依赖的外界环境得到改善而产生的。

属于不同产业部门的众多企业之所以会在某一局部空间上聚集，并形成聚集规模，通常是由于该空间点上存在一家或若干家核心企业，其他在该空间点上聚集的企业所利用的正是该核心企业给它们带来的外部经济好处。聚集经济的存在对单个企业的规模扩张有双重性：一方面，当聚集经济表现为正的外在经济时，由于众多企业彼此都享受着外在经济的好处，即外部市场的交易费用较低，此时单个企业因为不存在规模扩张的客观需要，会产生组织分化的倾向，即把企业组织内部的某些职能分化出去，通过外部市场交易来完成；另一方面，当聚集经济表现为负的外在经济（又称外在不经济）时，由于外部市场的交易费用较高，此时可能会促使企业之间进行纵向一体化或横向联合，即产生组织整合的倾向，企业规模将趋于扩大。

可见，聚集经济可看成是规模经济中的外部规模经济的特例，但不属于工厂规模经济要讨论的问题。

2. 规模经济的分类

规模经济根据不同的标准有不同的分类。按实现领域的不同，规模经济可划分为生产上的规模经济和经营上的规模经济；按规模经济的形成原因不同，规模经济可划分为内部规模经济和外部规模经济。

（1）生产上的规模经济和经营上的规模经济　生产上的规模经济是指由于实行生产的专业化、标准化、简单化，扩大了生产批量，或者采用了大型高效设备，扩大了生产规模，从而提高了劳动生产效率，使得单位产品成本随着生产批量扩大或生产规模扩大而降低。

经营上的规模经济是指由于扩大了经营规模，使生产要素得到充分的综合利用，节省了经营费用，增加了产品技术开发能力，提高了产品的市场占有率，增强了企业抵御经营风险的能力。

（2）内部规模经济和外部规模经济　内部规模经济是指由于企业自身条件的变化（如投资新项目，采用新工艺、新设备和新材料，实现生产自动化、专业化等）而引起企业效益的增加。

内部规模经济主要来源于企业自身生产规模的扩大。由于生产规模扩大和产量增加，分摊到每个产品上的固定成本（包括管理成本、信息成本、设计成本、科研与发展成本等）减少，从而使产品的平均成本下降，获得规模报酬。

外部规模经济是指企业所处行业规模扩大、产量增加和行业经营环境的改善而导致的个别企业平均成本下降或效益增加。

外部规模经济理论由著名的经济学家马歇尔在1890年首先提出，后经克鲁格曼等学者的完善而得到发展。外部规模经济理论认为，在其他条件相同的情况下，行业规模较大的地区比行业规模较小的地区生产更有效率，行业规模的扩大可以引起该地区厂商的规模收益递增，这会导致某种行业及其辅助部门在同一或几个地点大规模高度集中，形成外部规模经济。外部规模经济是一种经济外部性表现，其产生的原因有很多，具体来说，包括以下两个方面：

1）行业地理位置集中带来的外部规模经济效应。

2）行业内每个企业从整个行业的规模扩大中获得更多的知识积累，即阿罗（Arrow）所说的"干中学"效应（Learning by doing）。

3. 规模报酬

规模报酬是指在其他条件不变的情况下，企业内部各种生产要素按相同比例变化时所带来的产量变化。规模报酬分析的是企业的生产规模变化与所引起的产量变化之间的关系，其存在条件有两个：第一，生产技术水平不变。第二，所有生产要素投入按相同比例变化。

根据企业的规模报酬变化，可以将规模报酬分为规模报酬递增、规模报酬不变和规模报酬递减三种情况。

例如，假设一座化肥工厂年产量为100万t，其每年使用的资本为2万个单位，需要的劳动为200个单位。现在将企业的生产规模扩大一倍，即使用4万个单位的资本和400个单位的劳动，由于这种生产规模的变化所带来的收益变化可能有如下三种情形。

1）产量增加的比例大于生产要素增加的比例，即年产量为200万t以上，这种情形称为规模报酬递增。所有投入物的数量都以相同的百分数增加，并导致产量增加的百分数大于该百分数，或某一产品或行业净收益的增长速度超过其生产规模扩大速度的现象或状态，就是规模报酬递增，如图5-3所示。

2）产量增加的比例小于生产要素增加的比例，即年产量少于200万t，这种情形称为规模报酬递减。规模报酬递减是指所有投入物的数量都以相同的百分数增加，并导致产量增加的百分数小于该百分数的情形，如图5-4所示。人类的经济活动都是通过投入得到产出，当投入增加时产出虽然也能增加，但是最后必定会达到规模报酬递减的状态，即产出的增加比不上投入的增加。

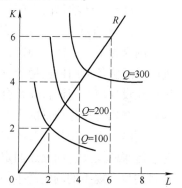

图5-3 规模报酬递增

注：K—资本要素，L—劳动力要素，Q—等产量曲线，R—生产扩展线。

3）产量增加的比例等于生产要素增加的比例，即年产量为200万t，这种情形称为规模报酬不变。如果所有投入物的数量都以相同的百分数增加，并导致产量也以相同的百分数增加，就是规模报酬不变，如图5-5所示。规模报酬递增的趋势不可能是无限的，当生产达到一定规模之后，上述促使规模报酬递增的因素会逐渐不起作用。例如，如果工人分工过细，就会导致工人工作单调，影响工人的积极性；设备生产率的提高，最终也要受当前技术水平的限制。

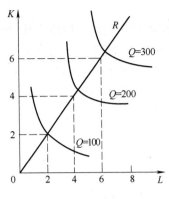

图 5-4 规模报酬递减

注：K—资本要素，L—劳动力要素，Q—等产量曲线，R—生产扩展线。

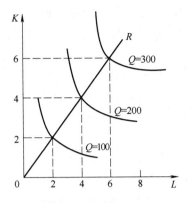

图 5-5 规模报酬不变

注：K—资本要素，L—劳动力要素，Q—等产量曲线，R—生产扩展线。

规模报酬变化的原因是由于规模经济或规模不经济引起的。规模报酬递增阶段对应长期平均成本下降阶段，即存在规模经济的阶段；规模报酬递减阶段对应长期平均上升阶段，即规模不经济阶段；规模报酬不变对应长期平均成本接近不变的底部阶段，即在最佳生产规模区域内。

5.1.2 生产规模的制约因素

在确定拟建项目的生产规模时，需要考虑的制约因素很多，主要有以下几方面。

1. 国家宏观经济发展规划和产业政策

国家为了保证社会稳定、经济持续发展，制定了一定时期内的国民经济发展规划，来促进国民经济各部门协调稳步发展。投资项目的生产规模，尤其是有些基础性和公益性项目的生产建设规模，应该首先符合国家宏观的经济规划，满足地区、行业经济发展规划的需要。因此，在确定拟建项目的生产规模时，必须充分考虑所处时期的国家经济发展规划。

同时，为了加强和改善宏观调控，有效调整和优化产业结构，促进国民经济持续、快速、健康的发展，国家还制定了产业政策。国家的产业政策、投资政策、地区政策等都会对项目的生产规模的确定产生一定程度的影响。这些产业政策主要包括产业结构、产业技术政策、产业布局以及其他对产业发展有重大影响的政策和法规。其中，符合国家在不同时期对不同行业项目最小规模的规定是确定项目生产规模的前提。即在确定拟建项目生产规模时，要充分考虑所处时期国家的产业政策，特别是应将政策规定的项目生产规模作为拟建项目生产规模的最低标准。

2. 项目产品的市场需求

市场需求是确定项目生产规模的重要因素，应根据产品的市场调查和市场预测结果进行项目生产规模的初步选择。市场潜在的需求量有多大，项目的生产规模就应该按这个量来确定，这样才能保证项目的顺利实施和产品的正常生产，才不至于浪费有限的资源。市场需求的大小是决定项目生产规模的基础，有多大的市场，才能决定安排多大的拟建生产规模，以销定产。市场需求量大，面向国内外市场的产品，原则上只要有可能，便可尽量扩大生产规模；反之，若市场需求量不大，即使条件再好，也不宜扩大生产。

3. 环境容量对项目规模的制约

自然环境条件是制约项目规模的一般性基础条件，所以应根据拟建项目所必需又能够获得的自然环境条件确定建设规模。特别是对天然劳动对象进行加工的部门（如农业和采掘工业）以及以农产品为原料的部门（如轻纺工业），其项目规模的确定都不能脱离这些自然资源基础。同时，环境保护问题在我国日益受到重视，不同的生产规模对环境的影响也是不同的，对因项目投产而产生的"三废"，国家规定了排放标准，确定项目的生产规模时必须考虑这个因素。

4. 合理的经济规模

合理的经济规模是指在一定技术经济条件下，项目投入产出比处于较优状态，资源和资金可以得到充分利用，并可获得较优经济效益的规模。根据项目条件，确定一次或者分期达到合理经济规模。换言之，就是生产规模多大时成本最低，利润最高，而且投资也较少。在确定项目的生产规模时，要使选定的拟建规模尽可能接近最佳规模。这种通常需要对几个不同规模的方案进行测算和比较，选择其中经济效益最高的方案。

5. 项目采用的生产技术及设备状况

生产技术及设备状况是对企业生产规模起决定作用的因素。不同的生产技术水平和设备水平对项目的生产成本和生产能力有不同的限制标准。在确定项目的生产规模时，必须要考虑现代化技术和工艺水平。先进的生产技术和标准化、大型化的设备可以降低生产成本，提高生产效率和能力，从而扩大生产规模；反之，如果与大规模生产相适应的先进技术及其设备的来源没有保障，获取技术的成本过高，则会难以达到项目的预期效益，给项目的生存发展带来威胁。因此，在确定拟建项目生产规模的过程中，要考虑项目采用的生产技术及设备状况，使之与项目生产规模相适应，促进项目的生存发展。

6. 资金、原材料、能源的供应及其他生产条件

在确定拟建项目的规模时，必须考虑建设资金、原材料和能源的供应情况。项目所需的资金、原材料、能源等条件是确定项目生产规模的物质基础，它的好坏直接关系到投资项目生产规模的大小。如果资金、原材料、能源供应不足或原材料、能源供应成本较高、运输困难，则即使项目产品的市场需求很大，生产规模也不宜扩张过大；如果项目的投资者有很强的融资能力，融资渠道畅通，融资方式多样，则项目的生产规模可以相应大一些。此外，原有厂区或车间扩建改造余地的大小、配套设施的条件及技术力量的强弱等其他生产条件，也会影响拟建项目生产规模的大小。

综上所述，拟建项目生产规模确定的制约因素主要有上述几方面，项目生产规模是否合理或最优，应依据对以上几方面的分析，综合各方面的研究结果确定。

此外，对于不同行业、不同类型项目确定建设规模，还应分别考虑以下因素：

1）煤炭、金属与非金属矿山、石油、天然气等矿产资源开发项目。应根据资源合理开发利用要求和资源可采储量、赋存条件等确定建设规模。

2）水利水电项目。应根据水的资源量、可开发利用量、地质条件、建设条件、库区生态影响、占用土地以及移民安置等确定建设规模。

3）铁路、公路项目。应根据拟建项目影响区域内一定时期运输量的需求预测，以及该项目在综合运输系统和本运输系统中的作用确定线路等级、线路长度和运输能力。

4）技术改造项目。应充分研究拟建生产规模与企业现有生产规模的关系，根据拟建生产规模属于外延型还是外延内涵复合型，以及利用现有场地、公用工程和辅助设施的可能性等因素确定建设规模。

5.1.3 确定生产规模的方法

确定拟建项目生产规模的方法主要有定性法和定量法两种。定性法中的典型方法是经验法。定量法中的典型方法有盈亏平衡分析法、最小费用法和分步法。

1. 定性法

这里仅介绍经验法。经验法是根据国内外同类或类似企业的经验数据，考虑生产规模的制约和决定因素，确定拟建项目生产规模的一种方法。在实践中，此法应用较为普遍。

应用经验法确定拟建项目生产规模之前，要确定行业中有较多同类企业，如果同类企业较少，就难以通过对比找出合理的生产规模。经验法的具体实施步骤是：首先，应找出与该项目相同或类似的企业，特别是要找出几个规模不同的企业，并计算出各不同规模企业的主要技术经济指标，如财务内部收益率、投资利润率和投资回收期等；然后，综合考虑制约和决定该项目拟建生产规模的各种因素，确定一个适当的规模。

【例 5-1】 甲企业拟建生产某种产品的项目，同类企业的项目生产规模分别为年产 40 万台、70 万台、100 万台、200 万台、300 万台和 400 万台。通过调查和计算，得到各种规模企业的投资额和财务内部收益率数据，见表 5-1，甲企业为拟建项目可筹集到的建设资金是 15600 万元，请确定甲企业拟建项目的最优生产规模。

表 5-1 各种规模企业的投资额和财务内部收益率

生产规模（万台/年）	40	70	100	200	300	400
投资额（万元）	10000	13000	16000	22000	27000	31000
财务内部收益率（%）	7	10	15	22	28	26

解：通过表 5-1 可以看出，在不同规模下，企业财务内部收益率不同，财务内部收益率最高的是 28%，其生产规模为 300 万台，故年产 300 万台的规模是最佳生产规模，但其投入资金比较大，约需要 27000 万元人民币。通过研究影响生产规模的各种制约因素与决定因素，除资金供给和市场需求因素以外，其他方面都是适应的。但该拟建项目可能筹措到的资金只有 15600 万元人民币，因此只适应于年产 100 万台产品的生产规模。当生产规模为 100 万台时，其内部收益率为 15%，也属于可以接受的范围。

---

2. 定量法

（1）盈亏平衡分析法

1）线性盈亏平衡分析法。线性盈亏平衡分析法是假设销售收入和成本费用与产量呈线性关系。销售收入随产量增加成正比例增长，成本费用中的变动成本与产量的增加成正比例增长，收入函数和成本函数用公式表示为：

总收入

$$S = PQ$$

总成本

$$C = F + VQ$$

式中　S——总收入；

　　　　P——项目产品销售单价；

　　　　Q——产量（即生产能力，假设产销相等）；

　　　　F——固定成本；

　　　　V——单位产品变动成本。

盈亏平衡点是总收入等于总成本时的产量，即 $S = C$，设 Q^* 为盈亏平衡点时的产量，有

$$PQ^* = F + VQ^*$$

$$Q^* = \frac{F}{P - V}$$

如图 5-6 所示，销售收入 S 和总成本 C 与产量呈线性关系，并且只相交于一点 A（盈亏平衡点），这一点对应的产量 Q^* 就是盈亏平衡点的产量，此时 $S = C$，项目既无盈利也无亏损；当生产规模大于盈亏平衡点的规模时，销售收入线在总成本线上方，$S > C$，项目可以获得利润；当生产规模小于盈亏平衡点的规模时，销售收入线在总成本线下方，$S < C$，项目就会发生亏损。所以，A 点对应的产量 Q^* 就是项目的最低生产规模或起始生产规模，只有选择大于 Q^* 的生产规模，项目才能获得经济效益。

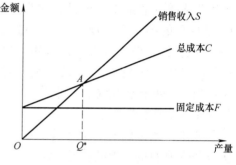

图 5-6　经济规模盈亏平衡分析图

【例 5-2】　假设某项目生产某类产品的固定成本为 7000 万元，该类产品的销售单价为 10 元/件，产品的可变成本为 5 元/件。假设销售收入和成本费用与产量呈线性关系，试用线性盈亏平衡分析法确定该产品的最低生产规模或起始生产规模。

解：由题可知，该产品的销售收入和成本费用与产量呈线性关系，可得等式：

$$S = PQ = 10Q$$

$$C = F + VQ = 7000 + 5Q$$

令 $S = C$，得到 $Q^* = \dfrac{F}{P - V} = \dfrac{7000}{10 - 5}$ 万件 = 1400 万件

由线性盈亏平衡分析，得到该项目生产产品的最低生产规模为 1400 万件。

2）非线性盈亏平衡分析法。非线性盈亏平衡分析法是销售收入和成本费用与产量不呈线性关系时，确定合理生产规模的一种方法。成本费用与产量不再保持线性关系的原因可能是当生产扩大到一定程度时，正常价格的原材料、动力等要素已经不能保持供应，必须付出较高的代价才能获得，需要采用大型设备或技术标准高的设备，设备的超负荷运行带来磨损的增大、寿命的缩短和维修费用的增加等；销售收入与产量不再保持线性关系的原因可能是市场供求关系发生变化，产品价格波动，以及批量折扣等。因此，收入函数和成本函数可以写成如下形式（以二次函数为例）

$$S = dQ + eQ^2$$

$$C = a + bQ + cQ^2$$

式中 a、b、c、d、e——均为技术经济参数，可以通过调查研究或统计资料加以确定。

利润函数为：

$$R = S - C$$

当 $R = 0$，即 $S = C$ 时，$a + bQ + cQ^2 = dQ + eQ^2$，此时项目既不盈利也不亏损，解此方程可得两个盈亏平衡点 Q_1、Q_2。

$$Q_1 = \frac{d - b - \sqrt{(d-b)^2 + 4a(e-c)}}{2(c-e)}$$

$$Q_2 = \frac{d - b + \sqrt{(d-b)^2 + 4a(e-c)}}{2(c-e)}$$

如图 5-7 所示，当产量达到 Q_1 时，销售收入等于总成本，项目利润为零，Q_1 是项目的起始生产规模；当产量达到 Q_2 时，销售收入又等于总成本，项目利润为零，Q_2 是项目的最大生产规模；当产量处于 Q_1 和 Q_2 之间时，销售收入曲线在成本曲线之上，销售收入大于总成本，项目的利润大于零，Q_1 和 Q_2 之间为项目的合理经济规模区。

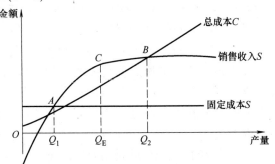

图 5-7　经济规模盈亏平衡分析图

通过利润函数 $R = S - C$，即 $R = dQ + eQ_2 - (a + bQ + cQ_2)$ 可以得到利润最大化时的项目最佳经济规模。对 R 求导，并令 $dR/dQ = 0$，可得

$$Q_E = \frac{d - b}{2(c - e)}$$

Q_E 即是项目的最佳经济规模，也就是图 4-7 中 C 点对应的生产规模。当生产规模达到 Q_E 时，项目可以获得最大的经济效益。在实际生活中，要尽可能选择与 Q_E 接近的生产规模，使项目获取较大的经济效益。

【例 5-3】　某拟建项目生产土木施工用挖掘机，在生产前，对同类项目和市场情况进行了调查，得到以下销售收入和总成本的函数公式：

$$S = 400Q - 0.05Q^2$$
$$C = 218750 + 200Q - 0.03Q^2$$

试用非线性盈亏平衡分析法求出该项目产品的最小生产规模和最大生产规模，并确定该产品生产的最佳经济规模。

解：由题中提供的销售收入和总成本函数公式，可知各个技术经济参数为 $a = 218750$，$b = 200$，$c = -0.03$，$d = 400$，$e = -0.05$。由公式

$$Q_1 = \frac{d - b - \sqrt{(d-b)^2 + 4a(e-c)}}{2(c-e)}$$

$$Q_2 = \frac{d - b + \sqrt{(d-b)^2 + 4a(e-c)}}{2(c-e)}$$

可得 $Q_1 = 1250$ 台，$Q_2 = 8750$ 台。又有利润函数 $R = S - C$，对其求导有

$$Q_E = \frac{d - b}{2(c - e)}$$

将技术经济参数代入，得到 $Q_E = 5000$ 台。

所以，该产品的最小生产规模为1250台，最大生产规模为8750台，最佳经济规模为5000台。当生产规模在1250~8750台时，项目是盈利的，这个区间是合理的经济效益区间。

（2）最小费用法 在选择和确定合理经济规模时，不仅要考虑建设项目的投资大小、生产产品的成本和劳动生产率，而且还应研究产品出厂后的运输和销售费用。企业规模越大，产品销售地区越广，运输和销售的费用也随之增加。因此，必须把单位产品的投资、产品成本和运输销售费用结合起来考虑，使其总费用最小，降低成本，增加经济效益，可以选择最小费用法来选择方案。

最小费用法是将单位产品的投资、生产成本和运输、销售费用结合起来考虑的一种方法，目标是使其总成本和费用最小。计算公式为：

$$A = C_n + C_r + E_n K$$

式中 A——单位产品年计算成本；

C_n——单位产品生产成本；

C_r——单位产品平均运输和销售费用；

E_n——投资效果系数，为投资回收期的倒数；

K——单位产品的投资额。

【例5-4】 某拟建项目要引进设备进行A产品的生产，现有甲、乙、丙三种生产规模方案可供选择，各方案的成本费用见表5-2。试用最小费用法进行分析，从三个方案中选出最优投资规模。

表5-2 各方案的成本费用表

方案 费用项目	方 案 甲	方 案 乙	方 案 丙
总投资（万元）	2000	2700	4600
投资效果系数	0.12	0.12	0.12
单位产品投资额（元）	2000	2500	4000
单位产品生产成本（元）	4000	3000	3500
单位产品平均运输和销售费用（元）	300	400	700

解：根据最小费用法计算各方案单位产品年费用：

方案甲：$A = 4000$ 元 $+ 300$ 元 $+ 2000 \times 0.12$ 元 $= 4540$ 元

方案乙：$A = 3000$ 元 $+ 400$ 元 $+ 2500 \times 0.12$ 元 $= 3700$ 元

方案丙：$A = 3500$ 元 $+ 700$ 元 $+ 4000 \times 0.12$ 元 $= 4680$ 元

计算结果表明，方案乙的单位产品年费用最小，为3700元，故应选择乙方案进行投资生产，生产规模总投资2700万元。

（3）分步法 分步法也叫逼近法，这种方法是先确定起始生产规模作为所选规模的下限，确定最大生产规模作为所选规模的上限，然后在上、下限之间，拟定若干个有价值的方案，通过比较，选出最合理的生产规模。它是一种范围由大到小逐步分析确定项目最佳经济规模的方法。具体步骤如下：

1）确定起始生产规模。起始生产规模也就是项目盈亏平衡时的最小经济规模。根据项目产品的性质，有三种确定起始生产规模的方法。

第一种：若项目产品在国内销售，且无法用进口品替代，则项目的起始生产规模主要受技术和设备的制约。在一般情况下，当生产技术比较落后，经济效益差，造成规模不经济时，往往选择较小的生产规模。在一些生产部门，可供使用的加工工艺和设备已按一定的生产能力标准化，若将生产能力较高的标准化设备用于较小的生产规模，会造成设备能力的闲置和成本费用的上升。在这种情况下，确定起始生产规模时，可利用规模效果曲线，对可供选择的工艺和设备进行分析，选定其中不至于出现亏损的工艺与设备，将其生产能力作为起始生产规模。

第二种：如果项目产品可以用进口品替代，则应将生产成本费用与进口成本进行比较，确定起始生产规模。单位项目产品成本费用与单位进口产品成本的比较示意图如图 5-8 所示。

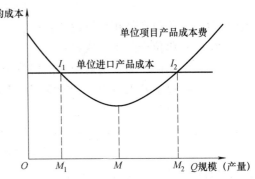

图 5-8　进口替代项目经济规模

在图 5-8 中，假定进口产品的口岸价格比较稳定，则单位进口产品成本是一条比较稳定的水平线，而单位项目产品成本费用随着该项目生产规模的扩大而有所变化。当产量在 $M_1 \sim M_2$ 时，该项目生产是合适的；当生产规模小于 M_1 时，其生产成本费用高于进口成本。所以，M_1 是拟建项目的起始生产规模。

第三种：如果项目产品可以出口，则应将项目生产成本费用与换汇收入进行比较，确定起始生产规模。单位项目产品成本费用与单位产品换汇收入的比较示意图如图 5-9 所示。

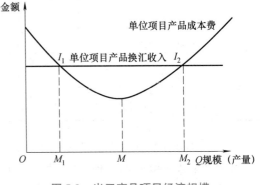

图 5-9　出口产品项目经济规模

在图 5-9 中，假定国际市场比较稳定，则单位产品换汇收入是一条稳定的水平线，而单位项目产品成本费用随着该项目生产规模的扩大而有所变化。当项目生产规模在 $M_1 \sim M_2$ 时，该项目生产是合适的；当项目生产规模小于 M_1 时，单位产品成本费用大于单位产品换汇收入，出口是不合适的。所以，M_1 是拟建项目的起始生产规模。确定起始生产规模后，以其作为确定拟建项目生产规模的下限，然后再确定最大生产规模。

2）确定最大生产规模。在现实经济生活中，项目生产规模受到很多因素的制约，这就需要综合考虑各项因素对项目生产规模的限制作用，特别是要对制约项目生产规模的"瓶颈"因素进行分析。在一定的投资条件下，某个因素可能对项目生产规模起决定性的作用，即成为项目生产规模的"瓶颈"。通过对"瓶颈"因素的分析，可以确定在可行条件下的最大生产规模，并将其作为所选生产规模的上限。

3）确定合理生产规模。起始生产规模与最大生产规模确定以后，就确定了拟建项目生产规模的上限和下限，可在拟建项目生产规模的上限和下限之间拟定若干不同规模的比较方案。在拟定比较方案中，起决定性作用的是设备能力，可以在最小和最大规模之间选择具有不同能力的设备或对设备进行不同的组合，以拟定出不同的生产规模方案，然后计算不同生产规模方案的成本费用和效益。对成本费用和效益进行比较，其中成本费用最低、效益最好的方案的生产规模应为最终确定的拟建项目的生产规模。

5.2 资源条件分析

5.2.1 自然资源的特点

项目需要利用的自然资源包括矿产资源、水利水能资源和森林资源等。按更新恢复的能力，可以把资源分为两大类：一类称为非再生资源，这类资源的特点在于一旦被开发出来，进行加工利用后，就不能再生长出来，或者即使能再生长出来，也要经过极其漫长的地质年代，最典型的是各种矿产资源，例如铁矿石、煤等；另一类称为可再生资源，这类资源的特点在于在被开发利用之后，经过一定的时间或过程能够重新生长出来，这类资源主要是指水及森林资源等。

资源条件可以说是投资项目最基本的建设条件，是项目进行生产经营的物质基础。任何一个投资项目在一定程度上都要依赖于项目所在地的自然资源。资源条件对项目本身效益发挥的好坏起着重要的作用，可以说，资源条件的状况直接关系到项目的取舍与建设规模。例如，铝厂在生产过程中需要大量的铝土矿资源；纺织厂若没有大量棉花供应是不可能进行生产的。

对资源条件进行分析主要有两方面的目的：一是通过对项目所在地资源条件的分析，为确定项目的建设以及具体方案的选择提供依据；二是通过资源条件的分析，根据现实的资源分布情况，因地制宜，对项目进行合理布局，科学利用自然资源，促进项目效益的提高。资源开发项目包括：金属矿、煤矿、石油天然气矿、建材矿、化学矿、水利水电及森林采伐等项目。在项目可行性研究阶段，应对资源开发利用的可能性和可靠性进行研究和评价，为设计项目建设规模和开发方案提供依据。

一般来说，自然资源具有两大特点。

1. 资源的有限性

对于绝大部分矿产资源来说，它们的储藏量是有限的。例如，煤炭、石油、天然气以及各种金属及非金属的资源，需要经过漫长的地质年代并在特定的条件下才能形成，开采出多少，它们的储藏量就减少多少，直至枯竭。土地资源和水资源虽然是可再生的，但在一定时期、一定范围内也是有限的。尤其是从总量上来说，我国许多资源都很丰富，但人均占有量则很少。资源的有限性要求在资源的开发利用中，必须进行合理评价以合理利用有限的资源，使项目发挥更大的经济效益和社会效益。

2. 资源的分布不均衡性

不同地区的自然条件是千差万别的，不同的自然资源要在不同的自然条件下才能形成，从而使得各地区的自然资源分布呈现出不均衡性。所以在对资源条件进行评价时，要对项目拟建地区的资源品种、储藏量和开发条件等进行研究，以便扬长避短，合理利用资源。

5.2.2 资源条件分析的原则和内容

1. 资源条件分析的原则

在对自然资源进行分析时，要遵循以下四个原则。

（1）自然资源的可得性 自然资源具有分布不均衡性，每一个地区的资源赋存条件是不同的。因此，在对资源条件进行分析时，必须要考虑项目所需资源在项目拟建地区的拥有状况，在现有条件下能否开采，以确认资源确实能为本项目所得。

（2）自然资源的可用性 每一种自然资源的物理性质和化学性质是不一样的，即使是同一种资源，其质量等级也是不一样的，从而它们发挥的作用也各不相同。对于拟建项目，要评价资源能否满足正常生产经营的需要，是否是所需的品种及所要求的质量等级。例如，对于矿产资源，要对该矿产的工业品，矿产的结构、构造以及伴生的有益、有害成分进行详细分析，以确定能否为本项目所用。

（3）自然资源的可靠性 矿产资源的储藏量是有限的，农业资源也具有季节性的特点，因此在对资源进行评价时，要考虑资源的可靠性，对矿产资源，要评价其在项目生命期内可供开采的量能否满足生产要求，以及该矿产资源有无提前枯竭的可能性；对农业资源，则应对能否保证一年四季的供应以满足项目需要进行评价，要考虑由于季节性和突发大气变化等造成的影响。

（4）自然资源的效益性 在项目拟建地区，自然资源的获得应该具有经济上的效益性，在对几个不同的资源供应地进行选择时，在数量和质量都能满足要求的同时，应尽量选择价格最低廉的供应地，并选择运输最方便、运费最便宜的供应路线。

2. 资源条件分析的内容

（1）资源可利用量 主要研究在项目拟建地区可供利用的资源的数量，如矿产资源的可采储量、水利水能资源的蕴藏量和森林资源的蓄积量等。对于矿产开采项目，应根据全国矿产资源委员会批准的储量、品位、成分和开采价值的报告，在进一步勘探核查的基础上，提出项目的矿产可采储量；对于水利水能开发项目，应根据流域开发总体规划，分析研究拟建项目河段内的年径流量、水位落差，并提出水利水能资源的合理开发利用量；对于森林采伐项目，应根据森林蓄积量调查资料，以及有关部门批准的采伐复垦计划，研究提出项目的原木可采伐量。

（2）资源自然品质 主要研究资源自然品质能否满足项目技术方案的要求，例如金属矿和非金属矿开采项目，应分析研究矿石品位、物理性能和化学组分等。对于煤炭开采项目，应分析研究开采的煤炭的热值、灰分、硫分、瓦斯含量、结焦性能等；对于石油天然气开采项目，应分析研究其化学组分、物理性能（黏度、凝固点）等；水利水能开发项目，应分析研究河床稳定性、泥沙含量、有机物含量、水体形态（水位、水温、流速）等。

（3）资源赋存条件 主要研究分析资源地质构造和采选难易程度，以便确定开采方式。

例如对于矿产开采项目，应分析地质构造、矿体结构、矿层厚度、矿体倾斜度、矿体埋藏深度、岩体性质、灾害因素、涌水量等；对于石油天然气开采项目，应分析研究油气藏压力、含油气地质构造、孔隙率、渗透率等；对于水利水能开发项目，应分析拟建项目区段内地质构造的稳定性、地震活动规律以及水能梯级分布情况等。

（4）**资源开发价值**　主要研究分析资源是否值得开发利用，开发后能否取得预期的经济效益。例如对于矿产开采项目，应分析计算单位矿产品生产能力投资、单位矿产品的开采成本、露天矿的剥采比、地下矿井的采掘比等指标；对于森林采伐项目，应分析单位原木生产能力投资额；对于水利水能开发项目，应分析单位供水能力投资额、每千瓦电力装机容量投资额以及防洪、灌溉、航运、养殖等的综合利用效益值。

（5）**资源的可替代性**　对于稀缺资源或供应紧张的资源，要注意开辟新资源的前景及替代资源的情况，注意是否采取节能工艺和措施，其成本效益情况如何。对矿产资源，要考虑开采年限及接替矿问题；对农产品资源，要考虑季节性的特点，考虑淡季造成资源紧缺时的替代问题，并提出节约资源的措施和建议。

5.2.3　资源合理利用的一般要求

1. 资源利用的原则

（1）**综合利用原则**　随着人口的增加和经济的发展，我国资源相对不足的问题日益突出，我国已将资源综合利用作为一项重大的技术经济政策，要求坚持资源开发和节约并举，把节约放在首位。并要求在开展资源的综合利用中，坚持"因地制宜、鼓励利用、多种途径、讲求实效、重点突破、逐步推广"的方针，遵循"资源综合利用与企业发展相结合、与污染防治相结合，经济效益与环境效益、社会效益相统一"的原则，积极推动资源节约和综合利用工作，努力提高资源的综合利用水平，促进国民经济和社会事业健康发展。

资源综合利用的范围主要包括：在矿产资源开采过程中对共生、伴生矿进行综合开发与合理利用；对生产过程中产生的固体废弃物、废水（液）、废气、余热、余压等进行回收和合理利用；对社会生产和消费过程中产生的各种废旧物资进行回收和再生利用。国家对符合资源综合利用要求的项目实行优惠政策，鼓励和扶持企业积极开展资源综合利用。

（2）**环境（生态）协调原则**　人类的生存和经济活动都要消费资源，同时伴生一定量的"三废"，对环境产生或多或少的影响。据统计，国内生产总值与人均资源消费量以及 CO_2 等温室气体及有害气体排放之间存在着正相关关系。也就是说，在实现高速经济增长的同时，不仅消耗了大量资源，同时可能会对人类赖以生存的环境造成破坏，实际上，这种破坏已经在一定程度上引起了地球生物圈的退化。因此，如何实现资源的利用与环境的协调就成为可持续发展的重要议题。对于投资项目而言，按照资源的利用与环境（生态）的协调原则进行项目方案设计是十分必要的。要合理地、科学地、有效地利用资源，采取有效的措施保护环境，同时，国家应完善有关法规，增强法规的执行力度，尽可能维系地球生物圈，不致影响人类的生存和发展。

2. 资源优化配置与合理利用

（1）**资源优化配置的基本要求**　所谓资源优化配置，是指在上述资源利用的原则指引下，合理利用有限的资源。资源优化配置的整体目标是实现可持续发展。对具体的投资项目而言，就是合理利用资源，为实现国家的可持续发展目标做贡献。**资源开发利用的基本要求**

如下。

1）符合资源总体开发规划要求。不同地区根据本地的自然条件往往制定了适合本地要求的资源总体开发规划，因此，应在总体开发规划的指导下合理进行建设项目的资源开发。例如，煤炭开采项目应符合煤田区域开发规划；油气田开采项目应符合油气田区域开发规划；水利水电项目应符合流域（河流、河段）综合开发规划与国土整治的要求；对可再生资源（森林、农牧产品等）项目的开发利用，还要注意保证资源的连续补偿。

2）符合资源综合利用的要求。许多矿区往往不止生产一种资源，而是有多种资源可供开采，因此在对多金属、多有用化学元素共生矿、油气混合矿等进行开采时，应根据资源特征提出合理的、多层次的、多目标的综合利用方案，做到物尽其用。

3）选择资源的最佳用途。一种资源的用途可能是多样的，因此在项目的资源研究中，如果开采出的某一种资源能用于不同产品的生产，则应进行技术经济分析，在其他条件相同的情况下，选择经济效益最好的用途。当然，要注意技术进步对资源利用的影响，对于那些有很高的经济效益，但对环境造成严重污染的资源利用方式，则不应选择。

4）选择最合适的资源。在同一产品的生产时，有时选择多种资源都能达到生产目的，这时也必须进行经济效益分析，以选择技术上最适用、经济上最合理的资源。例如，铁矿石是钢铁企业生产所需的一种原材料，但各地铁矿石的质量是不同的，因此必须对各种铁矿石的储量、品位、成分等进行对比从而选择出质量好的铁矿石。

5）符合节约资源和可持续发展的要求。由于资源的有限性，在研究资源开发利用的强度和开采速度时，应处理好远期与近期的关系，要注意可供资源的数量、质量、服务年限、开采方式、利用条件等，力求节约资源、合理利用资源。对于非再生资源，要考虑满足后代需要的问题，不要过度开采；对可再生资源，要按照其生长规律合理安排开采速度。

6）对稀缺和昂贵的资源，要研究和寻找代用品。研究和寻找代用品，有利于扩大资源的来源，减少稀缺和昂贵资源的消耗，降低成本。代用品是指在不降低产品质量和性能的前提下，以低廉的资源代替高价的资源，以较为充裕和容易取得的资源代替稀缺的资源等。

7）资源的开发应符合保护生态环境的要求。资源的不当开采将破坏生态环境的平衡，引起环境的恶化，最终影响人类自身，因此在资源开发过程中应该达到环保的要求，力求减少对生态环境的破坏。

8）资源的储量和品质的勘探深度应达到国家有关部门规定的要求，以确保资源开发项目建设的可靠性。编制资源开发项目可行性研究报告时，矿产开采项目应附有有关部门认可的关于该资源的储量、品位、开采价值以及运输条件的论证报告；水利资源开发项目应附有关部门批准的水利资源流域开发规划；森林资源采伐项目应附有关部门批准的采伐复垦计划。

（2）资源利用的合理性分析　资源利用的合理性分析应包括资源利用的科学性、有效性、有偿性、综合性、经济性和可靠性分析等。每个投资项目都应在其方案设计中对此有所体现。

1）资源利用要体现科学性。即进行资源利用要在对自然（生物圈）发展的客观规律的深刻认识基础上，合理采用新的科技成果，把生态利益和经济利益合理地结合起来。

2）资源利用要体现有效性。即采用合理的方案，在高效利用有限资源的同时，考虑生态因素，并采取适宜的方案保护资源或解决再生产问题。

3）资源利用要体现有偿性。为了合理利用有限资源，资源利用一定要体现有偿性。有偿性体现在两个方面：一是应充分认识到资源是有价的，其价值不仅体现在开发资源需要花费费用，还体现在其不可再生性，应尽快从国家层面上对不可再生资源的价值确定予以规范；二是对资源开发和利用造成的环境污染和生态破坏应承担经济责任，应加强对有关法规的执行，并加大惩罚力度。

4）资源利用要体现综合性。要求对资源实行综合利用已成为我国的一项既定国策。这不仅可在一定程度上缓解我国资源相对不足的问题，同时也有利于实现经济效益、环境效益与社会效益的统一。

5）资源利用要体现经济性。投资项目的经济效益与资源利用的合理性密切相关。资源利用的经济性、有效性和综合性有着内在的联系。在投资项目的方案设计中应优化配置资源，采用适宜的物料供应方案和加工方案，体现经济性、有效性和综合性的统一，实现良好的投资效益。

6）资源利用要体现可靠性。可靠的投入物来源是投资项目得以持续经营的保证条件之一。某些项目利用大宗自然资源作为原材料，例如冶金项目需要的金属矿石、炼油项目需要的原油、煤化工项目需要的煤等，必须在项目决策分析与评价中予以落实。

3. 对资源有效利用的评价

（1）提高资源有效利用的途径　对选定的资源进行合理而有效的利用，可以降低产品生产中的资源消耗，从而降低成本，提高效益。对资源的有效利用主要有以下几个途径。

1）进行预处理。有些资源在进入生产之前可以在产地进行预处理，如精选、分类、压块等，以除杂提纯、取得精料，这样既提高了资源的利用水平，降低消耗，又可以提高产品的质量。

2）采用先进工艺技术，提高资源的利用率。根据技术上可能和经济上合理的原则，应尽量采用先进合理的工艺路线和工艺技术，提高资源的利用率。一般来说，技术含量高的工艺，往往能有效地降低废品率，减少生产过程中的消耗，提高资源的利用程度。例如，在机械制造业采用的精密铸造、无切屑加工工艺，钢铁部门采用的纯氧炼钢、直接轧制工艺等均可提高资源利用率。

3）采用先进的机械设备，提高资源利用水平。若机械设备落后，则在生产过程中会影响产品的质量，还会因废品率高而浪费资源，因此，采用先进的机械设备也是提高资源利用水平的重要途径。

4）综合利用和回收复用。生产过程中，在生产产品的同时，常常会有一些无用的物质被废弃掉，这就是"三废"，即废水、废气、固体废弃物。如果将这些废弃物经过科学处理或进一步加工，进行综合利用，可以生产出新的产品，这样，既可以大幅提高资源的利用效率，获得多种产品，又有利于保护环境。例如，有色金属工业的尾气可以用来制造硫黄，或用 SO_2 制造硫酸，酿酒企业的酒糟可以用来做猪饲料等。

（2）资源有效利用的评价指标　反映和表示资源有效利用的指标主要有以下两个：

$$某资源利用率 = \frac{项目产品包含的该种资源的数量}{该种资源总消耗量} \times 100\%$$

$$单位产品某资源消耗量 = \frac{该种资源总消耗量}{产品年总产量}$$

对拟建项目资源是否有效利用以及有效利用的程度进行评价，把上述指标与同类项目进行比较，作为评价该项目是否可行的参考因素。

5.3 原材料、燃料和动力供应条件分析

原材料、燃料和动力供应是指项目建设实施所需建筑材料和项目生产经营所需自然资源、辅助材料、半成品、燃料和动力的供应。原材料、燃料和动力是项目占用的经济资源，是项目建设和生产过程中的基本要素和重要的物质保证。投资项目在生命期内只有得到足够且稳定的原材料、燃料和动力供应，项目才能正常生产和运行。不同类别的项目所需的原材料、燃料和动力等资源，在品种规模等方面的要求是千差万别的。在项目成本中，原材料、燃料和动力费用占有较大的比重，因此为了使项目取得较好的经济效益，必须合理选择原材料、燃料和动力的供应途径。在研究确定项目建设规模与产品方案、技术方案和工程方案的同时，应对项目所需原材料、燃料和动力的品种、规格、成分、数量、价格、来源及供应方式进行研究论证，以确保项目建成后的正常生产运营，并为核算生产成本和经济效益提供依据。

5.3.1 主要原材料供应方案

主要原材料是项目建成后生产运营所需的主要投入物，在建设规模、原料路线确定后，应对所需的主要原材料的名称、品种、规格、成分、质量、数量、来源、供应方式和运输方式进行研究。技术改造项目的原材料供应方案，应与项目现有的原材料需要量、品种、来源与供应方式和运输方式统筹研究。

1. 供应方案研究

（1）研究确定供应品种、质量和数量

1）确定拟建项目的建设规模和工艺流程方案后，需进行工艺物料平衡计算，根据消耗定额计算出各种物料的年消耗量。消耗定额是指生产或制造单位产品所必须消耗的各类物资的数量，它反映企业的生产工艺水平和管理水平。消耗定额水平必须先进合理，符合实际。确定消耗定额的方法基本上有四种：实验定量法、技术分析法、统计分析法、经验估计法。

为了保证正常生产，还应根据产品生产周期、生产批量、采购运输条件等计算物料的经常储备量，同时还要考虑保险储备量和季节储备量。保险储备量是指为避免物资误期到货需要增加的储备量；季节储备量是指由于自然条件的变化需要增加的储备量。经常储备量、保险储备量和季节储备量三者之和为物资储备总量（即最高储备量），作为工厂物流方案（包括运输设施、仓库等）研究的依据。同时还需预测保证项目近期和远期的需要量和供应来源的可靠性，原材料年需要量的确定可根据年度生产计划、每一单位产品预计的原材料需要量、加工规模、预计的原材料和半成品的留存量进行核算；原材料供应的数量应满足项目生产能力的需要，分析各种可能的供应渠道并进行比较，选择合理的渠道和采购方式，并评价投资项目所需原材料的保证程度。

2）根据产品方案和工艺方案，研究确定所需原材料的质量（包括物理性能和化学成分）。原材料的质量直接影响项目的生产工艺、产品质量和资源的利用程度。根据项目产品的性质，首先确定原材料的种类，进而分析原材料的质量和规格，要认真研究其物理性能和

化学性能，以适应项目的需要。值得注意的是，如果项目可以采用多种原材料生产，则应对各个方案进行技术经济比较，选用合理的原材料种类，不仅要考虑经济上的合理节约，还要考虑非经济效益，尽量保护稀缺资源。另外，为确保采购的原材料、辅助材料的质量符合工艺要求，应提出必要的检验、化验和试验措施。

3）确定拟建项目需要的主要原材料及辅助材料的名称、品种、规格、成分、质量及年需要量（包括年消耗量和储运消耗量）之后，分别编制：①主要原材料及辅助材料需用量表；②有毒有害、易燃易爆材料及物料需用量表；③需进口的原材料及辅助材料表；④季节性的原材料及辅助材料外购进货一览表。

（2）研究确定供应来源与方式

1）供应单位和地区研究。对于可以从市场采购的原材料和辅助材料，应确定采购的地区；对大宗的和有特殊要求的原材料和辅料，应落实具体供货厂家；由国内供应的原材料和辅料要注意就地取材，以保证项目生产的连续性和产品成本的降低。

2）供应方式。一般有市场采购、联合投资建立原料基地、投资改造原有供应企业等供应方式，应根据项目自身的特点选择经济合理的供应方式。

3）需要进口的原材料，应说明需进口的理由，调查研究国际贸易情况，分析供应单位和供应商的资信情况，确保原材料供应的可靠性。对于进口原材料，一定要注意供应的稳定性和运输环节。如果国外供应来源有变化，需采取应变措施，并预测用国产原材料代替的前景。

4）大宗和特殊原材料的供应，一般应落实供货意向协议。

5）对于季节性生产的原料，如农、林、水产品等，应根据其生产特点分析短期进货数量。

（3）研究确定运输方式　应根据项目所需物料的形态（固态、液态、气态）、运输距离、包装方式、仓储要求、运输费用等因素研究确定物料的运输方式。无论是管路、空运、水运、公路还是铁路运输，都必须分析运输设施的方便程度、运载能力、可靠性和技术条件；物料运输所需的设备和设施应尽可能依靠社会运输能力来解决。对有特殊要求的物料运输，如超大、超高、超重、易燃、易爆、易腐蚀、剧毒、有辐射性等的物资，应根据有关安全规范要求提出相应的运输方案进行运输。对大宗原材料的供应，应附有运输部门承担运输的意向协议。

2. 成本与价格测算

（1）研究测算原材料价格　原材料的价格直接影响产品的成本，还对项目技术可行性、经济合理性以及合理经济规模的确定有决定性的影响。在市场预测的基础上，对主要原材料的出厂价、到厂价以及进口到岸价和有关税费等进行进一步的计算和选取，在分析现有价格的基础上，也要考虑价格变动趋势对项目的影响，估计原材料供应的价格弹性和互补性。考虑原材料及辅助材料供应的经济性是保证产品成本低、质量好的基础，考虑原材料及辅助材料供应的合理性，可防止浪费，提高综合利用水平。

（2）对原材料存储条件和成本的分析评价　为保证项目产品的连续生产，要保有合理的原材料储备量，因此要分析仓储设施的投资额和仓储费用，以确定合理的储备量，既要避免生产过程中因原材料短缺造成停工损失，又要避免原材料储备过多而占用大量资金。

5.3.2 燃料和动力供应方案

项目所需燃料包括生产工艺用燃料、公用和辅助工程用燃料及其他设施用燃料，如煤、石油、天然气等；项目所需动力主要包括电、水、压缩空气、蒸汽等。在项目可行性研究报告的编制中燃料和动力供应方案主要研究的内容如下。

1. 供应方案的设计

（1）燃料和动力的品种、质量、数量　根据拟建项目产品生产能力和燃料、动力的消耗定额，计算分析所需燃料和动力的品种、质量和数量（热值、灰分、硫分）。对生产工艺有特殊要求的，应分析论证燃料和动力的品种、质量和性能能否满足工艺生产的要求。

（2）燃料和动力的运输方式　在选择燃料和动力时，还要研究运输条件，包括运输距离、装卸方式和有特殊要求的运输设备等。对大宗燃料和动力的来源和运输，要附有燃料和动力供应协议和运输协议等。

2. 供应方案的分析评价

（1）燃料和动力的价格分析　在市场预测的基础上，对燃料和动力的价格进行测算和选取，以达到物美价廉、提高项目经济效益的目的。

（2）燃料和动力的供需量分析　根据项目所在地的实际情况和项目的生产要求，计算燃料和动力的供需量。对耗能量比较大的项目，不但要考虑平均的动力供应，还要考虑设备起动和冲击时最大负荷的要求，并且要能保证动力供应的稳定性。

（3）对所在地供需的影响分析　对投资项目所需燃料和动力的分析评价，不仅要考虑对本项目的影响，也要考虑对项目所在地的燃料和动力供需平衡的影响。如对耗水量大的项目，要分析其供应情况对当地居民用水所造成的影响以及对当地水文地质状况的影响。

（4）立足节能和环境保护　在选择燃料和动力品种时，要从节能的立足点出发，尽量使用节能设施，以提高其直接利用效率，并应满足环境保护的要求。

3. 供应条件分析

供应品主要是指为拟建项目提供的水、电、蒸汽、压缩空气及冷冻量等投入物。为了提供这类投入物必须建设专门的供应设施，例如为了供水需修建供水设施，为了供电需修建供电设施，为了供汽需修建锅炉供热系统，所以，对这类投入物的供应又称为公用设施的供应。同原材料和燃料一样，水、电、汽等供应品也是保证企业正常运转所必需的投入物，国内外的实践证明，如果忽略了这方面的研究，也将会严重影响拟建项目的建设投资及投产后的生产经营成本。所以，在项目可行性研究中，必须对水、电、汽等的供应状况进行全面深入的分析研究。

（1）供电条件　电力供应是工业建设项目的必备条件之一，可以说，没有电就没有现代工业。电不仅是工业建设与生产最优良的动力，在许多行业中，还直接参与工艺过程，如电解铜、电解铝、电解盐水（生产氢氧化钠）、电炉炼钢等，也就是说，这些生产过程还需要大量的工艺用电。电力供应不仅要求有足够的数量，而且要求有良好的质量，这主要是指对供电电压和频率的稳定性要求高，特别是在一些大型的自动化程度高的工厂中，对供电质量的要求是很严格的，如大型轧机、大型风机、高频电炉及电子行业中的自动化流水生产线等设备对用电的质量均有严格要求。

在项目可行性研究中，对供电条件进行调查主要是对拟建项目所在地区的现有电网、发电厂、区域变电站和输电线路等主要设施的设备能力、装机容量、电压等级、富余容量、至拟建厂址的距离及现行电价等情况和资料进行搜集、整理与分析。同时，要对拟建项目本身的装机容量、用电负荷、耗电量等进行估算及对用电等级要求予以阐明，以便选择最优的电力供应方案。具体的内容和步骤如下：

1）收集外部供电条件，汇总拟建项目的用电设备安装容量，计算用电负荷等。

2）供电电源选择及可靠性阐述。

3）全厂供电方案的比较与选择，原则上确定推荐方案，列出供电的主要设备。

实际工作中，还将网络通信设施方案放在供电部分。相对于整个工业项目来说，网络通信所花投资不多，但其作用重大。现代社会是信息社会，网络通信是沟通信息的重要手段，对外联络和对内管理都少不了它。现在，网络通信是工业建设项目开工前期应具备的"七通（水、电、路、通信、热、风、气/汽）一平（地面平整）"中的一通了，网络通信已成为项目投资的基本条件之一。

为保证拟建项目投产后有可靠的电力供应，国家规定，在项目可行性研究报告中，必须附有同电力部门签订的供电协议。

（2）供水条件　工业项目一般都离不开水，特别是冶金、化工、造纸及印染等行业，耗水量通常都很大。在缺水地区不能建设耗水量大的项目，如我国西北的一些干旱缺水地区，往往因为无法找到合适的水源而使一些项目无法建设。工业项目用水可分为生产用水和生活用水。大多利用城镇自来水公司的水作为水源，因此需要调查了解自来水公司的供水能力、距离及价格等，如果自来水公司的供水能力不足或无多余的水供应，则工厂必须自行寻找水源。对于建厂地址远离城镇的项目来说，都要求自行解决水源问题，这时，不仅要调查水源地可取的水的数量，而且要了解水质是否满足生活、生产用水要求。不解决企业职工在施工和工作中的生活用水、生产用水问题，项目是无法建设的，所以在项目选址时，要调查落实水源。在项目可行性研究中，供水条件分析的主要内容如下：

1）估算拟建项目用水量及水质要求。

2）供水水源选择，包括取水、输水及水处理方案的比较与选择，列出主要设备。

3）厂区给水系统方案的比较与选择。

（3）供热条件　供热主要是指为拟建项目投产运转提供蒸汽等热源。许多工业生产，如制盐、制碱、化肥生产等，除需要水与电的供应外，还要消耗大量的蒸汽。对于蒸汽的来源，除少数建有大型热电厂的地区有蒸汽供应外，绝大多数项目都要自建供热系统。因此，为满足项目的供热要求，必须进行供热方案的比较与选择，其主要工作如下：

1）拟建项目范围内各种用气量汇总。

2）供热或热电车间方案的比较与选择。之所以提出热电方案，是因为国家为充分利用蒸汽所含热能，要求凡建设单台蒸汽锅炉且在等于或大于 $20t/h$ 时的情况下要考虑发电，因此必须阐明供热与发电之间的关系，列出汽、电平衡表。

3）列出推荐方案的主要设备，计算出年燃料消耗量与灰渣排出量等。

除利用蒸汽作为载体供热外，还有煤气站和热油炉等供热方式，其供应方案比较与选择的原理相同。

（4）其他供应品分析 工业项目所需的供应品多种多样，不同的项目有不同的要求，特别是工艺流程复杂的大型项目，往往需要建设很多配套工程设施来满足其生产工艺技术的要求，如提供压缩空气、氮气、氧气和制冷等，有的还需考虑空调及通风除尘等设施，这些供应品也都要求阐明供应量、供应方式等。因为它们最终都会影响项目的建设投资与运行成本，虽然所占比例不大，但在进行详细可行性研究时，必须予以充分的考虑。

5.3.3 节能节水措施分析

在研究技术方案、设备方案和工程方案时，能源、水资源消耗量大的项目，应提出节能、节水措施，并对能耗、水耗指标进行分析。

1. 节能措施与能耗指标分析

（1）节能措施

1）应采用先进的技术和设备，提高能源利用效率，降低能源消耗。

2）回收利用生产过程中产生的余热、余压及可燃气体。

3）对炉窑、工艺装置及热力管网系统分别采取有效的保温措施。

4）合理利用热能，尽可能避免生产工艺中能量的不合理转换。

（2）能耗指标分析 采取节能措施后，对拟建项目的能耗指标进行分析。计算单位产品消耗各种能源的实物量，折算成标煤消耗量，进行分析对比。能耗指标一般应达到国内外同行业的先进水平。

对于技术改造项目，应详细说明企业能源利用现状，以及改造后合理利用能源、降低能耗的效果。

编制单位产品能耗表，如表5-3所示。

表5-3 单位产品能耗表

序号	能源名称	计算单位	产品年产量	能源年消耗量	单位产品实物消耗	折标准煤能耗	综合能耗比较		
							国内先进水平	国际水平	企业原有水平

2. 节水措施与水耗指标分析

（1）节水措施

1）应采用节水型工艺与设备，提高水资源利用率，降低水资源无效消耗。

2）提高工业用水回收率和重复利用率。

3）供水系统采取防渗、防漏措施。

4）提高再生水回收率。

5）有条件的项目应采用海水替代技术。

（2）水耗指标分析 采用节水措施后，应对拟建项目的水资源消耗量进行分析。计算单位产品的耗水量，对水耗指标和水的重复利用率分析对比。水耗指标一般应达到国内外同行业的先进水平，水的重复利用率应达到当地政府规定的指标。

对于技术改造项目，应详细说明企业水资源利用现状，以及改造后提高水资源利用率的效果。

编制单位产品的水耗表，如表 5-4 所示。

表 5-4　单位产品的水耗表

序号	水源名称	计算单位	产品年产量	年消耗水量	单位产品消耗水量	耗水水平比较		
						国内先进水平	国际水平	企业原有水平

5.3.4　主要原材料、燃料和动力供应方案比选

1. 比选内容

主要原材料、燃料和动力供应方案应进行多方案比选，比选内容为：

1）满足生产要求的程度。在品种、质量、性能、数量上能否满足项目建设规模、工艺技术的要求。

2）采购来源的可靠程度。包括数量、质量供应的稳定程度和大宗物料的运输保证程度。

3）价格和运输费用是否经济合理。

2. 比选方法

一般采用定性的方法比较，也可采用定量的经济分析方法比较，如单位产品边际利润法、盈亏平衡法和原材料最低成本法。边际利润又称边际贡献，它等于产品销售价格与单位产品可变费用之差，即：

$$单位产品边际利润 = 产品售价 - 单位产品可变成本$$

当企业所有的生产条件相同，用不同的原材料能生产出两种或两种以上产品时，可以根据产品的边际利润来选择原材料和产品方案。如果企业有多种原材料组合方案生产同一产品，但由于原材料不同（品种、质量、有效成分、运输条件等），会使企业的投资额、工艺设备、综合回收率、消耗定额等有较大的差别，或影响产品产量，这时可以采用盈亏平衡法对方案进行优选。

选择适当的比选方法，经过比选，择优推荐方案，并分别编制主要原材料年需要量表和主要燃料、动力年需要量表，见表 5-5、表 5-6。

表 5-5　主要原材料年需要量

序　号	原材料名称	技术条件	计量单位	年需要量	预测价格	供应来源
1						
2						
3						

表 5-6 主要燃料、动力年需要量

序 号	燃料、动力名称	技 术 条 件	计 量 单 位	年 需 要 量	预 测 价 格	供 应 来 源
1						
2						
3						

课后复习题

1. 在进行资源条件分析时，应遵循的原则是什么？

2. 资源条件分析的主要内容是什么？

3. 资源合理利用的主要原则是什么？

4. 如何评价资源是否有效利用？

5. 主要原材料供应的方案研究包括哪些内容？

6. 研究测算原材料的成本与价格有何意义？

7. 比选主要原材料、燃料和动力供应方案的内容主要有哪些？

8. 节水、节能的措施有哪些？

9. 某拟建项目生产某种电子产品，预计该电子产品每台售价 3000 元，单位变动成本 1000 元，若批量采购零配件，单位变动成本随变量 Q 降低至（$1000 - 0.1Q$）元；单位售价用于市场竞争的需要，可能随着销售量 Q 降低至（$3000 - 0.3Q$）元。试选择合适的方法为该项目确定合理经济规模和最佳经济规模。

10. 已知某拟建项目生产建筑起重设备，在开展生产期，由生产部门对同类企业和市场状况进行了详细调查，得到下面的成本和销售收入函数方程式：

$$S = 300Q - 0.04Q^2$$

$$C = 22000 + 100Q - 0.05Q^2$$

试用非线性盈亏平衡分析法求出该项目产品的最小生产规模和最大生产规模，并确定该产品生产的最佳经济规模。

6

第6章
项目厂址选择分析

重大项目应当从比较广泛的范围内选择几个建厂地区，并在每一个地区详细调研几个可供选择的厂址，进行综合比选。在初步可行性研究（或项目建议书）阶段，应组织多专业联合论证组，对多个厂址进行调研和分析，形成专题报告，提出项目厂址选择的倾向性意见。在可行性研究阶段，应结合各项建设条件逐一落实相关工作和签署意向书；项目厂址选择工作应进一步深化，并将几个厂址比选的情况和推荐厂址的详细资料汇编至项目可行性研究报告的厂址选择章节。

6.1 项目厂址选择概述

6.1.1 厂址选择的重要性和原则

1. 厂址选择的概念

厂址选择，是指在一定范围内，选择和确定拟建项目建设的地点和区域，并在该区域内具体选定项目建设的坐落位置。厂址选择通常包括厂区选择和建厂地点选择两个方面，厂区是指工厂所在的地域范围，建厂地点即工厂的具体坐落位置。

厂址选择通常是各种建设项目建设地址选择的总称。在实际工作中，由于建设项目类别不同，对建设地址的习惯称呼也各不相同。一般来讲，对工厂企业建设地址的选择称为厂址选择；对铁路、公路、强弱电线路建设地址的选择称为路线（路径）选择；对水利枢纽建设地址的选择称为坝址选择；对各种高低压变电所建设地址的选择称为所址选择；对机关、高校、医院、仓库、电台、体育馆、纪念馆、商场和火箭发射基地等建设地址的选择称为场址选择。为了把各种类型的建设项目建设地点的选择统一起来，所以采用"厂址选择"的习惯叫法。在对厂址进行选择时，应根据投资项目特点和要求，经过系统的调查研究，对多个可供选择地点的位置条件进行对比选优，从既定的一个地点或多个可供选择的地点中确定具体的厂址位置。

2. 厂址选择的重要性

建设项目的厂址选择是否合理，直接影响项目建成后的微观和宏观经济效果。具体来说，厂址选择的重要性主要体现在以下两个方面。

（1）厂址选择关系到工业布局的合理性 工业布局是否合理，是关系到国民经济整体发展的战略格局和国民经济内部结构能否协调发展的重大问题。工业建设项目的厂址选择，直接关系到基建投资在各地区的分配比例、区域社会经济发展、地区经济结构、自然生态环境的保护和利用等方面。因此，项目布局不合理，必然导致工业布局不合理。为了使工业投资项目建设能逐步改善国民经济的整体布局，就必然要求在厂址选择过程中承认并自觉地运用地区经济发展不平衡的客观规律，遵循社会主义市场经济的基本规律和自然生态环境的保护与合理利用的客观要求。也就是说，在进行厂址选择时必须正确处理内地与沿海经济协调发展的关系、工业生产集中与分散的关系、地区生产专业化与综合发展的关系等，否则，必然会影响社会各种资源的合理配置，进而影响国民经济协调和稳定发展。项目布局一旦失误，改变起来是十分困难的。例如，我国某些项目的建设，就是由于布局过于分散，使一个完整的生产工艺过程分散在运输和协作条件很差的深山里，致使项目动工十几年后还不能建成投产，或即使项目建成后也长期达不到设计能力，最终导致有的项目不得不搬迁或停产。

（2）厂址选择对投资效益会产生重要的影响

1）厂址选择不合理可能造成基建投资大幅度增加。如厂址选择不当，可能产生土建工程量加大、搬迁负担过重、建设工期拖长、地方建设材料等价格昂贵、气候条件恶劣、协作条件差、工程地质条件复杂和施工困难等许多问题，都会导致投资增加、工期延长，影响投资的经济效益。

2）厂址选择不合理可能造成生产成本增加。由于选址不当，原材料、燃料和产品销售等的运输费用增加，或由于资源分散及水源、电力不足等，造成停工待料，使生产能力利用率降低，都可能导致生产成本大幅度增加而影响投资经济效益。例如，某钢铁厂由于当地没有铁矿，只好千里迢迢从外地运铁矿石，而且矿石品位低、硅含量高，致使生产经营的成本比国家平均成本水平高出约7倍，多年的生产造成了严重的亏损。

3）厂址选择不当会影响正常生产和职工生活。有的项目因对厂址工程地质情况不了解，建厂后厂房出现倾斜、裂缝，引起事故。例如，某厂建在滑坡上，建成后，不仅每年要花大量投资进行滑坡处理，而且还常常影响正常生产。

4）厂址选择不当可能造成环境污染，破坏生态平衡。如果把一些污染严重的工厂建在重要河流的上游或水源附近、居民区的上风口，或建在某些自然保护区、文物古迹附近等，都会导致严重的后果，有的甚至会危及人民的生命安全或引起某些严重的社会问题。例如，某有机化工厂，原建在某省会城市的中心，并靠近省广播电视中心，曾因有机液体渗漏引起地下电缆起火，好在扑救及时，未造成重大事故。后该工厂被政府有关部门勒令搬迁，搬迁的新址又未经科学论证和选择，新址离城区约20km，又因污染问题造成了附近的大片杉木枯死，养殖业被迫停业，粮田大量减产，农民不断要求赔偿损失；而且工厂因交通不便，职工由城市搬到农村，子女上学、日常生活、物资购买等困难重重，大批职工调离该厂，致使工厂濒临倒闭。由此可见，选址不当，不仅会给国家造成巨大经济损失，而且还会影响企业员工的思想情绪，进而影响工作效率。

厂址选择是项目可行性研究中必不可少的一个环节，也是一项涉及多方面、多因素、多环节的复杂的技术经济分析与论证工作，应该引起足够的重视，必须在综合分析和多方案比较的基础上，慎重选择项目的建设地址。本教材以工业项目为例，讲述选址的基本原则、要求和内容。

3. 厂址选择的基本原则

1）遵守国家的法律、法规，贯彻执行国家的建设方针、政策，坚持基本建设程序。

2）符合国家的长远规划及行业布局、国土开发整治规划以及城镇发展规划的要求。

3）具备政府建设主管部门（建设规划部门）对厂址选择的规划审批的必要条件。作为项目建设程序中的一个重要环节，项目规划审批的关键是投资者必须获得土地管理部门（国土资源管理局）有关地块的红线图，并服从规划部门关于厂址规划意见书中的规划意见。

4）因地制宜、节约用地。要充分利用荒地、劣地、丘陵地和空地，不占或少占耕地及林地。总体布局要紧凑合理，尽量提高土地的利用率。

5）注意资源、能源的合理开发和综合利用。

6）注意环境保护和生态平衡，保护风景、名胜和古迹。

7）有利生产，方便生活，便于施工。

8）深入调查研究，进行多方案的比较和全面综合分析，择优选址。

6.1.2 厂址选择的要求

1. 影响厂区选择的主要因素

对厂区的选择既要考虑投资者意愿与地区规划部门的意见两方面的因素，也要考虑客观要求。有些投资项目，其建厂地区是不能也无法选择的，例如矿产、石油、天然气采掘项目和水电站项目。但大多数投资项目，建厂地区都有一定的选择性，可以在多个方案中选择。建厂地区的选择是十分复杂的，需要考虑的因素很多，如材料资源、市场、运输、工业基础、行业特点、环境影响、厂址条件、地区发展、经济规模、地区的财税政策等。这些因素对选择结果的影响是不同的，最终要在许多因素之间权衡利弊。

（1）材料资源、市场及运输的影响　费用高的项目、生产过程中原材料消耗大的（如水泥厂、糖厂、钢铁厂等）项目，厂址一般应选择原材料产地或附近。对于这类项目，厂址的选择不能简单地按照运输距离长短取舍，应该根本性地考虑原材料的供应问题。有些项目的主要原材料来自多个不同的产地，厂址可能选择其中某一个主要原材料产地或者几个主要原材料产地之间的某一地区。对于大量依靠进口材料的项目，应建在港口或卸货地点附近。

项目建在产品的主要市场地区，可以减少产品的运输费用。产品运输费用高和一些产品不便于运输的项目，应考虑在产品市场地区建厂，如硫酸厂、玻璃厂、专业设备制造厂等。工厂建在产品的市场地区，还可以及时搜集对产品质量和性能的反馈信息，这对于更新换代较快的产品是很重要的。

项目建在主要原材料产地或主要市场地区是两种比较简单的选择，但许多行业的项目建厂地区的选择并不受这一因素的影响。如炼油厂，其原材料和成品油的运输同样都是费用较高的，因此，在原材料产地建厂还是在市场地区建厂要视具体情况而定。一些重型机械厂，其产品虽然运输费用较高，但厂址选择受工业基础等其他因素的影响也很大。更有许多项目，其产品的市场范围很大，甚至是面向全国的，不存在产品市场中心的问题，因而不能以市场中心来确定建厂地。

（2）工业基础与地区间均衡发展的影响　建厂地区的工业基础对投资项目的经营成果往往有着重要的影响，特别是对于一些加工工业投资项目，这种影响很大。工业基础好的地区一般拥有较好的协作网，容易实现专业化分工协作；拥有较好的基础设施，如水、电、通信和交通运输系统；更重要的是由于居民的受教育水平较高，具有良好的经营管理传统基础，容易招聘到技术熟练的工人、技术人员和管理人员，项目建成后的经营效果比工业基础差的地区要好得多。选择建厂地区时，要充分考虑地区的工业情况，利用已有的工业基础，提高项目的经济效益。

我国地区间发展很不平衡，沿海地区经济较为发达，内地不如沿海地区，更有一些贫穷落后地区迫切需要开发建设。地区间的均衡发展始终是我国投资建设中必须注意的一个问题。因此，在项目建厂地区选择时，也应从国家和社会发展的角度出发，考虑地区间均衡发展的问题。对于高科技项目的厂址选择，还应考虑高素质员工的供应，这也是一大批高新技术企业在短时间内迅速落户上海浦东和苏州工业园区等经济发达地区的一个重要原因。

（3）厂址条件和环境的影响　虽然一般是在确定建厂地区后再选择具体厂址，但也有许多情况是在选择建厂地区时就必须考虑厂址的条件。有时，厂址条件相差很大，在选择建厂地区时不得不进行多方面的考虑和比较。随着工业的发展，环境保护问题越来越重要。现代工业投资项目在选择建厂地区时必须考虑对环境的影响。对于排废项目，在选址时，应该使"三废"易于稀释和处理；生产中发生事故会引起爆炸、毒气、毒剂泄漏污染水资源的项目，应避开工业中心和居民区。总之，环境污染严重的项目应尽量建设在对社会带来负面作用相对较小的地区。

（4）地方财税政策的影响　除了国家税收政策对投资方向和项目选择有宏观影响外，地方财税政策的不同也会对项目的财税收益和分配产生微观的影响。有些地区和城市为了吸引投资，促进地方经济或某些行业的发展，会对某些行业投资给予特别的财税方面的优惠，同时还为这些行业的投资提供其他便利条件。改革开放以来，我国开辟的深圳、珠海、厦门、汕头、海南、上海浦东等经济特区和经济开发区，往往都有对投资项目给予较多优惠的财税政策和其他条件。因此，投资项目的厂区选择必然会受到所选地区财税政策的直接影响。

（5）厂址与投资成本的关系　近年来，国家实行土地有偿使用的土地拍卖政策，因此在厂址选择过程中，必须充分考虑地价与建造成本间的关系。例如，若选购了地价低廉的低洼地作为厂址，会增加地基基础施工的成本；而选择偏僻乡镇作为厂址，地价虽然便宜，但可能因为项目实施期间不可预见费用的增加，项目建成后的经营成本（如原材料、运输和人力资源等）随之增大，从而使项目的经济效益明显降低。

（6）项目自身特点的影响　在选择建厂地区时，必须考虑投资项目本身的特点，不同的项目对建厂地区的要求不同，要考虑的因素也不同。

对于矿产品加工项目，例如洗煤厂、选矿厂，通常情况下，其原材料和产品的运输费用都比较高，选择建厂地区主要考虑运输条件和成本的要求。同时，这类项目常有大量的尾矿废物排放，选择建厂地区时，除了要考虑这些废物的堆放、处理外，还必须防止其对环境和生态可能造成的污染或破坏。

对于矿产品开发项目、水电站项目，建厂地区的选择主要受资源条件的限制，只能建在矿产资源、水力资源丰富的地区。

对于火电站项目，其煤炭运输费用较为重要，电力产品的输送也可能需要巨额费用。这往往要在用户附近与煤矿坑口附近做出选择。在坑口附近建电厂可减少煤炭运费，但要远距离输送电力，投资费用也很高。另外，热电厂还会产生大量的废气和煤渣，需要很好地处理和综合利用。若不能很好地处理和利用，在选址时就必须考虑好污染和堆放的问题。

对于钢铁厂项目，其原料和产品的运输量都很大，在选择建厂地区时交通运输条件是最主要的决定因素，一般应考虑建在交通运输条件好的地区，并且要使原料、燃料和产品运输的总费用最小。大型钢铁厂的用水量及废水、废气、废物的排放量很大，因此，环境影响也是很重要的选址因素。

对于机电投资项目，在选择建厂地区时，工业基础通常是要考虑的主要因素。在工业基础好的地区，协作配套条件好，容易实现专业化分工，容易获得熟练的技术人员、管理人员和工人，有利于提高产品的质量和技术性能。

对于建材工业项目，主要考虑原料分布因素，而且建材产品消费普遍，其产品和原料一般情况下都具有重量大、价值低、运费高的特点；水泥、石灰、砖等主要建材生产的能源消耗较大；电费及燃料费占生产成本的比例较高。因此，要选择接近原料、燃料产地，便于产品销售运输的地区建厂。有些建材产品，如玻璃、陶瓷等不便于运输，应尽量缩短运输距离，减少周转环节、运输损耗和污染。

2. 项目建设对选址的基本要求

项目选址应满足如下一般性要求。

（1）区域位置

1）要尽量接近原材料、燃料的产地及产品销售地区。

2）要避开高压输电线路，不压城市地下管线。

3）对于可能产生工业废水的项目，应位于城镇、江河、港区、水源地等的下游。

4）满足当地规划要求。

5）在文物地区或风景保护区时，应有当地主管部门同意的文件。

（2）厂址面积　满足生产区、"三废"处理场、生活区及其他设施的用地要求和环境条件，并考虑留有适当的发展用地。

（3）地形要求

1）能满足生产工艺流程和运输布置的要求，并有适当的发展余地。

2）不受洪水、海湖等自然灾害的影响和大型水库溃坝的威胁，便于排水，有利于防洪排涝。

3）厂址地形应尽可能简单，坡度不要太大，以减少土石方工程量。

4）对有些工业项目，如某些选矿厂、水泥厂、化工厂、食品厂等，生产工艺要求利用山坡地形建设，工艺过程中产生的砂、浆、液、渣等可靠重力实现自流而降低生产费用。

5）不占或少占耕地和林地，少拆迁民房或其他建（构）筑物。

（4）交通运输

1）运输设施（水运、公路、铁路、航空）满足拟建项目的要求，交通运输建设工程量尽量减小。

2）运输方便，线路短捷、方便、经济合理。

（5）原材料供应　原材料品质和数量均能够满足要求，且可靠供应。

（6）水源条件

1）对用水量不大的工厂，应能选用城市供水，不必修建专用取水设施。

2）对用水量大的工厂，应尽可能靠近河流、水库等地面水源，以便自建专用设施取水，如金属选矿厂等。

3）水质能满足生产的要求。如酿造、无机化工、食品、药品加工等工厂往往对水质有特殊要求。

（7）动力供应

1）靠近热电厂，供电、供汽有可靠的来源。

2）工业电源和其他动力的线路连接方便。

3）自设热电站或锅炉房时，燃料供应可靠，留有储煤、储灰场地。

（8）工程地质与水文地质

1）尽量避免因工程地质问题而使工程基础复杂化。

2）地基承载力等条件满足项目要求。

3）应在地震烈度9度以下地区选址。

4）避免在三级以上湿陷性黄土地区、一级膨胀土地区、岩溶、流沙等工程地质恶劣地区以及滑坡、泥石流等直接危害地区选址。

5）地下水位最好低于地基深度，在寒冷地区，冬季最高的地下水位不宜高于土壤冰冻线的深度。

6）地下水的水质应对建筑物基础或地下构筑物等无侵蚀性。

（9）气象

1）考虑高温、高湿、云雾、风沙、暴风、落雷、滚雷区对项目的不良影响。

2）考虑冰冻线对建（构）筑物基础和地下管线敷设的影响。

（10）协作条件

1）在维修设备、公用工程、交通运输、仓储及其他设施方面与所在城镇或相邻企业具有协作的可能性。

2）在商业、服务、教育、消防、安全等方面能利用当地现有条件。

（11）生活福利设施条件

1）生活区应与厂区同时选定。生活区应不受工厂污染物排放的影响，并与厂区有一定的卫生防护距离。

2）生活区应符合城镇规划的要求。

3）生活区要尽量靠近城镇及交通便捷地区，便于利用城镇的文化福利设施，解决社会依托问题。

（12）安全防护条件

1）易燃、易爆和有毒产品的生产地点应远离城镇和居民区。

2）符合城镇对人防设施的要求。

3）符合城镇对生产、防震、消防、安全、卫生等方面的要求。

（13）排污条件

1）厂址的方位、地形等要有利于污染物的排放和扩散。如良好的自然通风条件有利于厂房内外烟尘和废气的扩散，有利的地形便于废水、固体废弃物自流输送。

2）废料堆置场距工厂废料排出点不宜过远，且应位于工业场地和居住区常年最小频率风向的上风侧和生活用水的下游。

3）废料堆场的地形和地质条件应有利于废料的堆置和稳定，应尽量选择具有某些天然屏障的山谷、凹地等。

4）对环境保护有影响的工业建筑，必须按有关环保规定落实"三废"防治措施。

（14）项目实施条件

1）当地建筑材料充足。

2）有较好的项目实施队伍和项目实施所需的机械设备条件，项目实施期水、电可供应，重型机器设备可运到厂址。

（15）场地价格　土地价格合理。

3. 禁选厂址的地区

厂址选择除了要考虑上述基本条件的各项要求外，还应注意不得在下列地区或地段建厂：

1）基本烈度高于9度的地震区（重大或易发生次生灾害的建设项目应进行地震安全性评价）。

2）国家规定的风景区、自然保护区、历史文物和古迹保护区。

3）生活饮用水源的卫生防护带内。

4）有开采价值的矿床上。

5）地下有溶洞、古墓、古井、坑穴、砂井等的地段，泥石流、滑坡等直接危害地段，由采矿等形成的山体崩落、滚石和飘尘等严重危害地段。

6）爆破危险范围内。

7）不能确保安全的水库、尾矿库、废料堆场的下方。

8）飞机起降、电台通信、电视传播、雷达导航、天文气象、地震观察、重要军事设施等规定的影响范围内。

9）传染病、地方病等流行地区。

10）其他不宜建厂地区。

6.2 项目厂址选择

6.2.1 项目厂址选择应考虑的因素

1. 自然因素

自然因素包括自然资源和自然条件。自然资源包括矿产资源、水资源、土地资源、海洋资源、气象资源等。某些建设项目选址主要受某种或几种资源赋存状况的影响，例如矿山采选项目的厂址选择是矿产资源指向型的，水力发电站项目的选择是水资源指向型的。许多项目本身并不直接使用矿产资源，但也应了解占地的矿产资源状况，不得覆盖重要矿床。用水量大的项目的选址取决于水源的开发条件、水量、水质以及可能对地区生态环境的影响，我国水资源空间分布很不平衡，限制了耗水量大的火电、钢铁、石化等项目选址的自由度。

自然条件包括地形、地貌及占地面积、工程地质、水文地质等，对项目选址影响很大，有时甚至是决定性的。例如，厂址的地形应力求平坦且略有坡度；地耐力要满足所建设项目的要求；应避免设在强烈地震带、断层、泥石流等不良地质地段；地下建筑物、构筑物、工程管线较多的项目应尽量选在地形水位较低的地段。

有些项目本身并无对环境的不利影响，但对环境影响的结果甚为敏感。例如，农产品加工业项目的原材料可能由于水和土壤被污染而无法使用；有的项目用水量大，对水质要求高，如果水源受污染，将受到损害。一个因环境污染而不利于健康的项目（工厂）是留不住人才的，因而也是无法盈利的。

2. 经济技术因素

经济技术因素包括拟选地的经济状况、协作条件、基础设施、技术水平、市场潜力、人口素质与数量等。在经济实力强的地区新建、扩建项目（企业），可以利用已有的公用设施，协作条件好，且离产品市场较近，明显有规模经济效益，但是也可能有远离原材料供应地等不足。对于需要的投入物，投资前期的研究不仅应当考核数量，还应注意供应的可靠性和质量等。有的项目对当地项目融资能力要求高，选址时就要对各地的融资能力加以比较。高新技术项目往往对当地某种专业人才有特别要求，就应着重研究人才的可获得性。

3. 运输和地理位置因素

运费是生产成本的重要组成部分。选址要在原料、燃料、产品销售地的关系中寻求最小运费点。地理位置因素是指建设项目拟选地点与资源产地、经济发达地区、水陆交通干线及港口、大中型城市、消费市场等的空间关系。有利的地理位置往往有较好的经济协作条件，能方便地获得原料、燃料、技术和信息。

4. 社会、政治因素和管理机构素质

国家对经济社会发展的总体战略布局、少数民族地区和贫困地区经济发展问题、保护生态环境、国防安全等因素，都影响着重大建设项目的厂址选择。在厂址选择时应首先遵循国家法律法规、开发战略和鼓励、限制、禁止政策等，地方法规、沿海城市、经济特区及各类开发区的项目核准权限和程序、税费减免等鼓励和优惠政策对投资项目也很重要，应当列入比较。当地管理机构以及合作伙伴的素质是关系到项目能否正常运营的大问题，对选址非常重要，需要由项目业主单位通过合作协商等方式亲自研究和提出意见。国外选址还要研究政治、法规、税务、人文等特殊条件，要了解合作方的资信，同时遵循项目选址的一般原则。

有的项目因业主单位明确就地安排，或者项目地址必须定在投资者选定的合作者所在地，或者改、扩建项目本来就在原址，从而使项目选址的问题变得简单。但是对多数大型项目而言，项目选址面临的问题比较复杂，需要进行专题研究。

6.2.2 项目厂址选择研究的内容

1. 厂址位置

研究拟选厂址坐落的位置是否符合当地发展规划，与周边（村镇、工矿企业等）的关系是否有矛盾，当地政府和群众对项目能否接受，以及厂址能否满足项目建设和生产的要求。

建设项目的建设地点确定之后，具体地址位置的选择也很重要，它不仅关系到投资多少，而且与建成后的经济、安全和所能发挥的作用密切相关。因此在研究位置时还要对以下几方面内容进行研究。

（1）距离要求　对建设项目的具体位置选择，应对几个可供选择地址的原料和产品运输费用、生产成本和各种销售服务费用的计算结果进行综合权衡。例如，大型火力电厂对煤的需求量很大，而煤炭的运输费用又高，最好的建设位置是选在煤矿附近；但因受地形、地质或供水条件的限制，选在矿区附近确有困难时，也可选在运输条件好、交通方便、靠近铁路枢纽或港口的地方；但也不排除布局在电力负荷中心的方案。对于公用设施项目的具体位置和距离要求，则应根据其本身的作用、功能、服务半径和城市统一规划、布局来研究确定。

（2）防洪要求　对所有建设项目厂址位置的确定，一定要考虑以不受洪水威胁为原则。厂址的高程，特殊大型的重要建筑，应在 100 年甚至更多年份一遇的洪水水位以上，工业性建筑应在 50 年一遇的洪水水位以上，一般民用建筑，应在 20 年一遇的洪水水位以上。因条件限制不能满足上述要求时，则应采取防洪措施，如修筑防洪堤、防洪墙等，使之达到上述标准。

建设项目的具体位置不能选择在山洪区、行洪沟及山洪易于冲刷的地方，也不能选在水库坝址的下游，如果必须选在坝址下游时，则其所在位置的高程须在可能产生的最高水位以上。

（3）安全要求　对于生产、制造易燃易爆产品的建设项目地址的选择，应远离城镇和居民密集的地区；企业之间的距离应符合国家有关部门规定的安全要求；易燃易爆物品的储存容器或仓库最好建设在地下或山洞中，布置上要防止过分集中，以免发生事故时相互影响。

2. 占地面积

根据项目建设规模及主要建（构）筑物组成，参照同类项目，确定合理的土地利用方案，计算拟选厂址需要占用的土地面积，研究拟选厂址面积能否满足项目的要求。对分期建设的项目，应考虑留有发展余地。

3. 地形地貌、气象条件

研究拟选厂址的地形（标高、坡度等）、地貌、气象（主要指气温、湿度、云雾、气压、蒸发量、降水量、日照、风向等）条件能否满足生产工艺要求，地形上要比较平坦、开阔，建（构）筑物之间应合理布局，做到物料输送距离短、成本低、方便合理。为了便于地面排水，场地可稍有一些自然坡度，坡度的大小应与场区内的运输方式和项目的特点相适应。如果采用铁路运输，其坡度以不大于 3‰ 为宜，若坡度太小则不利于场地排水。项目建设一般不占用耕地或林地，在运输条件允许且不影响功能和使用的情况下，可采用阶梯式的布置方式，因地制宜地利用一些不太平坦的坡地，并计算挖填土石方工程量及所需工程费用。

4. 地震情况

研究拟选厂址所在地区及其周围的区域地层稳定情况和地震活动情况，包括大断裂带附近地区通过和交汇情况，地震类型、地震频率、震级烈度以及抗震防震设施要求，拟建项目对地震情况是否有特殊要求等。

5. 工程地质、水文地质条件

研究工程地质和水文地质条件能否满足项目建设的要求。工程地质主要研究拟选厂址的地质构造、地层和岩层的年代及成因；地基承载能力、有无严重不良地质地段（如溶洞、断层、软土、湿陷土等）和是否处于滑坡区、熔岩区和泥石流区等。拟选厂址所在地区应是稳定的，不应选在在用的矿床或已开采过的矿坑上，也不要选在断层地区、滑坡地区、岩溶地区、泥石流地区。地基主要应满足对承载力的要求，土壤要有足够的承载能力，一般工

业建筑要求 $1.5 \sim 3kg/cm^2$，而锻压车间要求 $3 \sim 4kg/cm^2$。水文地质条件主要研究拟选厂址的水文地质构造、地下水的类型及特征、土壤含水性、地下水位、流向、流量和涌水量等。

6. 征地拆迁移民安置条件

研究拟选厂址征地拆迁移民安置方案，计算拆迁工作量，并根据所在地区的征地拆迁补偿标准估算所需投资额。

7. 交通运输条件

研究拟选厂址的交通运输条件（港口、铁路、公路、机场、通信）能否满足项目的需要。厂址位置与铁路车站、码头、公路、机场的距离是否方便；铁路、公路、水路、空运、管路的运输能力能否满足大宗物资的运输需要；铁路、公路的路基载重能力、桥梁隧道净空高度能否满足超大、超高、超重设备的运输要求。

8. 电、汽等动力供应条件

根据拟选厂址所在地的电、汽等供应（主要指标有：数量、质量、规格、价格等）的现状及发展规划，研究其对项目的满足程度、供应的持续性和可靠性。

对耗电量特别大的电解企业（如各种方法制氢氧化钠、电解铝等）、电力冶炼企业（如碳化钙、电炉炼钢等）和有机合成企业的项目建设地址，应选在库容大、调节性能好、电量充沛、电价低廉的水电站附近或大型坑口火力发电厂的周围，以减少送变电工程的投资。对于其他项目建设场地的选择，也应以减少送变电工程投资为原则，尽可能选在电网和电源点附近。

对热能的供应，如果拟建项目是自备热能供应，距离不是地址选择的决定性因素；如果是由区域热电厂、热网或供热站供应，则距离就是地址选择的决定性因素。供热的距离应根据建设项目要求的蒸汽压力、热源出口压力和压力降等参数来计算确定。我国供热半径的取值一般为 $2 \sim 4km$，最大为 $8km$。

9. 水源条件

任何建设项目都离不开水，所以拟建项目的地址必须具有充足、可靠的水源。任何形式的水源，其可供水量必须满足项目的近期和远期发展所需的生产、生活和其他用水的水量要求，其保证率至少应在95%以上，重要项目须在97%以上，甚至100%（如核电站），同时需具有备用水源。

水源条件包括自来水的供水能力及供水量，可能连接地点及管路直径、距离、水质状况、水价；河水或湖水的位置、年径流量、平均流量及水位、取水设施；水库水、地下水和海水的相关情况。在缺水地区选择项目厂址时，应对水源利用的合理性和可靠性进行充分论证。

10. 环境保护条件

研究拟选厂址的位置能否为当地环境容量所接受，是否符合国家环境保护法规的要求。例如，按照环境保护法规要求，不得在水源保护区、风景名胜区、自然保护区等范围内建设项目；产生严重污染的项目厂址，应处于城镇的下风向；生产或使用易燃、易爆、辐射产品的项目厂址，应远离城镇和居民密集区。

11. 法律法规支持条件

研究拟选厂址所在国家和地区有关法律法规对项目建设和生存的支持程度和约束条件，在国外投资建厂选址时，应特别重视对当地的法律、法规支持条件的研究。

12. 生活设施依托条件

研究拟选厂址所在地的生活设施满足项目需要的程度。社会基础设施投资可利用的情况，对任何项目的经营都极为重要，为充分依托厂址周边的生活设施，在进行生活区的规划及位置选择时，必须了解邻近城镇的社会、经济、文化概况，当地的住房条件、教育设施、娱乐场所、商业设施、医疗设施的概况。

13. 通信条件

研究拟选厂址既有的电信线路、微波装置、无线电的情况和可利用性，以及新建通信设施的可能性和投资成本估算。

14. 项目实施条件

研究拟选厂址的项目实施场地、位置、面积、地价、地方建筑材料的供应渠道和项目实施用电、用水等条件，能否满足建设项目实施的需要，还要研究建筑材料工人的来源、技术水平以及工资情况。

6.3 厂址选择的程序

厂址选择一般分为四个阶段，即准备阶段、现场踏勘及选址的基础资料收集阶段、厂址方案的比较与论证阶段和编写选址报告阶段(图 6-1)。

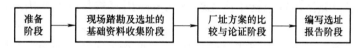

图 6-1　厂址选择的四个阶段

6.3.1　准备阶段

厂址选择的准备阶段，主要有三项工作内容，即组成选址工作小组、初步拟定与建厂条件有关的技术经济指标和准备选址工作条件。

1. 组成选址工作小组

厂址选择是一项复杂的综合性工作，要使选址工作顺利进行，应组织专门的选址工作组。选址工作组的组织，应按项目隶属关系由主管部门领导主持，会同所在地有关单位，组织建设、设计（一般包括总图、给水排水、供电、土建、技术经济等有关专业）、勘测（包括工程地质、水文地质，有时还包括测量专业）、城市规划、环境保护、交通运输等单位的人员组成。专业的配备应根据项目选址的任务与要求、建设项目的性质与内容而有所侧重。选址涉及多个地区时，应吸收各地区的有关人员参加，以便协调理顺关系和全面听取意见，使调查更加全面准确。

2. 初步拟定与建厂条件有关的技术经济指标

项目选址工作组首先要明确任务和要求，然后到有关部、局、总公司及其他有关单位了解区域总体规划要求，并收集有关资料，如地质矿产资源、原料基地分布，地区工业发展规划，区域自然经济条件等资料；其次研究拟建企业的特点和可能建厂地区的特点，以及选址工作中的主要问题；再次根据项目的生产能力及可能的远景规模，采用类似企业的技术经济指标，经过研究和计算，确定项目选址的主要技术经济指标。一般包括以下内容：

（1）项目的占地面积　项目的厂区占地面积是指项目占地总面积，应包括生产厂房或露天装置、公用工程、附属工程、仓库、厂区道路、铁路、职工生活区等所需占地面积。同时，为项目工厂将来的进一步发展考虑，还应考虑施工用地和适当的发展预留地。如果在生产过程中有废渣排出，还应考虑堆放废渣的场地面积。

（2）全厂建筑面积　全厂建筑面积是指房屋面积的总和，应包括生产区建筑面积和生活区建筑面积。

（3）职工定员　职工定员中包括领导班子配备、行政管理人员、技术人员、生产人员和辅助人员等，说明单身及带眷属人数。

（4）主要原材料和燃料需要量　说明该项目投产后，在正常生产年份的主要原材料年需要量和燃料消耗量。

（5）年运输吞吐量　每年运进量和运出量，以及货物在运输和储存过程中的特殊要求（如温度、湿度等）。货运量包括原材料、燃料、溶剂、辅助材料、其他物料、职工生活用品等运入量和产品、副产品以及其他需要外运的货物运出量。

（6）用水量、排水量及水质　包括生产用水、锅炉用水、消防用水、生活用水（以每小时平均和每小时最大用水量计算），以及污水排放量和性质。

（7）用电量及其要求　全厂设备安装总容量及需要容量（kW）、电压和频率、用电特征、负荷等级。

（8）蒸汽用量　蒸汽用量包括生产用蒸汽和采暖用蒸汽量。生产用蒸汽要说明温度和压力。

（9）企业生产能力　企业生产能力包括年生产能力和日生产能力，要说明产品品种及其产量。

（10）企业的车间组成　包括主要生产车间、辅助生产车间、公用工程设施和生活辅助设施方面的电站、锅炉房、机电修理间等。

（11）选矿厂年尾矿排出量　包括尾矿浆固液比、排出尾矿量、尾矿库容积。

（12）工厂固体废弃物排出量　包括年固体废弃物排出量和日固体废弃物排出量，需要固体废弃物堆场的面积。

（13）外部协作要求　需要与其他工厂的协作内容和要求，如零件加工外部协作；"三废"治理外部协作；供水、供电、供汽的外部协作；模具制造、热处理、镀铬加工等。

（14）其他要求　根据工厂性质，对人防、安全、地震烈度等的相应要求。

3. 准备选址工作条件

选址工作所需条件主要包括：现场踏勘所需的地形图、专用手册、专用仪器仪表及选址工作人员的生活、工作条件等。

6.3.2　现场踏勘及厂址选择的基础资料收集阶段

准备工作就绪后，就可以进行现场的调查踏勘了。现场踏勘是厂址选择中基本的也是十分关键的环节，其目的是通过实地调查和踏勘，掌握第一手资料，以便进行深入细致的比较研究，具体落实建厂条件。

现场踏勘的工作步骤是：现场调查→踏勘场地→讨论场地的建厂条件→拟定推荐的若干厂址方案。

根据选址要求和事先拟定的调查提纲，对每个备选的厂址场地的地形、地貌、地质、交通、电力、洪水和泥石流淹没情况，气象、地震烈度、环境条件及环保要求，当地的人口、生活水平，地下水位及水资源分布情况等进行逐项详细调查，并收集有关的建厂基础资料，为厂址方案的比较及下一阶段的项目设计等奠定基础。

为了避免遗漏，通常在去现场踏勘之前，由参加选址的有关专业人员根据选址需要拟定厂址基础资料，列出需要收集资料的提纲。

6.3.3 厂址方案的比较与论证阶段

厂址选择是一项多因素、多目标的技术经济分析工作，单凭现场踏勘的直观了解是难以做出正确判断的，必须根据踏勘收集到的资料，从技术条件、建设费用、经营费用等多方面进行多方案的比较和全面的技术经济分析，经综合分析论证后，才能提出较为理想的推荐厂址方案。厂址方案选择的有关比较内容见表6-1和表6-2。

表6-1 厂址技术条件比较

序号	比较内容	厂址方案			
		厂址1	厂址2	⋯	厂址 n
1	厂址位置				
2	主要气象条件（年均气温、年均降水量、海拔等）				
3	地形地貌特征				
4	占地面积/m³ 其中：耕地/hm²				
5	土石方量/m³ 其中：土方/m³ 石方/m³				
6	工程地质条件				
7	给水排水条件 其中：自来水工程 地表水工程 地下水源 排水工程				
8	动力供应条件 其中：电力 热力 其他				
9	交通运输条件 其中：铁路专用线/km 厂外公路/km 航运码头/个				
10	"三废"处理条件				
11	拆迁工作量				
12	施工条件				
13	外部协作条件				
14	其他				

表 6-2 厂址建设投资及生产经营费用比较

序号	费用名称	方案费用（万元）				备注
		厂址 1	厂址 2	…	厂址 n	
1	建设前期投资费用					
1.1	土地征收补偿费（含青苗补偿费）					
1.2	场地开拓费（含平整费）					
1.3	地基工程费					
1.4	交通运输工程费 其中：铁路专用线 厂外公路 航运码头					
1.5	供水工程费					
1.6	排水工程费					
1.7	动力供应设施费					
1.8	通信工程费					
1.9	供热工程费					
1.10	供气工程费					
1.11	拆迁及安置费					
1.12	其他需要比较的差异费用①					
	合计					
2	生产经营费用					
2.1	原材料、燃料及成品运费					
2.2	水费					
2.3	电费					
2.4	其他需要比较的差异费用					
	合计					

① 各厂址方案的内部工程费用的相同部分可不列入比较，而只比较其差异部分。

推荐的厂址方案选定后，要说明推荐的理由，通常还要求给出厂址的规划示意图（标明厂区位置、工业场地、生活区位置、水源位置、废料堆场位置和厂外交通运输线及输电线路位置等）和工厂总平面布置图。

6.3.4 编写选址报告阶段

经过现场勘察、多方案比较和技术经济论证，提出项目选址方案，然后由项目主管部门会同设计单位编写项目选址方案报告。选址报告主要包括以下内容。

1. 概述

扼要叙述选址依据、原则、工作组及工作过程。对几个厂址方案进行简单叙述，指出推荐厂址。

2. 主要选址指标

说明项目的性质、生产特点及要求，并列出以下内容。

1）建设规模。

2）全厂占地面积，包括厂区占地、生活区占地。

3）全厂建筑面积，包括厂区建筑面积、生活区建筑面积。

4）全厂职工总人数。

5）项目用电量，全厂设备安装总容量及需要容量。

6）项目用水量。

7）项目用蒸汽量。

8）项目耗煤量及其他燃料用量。

9）项目全年运输量，包括运入量和运出量。

3. 方案比较

对各厂址方案列表进行技术经济综合比较，并列出厂址方案主要技术经济比较表（见表 6-3）。

表 6-3 厂址方案主要技术经济比较

序号	比 较 项 目	厂 址 方 案			
		厂址 1	厂址 2	...	厂址 n
1	区域位置				
2	与周围城镇及重大战略目标的关系				
3	土地面积、地形、地貌				
4	总图布置方案				
5	土方工程量				
6	占地、拆迁情况				
7	工程地质、水文地质				
8	地震、洪水				
9	交通运输				
10	给水、排水				
11	供电				
12	原材料、燃料供应				
13	项目实施条件				
14	主要厂外工程量及投资估算				
15	综合分析意见 优点 缺点				
16	当地政府意见				
17	结论				

4. 项目选址意见

通过方案比较，提出倾向性意见，并说明推荐方案的优缺点和推荐理由，建厂后对自然环境、社会环境、交通、公用设施等的影响，并说明如下情况：

1）区域位置及厂址概况。说明所选厂址的地理位置、海拔、行政区划、所在区域位置的详细地点名称，厂址与周围城镇的距离及市场条件，与附近工矿企业的协作条件等，并附区域位置图。叙述厂址的地形地貌及可利用的场地面积与形状。说明初步规划意见。

2）占地及拆迁情况。说明厂址占地的情况，估算所需的补偿费用。

3）工程地质及水文地质情况。初步提供地基承载力及岩石强度资料，并提出建设时应当注意的事项。说明地表水及地下水资源情况，提供必要的水质分析资料。说明地下水位深度以及对建（构）筑物的影响。

4）地震及洪水情况。根据厂址面积、雨量强度，估算最大降雨量及水位。

5）气象资料。主要说明气温、降水量，每年出现晴、雨、阴、雾等天气的天数，风速、主导风向，气压，积雪深度，冻土深度，雷击情况等。

6）交通运输。说明公路、铁路、航空、水运等交通运输条件及规划情况，根据项目生产规模，提出初步的公路、铁路、水运码头的修建和利用方案及估算的工程量。

7）给水排水。提出取水方案及工程量，简述工厂的排水方式、污水处理与排污意见。

8）供电及通信。说明电力资源及发展规划，供电方案的可靠性，与地方有关部门达成的供电初步协议；简述通信设施及系统方案；提出供电与通信工程量。

9）原料、材料、燃料的供应情况。简述供应的可能性、运输里程、运输价格、装卸费用等。

10）社会经济状况。简述当地与建厂有关的政策法规、优惠政策，厂址附近的人口与劳动力情况、经济收入水平、文教卫生情况等。

11）对下步工作的建议。

6.4 厂址选择的分析方法

6.4.1 重心平衡法

重心平衡法又称最小运输费用法。在选择厂址时，如果投资项目的原材料由若干个供应点供给或产品要销到若干个地区，为了使运输距离最短，节约运输费用，可用重心原理，选取建厂地理位置。

例如，设一投资项目有 n 个原料基地，各自供应量为 $SQ_i(i=1,2,\cdots,n)$，每吨每千米运费为 $P_i(i=1,2,\cdots,n)$；有 m 个产品销售市场，各自销售量为 $MQ_j(j=1,2,\cdots,m)$，每吨每千米运费为 $P_j(j=1,2,\cdots,m)$；已知以某个中心城市为参照原点，各原料来源地、各产品销售市场的位置分别为 (X_i,Y_i)、(X_j,Y_j)，其中 $i=1,2,\cdots,n$；$j=1,2,\cdots,m$。如果厂址距离参照点的坐标为 (X_0,Y_0)，按照静力平衡原理，其中心坐标为：

$$X_0 = \frac{\sum_{i=1}^{n} SQ_i P_i X_i + \sum_{j=1}^{m} MQ_j P_j X_j}{\sum_{i=1}^{n} SQ_i P_i + \sum_{j=1}^{m} MQ_j P_j}$$

$$Y_0 = \frac{\sum_{i=1}^{n} SQ_i P_i Y_i + \sum_{j=1}^{m} MQ_j P_j Y_j}{\sum_{i=1}^{n} SQ_i P_i + \sum_{j=1}^{m} MQ_j P_j}$$

利用这种方法确定厂址位置 (X_0,Y_0) 时，如理论计算恰在不宜建厂的地点，比如水库、山地，或者距离交通线太远，公路、铁路投资费用较高时，就要求结合其他各方面的条件选择理想的厂址。

6.4.2 建厂条件比较法

建厂条件比较法即在建厂地区选出几个厂址备选方案，比选其建厂条件，其具体步骤如下。

1. 列出各厂址方案的建厂条件比较表

建厂条件包括地形、地貌、地质、占用土地情况、拆迁情况、四邻条件（包括协作条件、环境影响、劳动安全、交通运输、水电等基础设施条件）等方面，列出建厂条件比较表（表6-4）。

表6-4　建厂条件比较表

项目	序号	建 厂 条 件	厂 址 方 案				备注
			厂址1	厂址2	…	厂址 n	
社会经济条件	1	工农业总产值					
	2	国民生产总值					
	3	居民消费水平					
	4	未来经济发展速度					
	5	劳动力资源状况					
	6	有关投资的优惠政策					
	7	有关投资的限制政策					
	8	有关土地征用的规定					
基础设施条件	1	供电条件比较					
	2	供水、排水条件比较					
	3	职工上下班及生活条件					
	4	供热、供汽条件					
	5	邮电通信条件					
原材料和市场条件	1	原材料供应条件					
	2	燃料供应条件					
	3	市场发育程度					
	4	产品销售条件					
	5	市场便利程度					
自然气候条件	1	气温条件					
	2	湿度条件					
	3	日照条件					
	4	风向条件					
	5	降雨降雪条件					
	6	地表洪水条件					
	7	地震条件					
水文地质条件	1	临近河流概括					
	2	水位指标（地上）					
	3	上游排放、下游纳污条件					
	4	地下水位、水质					
	5	地质构造、地震烈度					
	6	地基承受能力参考值					
	7	洪水位标高与厂址标高比较					
	8	土石方工程量					
	9	填土方的来源、挖土方的去向					

（续）

项目	序号	建厂条件	厂址方案				备注
			厂址 1	厂址 2	…	厂址 n	
地形交通条件	1	厂址位置、方向					
	2	与附近中心城市距离					
	3	铁路货站距离					
	4	铁路专用线接轨条件					
	5	公路运输条件					
	6	机场距离					
	7	河流码头距离及能力					
	8	海港码头距离及能力					
其他条件	1	厂外工程量比较					
	2	施工条件比较					
	3	协作条件比较					
	4	环境保护条件比较					

2. 确定指标值

根据拟建项目各项建厂条件的要求，评比确定各个方案的每一项建厂条件对项目的适应程度，划分"优""良""一般""差"等不同等级，并给各个等级取值，如"优"级取值 91 ~ 100，"良"级取值 76 ~ 90，"一般"级取值 55 ~ 75，"差"级取值 55 分以下。第 i 方案第 j 项指标的取值用 P_{ij} 表示。

3. 确定指标权重

根据各建厂条件指标对整个项目厂址选择方案影响的重要程度，选定各指标的权重。第 j 项指标对厂址方案的影响程度的相对权重用 w_j 表示。w_j 的取值范围为 0 ~ 1。

4. 计算方案评价值，选择推荐方案

根据各方案各指标的评价指标值和相对权重，计算各方案的总评价指标值。其计算公式为：

$$i \text{ 方案的评价值} = \sum_{j=1}^{n} P_{ij} w_j$$

比较各方案的评价值，评价值最高者为最佳厂址方案。

这种方法是一种将定性问题定量化的比较实用的优选方法，其关键是确定各指标权重 w_j 和各方案评价值 P_{ij}，应根据实际条件和经验统计方法求得。

6.4.3 费用比较法

通过计算分析各厂址方案的投资费用和经营费用，选择费用最小者为最优方案，其具体步骤如下。

1. 费用估算

估算各方案的各项建设费用、项目投产后的经营费用，列出厂址建设投资及生产经营费用比较表（表 6-2）。

2. 静态指标比选

（1）追加投资回收期

$$\Delta P_t = \frac{I_2 - I_1}{C_1 - C_2}$$

式中　I_1、I_2——对比方案的建设投资费用；

　　C_1、C_2——对比方案的年度产品成本或经营费用。

比选方法：当 $\Delta P_t > P_c$ 时（P_c 为基准投资回收期），取投资额小的方案；当 $\Delta P_t < P_c$ 时，取投资额大的方案。

（2）年费用

$$ATC = C + I/P_c$$

式中　ATC——年完全费用；

　　C——年经营费用；

　　I——初始投资费用；

　　P_c——基准投资回收期。

年完全费用最小的方案为最优方案。

3. 动态指标比选

（1）费用现值最小法

$$PC = \sum_{t=1}^{n} (I_t + C_t)/(1 + i_c)^t$$

式中　PC——方案的费用现值；

　　I_t——该方案第 t 年的投资费用；

　　C_t——该方案第 t 年的经营费用；

　　i_c——基准收益率。

取费用现值最小者为最优方案。

（2）费用年值最小法

$$AC = \left[\sum_{t=1}^{n} (I_t + C_t)(1 + i_c)^{-t} \right] \frac{i(1 + i_c)^n}{(1 + i_c)^n - 1}$$

式中　AC——费用年值。

取费用年值最小者为项目厂址选择的最佳推荐方案。

6.4.4　评分优选法

评分优选法是通过确定比重因子和评价值来比选评价最优方案的，其具体步骤如下。

1）先在厂址方案中列出主要判断因素。

2）赋予权重值，将各判断因素按其重要程度给予一定的比重因子和评价值。

3）最后将各方案所有比重因子与对应的评价值相乘，得出指标评价分，其中评价分最高的方案为最佳方案。

【例 6-1】　下面是一个利用评分优选法选择发动机厂址的案例。发动机厂址选择方案比较评价指标见表 6-5，方案甲和方案乙对应的各指标评价值见表 6-6，各指标权重及方案综合得分见表 6-7。

表6-5 发动机厂址选择方案比较评价指标

序号	指标（判断因素）	方 案 甲	方 案 乙
1	厂址位置	某市半山工业区	某市重型汽车厂附近
2	占地面积	36 万 m²	14.8 万 m²
3	可利用固定资产原值	2900 万元	7600 万元
4	可利用原有生产设施	没有	生产性设施14.7 万 m²，现有铸造车间3.4 万 m²，其中可利用1.9 万 m²
5	交通运输条件	无铁路专用线	有铁路专用线
6	土方工程量	新建3 万 m² 厂房和公共设施，填方6 万 m²	无大的土方施工量
7	所需投资额	7500 万元	5000 万元
8	消化引进技术条件	易于掌握引进技术	消化引进需较长时间

表6-6 方案甲和方案乙对应的各指标评价值

序 号	指标（判断因素）	不同方案指标评价值		指标评价值之和
		方 案 甲	方 案 乙	
1	厂址位置	0.350	0.650	1.000
2	占地面积	0.300	0.700	1.000
3	可利用固定资产原值	0.276	0.724	1.000
4	可利用原有生产设施	0.000	1.000	1.000
5	交通运输条件	0.200	0.800	1.000
6	土方工程量	0.100	0.900	1.000
7	所需投资额	0.400	0.600	1.000
8	消化引进技术条件	0.800	0.200	1.000

表6-7 各指标权重及方案综合得分

序号	指标（判断因素）	比重因子	不同方案指标评价值		指标评价值之和
			方 案 甲	方 案 乙	
1	厂址位置	15%	0.350	0.650	1.000
2	占地面积	15%	0.300	0.700	1.000
3	可利用固定资产原值	10%	0.276	0.724	1.000
4	可利用原有生产设施	10%	0.000	1.000	1.000
5	交通运输条件	5%	0.200	0.800	1.000
6	土方工程量	10%	0.100	0.900	1.000
7	所需投资额	15%	0.400	0.600	1.000
8	消化引进技术条件	20%	0.800	0.200	1.000
	合计	100%	0.3651	0.6349	1.000

通过以上计算可以看出，因乙方案得分高于甲方案，所以应将乙方案定为最优方案。

6.4.5 分级计分法

分级计分法就是将影响厂址选择的所有因素按重要性质划分等级，计算总分，然后按总分值大小选择厂址。具体步骤如下。

1）列出影响投资项目选择厂址的各项因素。

2）按因素的重要性，定出评价每个因素的分级计分标准（计分等级及对应分值）。

3）将被评价厂址方案的每个因素按分级计分标准分出等级，并给出分值。

4）将被评价厂址方案的每个因素的分值相加得出总分，总分值最高的方案为最优方案。

【例 6-2】　有 A、B、C 三个备选的厂址，下面根据分级计分法，对这三个方案进行比较。

1）制定分级计分标准，见表 6-8。

表 6-8　分级计分标准

序　号	选择指标	分级评分			
		最　优	良　好	可　用	很　差
1	原材料供应	60	40	25	15
2	市场需求	60	40	25	15
3	能源供应	50	30	20	10
4	劳动力供应	50	30	20	10
5	动力供应	40	20	15	8
6	气候条件	20	15	10	5
7	地质条件	20	15	10	5
8	交通便利程度	50	30	20	10
9	通信条件	25	20	15	8
10	居住条件	25	20	15	8

2）分级计分比较，见表 6-9。

表 6-9　分级计分比较

指　标	厂址 A		厂址 B		厂址 C	
	等　级	分　数	等　级	分　数	等　级	分　数
1	最优	60	可用	25	良好	40
2	最优	60	良好	40	很差	15
3	可用	20	最优	50	良好	30
4	良好	30	很差	10	最优	50
5	良好	20	最优	40	可用	15
6	很差	5	良好	15	可用	10
7	可用	10	良好	15	最优	20
8	最优	50	可用	20	良好	30
9	良好	20	最优	25	良好	20
10	可用	15	良好	20	很差	8
总分		290	—	260	—	238

由此可见，在三个备选厂址中，厂址 A 的得分最高，因此厂址 A 优于其他厂址，可考虑选择在 A 点建厂。

6.4.6 线性规划法

将评价厂址条件的有关费用用数学表达式表示出来，并根据需要约束可能求解的范围，在可能的解答范围内找出最佳点，即建立一个模型，求解该方程在约束条件下的最优值。例如，假定工厂从若干不同地址供应多个确定位置的客户，算出不同建厂地址的项目基建投资额及提供产品给客户的生产与运输费用，选择其中总费用最少的厂址为最佳厂址。

设：假设有 m 个销售地点和 n 个厂址备选地点，K_j 为开设工厂 j 的基建投资额；X_{ij} 为由工厂 j 满足客户 i 的需求的百分比；如果工厂不设在 j，Y_j 为 0，如果工厂设在 j，Y_j 为 1；C_{ij} 为由工厂 j 在整个生产期内满足消费者 i 全部需要所需的生产及运输费用。

如果工厂 j 满足消费者 i 的全部需求，生产运输费用等于 C_{ij}；如果工厂只能部分满足消费者的需求，消费者 i 由工厂 j 所得产品的生产运输费用等于 $C_{ij}X_{ij}$。对全部消费者来说，他们从各个工厂取得自己所需全部产品的全部生产运输费用为：

$$\sum_{i=1}^{m} \sum_{j=1}^{n} C_{ij} X_{ij}$$

如果工厂设于 j，就产生基建投资 K_j；如果不设在 j，就不产生这种费用。如果工厂设于 j，由于 Y_j 为 1，其所需基建投资就可以表达为 $K_j Y_j$；反之则 Y_j 等于 0。

设置 n 个工厂所需的全部基建投资用下式表示：

$$\sum_{j=1}^{n} K_j Y_j$$

全部费用（TC）等于全部生产运输费用和全部基建投资之和：

$$TC = \sum_{i=1}^{m} \sum_{j=1}^{n} C_{ij} X_{ij} + \sum_{j=1}^{n} K_j Y_j$$

约束条件有三个。

1）当工厂设在 j 时，则所有用户由设于 j 地的工厂取得的产品供应数量不应超过需求总量。可用方程式表示为：

$$\sum_{i=1}^{m} X_{ij} \leqslant m Y_j, j = 1, \cdots, n$$

2）每个消费者的需要必须得到满足。可用方程式表示为：

$$\sum_{j=1}^{n} X_{ij} = 1, i = 1, \cdots, m$$

3）所有 X_{ij} 必须为 0 或正数；同时，所有 Y_j 必须为 0 或 1。可用以下方程式表示：

$$Y_j = (0,1) \quad j = 1, \cdots, n$$
$$X_{ij} \geqslant 0 \quad i = 1, \cdots, m$$

将这些方程式置于一个数学模型中，可得出：

目标函数：

$$\min TC = \sum_{i=1}^{m} \sum_{j=1}^{n} C_{ij} X_{ij} + \sum_{j=1}^{n} K_j Y_j$$

约束条件：

$$\sum_{i=1}^{m} X_{ij} \leqslant m\,Y_j \,,\ j = 1\,,\cdots,n$$

$$\sum_{j=1}^{n} X_{ij} = 1\,,\ i = 1\,,\cdots,m$$

$$Y_j = (0\,,1) \qquad \forall j\,;$$

$$X_{ij} \geqslant 0 \qquad \forall ij$$

式中　$\forall j$——表示"对于每一个 j";

　　　$\forall ij$——表示"对于每一个 i 和 j"。

解这个数学模型就可以求得应建工厂数及其设厂位置。

6.5　地质灾害危险性评估

6.5.1　地质灾害危险性评估的含义及原则

1. 地质灾害危险性评估的含义及目的

（1）地质灾害危险性评估的含义　中华人民共和国国务院令第 394 号《地质灾害防治条例》第二十一条规定："在地质灾害易发区进行工程建设应当在可行性研究阶段进行地质灾害危险性评估……1 编制地质灾害易发区内的城市总体规划、村庄和集镇规划时，应当对规划区进行地质灾害危险性评估。"

国土资源部《国土资源部关于加强地质灾害危险性评估工作的通知》（国土资发［2004］69 号）规定："地质灾害危险性评估工作分级进行。评估工作级别按建设项目的重要性和地质环境条件的复杂程度分为三级。"

地质灾害危险性评估是指对工程建设可能诱发、加剧地质灾害和工程建设本身可能遭受地质灾害程度的估量，主要对地质灾害的活动程度进行调查、监测、分析、评估工作，评估地质灾害的破坏能力。

（2）地质灾害危险性评估的目的和任务　评估的目的是为业主了解建设场地范围内的地质灾害，避免拟建工程遭受地质灾害，预防工程建设诱发和加剧地质灾害，为业主征地和主管行政部门审批提供地质依据。其主要任务如下：

1）查明评估区的地质环境条件，地质灾害的类型、规模、分布特征、影响因素、发展趋势及危害性等。

2）评估工程建设本身可能遭受地质灾害的危险性。

3）评估工程建设诱发、加剧地质灾害的危险性。

4）工程建设的适宜性。

5）提出地质灾害的防治措施建议，并对建设场地的适宜性进行评估。

地质灾害危险性评估的方法主要有发生概率及发展速率的确定方法、危害范围及危害强度分区、区域危险性区划等。

2. 地质灾害危险性评估分类

（1）按照体现的危险性要素分为历史和潜在灾害危险性评估　地质灾害危险性通过各

种危险性要素体现，分为历史灾害危险性和潜在灾害危险性。

历史灾害危险性评估是指对已经发生的地质灾害的活动程度的评估，是对现状的一种分析。其要素有灾害活动强度或规模、灾害活动频次、灾害分布密度、灾害危害强度。其中灾害危害强度指灾害活动所具有的破坏能力，是灾害活动的集中反映，为一种综合性的特征指标，只能用灾害等级进行相对度量。

潜在灾害危险性评估是指对未来时期将在什么地方可能发生什么类型的地质灾害，及灾害活动的强度、规模以及危害的范围、危害强度的一种分析、预测。地质灾害潜在危险性受多种条件控制，具有不确定性。地质灾害潜在危险性的最重要因素包括地质条件、地形地貌条件、气候条件、水文条件、植被条件、人为活动条件等。

历史地质灾害活动对地质灾害潜在危险性具有一定影响。这种影响可能具有双向效应，有可能在地质灾害发生以后，能量得到释放，灾害的潜在危险性削弱或基本消失；也可能具有周期性活动特点，灾害发生后其活动并没有使不平衡状态得到根本解除，新的灾害又在孕育，在一定条件下将继续发生。

（2）按照评估区域的不同分为规划区和建设场地地质灾害危险性评估　按《地质灾害防治条例》第二十一条规定，在规划和建设前应进行地质灾害危险性评估，故地质灾害危险性评估根据规划和建设分为规划区地质灾害危险性评估和建设场地地质灾害危险性评估。灾害种类主要包括崩塌、滑坡、泥石流、地面塌陷、地裂缝及地面沉降等。

规划区地质灾害危险性评估宜在控制性详细规划阶段进行，是城市总体规划区、村庄和集镇规划区的地质灾害危险性评估，指对规划区的地质环境条件进行调查，在着重了解不良地质现象种类、分布范围、规模及发育特征的基础上，为规划区地质灾害发生的可能性作评价，若评价结果是该规划区有可能发生地质灾害，则对规划提出建议，进一步确定规划用地的可建性。以搜集已有资料和地质调查为主，对于地质环境复杂，一般调查难以了解的地段可采用少量的井、槽探及人力钻探等手段。

建设场地地质灾害危险性评估应在项目可行性研究阶段进行，评估内容包括工程建设可能诱发、加剧地质灾害的可能性；工程建设本身可能遭受地质灾害危害的危险性；拟采取的防治措施。要分级进行，根据地质环境条件复杂程度与建设项目重要性划分为一级、二级、三级。

3. 地质灾害危险性评估范围和原则

规划区、建设用地地质灾害危险性评估应分别具有下列与项目相关的资料。

（1）规划区范围、规划功能和布局。

（2）建设项目用地范围、拟建物平面布置、功能、规模、整平高程和项目投资。

地质灾害危险性评估范围应包括的地质灾害有含水层破坏、地质遗迹破坏、地下空间破坏及由地下空间开挖引起的岩土体变形，其中地质灾害种类应包括崩塌、滑坡、泥石流、地面塌陷、地裂缝、地面沉降等，评估时段不应小于评估项目设计使用年限。

国土资源部发布的《地质灾害危险性评估技术要求》第 5.1 条规定："地质灾害危险性评估范围，不能局限于建设用地和规划用地面积内，应视建设和规划项目的特点、地质环境条件和地质灾害种类予以确定。"第 5.2 条规定："若危险性仅限于用地面积内，则按用地范围行评估"。

综上所述，评估范围不应小于规划区、建设用地范围和矿山的矿区范围，应视规划、建设和矿山项目的特点及影响范围、地质环境条件和地质灾害种类而定。其具体原则如下：

1）可能受崩塌、滑坡影响和可能引发崩塌、滑坡的评估项目，其评估范围应包含崩塌、滑坡所涉及的范围。

2）可能受泥石流影响的评估项目，其评估范围应包含泥石流三区（物源区、流通区、堆积区）中所在区及其上游区分布范围，可能引发泥石流的评估项目，其评估范围应包含泥石流主要影响范围，调查范围宜包含完整的泥石流流域。

3）可能受地面塌陷影响和可能引发地面塌陷的评估项目，其评估范围应包含可能塌陷范围。

4）可能受地裂缝影响的评估项目，当根据已有资料不能对地裂缝做出恰当评价时，评估范围应包含地裂缝延展的范围。

5）可能受地面沉降影响的评估项目，当根据已有资料不能对地面沉降做出恰当评价时，其评估范围应包含引发该区地面沉降主控因素所在的范围。

6）可能引发地表水体渗漏的项目，其评估范围应包含各渗漏途径的分布范围，调查范围宜包含地表水体的汇水范围及用水范围。

7）可能造成含水层破坏的评估项目，其评估范围应包含整个含水层分布范围。

8）可能造成地下空间破坏的评估项目，其评估范围应包含导致地下空间破坏的各主控要素影响范围，调查范围宜包含整个地下空间分布范围。

9）水利、水电工程项目，其评估范围应包含枢纽、引水工程、厂房和库区（含库区水域及受库区水位影响的岸坡）；调查范围应适度扩大，库区宜包含枢纽以上全流域，调查范围边界应到达库区两岸 I 级分水岭，涉及向邻谷渗漏时，宜到达邻谷。

10）各类拟建项目的评估范围均应包含可能受拟建工程影响的区域。

调查范围不应小于评估范围，以能合理划定评估范围为原则。

4. 地质灾害危险性评估注意事项

（1）崩塌、滑坡地质灾害评估范围的注意事项　崩塌、滑坡其评估范围应以第一斜坡带为限，首先应查明坡体中所有发育的节理、裂隙、岩层面、断层等构造面的延伸方向、倾向和倾角大小及规模、发育密度等，即构造面的发育特征。通常，平行斜坡延伸方的陡倾角面或临空面，常形成崩塌体的两侧边界；崩塌、滑坡体底界常由倾向坡外的构造面或软弱带组成，也可由岩、土体自身折断形成。其次调查结构面的相互关系、组合形式、交切特点、贯通情况及它们能否将坡体切割，并与母体（山体）分离。最后综合分析调查结果，那些相互交切、组合，可能或已经将坡体切割与其母体分离的构造面，就是崩塌体的边界面。其中，靠外侧、贯通（水平或垂直方向上）性较好的结构面所围成的崩塌体的危险性最大，即崩塌、滑坡的第一斜坡带。

（2）泥石流地质灾害评估范围的注意事项　泥石流必须以完整的沟道流域面积为评估范围，泥石流的评估范围宜在地形地质图上确定，应以包含泥石流沟谷的第一条完整的山脊为边界，通过实地调查后确定泥石流的形成区、流通区和堆积区三部分面积，即为完整的沟道流域面积。

（3）地面塌陷和地面沉降地质灾害评估范围的注意事项　地面塌陷和地面沉降的评估范围应与初步推测的可能范围一致；地裂缝应与初步推测可能延展、影响范围一致，地面塌陷和地面沉降范围按照概率积分法进行推测。

（4）其他确定评估范围依据的注意事项 建设工程和规划区位于强震区，工程场地内分布有可能产生明显位错或构造性地裂的全新活动断裂、发震断裂，评估范围应尽可能把邻近地区活动断裂的一些特殊构造部位（不同方向活动断裂的交汇部位、活动断裂的拐弯段、强烈活动部位、端点及断面上不平滑处等）囊括其中。在已进行地质灾害危险性评估的城市规划区范围内进行工程建设，建设工程处于已划定为危险性大至危险性中等的区段，还应按建设工程项目的重要性与工程特点进行建设工程地质灾害危险性评估。

区域性工程项目的评估范围，应根据区域地质环境条件及工程类型确定。重要的线路工程建设项目，评估范围一般应以相对线路两侧扩展 500 ~ 1000m 为限。

建设用地地质灾害危险性评估的范围应是以上各个因子的并集，且为了全面反映评估区地质环境条件、地质灾害类型及特征，在确定评估面积后，对评估区外围也要进行调查，调查范围应该包含引发地质灾害的各项地质环境要素的范围。

6.5.2 地质灾害危险性评估的成果及程序

1. 地质灾害危险性评估成果

（1）评估成果的一般规定

1）规划区、建设用地和矿山地质灾害危险性评估成果应以评估报告方式提交。报告提交时应附地质灾害危险性评估平面图、剖面图，必要时还应附与地质灾害危险性评估有关的专项图件。

2）地质灾害危险性评估平面图应以地形地质图为背景，反映致灾地质体的分布。对规划区地质灾害危险性评估应反映规划方案，对建设场地地质灾害危险性评估应反映拟建工程概况，对矿山地质灾害危险性评估应反映矿山设计（开采）概况及地面保护对象。

3）当须分区段评估时，应编制综合分区分段评估图和特征说明表。

4）致灾地质体应有专门的平面图、剖面图、照片或素描图，剖面图纵横比例应一致。当有勘探测试资料时应附勘探测试成果图表。

5）当有正式的地质灾害防治方案或具有地质灾害防治功能的工程建设方案与矿山开采设计方案时应附相应方案。

6）评估报告的文字、术语、代号、符号、数字和计量单位应符合国家有关标准的规定。

（2）评估成果的质量管理 在地质灾害危险性评估中，除了全面搜集资料、现场调查踏勘，做好分析计算、成果论证、内部审查等各项工作之外，还需要切实加强地质灾害危险性的质量管理，主要有以下四个方面：

1）要全面搜集评估区现有地质资料。包括评估区及周边曾开展的区域地质调查、地质灾害防治规划、地质灾害危险性评估（价）、工程勘察、地质勘查等所有资料，搜集的资料应当满足国家和相关地质灾害危险性评估技术规程要求，不能满足要求的应做相应补充。处于已治理地质灾害区内的评估还应搜集灾害治理原设计单位对建设项目影响地质灾害稳定性的验算意见（包括灾害体治理后所有新增荷载）。对于地质灾害高易发区和已经治理的地质灾害直接威胁区域内的建设项目地质灾害危险性评估，应当搜集区域内所有已经开展的建设项目荷载情况。

2）要在现场认真踏勘，做好野外记录，采集影像资料（包括项目技术负责人等技术工作人员在现场的工作照片、评估范围全景相片和危险地段的详细照片，必要时包括摄像资料），进行野外分析，形成野外工作资料。野外工作资料深度应当满足国家和相关地质灾害危险性评估技术规程要求。

3）要充分考虑场地地质环境总体容量，加强场地整体稳定性的分析论证。对于已经治理的地质灾害区域的建设项目，应做好特殊工况条件下稳定性论证，包括应校核验算建筑物（包括地质灾害治理后所有实施的建筑物）荷载和扰动工况、偶遇降水工况和地震工况下的滑坡体整体稳定性，不能仅靠原地质灾害勘查提出的稳定系数作为建设场址稳定验算的依据。

4）要对搜集的资料和现场踏勘成果进行认真分析，对前人的资料存在的疑问应充分地计算、验证，对评估区域建设过程中、建设后是否受地质灾害威胁进行预测，判断评估区建设适宜性，提出地质灾害具体防治措施意见。

评估结果由省级以上国土资源行政主管部门认定。不符合条件的，国土资源行政主管部门不予办理建设用地审批手续。

2. 地质灾害危险性评估的工作程序

规划区地质灾害调查评估的工作程序可按图 6-2 所示进行。

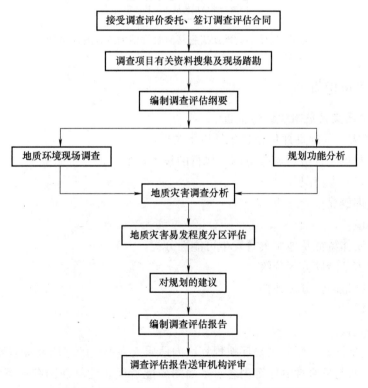

图 6-2　规划区地质灾害调查评估的工作程序框图

建设场地地质灾害危险性评估的工作程序可按图 6-3 进行。

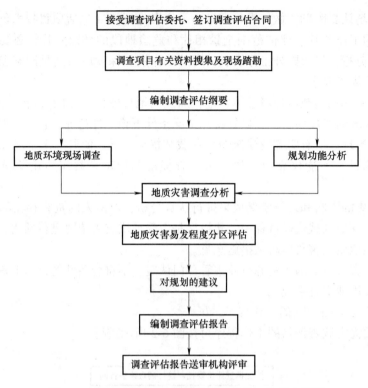

图 6-3 建设场地地质灾害危险性评估的工作程序框图

6.5.3 编写评估报告

1. 规划区地质灾害危险性评估报告

规划区地质灾害危险性评估报告包括以下主要内容。

1）前言（目的、任务、调查范围、执行的技术标准、评估工作概况）。

2）规划项目基本情况。

3）自然地理概况。

4）地质环境。

5）致灾地质体特征及地质灾害发生可能性分析。

6）地质灾害危险性分区分级。

7）地质灾害危险性分区评估。

8）规划建议。

9）结论与建议。

地质灾害危险性分区图应主要反映规划区内地质灾害形成的地质环境、致灾地质体及地质环境问题的分布与危害性分区等内容。平面图应配置代表性剖面图和危害性分区说明表，说明表应反映分区存在的主要地质环境问题、致灾因素、规划建议等。

地质灾害危险性分区平面图及剖面图中地质灾害危险性程度分区代号及色标应符合表 6-10 的要求，亚区代号应以分区代号加阿拉伯数字下标表示。

表 6-10　地质灾害危险性程度分区代号及色标

各 区 名 称	代 号	面 色
地质灾害不易发区	Ⅰ	浅绿
地质灾害低易发区	Ⅱ A	橘黄
地质灾害中易发区	Ⅱ B	浅黄
地质灾害高易发区	Ⅱ C	绿黄
地质灾害危险区	Ⅲ	浅红

2. 建设场地地质灾害危险性评估报告

建设场地地质灾害危险性评估报告包括以下内容。

1) 前言（目的、任务、评估范围、调查范围、执行的技术标准、评估级别、评估工作概况）。

2) 拟建项目基本情况。

3) 自然地理概况。

4) 地质环境。

5) 地质灾害危险性现状评估。

6) 地质灾害危险性预测评估。

7) 地质灾害危险性综合评估。

8) 地质灾害防治措施建议。

9) 建设场地适宜性。

10) 结论与建议。

建设场地地质灾害危险性评估报告应附地质灾害危险性评估平面图和剖面图，建设场地地质灾害危险性分区评估平面图中不同影响等级的区域应采用不同的颜色。分区段进行评估的建设场地地质灾害危险性评估报告应附反映地质灾害危险性程度的分区段评估图和反映各区段地质环境问题或影响特征的典型纵剖面图、横剖面图，亚区代号应以分区代号加阿拉伯数字下标表示。

平面图及剖面图中地质灾害危险性程度分区代号应符合表 6-10 的要求。

课后复习题

1. 在进行项目厂址选择时，要遵循哪些原则？

2. 项目厂址选择时要考虑哪些具体因素？

3. 项目厂址的选择有哪些内容？其具体要求是什么？

4. 试具体分析项目厂址选择的程序。

5. 项目厂址选择需要考虑的具体经济指标有哪些？

6. 厂址选择的分析方法有哪些？

7. 进行项目厂址选择时，评分优选法的具体步骤是什么？

8. 试简述分级计分法的具体步骤。

9. 某汽车制造厂选择厂址，对三个申报城市 A、B、C 的地理位置、自然条件、交通运输条件、经济环境等方面进行考察，综合专家评审意见，提出厂址选择的评价指标有：市政基础设施及辅助工业的配套能力、当地的劳动力文化素质和技术水平、当地经济发展水平、交通运输条件、自然条件。

经专家评审确定以上各指标的权重，并对该三个城市各项指标进行打分，具体数值见表 6-11。试做出该汽车制造厂的厂址选择决策。

表 6-11 厂址选择的评价指标、权重及各方案得分

评 价 指 标	权 重	选址方案得分		
		A 市	B 市	C 市
市政基础设施及辅助工业的配套能力	0.3	85	70	90
当地的劳动力文化素质和技术水平	0.2	85	70	95
当地经济发展水平	0.2	80	90	85
交通运输条件	0.2	90	90	80
自然条件	0.1	90	85	80

10. 说明地质灾害危险性评估的分类。

11. 地质灾害危险性评估的原则有哪些？

12. 地质灾害危险性评估成果的质量管理应从哪几个方面开展？

13. 规划用地地质灾害调查评价程序是什么？

14. 规划区地质灾害危险性评估报告包括的主要内容有哪些？

7 第7章
项目技术条件及工程方案的选择

7.1 项目技术条件选择

7.1.1 技术条件分析概述

项目的建设规模与产品方案确定后,应进行技术方案、设备方案和工程方案的具体研究论证工作。技术、设备与工程方案构成项目的主体,体现项目的技术和生产力水平,也是项目是否经济合理的重要条件。所以必须进行方案的比较和论证,综合分析,最终选择技术先进、经济合理的最佳建设方案。

所谓工艺技术方案选择,是根据项目性质、产品大纲和建设规模的具体要求,对项目拟选的主要工艺技术、生产流程、设备选型和配备及其配套公用工程等,进行综合比较和选择。

1. 技术的分类

技术方案,主要指生产方法、工艺流程(工艺过程)等,是根据生产实践的经验和自然科学的原理发展而成的。从资源的占用或节约、科技和信息的含量角度,可以把技术分为以下几种。

(1)资金密集型技术 这类技术对资金的占用与消耗比较多,一般占用的初始投资较多,技术装备的先进程度较高,例如机械制造、石油、冶金等行业的技术大多属于这一类型。资金密集型技术具有两个特点:一是占用资金较多、资金周转速度较慢、投资回收期较长;二是相对来说,这类技术由于其先进性,能容纳的劳动力较少,对劳动力的要求也较高。但同时这类技术也具有劳动生产率高、资源消耗低、成本低、市场竞争能力强的优点。该种类型的技术的发展要求有较高的社会物质技术基础和较充裕的资金条件,对该类技术的选择要考虑当地的社会基础和自身的资金实力。

(2)劳动密集型技术 这类技术对劳动力占用与消耗较多,一般每单位劳动所占用的资金较少,技术装备的先进程度也相对较低,如轻工、纺织、饮食等行业的技术多属于这一类型。劳动密集型技术也具有两个特点:一是往往需要占用大量的劳动力;二是相对来说对资金的占用较少。在技术选择中,适当地引进一些劳动密集型技术,能充分发挥我国劳动力资源优势,既可弥补资金不足和改造现有技术,又能增加社会产品,取得较好的投资效益。

（3）技术密集型技术 这类技术的机械化、自动化程度较高，一般占用劳动力较少。如高效组合机床、合成材料技术、加工自动生产线等。这种技术的突出特点有两方面：一是对劳动力的技术熟练程度和科学技术知识掌握程度要求较高，因而可以完成传统技术、常规技术无法完成的生产技术活动；二是可以为国民经济各部门提供新技术、新材料、新能源、新工艺、新设备，并把劳动生产率提高到一个崭新的水平。

（4）知识密集型技术 这类技术高度凝结先进的现代化技术成果，如电子计算机、宇航技术、原子能技术等。这种技术的特点一是从事这种技术活动的多是中高级科研人员、技术人员和经济管理人员，即使操作人员也需要较高的科学技术知识与管理知识；二是技术装备复杂、投资费用高。但这种技术具有占用劳动力少、消耗材料少、环境污染少等优点。

2. 技术的获得方式

一般来说，获得技术的方式主要有以下几种。

（1）技术开发 即在基础研究和应用研究的基础上不断开发新产品，采用新工艺和新设备。

（2）技术许可贸易 即从专利技术或专门知识的拥有者那里购买所需的专利技术或专门知识。

（3）购买成套技术 即购买的是从设计到生产所有有关的技术资料。

（4）合作经营 即通过合作经营的方式，由对方提供所需的技术。

3. 技术评估的必要性

首先，技术在项目中所占地位决定了必须对拟建项目进行技术评估。科学技术是第一生产力，对一个建设项目，技术是它的生命力，用先进适用的技术装备我国的各产业部门，这是加速国民经济发展，提高社会生产力水平的根本途径，也是固定资产投资的重要任务。先进适用的技术，必然使企业的生产经营蓬勃发展，使企业的产品具有强大的市场竞争力。反之，采用落后的技术，必然生产效率低下，使企业无法经营而被市场淘汰。一个拟建项目的技术方案，也基本上决定了项目建成后的技术装备和生产技术水平，以及企业的产品产量、质量、成本和经济效益。因此，为合理确定拟建项目的技术构成，保证采用先进适用的技术，在项目评估时，必须把技术评估作为核心来看待，这是关系项目成效的关键环节。

其次，建设项目的技术问题具有多层次性、相关性和复杂性。随着当代科学的迅猛发展，技术进步的速度大大提高了。新技术出现的周期越来越短，越来越多的新技术涌现使得能满足同一功能要求的技术方案日趋多样化。由于技术的多层次性，在为项目的技术决策提供了更多选择余地的同时也增加了项目技术问题的复杂性。此外，项目的技术选择也不是一项孤立的事情，不能仅从本企业的目前利益出发，而应与本行业，甚至整个经济系统的条件相适应。一个项目，特别是大中型项目，常有一系列相关项目与之配套。因此，仅仅分析项目本身的技术问题是不够的，必须结合相关项目的技术问题进行全面的、多层次的技术分析，以便按照项目各组成部分的最佳结合选出适宜的技术方案。

第三，技术评估在整个项目评估中处于承上启下的重要地位。技术评估是项目建设必要性评估与建设生产条件评估的继续和深化，同时又是后面各环节评估工作的前提。一个项目只有当技术方案出来后，才能以此为依据进行投资、产品成本和各项技术经济指标的计算。利用这些指标和其他经济参数，才能进行项目的财务评估和经济评估。如果通过技术评估认为项目的技术方案不可行，也就没有必要进行财务评估和经济评估。如果投资决策时对项目的技术方案进行了更改修正，则项目的一系列经济指标也需更改，再重新进行财务评估和经济评估。如果技术评估不充分、不全面，甚至不正确，那么项目的财务评估和经济评估是毫无意义的。

第四，技术评估是独立、客观、公正的评估。技术评估是从全局的角度，对备选的技术方案给予比较客观和公正的评估，既不抱有某种倾向，也不受任何部门的限制。只是依据项目的实际情况，审查原有基础参数的客观真实性。分析和发现存在的技术问题，并提出自己的建议，使技术方案更加完善合理，促使项目的建设卓有成效。

4. 生产工艺技术方案设计的内容

（1）选择生产工艺流程　工艺生产技术方案，为工艺流程确定了大轮廓。许多具体问题尚需在工艺流程方案设计中进一步考虑。经常遇到以下问题：

1）连续化流程的考虑。一般来说，连续化生产能够缩短工艺流程，相应减少设备和场地，具有投资少、原材料及能源消耗低、劳动生产率高、生产成本低等优点。因此连续式生产工艺经济效益高，是发展方向。但是，连续化生产也会对生产的稳定性要求高，要求较高的操作管理水平；对建厂条件和车间布置有一定限制条件；连续化大生产，不易经常更换产品品种，不利于产品多样化以适应市场变化；有时两步法工艺的产品质量优于一步法。

2）产品品种规格对工艺流程的影响。有的项目品种多，即使同一品种，为使其具有不同的性能和风格，也有不同规格。为满足不同性能和规格要求，需要不同的生产工艺流程。

3）物料输送方式的考虑。原材料和半成品，有气态、液态，有颗粒状、絮状、片状等固体形态，其输送方式影响到工艺流程，并对车间设备布置、厂房建筑形式有直接的影响。在工艺流程方案设计中，必须根据上述情况以及后续工序的要求，确定采用车辆、或传送带、风送、真空抽吸等方式。

4）物料重力流程的考虑。利用物料的重力（或稍加外力）的流程，可以减少输送设备及运行、维修费用。但是，重力流程可能需要高层厂房，增加土建费。

5）重视辅助流程问题。辅助流程是生产工艺方案不可缺少的部分。例如组件处理、油剂调配等，如果流程设计不当，会影响正常生产和产品质量。

（2）选择主要生产装置和设备　在选择了几种生产工艺方案以后，应考虑各备选机器设备及其型号、规格和数量。设备和工艺是相互依存的。某些定型项目的生产和操作工艺由成套设备附带。另一些项目的工艺必须单独取得，并据以选择设备。

（3）物料衡算　生产工艺技术和流程方案确定之后，应根据有关技术资料确定生产工艺参数并进行物料衡算，以确保工艺参数先进并切实可行。物料衡算是对各生产过程的物料量的变化进行平衡计算，从而得出正常生产情况下所需原材料、产生的产品、副产物及废料的数量。物料衡算也关系到生产成本与车间运输量。主要原料的消耗量是影响生产成本的关键，对经济技术指标有着举足轻重的影响。

投资前期研究的方案设计阶段，工艺参数和物料衡算工作的深度与初步设计阶段不同。方案设计是为了初步确定原材料、辅料、公用工程用量及主要设备，重点是方案比较。进一步对推荐方案的详细计算将在扩初设计阶段进行。

物料衡算的理论基础是质量守恒定律。每一过程输入某系统或设备的物料总量等于其输出物料的总量加损失量。把主要原料在各工序的流动量绘成图表，即物料平衡表和物料平衡图。

（4）能量平衡和公用工程用量　进行物料衡算和主要工艺设备计算之后，即可开展公用工程用量计算。公用工程用量计算是将生产过程中所需的水、蒸汽、电功率、冷冻、压缩空气、加热剂、冷却剂、氮气和真空等的用量，按物料衡算和能量衡算方法求出。公用工程耗用量是衡量工艺技术方案的主要指标之一，也是进行各公用工程单体项目方案设计的依据。通常纳入公用工程用量分析的有：

1）生产用水。工业生产用水种类较多，有过滤水、冷却水、冷冻水、生产用软水、脱盐水（或纯水）、生活用水和消防用水等。在方案设计阶段，对于各种生产用水量的计算，一般可参照生产厂的经验，用单耗指标估算。

对于加入生产工艺流程的水，如脱盐水的水质和水量应按照生产工艺的物料衡算计算。其他用水，如冲洗地面、清洗设备、泵和风机轴冷却水、洗手池用水、化验室用洗涤水等，可按经验公式或指标估算。

2）蒸汽。蒸汽用量基于热量衡算。即输入某系统或设备的热量，应等于输出热量。

3）电。供电分动力、照明、电加热等方面。动力电按照设备及机器的电机容量，进行动力负荷计算。照明用电根据各车间、机台、办公室及各辅助用房的照明度标准计算。设备电加热是先计算热量平衡，然后把热功当量换算成电热功率。

4）冷量。生产过程需要各种冷却与冷冻剂，对设备、管道、厂房进行降温处理。按热量守恒定律计算冷量。

5）压缩空气。压缩空气用于压送液体、吹扫组件、搅拌液体、干燥、操纵汽缸及仪表等。一般分连续使用和间歇使用两类，用公式或经验计算用量。

6）真空。抽吸真空量根据设备机器的要求计算。

7.1.2　生产工艺技术方案的选择

工艺技术与设备的选择，是指根据项目性质、产品方案和规模的具体要求，对项目的主要生产工艺技术、流程，设备选型、配备、设计方案和各种配套公用工程等，经过在技术上和经济上的比较和评价，进行选择、计算和设置。项目在技术上的可行是其在财务上和经济上可行的基础和必要前提。如果技术上不可行，就无须再研究其在财务上、经济上是否可行的问题。因此，不能把技术问题放在一边，单纯去研究项目财务、经济问题。同时，如果项目的技术不先进，设备不适当，设计不合理，使用不安全，其财务、经济效益也不可能好，即使暂时有些效益，也不可能持久。在实际中，工艺技术的选择与设备的选择是紧密联系、不可分割的，但在可行性研究中可分为两部分内容进行。

1. 技术方案选择的原则

（1）先进性　项目应尽可能采用先进技术和高新技术。衡量技术先进的指标，主要有产品质量性能、产品使用寿命、单位产品物耗能耗、劳动生产率、自动化水平、装备现代化水平等。应尽可能接近国际先进水平或国内领先水平。一项技术的先进性主要表现在：

1）在产品水平上，采用该项技术生产的新产品要比原来的产品在"性能费用比"上更优越。衡量产品性能优越性的指标主要包括结构合理、重量轻、占地面积少、功能齐全程度高、运行维护费用低、可靠性高、使用寿命长等，这些都反映了产品水平的高低。

2）在工艺水平上，采用该项技术能够保证产品质量而且稳定性高，该项技术运用的是节省能源的新工艺、新材料。比如机械加工项目采用精锻、精铸、无切削加工；原材料工业项目采用回收率高，质量能够得到保证，能综合利用的冶炼、加工工艺。

3）在装备水平上，该项技术应该是包含技术专利和诀窍，能生产出先进产品的设备装备。衡量装备水平高低的标准之一是设备装备的自动控制程度和性能可靠性。

（2）适用性　项目所采用的技术应与国内的资源条件、经济发展水平和管理水平相适应。技术的适用性体现在：

1）采用的技术与可能得到的原材料、燃料、主要辅助材料或半成品相适应。项目的工艺路线往往与原材料的资源条件密切相关，在引进国外设备时，就必须弄清它所适用的原材料成分，如果没有提供国内的原料成分，或者提供的设计样品成分缺乏代表性，按此设计出的装备和选择的技术往往会造成很大的失误。

2）采用的技术与可能得到的设备相适应，包括国内和国外设备、主机和辅机。如果与采用的技术相配套的设备国内不能生产，而且由于种种原因无法从国外进口或者进口成本非常高，则该项技术是不能采用的。

3）采用的技术与当地劳动力素质和管理水平相适应。劳动力素质的高低，对于能否很快掌握先进技术密切相关，有些国外进口的设备自动化程度较高，用计算机监控和辅助管理，软件研制和维护要求比较高。如果当地缺乏必要数量的专业技术人员和操作工人，或者技术培训或技术援助措施跟不上，则会直接影响先进技术装置的安装及使用。

4）采用的技术与环境保护要求相适应，尽可能采用环保型生产技术。有些技术虽然资源消耗量少，能够节省投资成本，但如果会造成环境污染，污染的危害性较大，也不能够采用。

（3）可靠性　项目所采用的技术和设备质量应可靠，且经过生产实践检验，证明是成熟的。不能把科研实验，没有把握的技术问题，或者遗留的技术难题，放到项目投资中去解决。在引进国外先进技术时，要特别注意技术的可靠性、成熟性以及相关配合的条件。

（4）安全性　项目所采用的技术，在正常使用过程中应能保证安全生产运行。对于核电站、炸药库、产生有毒有害气体的项目、地下矿产开采、水库大坝等，尤其应注重技术的安全性研究。对于生产过程中产生的有害的废水、废气、废渣要有处理措施，达到安全排放标准和环境保护要求，对工作人员要没有伤害，对工厂设备没有水灾、爆炸、毒气扩散等危险因素存在。确保自然环境、生态平衡和人类的健康与安全，做到事先防范和采取积极措施避免不利影响。

（5）经济合理性　在注重所采用的技术先进适用、安全可靠的同时，应着重分析其是否经济合理，是否有利于降低项目投资和产品成本，提高综合效益。技术的采用不应为追求先进而先进，要综合考虑技术系统的整体效益，对于影响产品性能质量的关键部分、技术指标和工艺过程必须严格要求。如果专业设备和控制系统目前国内不能生产或不能保证产品应有的质量，那么成套引进先进技术和关键设备就是必要的。在考虑引进技术时，要受到财力、国力的限制，应顾及国家和企业的经济承受能力，视具体情况量力而行。

2. 技术方案选择的内容

（1）生产方法选择

1）研究项目产品国内外各种生产方法的先进程度及发展趋势，积极采用先进适用的生产方法。

2）研究所采用的生产方法是否符合所采用的原料路线。同一种产品，不同的工艺路线往往要求不同的原料路线，选择生产方法时，要考虑工艺对原料的规格、型号、成分等的要求，原料供应是否稳定可靠。

3）研究生产方法的技术来源的可得性。若采用的是引进技术和专利，必须对引进技术的软硬件（技术软件是指无形的、知识性的技术，表现为技术原理、数据、工艺配方、工艺流程和操作规程，质量标准、设计图纸、经营管理技术及有关资料；硬件与软件相对应，是有形的、物质的生产资料，表现为机器、设备等）进行充分的调查、研究、分析，去其糟粕、取其精华。避免引进技术是世界已趋淘汰的、不适用的技术，同时对多家外商进行技术交流和谈判，分析对比引进技术的先进性、可靠性和购买技术专利所需费用的经济合理性。

4）研究所采用生产方法是否符合清洁生产要求，通过综合利用的方法，做到物耗低、能耗少、废弃物少，资源综合利用率高。这是我国在生产建设中一项长期重视的工作。

（2）工艺流程方案选择

1）研究工艺流程方案对产品质量的保证程度。该方案必须能够保证用拟定的原材料，按时生产出符合数量和质量要求的产品。

2）研究工艺流程各工序之间的合理衔接，做到工艺流程通畅、简捷。生产方法和原料路线确定后，即开始工艺流程的选择，同一种生产方法、同一个原料路线，其工艺流程却不尽相同。要对多个流程进行比较，选出物料之间、工序之间走向合理、顺畅、管线短、操作方便的工艺流程。

3）研究选择先进合理的物料消耗定额，提高收益率。物料消耗定额是指生产单位（以每吨或每小时等）产品对物料（原材料、辅助材料及动力等）的需求量，一般要求消耗定额低、成本低、经济效益好；但也不尽然，如果为了降低消耗定额，而增加了很多设备，提高了操作难度，降低了产品生产效率，其投资增加，收益率降低，那么就是一条不可取的路径。所以选择先进适用的物料消耗定额，是选择工艺流程必不可少的条件。

4）研究选择主要工艺参数。如压力、温度、真空度、速度、纯度等。工艺参数是指生产产品过程中所必须控制的物理、化学过程的数据。不同的产品、不同的工艺过程所控制的主要参数也不同；参数控制的不合理（过高、过低）都会影响到产品质量和性能，甚至会出现废品。参数的确定直接影响工艺流程方案的选择。

5）研究工艺流程的合理安排，应既能保证主要工序生产的稳定性，又能根据市场需要的变化，使生产的产品在品种规格上保持一定的灵活性。

3. 技术方案选择的程序

技术方案选择是一项专业性强、难度大的工作。一般程序如下：

（1）收集相关资料　项目技术选择成功与否，在很大程度上取决于资料的收集工作。围绕评价对象收集有关资料，是进行技术方案论证的一项非常重要的基础工作。如工艺和设备方案及基本技术资料等。对收集到的资料，要分类整理，并应注意分析其可靠性和精确度。不可靠的资料或不正确的数据，会使论证工作失去实际意义，从而无法达到方案论证的要求，并给后面的工作增添麻烦。因此，对认为不可靠的资料，最多只能作为参考，而绝不可作为论证的依据。

（2）分析技术发展趋势　在技术选择过程中，分析技术发展趋势也是非常重要的。因为项目的技术评估是对技术方案在整个生命期可行性的预测。当前，新技术、新材料、新设备不断涌现，高新技术和高新技术产业也发展很快。项目的技术论证首先应重视分析技术发展的趋势。

分析项目技术发展情况，除认真研究国内外有关技术发展趋势的资料外，应重点分析和预测项目所用技术的生命期。技术的生命期同产品一样，一般分为投入期、发展期、成熟期与衰退期四个阶段。处于投入期和衰退期的技术，建设项目不能采用，应采用处于发展期和成熟期的技术。判断某技术在生命期中所处的阶段，可根据新技术研究进展的状况来分析。例如，项目拟采用的技术已经通过鉴定、完成了中间实验并进入制造阶段，则是属于发展期的技术。

（3）划分技术问题的层次　一般来说，拟建项目所涉及的技术问题十分繁杂，可行性研究时不可能、也没有必要对每一个技术问题都进行一番详细的分析论证，因此应通过分析突出重点问题进行研究，以节省时间，提高研究工作的效率和质量。一个项目往往涉及各种技术问题，就特定项目来说，哪些是对项目有决定性的影响的内在技术问题，哪些是一般性技术问题，要根据项目的具体情况而定。通常情况下，对工业建设项目，其工艺技术、工艺流程、生产设备，关键性的零配件等问题是技术评估的主要对象。

（4）技术经济分析　技术经济分析是指遵循"先进性、适用性、可靠性、经济合理性、安全性"的原则要求，通过多方案的比较、分析、论证，选择最佳的技术方案。在进行多方案的比选时，应注意各种技术方案的可比性，特别要注意各方案技术目标的一致性、技术经济指标的一致性和技术实施时间的一致性。

4. 工艺技术方案的评价方法

技术方案进行比选的内容主要有：技术的先进程度，技术的可靠程度，技术对产品质量性能的保证程度，技术对原料的适应程度，工艺流程的合理性，自动化控制水平，技术获得的难易程度，对环境的影响程度，技术转让费或专利费等技术经济指标。

技术改造项目技术方案的比选论证，要与企业原有技术方案进行比较。对推荐方案绘制主要工艺流程图，主要物料平衡表（图），车间（或装置）组成表，主要原材料、辅助材料及水、电、气等消耗定额表。

对工艺技术方案进行比选的方法很多，主要有费用效益分析法、差额投资收益率法、多指标评价法、规模经济法和技术经济价值—S 图法。

（1）费用效益分析法　通过分析和测算不同生产工艺技术方案的费用和效益水平，利用经济指标的评价和度量方法比较各工艺技术方案的费用和效益水平，最终达到对不同工艺方案评价选择的目的。可选择的指标包括 NPV、IRR、投资回收期、费用效益比等。这些方法在本书及工程经济类教材中都有论述，这里不再赘述。

（2）差额投资收益率法　差额投资收益率法是指在不考虑时间价值的情况下，投资大的设备方案比投资小的设备方案所节约的运营成本与两个方案投资差额的比值，其计算公式为：

$$R_a = \frac{C_1 - C_2}{I_2 - I_1} \times 100\% = \frac{\Delta C}{\Delta I} \times 100\%$$

式中　R_a——差额投资收益率；

I_1、I_2——两个比较方案的投资额；

C_1、C_2——两个比较方案的成本。

当 $R_a \geq i_c$（基准投资回收期）或 i_s（社会折现率）时，投资额大的方案优；反之，投资额小的方案优。

【例7-1】 某新建企业有两个工艺技术方案可供选择，方案甲总投资1500万元，年运营成本370万元；方案乙总投资1200万元，年运营成本440万元。基准收益率 $i_c = 15\%$，试选出最优技术方案。

解：差额投资收益率 $R_a = \dfrac{440\,万元 - 370\,万元}{1500\,万元 - 1200\,万元} \times 100\% = 23.33\%$

R_a 大于基准收益率15%，所以投资额较大的方案甲是较优的，应选择方案甲。

（3）多指标评价法

1）多指标对比法是目前采用较多的一种方法，特点是由专家确定一组适用的指标体系，将对比方案的指标值列出，然后一一进行对比分析，根据指标值的高低分析判断方案的优劣。

利用这种方法首先需要将指标体系中的各个指标按其在评价中的重要性分为主要指标和辅助指标。主要指标能够比较充分地反映工程技术经济特点，是确定工程项目经济效果的主要依据；辅助指标在技术经济分析中处于次要地位，是主要指标的补充，当主要指标不足以说明方案的技术经济效果时，辅助指标就成为进一步进行技术经济分析的依据。

这种方法的优点是指标全面、分析确切，可直接通过各种技术经济指标定性或定量反映方案技术经济性能的主要方面；其缺点是容易出现不同指标的评价结果相悖的情况。

2）多指标综合评分法首先对需分析评价的技术方案由专家设定若干个评价指标，并按其重要程度确定各指标的权重，然后确定评分标准，并就各设计方案对各指标的满足程度打分，最后计算各方案的加权得分，以加权得分最高者为最优设计方案，其计算公式为：

$$S = \sum_{i=1}^{n} w_i S_i$$

式中　S——技术方案总得分；
　　　S_i——某方案在评价指标 i 上的得分；
　　　w_i——评价指标 i 的权重；
　　　n——评价指标数。

【例7-2】 某拟建项目的工艺流程方案有A、B、C三种，由专家确定的评价指标共有四个，分别为实用性、平面布置、经济性、美观性，各指标的权重及各方案的得分（10分制）见表7-1，试选择最优工艺流程方案。

表7-1 评价指标、权重及各方案得分

评价指标	权　重	方案 A 得　分	方案 B 得　分	方案 C 得　分
实用性	0.4	9	8	7
平面布置	0.2	8	7	8
经济性	0.3	9	7	9
美观性	0.1	7	9	8

解：计算结果见表7-2。

表7-2　多指标综合评分法计算表

评价指标	权重	方案A		方案B		方案C	
		得分	加权得分	得分	加权得分	得分	加权得分
实用性	0.4	9	3.6	8	3.2	7	2.8
平面布置	0.2	8	1.6	7	1.4	8	1.6
经济性	0.3	9	2.7	7	2.1	9	2.7
美观性	0.1	7	0.7	9	0.9	8	0.8
合计		—	8.6	—	7.6	—	7.9

由上表可知：方案A的加权得分最高，因此方案A最优。

（4）规模经济法　将单位产品成本最低的方案确定为最优生产工艺技术方案的一种方法，其计算公式如下：

$$C = C_v + \frac{C_F}{Q}$$

式中　C——单位产品工艺成本；

　　　C_v——单位产品变动成本；

　　　C_F——生产该产品的年固定成本；

　　　Q——该产品的年常量。

不同方案比选时，单位产品工艺成本 C 最低的方案为最优方案。

（5）技术经济价值—S图法　技术经济价值—S图法将技术评价和经济评价分开进行，最后再将两者的结果总括起来，进行综合评价，以选取优化方案。其评价步骤为：首先分别进行技术评价和经济评价，然后将两者的结果根据均值法或双曲线法合成一个特征数 S，根据合成结果再行综合评价。

1）技术评价。技术评价是围绕功能所进行的评价。评价的主要内容是用户要求的必要功能，一般以可以实现功能的条件为评价目标，如功能的实现程度（性能、质量、寿命等）、可靠性、维修性、安全性、操作性、整个系统的协调、与环境条件的协调等。这些评价目标有的不能用数值量表示其属性，有的即使是可用数值量表示属性，但其计量单位也不一致，从而不能比较，因此应优先采用给分评价。给分评价是以一个能实现全部评价特征的理想方案作为基准，与其他几个方案进行对比，确定各个方案达到要求的理想程度。技术价值是新产品的功能评价相对于理想产品能达到的程度。理想的评价值为1，而相对评价获得的比例数值就是新产品的技术价值，技术价值一般小于1，技术价值在0.7左右即为较好。技术评价值的计算公式如下：

$$X = \frac{\sum\limits_{i=1}^{n} P_i}{n\,P_{max}}$$

式中　X——预选方案的技术评价值，理想值为1；

　　　P_i——预选方案第 i 个技术性能指标的评分值。对评价指标按其接近理想目标的程度进行评分，等级标准为五级，不能满足要求为0分，勉强符合为1分，符合为

2 分，好为 3 分，很好为 4 分；

P_{max}——技术性能指标的理想分值，为 4 分；

n——评价技术性能指标的个数。

如果反映技术性能指标的重要性差别较大，则要考虑各个指标的权重，计算得出预选方案的技术评价值，其计算公式如下：

$$X = \frac{\sum_{i=1}^{n} w_i P_i}{P_{max}}$$

式中　w_i——第 i 个技术性能指标的加权系数。

2）经济评价。在进行经济评价时，经济观念只局限在产品的生产成本（通常包括材料费、人工费、管理费等），因为生产成本对经济评价来说是最为重要的一个项目。实际情况表明，经济评价与技术评价类似，可以采用一个相似的比例数值来表达，称为经济价值。经济价值就是理想生产成本与实际生产成本之比，取值范围为 0～1。经济评价值的计算公式如下：

$$Y = \frac{H_i}{H} = \frac{0.7 H_{允许}}{H}$$

式中　Y——预选方案的经济评价值，理想值为 1；

H_i——预选方案的理想成本；

$H_{允许}$——预选方案的允许成本；

H——预选方案的实际成本。

如果技术方案的经济评价值达到 0.7，则表明这一方案的经济价值是可以接受的。

3）技术经济综合评价。对于每一个被评价的方案，按照技术价值和经济价值分别判断是不充分的。若要选出最佳方案，按照价值工程的原理，一般要以这两种价值为准进行优化，既要技术上先进，又要经济上合理。所谓优化，就是经过有限次数的探索，找出按当前技术水平所能达到的最佳设计成果，使其具有最佳的功能和最低的生产成本。

综合评价是通过采用技术价值和经济价值的均值或双曲线值求得优度特征数 S 来分析评价，一般来说，综合价值 S 越大的方案越优。双曲线值求优度特征数 S 的计算公式如下：

$$S = \sqrt{XY}$$

7.1.3　设备的比较和选择

在生产工艺方案确定以后，应考虑选择与生产工艺方案相适应的设备方案。设备的选择与技术选择密切相关，没有先进的工艺，先进的设备难以发挥其效用和功能，没有先进的设备，先进的工艺也无法实现。设备是为工艺服务的，所以在设备评估时应首先明确工艺条件，应遵照工艺的有关要求对设备进行评估。

设备方案的选择是在研究和初步确定技术方案的基础上，对所需主要设备的规格、型号、数量、来源、价格等进行研究比选。

1. 主要设备方案选择的基本要求

1）主要设备方案应与选定的建设规模、产品方案和技术方案相适应，满足项目投产后生产或者使用的要求。

2）主要设备之间、主要设备与辅助设备之间的能力应相互配套。

3）设备质量可靠、性能成熟，保证生产和产品质量稳定。

4）在保证设备性能的前提下，力求经济合理。

5）拟选择的设备应符合政府部门或专门机构发布的技术标准要求。

2. 主要设备选择内容

1）根据建设规模、产品方案和技术方案，分析提出所需主要设备的规格、型号和数量。

2）在对国内外有关制造企业的调查和初步询价的基础上，分析提出项目所需主要设备的来源与投资方案。

3）对于拟引进国外设备的项目，应提出设备供应方式，如合作设计合作制造、合作设计国内制造、引进单机或成套引进等。

4）在选用超大、超重、超高设备时，应提出相应的运输和安装技术措施方案。

5）对于利用或改造原有设备的技术改造项目，应提出利用或改造原有设备方案。

3. 主要设备方案比选

在调查研究国内外设备制造、供应以及运行状况的基础上，对拟选的主要设备进行多方案比选，提出推荐方案。

（1）比选内容　主要比选各设备方案对建设规模的满足程度，分析主要工艺设备的耐用性、可靠性以及安全性，审查设备的先进性；比选设备方案对产品质量和生产工艺要求的保证程度；比选备品备件的保证程度、安装试车技术服务及所需设备投资额等。

（2）比选方法　主要采用定性分析和定量分析。有投资回收期法、投资收益率法、费用换算法和费用效率分析法。

1）投资回收期法。设备的投资成本主要包括设备的价格和运输、安装等费用。新设备投入使用之后，会因提高劳动生产率、降低能源消耗而带来投资节约额，从而提高经济效益。将投资成本与年节约额相比，即可求得投资回收期。其计算公式如下：

$$投资回收期 = \frac{设备投资额}{年利润或年成本节约额 + 折旧}$$

投资回收期越短，说明投资效果越好。在其他条件相同的情况下，投资回收期最短的设备方案可作为优选方案。

2）投资收益率法。设备的投资收益率法考虑了设备的折旧，其计算公式如下：

$$投资收益率 = \frac{投资总收益}{设备投资额} = \frac{年利润 + 折旧}{设备投资额}$$

在其他条件相同的情况下，设备投资收益率高的设备为优选设备，应优先选用。

3）费用换算法。

① 年费用法：

$$设备的年费用 = 初始投资额 \times 资金回收系数 + 年经营费用$$

其中　　　　　$$资金回收系数 = (A/P, i, \cdots, n) = \frac{i(1+i)^n}{(1+i)^n - 1}$$

② 总费用法：

$$设备的总费用 = 初始投资额 + 年经营费用 \times 年金现值系数$$

其中 $$年金现值系数 = (P/A, i, n) = \frac{(1+i)^n - 1}{i(1+i)^n}$$

【例 7-3】 某投资项目需要采购一台精密机床，现有德国、日本两国制造商提供的机床可供选择，其效率相差无几，但使用年限及成本不同，具体数据见表 7-3，请用总费用法进行设备选择决策。

表 7-3 德国、日本的机床使用年限、售价、年平均费用对比 （单位：万美元）

可供选择的机床	使用年限	售价	年利率（10%）	年平均费用
德国机床	15	12	10	0.6
日本机床	8	5	10	0.9

解：德国机床总费用 $= 12 + 0.6 \times (P/A, 10\%, 15)$ 万美元

$$= 12 \text{ 万美元} + 0.6 \times \frac{(1+10\%)^{15} - 1}{10\% \times (1+10\%)^{15}} \text{万美元}$$

$= (12 + 0.6 \times 7.6061)$ 万美元 $= 16.56$ 万美元

日本机床总费用 $= 5 + 0.9 \times (P/A, 10\%, 8)$ 万美元

$$= 5 \text{ 万美元} + 0.9 \times \frac{(1+10\%)^8 - 1}{10\% \times (1+10\%)^8} \text{万美元}$$

$= (5 + 0.9 \times 5.3349)$ 万美元 $= 9.8$ 万美元

设备总费用最低为最佳方案，因此，应该选择日本机床。

4）费用效率分析法。费用效率分析法是指在比选设备方案时，主要考虑设备系统效率和设备生命周期总费用两个因素，从而计算出费用效率，用于各方案的比较。其计算公式如下：

$$费用效率 = \frac{系统效率}{生命周期总费用}$$

系统效率是指设备的运营效益，可用销售收入、利润和生产效率等价值指标或功能指标衡量；生命周期费用包括设备购置安装费和生产运营费。

在设备选型中应用费用效率分析方法应遵循以下步骤：

① 提出各项备选方案，并确定系统效率评价指标。

② 明确费用构成项目，并预测各项费用水平。

③ 计算各方案的经济寿命，作为分析的计算期。

④ 计算各方案在经济生命期内的生命周期总费用。

⑤ 计算各方案可以实现的系统效率水平，然后与生命周期总费用相除计算费用效率，费用效率较大的方案较优。

【例 7-4】 某集装箱码头需要购置一套装卸设备，有三个方案可供选择：设备 A 投资 1800 万元、设备 B 投资 1000 万元、设备 C 投资 600 万元。设备的年维持费包括能耗费、维修费和养护费。各设备的年维持费和工作量见表 7-4，不考虑时间价值因素，运用费用效率法进行设备方案比选。

表 7-4 装卸设备方案年维持费和工作量

年	年维持费（万元）			年工作量/万 t		
	A	B	C	A	B	C
1	180	100	80	29	20	8
2	200	120	100	29	20	8
3	220	140	120	38	25	7
4	240	160	140	32	28	12
5	260	180	160	33	30	13
6	300	200	180	52	40	9
7	340	240	220	45	48	10
8	380	280	240	48	45	11
9	420	320	280	50	53	8
10	480	380	340	52	55	9
11	540	440	400	54	50	14
12	600	500	460	55	46	10

解：首先计算各方案的经济寿命，根据公式：

$$AC_i = \frac{K_i}{n} + \frac{1}{n} \sum_{t=1}^{n} C_{it}$$

式中　AC_i——方案 i 的年折算费用；

$\frac{1}{n} \sum_{t=1}^{n} C_{it}$——设备使用 n 年的年均使用成本；

K_i——方案 i 的初始投资；

C_{it}——方案 i 第 t 年的维持费；

n——设备使用年限。

计算各方案的年折算费用，年折算费用最小时即为该方案的经济寿命。计算过程见表 7-5。

表 7-5 三个方案的年折算费用计算过程　　　　　　　（单位：万元）

年	年维持费			年均使用成本			年折算费用		
	A	B	C	A	B	C	A	B	C
1	180	100	80	180	100	80	1980	1100	680
2	200	120	100	190	110	90	1090	610	390
3	220	140	120	200	120	100	800	453.33	300
4	240	160	140	210	130	110	660	380	260
5	260	180	160	220	140	120	580	340	240
6	300	200	180	233.33	150	130	533.33	316.67	230
7	340	240	220	248.57	162.86	142.86	505.71	305.72	228.57
8	380	280	240	265	177.5	155	490	302.5	230
9	420	320	280	282.22	193.33	168.89	482.22	304.44	235.56
10	480	380	340	302	212	186	482	312	246
11	540	440	400	323.64	232.73	205.45	487.28	323.64	260
12	600	500	460	346.67	255	226.67	496.67	338.33	276.67

由表 7-5 可知，设备 A 的经济寿命为 10 年，设备 B 的经济寿命为 8 年，设备 C 的经济寿命为 7 年。则各方案的生命周期成本为

A：482 万元/年 × 10 年 = 4820 万元

B：302.5 万元/年 × 8 年 = 2420 万元

C：228.57 万元/年 × 7 年 = 1600 万元

在经济生命期内各方案的总工作量：A 为 408 万吨，B 为 256 万吨，C 为 67 万吨，则各方案的费用效率计算见表 7-6。

表 7-6 各方案费用效率计算过程

方 案	A	B	C
生命周期/年	10	8	7
生命周期成本（万元）	4820	2420	1600
工作量/万 t	408	256	67
费用效率	0.085	0.106	0.042

由表 7-6 可知，方案 B 的费用效率值最高，因此选购设备 B。

设备方案经比选后，编制推荐方案的主要设备表，如表 7-7 所示。

表 7-7 主要设备表

序号	设备名称	型号	主要参数	计量单位	数量	设备来源			
						利用原有	国内制造	进　口	合 作 制 造

非主要设备在可行性研究阶段可不作具体选择。为了估算设备总投资，可参考已建成的同类项目比例或采用行业通用比例，按单项工程估算出非主要设备的台数或吨位。

7.2 总图布置

7.2.1 总图布置方案

工程项目总体布置是根据项目自身特点，按照工艺流程、技术和功能需要及相互关系，在设计最初阶段从企业宏观整体上对项目各组成部分做出的相互位置及布置方式等方面的统筹规划与安排。其目的是合理安排各个场地和连接各条管线，使之成为一个有机的整体。为此须遵循整体协调、距离最短、服从工艺流程走向、节约用地、注重安全和环保的基本原则，搞好总图运输设计中的总平面布置及竖向设计；在总图运输设计中重点搞好内部运输方案的设计。

1. 总图布置

（1）总图布置及功能分区 项目总图布置就是根据拟建项目的生产工艺流程或使用功

能的需要及其相互关系，结合场地自然条件及其外部环境条件、运输条件、安全、卫生、环保、项目实施、管理等因素，经多方案比较后，对项目各个组成部分的位置进行统一布局，合理规划和安排建设场地内各功能区之间，各建（构）筑物之间和各种通道之间的平面位置关系，以便使整个项目布置紧凑、流程顺畅、经济合理、使用方便。

建设场地按功能分区是总图布置中重要的一环，据此可确定各个功能区之间的相互位置关系和运输联系。例如按企业建（构）筑物的功能特点和布局要求，一般可划分为厂前区、生产区、辅助生产区、动力区、仓库区、原料堆场区、给水处理区、废水处理区、居住区等若干个功能区。一般来说，功能分区应遵循下列原则：

1）符合企业总体布置要求，保证工艺流程顺畅、生产系统完整。

2）充分利用当地的自然条件和地形、地质条件，化不利为有利。

3）力求外部运输、供水、供电等线路的进厂方向合理。

4）为通风、排水、安全、卫生、绿化、美化等的布置创造有利条件。

5）合理确定各功能区的边界与面积。

6）主要货流与主要人流避免交叉。

总之，进行功能分区时，要从实际出发，既要满足工艺的需要，又要扬长避短、合理布局，发挥整体最佳效益。

（2）总图布置的基本要求

1）总图布置的各部分之间，包括各功能区之间，设备、建筑物和土建工程之间、厂房与厂房之间等，无论是自身特点、功能要求，还是相互联系或布局和建筑风格等，都必须通盘考虑，协调一致。功能分区系统分明，布置整齐，在适用、经济的前提下注意美观。

2）在符合安全的条件下，要求各种管线和运输路线的距离最短，生产系统、辅助生产系统和运输系统的布置科学合理，不仅要考虑物的移动，也要考虑人的移动。物流和人流合理、线路短捷，方便作业，同时尽量避免物流与人流相互交叉、往复、迂回。动力设施要靠近用户或负荷中心，尽量采用多管、多线共架、共沟，尽量做到堆场、仓库堆储合一。遵循距离最短原则，不仅可以少占土地，也可减少运输时间，提高整个工厂的运转速度。

3）服从工艺流程走向。生产总工艺流程走向是企业生产的主动脉。初级产品、中间产品、最终产品、副产品以及废物排放等在工厂各部的位置，能源、动力以及其他公用设施的安排，都要服从生产总工艺流程的要求。

4）切实注重安全和环保要求。建设密度和建筑系数科学合理，既力求布置紧凑，又应根据有关规定合理确定各建筑物、构筑物之间的距离，保证生产运营和消防安全。主要的生产车间和建筑物，应考虑有良好的自然通风和采光条件，避免因朝向问题使操作条件恶化；如有可能发生爆炸危险的生产厂房、仓库、储罐等应布置在边缘地带，并符合有关爆破安全规程的规定；散发粉尘、水雾、酸雾、有害气体的厂房、仓库、储罐或堆场，应布置在常年主导风向的下风向；厂房与厂房之间、厂房与其他建筑之间、联合厂房或多层厂房内部等，可能产生的噪声、振动的相互干扰，都必须在总图布置时予以高度重视，采取积极的措施确保安全和环保的要求。

5）因地制宜。根据场址的风向、地形、地势特点及地质条件，合理确定总图布置，减少工程土石方的填、挖工程量和运输量。

6）尽可能节约用地。总图布置应紧凑、合理，节约用地。在考虑企业发展余地时，要避免过早地占用大片土地。在满足生产、安全、环保、卫生要求的前提下，要尽量考虑多层厂房或联合厂房等合并建筑，以节约用地。

7）技术改造和扩建项目的总图布置方案应与原有企业的总体布置统一协调。合理利用原有的建筑物和工程设施，减少在改、扩建时对原有生产的影响，力求改善原有不合理的布局和不良的生产条件。

2. 总平面布置

（1）总平面布置的概念及功能分区　所谓总平面布置，就是在总体布置的基础上，综合考虑生产工艺流程、运输条件及安全、卫生、环保、施工、管理等因素，结合场地自然条件经多方案比较后，合理规划和安排建设场地内各功能区之间，各建、构筑物之间和各种通道之间的平面位置关系。

（2）总平面布局的原则　总平面布置是总图运输设计中最重要的内容之一，通常要遵循以下几项原则：

1）整体协调原则。首先，总平面布置是在总体布置的基础上进行的，所以，总平面布置应服从总体布置的要求，且两者必须协调一致。其次，总平面布置的各部分之间，包括各功能区之间，设备、建筑物和土建工程之间，厂房与厂房之间等，无论是自身特点、功能要求，还是相互联系或布局和建筑风格等，都必须通盘考虑，协调一致。

2）最短距离原则。在符合安全的条件下，要求各种管线和运输路线距离最短，不仅要考虑物的移动，也要考虑人的移动。动力设施要靠近用户或负荷中心，尽量采用多管、多线共架、共沟，要尽量做到堆场、仓库堆储合一。遵循距离最短原则，不仅可以少占土地，也可减少运输时间，提高整个工厂的运转速度。

3）服从工艺流程走向的原则。生产总工艺流程走向，是企业生产的主动脉。初级产品、中间产品、最终产品、副产品以及废物排放等在工厂各部的位置，能源、动力以及其他公用设施的安排，都要服从生产总工艺流程的要求。

4）尽可能节约用地的原则。总平面布置应紧凑、合理，节约用地。在考虑工厂发展余地时，要避免过早地占用大片土地，在满足生产、安全、环保、卫生要求的前提下，要尽量考虑多层厂房或联合厂房等合并建筑，以节约用地。

5）切实注重安全和环保要求的原则。主要的生产车间和建筑物，应考虑有良好的自然通风和采光条件，避免因朝向问题使操作条件恶化；可能发生爆炸危险的生产厂房、仓库、储罐等，应布置在厂边缘地带，并符合《爆破安全规程》的规定；散发粉尘、水雾，酸雾、有害气体的厂房、仓库、储罐或堆场，应布置在常年最小频率风向的上风侧；厂房与厂房之间、厂房与其他建筑之间、联合厂房或多层厂房内部等，可能产生的噪声、振动的相互干扰，都必须在总平面布置时予以高度重视，采取积极的措施确保安全和达到环保的要求。

（3）总平面布置的内容与深度

1）工业场地总平面布置。要求阐明采用的工艺配置及地形资料的依据；绘制总平面布置草图，并判断其准确程度；提供可供选择的平面布置方案。

2）场地占用的土地面积。说明可供利用的土地面积和设计需要的面积。

3）场地开拓和整理。说明场地平整标高的初步选定，场地的整治，主要防护、支挡（撑）工程。

4）场地发展。说明对以后发展的考虑。

5）主要工程量估算。

3. 竖向设计

（1）竖向布置形式　在总平面布置时必须考虑竖向布置的形式。按整平面之间的连接方式不同，通常可分为平坡式、台阶式和混合式三种竖向布置形式。

1）平坡式。即把场地处理成接近自然地形的一个或几个坡向的整平面，其间连接无显著高度变化，这种形式有利于生产运输联系、管网敷设。当场地自然地形坡度较大时，土石方量很大。在有色金属工业中，冶炼厂、加工厂建筑密度相对较大，生产车间之间联系密切，道路管线较多，故要求地形较平坦，多采用平坡式布置形式。同样，大多数机械加工、电子、轻工业项目，也通常采用平坡式布置形式。

2）台阶式。即由几个标高差较大的不同整平面相连接而成。这种形式在平面连接处往往需设置边坡或堵墙，相对来说可节约一定的土石方量，但运输与管网敷设条件差。当工艺要求地面有高差时常采用这种布置形式。如选矿厂、水泥厂、造纸厂、制酸厂和湿法冶金厂等。采用这种布置形式有利于减少物料的传送，节省动力和设备，缩短管线及传动带长度，节省投资和降低生产成本。

3）混合式。即在同一场地上有的地段采用平坡式，有的地段采用台阶式。当所处地形起伏较大时，为保证主体工程的建设及生产，往往对主要生产区采用平坡式，辅助生产区采用台阶式、这样有利于节省土建工程量。

在进行竖向设计时应与场地外既有的和规划的运输线路、排水系统、场地标高等相协调。要说明场地雨水排除方式（是明渠还是暗管）；当场址处于洪水淹没地区或受山洪威胁时，应说明防洪、排洪措施，填、挖土石方量和处理方法要充分利用和合理改造地形，尽可能使场地的设计标高与自然地形相适应，使场地的土石方量最小，并最大限度地节约用地。在满足生产、安全、运输、排水、卫生等要求的同时，竖向设计应切实注意全厂环境的立体空间美观性和建筑物、构筑物的群体处理的艺术性。要使空间造型效果和谐均衡、舒展完整，使环境优美舒适。

（2）竖向设计的原则

1）竖向设计应与总平面布置统一考虑，并与场地外既有的和规划的运输线路、排水系统、场地标高等相协调。

2）充分利用和合理改造地形，尽可能使场地的设计标高与自然地形相适应，使场地的土石方量最小，并最大限度地节约用地。例如当建（构）筑物布置在平坦地区时，其纵轴宜与地形等高线成小角度，便于场地排水；当建（构）筑物布置在山坡地带时，其纵轴宜顺等高线布置，以减少土石方量及基础的深度。

3）在满足生产、安全、运输、排水、卫生和预留消防通道等要求的同时，进行竖向设计时应该特别注意全厂环境的立体空间美观性和建（构）筑物的群体处理的艺术性。要使其空间造型效果和谐均衡、舒展完整，在环境上优美舒适。

4. 总图布置方案比选

总图布置方案比选是对总布置方案从技术经济指标、功能和拆迁方案方面进行比选，择优推荐方案。

（1）技术经济指标比选　主要有场区占地面积、建（构）筑物占地面积、道路和铁路占地面积、绿化面积、建筑系数、绿化系数、土地利用系数、土石方挖填工程量、地上地下管线工程量、防洪工程实施工程量、不良地质处理工程量以及总图布置费用（包括土石方费用、地基处理费用、地下管线费用、防洪抗震设施费用）等。对这些经济指标的比较可以通过列表进行，如表7-8和表7-9所示。

表7-8　技术指标比较

序　　号	指　　标	总图布置方案		
		方案1	方案2	方案3
1	场区占地面积/m²			
2	建（构）筑物占地面积/m²			
3	道路和铁路占地面积/m²			
4	绿化面积/m²			
5	建筑系数			
6	绿化系数			
7	土地利用系数			
8	土石方挖填工程量/m³			
9	地上地下管线工程量/m³			
10	防洪措施实施工程量/m³			
11	不良地质处理工程量/m³			

表7-9　总图布置费用比较　　　　　　　　　　　　　（单位：元）

序　　号	指　　标	总图布置方案		
		方案1	方案2	方案3
1	土石方费用			
2	地基处理费用			
3	地下管线费用			
4	防洪抗震设施费用			

（2）功能比选　主要比选生产流程的便捷、流畅、连续程度，项目内部运输的便捷程度，以及安全生产满足程度。

经比选论证各种总图布置方案后，绘制总平面图，标明总平面边界、建（构）筑物平面布置、比例、主要技术经济指标和场内外道路（铁路）的衔接等。

（3）拆迁方案比选　对拟建项目占用土地内的既有建构筑物的数量、面积、建筑类型，可利用的既有建构筑物的面积，需拆除部分的建（构）筑物的面积，拆迁后原有人员及设施的去向，项目需支付的补偿费用等；不同拆迁方案的比选。

7.2.2　运输方案

1. 运输方案设计概述

投资项目的物资供应和产品销售都必须靠交通运输来完成，它是项目建设和生产正常进行的重要环节。项目的交通运输分场内运输和场外运输两类。

场外运输是企业与当地交通运输干线发生联系，或企业与其原料基地、车站、码头和其他协作企业之间发生的直接运输联系，场外运输条件包括场外运输设备和运输环节（装、运、卸、储）能力的协调与组织管理，涉及的因素包括地理环境、物资类型、物资特性、运输量大小以及运输距离等方面。全面细致地了解拟建项目所在地区的社会经济现状、交通运输及其设施的现况和发展趋势，根据拟建项目建设和生产过程的要求，具体分析当地的交通状况，如对铁路、公路、水运等进行多方案比较，可依托量的大小判断哪种运输方式最适宜本项目，做出最优选择。项目的场外运输应尽量依托社会力量来解决，减少不必要的投资，改变过去的"小而全"或"大而全"的做法。

场内运输是厂区内部车间与车间之间、车间与库存场之间的材料、辅料、燃料、半成品、成品等物料的水平和垂直运输。主要涉及厂区布局、道路设计、载体类型、工艺要求等因素。场内运输安排合理，可使货物进出通畅，生产流转合理。由于现代产业技术的发展，自动控制及电子技术的大量应用，带来了生产过程的连续化和自动化，场内运输方式由传统的铁路、道路、架空索道、管道等运输而日趋多样化。各种各样的空中和地下的水平与垂直运输装置，充实与改善了场内运输条件。一个与生产规模相适应的、满足生产及其经营管理要求的运输方式和运输系统，对于提高劳动生产率、降低成本、方便管理等具有重要意义。因此，应在根据建设规模与产品方案、技术方案确定的主要投入物和产出物的品种、数量、特性、流向的基础上，研究提出项目内外部运输方案。

2. 运输方案选择的要求

1）统筹规划场内外部运输，提高运输装卸机械化程度，提高运输效率，降低运输成本，改善劳动条件，保障运输安全，运输能力要适当留有余地。做到物料流向合理，内外部运输、装卸、贮存等环节形成完整、连续和便于组织管理的运输系统。

2）根据项目产品的性质特点，如运量大小、运距长短、产品类型及性质，同时考虑外部具备的运输条件，对采取的运输方式进行多方案的比较，分别选择铁路、公路、水路、航空和管道等运输方式。同时具体分析所选择的运输方式与运费之间的相关关系，寻求最快捷、经济的运输方式。

3）项目的陆运、水运和空运等外部运输，应尽量依托社会运输系统。确需自建专用铁路、公路、码头的，应有足够的运量，避免运力浪费。运输线路和车站、码头等的布置，应符合当地城镇及交通运输规划，满足工厂生产、货运、人流的要求。在进行有关交通运输各方面的同步建设或投资时，对于靠近铁路干线的投资项目，若原材料或产品运输量大，则可以修建铁路专用线、编组站等；投资项目如果靠近河流或沿海，则可以修建港口、码头；投资项目所在地形复杂，运输批量小，则可以修建通到工厂的公路专用线；对于原材料来源比较固定或产品用户相对稳定的投资项目，且产地与销售地有一定地势差时，则可以铺设管道。这些同步建议和相关投资，都应进行经济评价。

4）主要产出品以采用单一的运输方式为宜，应避免多次倒运，减少中转次数和损耗，以降低运输成本，提高运输效率。大宗原材料和燃料，宜从厂外直接运至车间或仓库，减少中转损耗。

5）各种运输线路设计，应符合企业厂内运输安全规程和各种运输方式设计规范等的要求。

3. 运输方案分析

（1）运输方案分析的内容　运输方案分析主要是计算运输量、选择运输方式、合理布置运输线路、选择运输设备和设施。

1）运输量的计算。计算需要运进运出的各种物料的年运量，并说明其物态和包装形式；计算场内各个环节的物料、中间产品的运输量，并注明物料形态。

2）运输方式选择。根据已确定的运输量和货物特性，研究选择货物的运输方式。调查研究项目所在地区现有和在建的铁路、公路、水运、空运、管道等运输能力，能否承担项目投入物和产出物的运输。对依托社会运输力量解决的，应研究提出与外部运输方式接轨、装卸的设施建设方案。根据物料性质、货物流向及数量、装卸货点位置等，确定项目内部管道运输、传动带运输和各种车辆运输等运输方式和标准。

3）运输设备选择。运输设备的配置形式，有项目自备、向运输专业企业租赁、委托运输专业企业、部分自备部分租赁等形式。应研究优先依托社会运力的可能性、经济性与合理性，尽量减少自备。确需自备的，应研究提出所需运输设备清单。

项目运输方案经过比选后，提出推荐方案，并编制场外运输量一览表和场内运输量一览表，如表7-10和表7-11所示。

表7-10 场外运输量一览表 （单位：t/a）

序号	物料名称	运输方式	起点	讫点	运输量		物态	包装形式	备注
					运 入	运 出			
合计									

表7-11 场内运输量一览表 （单位：t/a）

序号	物料名称	运输方式	装货点	卸货点	运输量	物态	包装形式	备注
合计								

（2）运输方案分析步骤

1）估算运到拟建项目场址的各种投入物的总量和运出工厂的产出物的总量，制成一张运量平衡表，列出通过各种不同的运输方式，包括铁路、公路、水路、航空、管道，运出、运进的物资数量。

2）按现有运输设施的条件和能力，分析这些运输方式能否保证及时运输以及可能存在的问题。

3）估算项目所需要的运输费用，包括日常运输费用和需要增加运输能力所需要的投资。

4）结合运输费用及项目所在地的实际情况，选出经济合理的运输方案。

7.3 工程设计方案及配套工程方案的选择

7.3.1 工程设计方案

工程设计方案是在建设规模、工艺技术方案和设备方案确定的基础上，研究论证主要建筑物、构筑物的建造方案和辅助设施的布置方案。工程设计方案的分析评估，应贯彻"坚固适用、技术先进、经济合理"的原则。工程设计方案评估主要包括总平面布置方案的评估、建筑工程方案的评估、施工组织总方案的评估等。

1. 工程设计方案选择的基本要求

1）确定项目的工程内容、建筑面积和建筑结构时，应满足生产和使用的要求。分期建设的项目，应留有适当的发展余地。

2）在已选定的场址（线路走向）的范围内合理布置建筑物、构筑物，以及地上、地下管网的位置。

3）建筑物、构筑物的基础、结构和所采用的建筑材料，应符合政府部门或者专门机构发布的技术标准规范要求，以确保工程质量。

4）工程方案在满足使用功能、确保质量的前提下，力求降低造价，节约建设资金。

5）技术改造项目的工程设计方案，应合理利用现有场地、设施，并力求新增设施与原有设施相协调。

2. 总平面布置方案的评估

（1）总平面布置方案评估的要求

1）注意节约用地的要求，不占或者少占耕地。

2）满足生产工艺过程的要求，这是总平面设计中最根本的依据。

3）方便交通运输，适应场内外运输的要求，以节约投资。

4）满足卫生、防火、防震和防护等安全要求。

5）适应厂区的气候、地形、水文地质等自然条件的要求，有利于环境保护。

（2）总平面布置方案评估的内容

1）研究分析各工程项目的具体构成内容及各系统之间的关系是否科学合理。

2）按照生产工艺过程，经济合理地布置厂区内的建筑物和构筑物。

3）分析各种管线（包括给水、排水、电缆、电话、供气等）布置是否合理。

4）组织厂内外交通运输的设计工作，确保厂内外运输的协调。

3. 建筑工程方案的评估

建筑工程方案的评估主要包括：建筑物的平面布置和楼层高度要适应工艺和设备的需要，正确选择厂房建筑的层数和层高，按工艺要求合理布置设备，按车间设备的平面布置要求安排柱网和工作空间等。按照适用、经济的原则选用建筑结构方案，在实践中，还应根据生产工艺和设备的需要、厂房的大小和项目所在地等具体条件合理选择。

在评估时，应判别项目适应的建筑标准。若项目采用的标准过高，将造成不必要的浪费；若采用的标准过低，既不安全又会降低使用质量。

非主要建筑物和构筑物工程可不进行详细研究，估算时，可参考已建成的同类项目的相似工程估算工程量。

4. 施工组织总方案的评估

施工组织总方案是对工程从施工准备开始，经过工程施工、设备安装到试生产的整个施工过程的规划与组织安排。施工组织总方案评估的基本内容主要由施工方案分析、施工顺序分析、施工进度分析、建设材料供应计划分析四部分组成。

（1）施工方案分析　施工方案分析是指对主要单项工程、公用设施、配套工程的施工方法和工程量的分析。要重点分析影响施工进度和工程质量的关键工程部位的施工方法，对工程量的分析应以相应的定额标准为依据。在明确全部单项施工方法的基础上，制订整个项目的施工方案。

（2）施工顺序分析　一个项目一般可以划分为多个单项工程，而单项工程也可划分为多个分部分项工程。施工顺序分析的主要内容就是合理安排它们之间的施工顺序，并在此基础上安排时间。施工顺序一般应遵循的原则有：先准备后施工；先地下工程，后地上工程；先主体工程，后装修工程；先先行工艺，后后继工艺；对给水排水工程，先场外，后场内等。

（3）施工进度分析　项目工程施工进度常用横道图和网络图两种方法表示。

1）横道图。横道图在工程项目可行性研究和项目评估中常用于表示工程的进度安排。横道图的优点是简单明了、实用有效，可以表示各工序之间的交叉衔接和延续的时间，便于确定项目的合理工期；缺点是反映的信息较为有限，难以体现并行任务之间的内在联系。

2）网络图。网络图有多种，如关键路线规划、关键路线分析与计划评审（PERT）等。网络图的最基本思想是用图来表示执行项目的各种活动之间的顺序关系，其目的是在一开始尚不清楚活动完成的具体时间时，就能画出一张工序安排图（与横道图相比，网络图只有在活动日期或者至少是活动顺序确定后才能画出）。通过网络图最终要找出或是计算出关键路线。所谓关键路线就是工期最长的路线，而且这一路线上任何任务的工期变化都将影响总工期。

（4）建设材料供应计划分析　施工进度分析完成后，要进行建设材料供应计划的分析和确定，根据施工进度的要求，确定建筑材料、施工机械、安装设备、各种管道网线以及各种工种劳动力供应等的调配计划。

工程方案经比选后，编制推荐方案的主要建筑物、构筑物工程一览表，如表 7-12 所示。并估算建筑安装工程量和"三材"（钢材、木材、水泥）用量，作为投资估算的依据。

表 7-12　主要建筑物、构筑物工程一览表　　（单位：m，m²，m³，t）

序号	建筑物、构筑物名称	层数	占地面积	建筑物、构筑物面积	结构形式	建筑物构筑物长×宽×高	基础形式	"三材"用量		
								钢材	木材	水泥

非主要建筑物、构筑物工程，在可行性研究阶段可不做详细研究。为估算投资，可参考已建成的同类项目的相似工程估算工程量。

7.3.2　配套工程方案

项目配套工程包括为项目主体工程正常运行服务的公用工程与辅助工程。公用工程主要有给水、排水、供电、通信、供热、通风等工程。辅助工程包括维修、化验、检测、仓储等工程。在可行性研究阶段，对公用工程和辅助工程的研究应与主体工程的研究同时进行。对拟建项目的各单项工程设置的研究，既要避免漏项，又要不搞"大而全、小而全"，充分依托社会力量，节约投资，减少管理程序，加快建设速度。配套工程的设置，应尽可能发挥市场配置资源的基础性作用，依托社会进行广泛的专业化协作。技术改造项目应充分利用企业现有设施。

1. 给排水设施

（1）水源选择　水源的选用应通过卫生、技术经济、水资源等多方面进行综合评价，对水源的选择有如下要求：

1）水量充沛可靠。除保证当前生产、生活需水量外，也要满足远期发展的必须水量。地下水源的取水量应不大于开采储量，天然河流（无坝取水）的取水量应不大于该河流枯水期的可取水量，城市供水设计流量保证率根据城市规模及工业大用户的重要性选定，一般可采用 90%～97% 取水量，企业可取水量一般可占枯水期流量的 15%～25%。水源水量应以当地供水及水利部门或水文地质部门的正式文件为依据。

2）水源水质符合要求。水源水质应满足拟建项目对水质的要求或通过简单处理即能达到拟建项目所需的水质标准。生产用水源水质应随各种生产性质及生产工艺特点确定。

3）按照开采和卫生条件，通常按泉水、承压水（或层间水）、潜水的顺序选择地下水源，如取水量不大，或不影响当地生活饮用水需要也可采用地下水源作为生产用水水源，否则应取用地表水。符合卫生要求的地下水，宜优先作为生活饮用水的水源。

4）应全面考虑统筹安排，与农业、水利综合使用，正确处理与给水工程有关的部门如农业、水力发电、航运、木材流送、水产、旅游及排水等方面的关系以求合理的利用和开发水资源。

5）取水、输水、净化设施应安全、经济和维护方便。水源选择应结合城市远期规划、近期规划和工业总体布局要求，将工程本身与其他各种条件综合考虑。为维护方便，取水点应选在城镇的上游。

6）具有项目实施条件。如陆上交通是否方便，项目实施期间是否影响通航，所采用的项目是否具有实施条件等。

7）有利的水位。利用高程较高的水源（如水库水、山泉水、深层自流地下水等）可降低经常性运行电耗，故应首先考虑采用。

8）符合环保要求。被确定为生活饮用水的水源一定要按生活饮用水卫生标准进行水源保护，在建造水厂时，环境保护的措施一定要同步实施。

（2）给水系统　城镇给水系统一般为生活、生产、消防三者合一系统，根据不同标准它可分为：统一系统和分质系统，分压系统、分区系统和区域系统。①统一系统即按生活饮用水质供水，为一般中、小城镇所采用；②分质系统即由于供水水质要求不一，对于水质要求较低的用水，单独设置给水系统，而其他用水则合并为另一统一系统，若有中水道系统，可将清洁卫生、绿化等部分非饮用水归入中水道系统；③分压系统即根据管网压力的不同要求，采用不同压力的供水系统；④分区系统即按地区形成不同的供水区域；区域系统即由于水源或其他因素，供水系统需同时考虑向几个城镇供水的大范围给水系统。对于规模较大的城镇以及大型联合企业的给水系统，还可能同时具有几种供水系统。例如既有分质，又有分区的系统等。

给水系统由相互联系的一系列构筑物组成，从天然水源取水后，按照用户对水质的要求进行处理，然后将水输送到给水区，并向用户配水。给水系统常由下列部分组成：

1）取水构筑物，用以从选定的水源取水，并输往水厂。

2）水处理构筑物，将天然水源的水加以处理以符合用户对水质的要求。

3）泵站，用以将所需水量提升到规定的高度。

4）输水管和管网，将原水送到水厂。将清水送到给水区和用水地点的管道。

5）调节构筑物，它是各种类型的水池（高位水池、水塔、清水池等），用以储存和调节水量，高位水池和水塔兼有保证水压的作用。根据城镇地形特点，水塔可设在管网起端、中间或末端，分别构成网前水塔、网中水塔和对置水塔的给水系统。

项目可行性研究中研究的给水主要是确定用水量和水质，研究水源、输水、净水、场内给水方案等。研究项目所在地的给水系统属于何种类型，确定项目用水参数，应按照生产用水、生活用水、循环用水、化学用水、消防用水，分别计算日用水量和水质要求。在计算用水负荷时，应充分注意水的回收利用和重复利用，确定水的重复利用率，编制项目的日用水量表。

确定给水方案，首先要依托社会力量来解决，在不能满足需要时，应提出自建给水方案，包括水源类别、规模、取水位置，取水、输水、净水方案等，列出主要给水设施和设备，给水系统各个组成部分的建设或购置方案，以及现有可利用的给水设备或设施。

（3）排水系统 在可行性研究中主要是确定排水量，研究排水方案，计算生产、生活污水和自然降水的年平均和日最大排水量，分析水质、污染物成分。根据排水量和污染的程度提出排水的去向。对污染严重的应考虑污水处理方案，列出排水的主要设施和设备。

排水系统的设计原则为：首先要符合有关方针、政策法规的要求；其次是清污分流，即生活污水、生产污水与含有剧毒、易燃、易爆、易腐蚀和有机物质的污水分系统排放，以减少含有害物质的污水处理设施的负荷，达到减少投资、防止水污染、改善和保护环境、提高人民健康水平的要求。排水工程设计要以规范规定为依据，从全局出发，正确处理城镇、工业与农业、集中与分散、处理与利用、近期与远期的关系。

排水系统设计具体要求：与邻近区域内的污水与污泥处理相协调；综合利用或合理处置污水和污泥，采用循环用水和重复用水系统，利用本厂或厂际的废水、废气或废渣，以废治废；与邻近区域及区域内给水系统，洪水和雨水的排放系统协调；应配合生产工艺改革，减少排出废水量或改善其水质，并要按不同水质，分别回收污水或污泥中的有用物质；适当改造原有排水工程设施，充分发挥其工程效能。排水制度（分流制或合流制）的选择，应根据城镇和企业规划，当地降雨情况和排放标准，原有排水设施，污水处理和利用情况，地形和水体等条件综合确定。工业废水接入城镇排水系统的水质要不影响城镇排水管污染和污水厂等的正常运行，不对养护管理人员造成危害，不影响处理后出水和污泥的排放和利用。对排水水质的要求主要包括：污水排入城市下水道时，严禁排入腐蚀下水道设施的污水；严禁向城市下水道倾倒垃圾、积雪、粪便、工业废渣和排放易于凝集的堵塞下水道的物质；严禁向城市下水道排放剧毒物质（氰化钠、氰化钾等）、易燃、易爆物质（汽油、煤油、重油、润滑油、煤焦油、苯系物、醚类及其他有机溶剂等）和有害气体；对医疗卫生、生物制品、科学研究、肉类加工等含有病原体的污水必须经过严格消毒处理。

最后，画出水平衡图，列出给水、排水及污水处理厂的主要设备一览表，包括名称、规格、材质、数量、消耗情况。

2. 供电及通信设施

（1）供电设施 项目可行性研究阶段供电工作的主要内容为：

1）了解并收集建设项目附近供电电源的详细资料，如电网距离，建设项目最近的区域或地方变电站的已装变压器的容量、台数、一次侧及二次侧的接线方式，该变电站的供电端的电源状况及供电可靠性，今后该地区发展规划，目前该地区的电力负荷状况和今后该地区和地方性用电发展概况。若该变电所装有三线圈变压器时，需详细收集中压和低压线圈的容量及已有负荷状况。首先应考虑用当地电网作为外部供电电源，只有在附近无任何可供利用的电网，且在近期内又不可能获得稳定可靠的供电时，再考虑自建自备电站。

2）收集和了解建设项目附近电网变电站的电源电压等级，以确定可作为项目供电电源的电压等级。

3）建设项目距最近的电网变电站的距离，周围的地形及障碍物状况，架线和接线条件等。

4）收集当地电价等资料。

5）若建设项目具有重要用电负荷时，需收集电网变电站有无两个独立供电电源及其供电的可靠性。

6）根据项目的用电装备及其装机容量，计算出项目最大计算负荷和年用电量（kW·h），提交给项目建设单位与供电部门签订供电协议，并作为项目成本分析的依据。

7）根据有关供电规则的规定及项目自然功率因数计算值，确定项目功率因数的补偿方式，功率因数应符合有关要求。

8）根据本项目的供电电源条件，负荷特点及总图布置，确定本项目的内部供电方案。做出全厂供电系统图、全厂供电计算负荷表（含人工补偿功率因数方案）、主要设备选型（含车间变电所的主要设备）。

9）计算主要装备需要量、主要工程量（含设备、建筑、安装及其他工程）。

10）厂区及建构筑物的照明设计方案。

上述工作的报告编制依据和基础资料主要有：前述有关电网、变电站及供电系统等现状及发展规划等基础资料；区域或地方变电站至建设项目之间的大比例尺地形资料（如1：5000～1：10000 等），障碍物状况，对外部供电线路建设的基本要求；当地的主要气象资料（风速、气温、风向、降雨量、结冰日、雷击日等）；建设项目的各类用电设备的详细资料，如：工艺装备（电机、电热、电炉、电镀、电解、电化等）各类设备的装机容量、工作（运行）容量、台数、工作班次、用电设备电压等级、电机型号，公用及辅助设施（如供水、循环水、污水处理、环境保护、机汽修、仓储设施等）各类用电设备资料；各类电气设备销售价格，电气安装的定额以及有关电气设备安装和主要电能消耗等技术经济指标。

对于技术改造项目，应根据企业现有电源、规模、用电负荷，提出增加供电方案。

项目供电方案经比选确定后，应绘制供电系统图，编制主要供电设施和设备表。

（2）通信设施　研究项目生产经营所需的各种通信设施，依据拟建项目的生产工艺或使用功能的需要，设置全厂通信用户数及通信系统组网、中继方式和中继线以及消防系统自动报警等弱电设施。对通信（弱电）设置方案进行比选。列出主要设备一览表，包括设备名称、型号、规格、数量及来源。

对有线通信、无线通信、光缆通信、卫星通信等设施，要做到尽量依托社会通信设施，减少不必要的工程建设，改变过去对项目建设的"大而全，小而全"的做法。充分说明依托社会协作的条件及依托范围。

3. 其他设施

（1）供热设施 供热是以蒸汽或由蒸汽转化为热水、热风的形式供应工艺、生产、取暖及服务设施的统称。不同的项目、不同的工艺、不同的规模对供热的需求也不相同。如纺织、印染、中药提取等都需要大量的蒸汽；而各种建筑物的取暖多为热水或热风等。

项目可行性研究中研究的供热根据主要工艺过程确定蒸汽压力等级，分项列出生产装置、辅助设施及服务设施的蒸汽用量、压力等级；根据项目的热负荷，选择热源和供热方案。热源的选择，应尽量依托社会供热和辅助设施利用项目余热并举。

确需自建供热设施的，应研究热源的建设方案，供热方案的比较与选择包括上煤设施、软水设施、锅炉房规模、设备选型及台数等；需比较燃料来源、规格、消耗量及运输、储存方式以及灰渣数量、存放和综合利用措施。

若采用热电联供方案应符合有关规定要求。单台容量大于等于 10t/h，年运行时间大于等于 4000h 的工业锅炉应采用热电联产，热电联产要求采用高温高压的电站锅炉，产生过热（高热焓）蒸汽，先发电后供汽，提高热能利用效率。

供热方案经比选确定，应绘制全厂蒸汽平衡图，编制主要供热设备表，建筑面积、占地面积及公用工程用量方案。

（2）空分、空压、制冷设施 研究计算项目生产所需的氧气、氮气、压缩空气及制冷的负荷，提出供应的参数，如质量要求、使用方法、消耗定额等，并提出依托社会供应方案或自建空分、空压和制冷设施的方案。

确定上述辅助设施规模后，编制各功能设施的主要设备一览表（包含名称、型号、规格、主要控制参数、来源等内容）；确定消耗指标、建筑物面积、占地面积、定员及公用工程用量。

对技术改造扩建项目，尽可能地依托原有设施。

（3）维修设施 维修设施主要指机械设备、电气设备、仪器仪表、工业炉窑、运输设施等的维护和修理。企业设备的修理，一般划分为日常维护、小修、中修、大修。研究项目维修设施的任务（维修所担负的工作量）、制度安排、设置原则（说明协作关系、协作单位的能力），检修材料及备品备件供应原则，检修制度；各项维修设施组成规模及主要设备的设置。

对拟建项目的维修设施，应首先依托社会，实行广泛的专业化协作。一般项目只配备日常维护和小修能力，确需自建维修设施的，应提出建设方案。编制主要设备一览表，确定建筑物面积、占地面积、定员及公用工程用量。

对技术改造扩建项目，尽可能依托原有设施。

（4）仓储设施 根据生产需要和合理周转次数，计算主要投入物、中间产品和最终产品的仓储量和仓储面积，包括室内面积和露天堆场面积、仓储设施占地面积。研究仓储设施方案时，尽可能依托社会设施解决。

（5）中央化验室 中央化验室是指全厂性质的化验室，主要任务是提供全厂化验室所需标准溶液和试剂，如蒸馏水、标定试剂溶液等；分析进厂原材料、辅助材料及燃料的规格、成分、质量；对出厂产品进行质量鉴定，分析监督"三废"的排放等。

根据拟建项目工艺过程的不同，可采取不同的企业化验室设置方案。企业化验室一般分三级：厂级、车间级、工段级，对于特殊工艺，还需设专门岗位进行分析。

项目可行性研究应说明全厂化验室的设置原则，所承担的任务、工作制度、工作内容，同车间化验室的分工，工段组成，设备仪器的选择，建筑面积及人员编制等。对化验室中的有些设施，可以由社会提供，如蒸馏水可依靠社会供应，就无须在项目中增加蒸馏水制备设施。

课后复习题

1. 项目的技术分类有哪些？
2. 技术的获得方式有什么？
3. 生产工艺技术方案设计的内容包括什么？
4. 技术方案选择的原则是什么？
5. 技术方案选择的程序是什么？
6. 项目设备方案选择的要求是什么？
7. 设备方案选择时应考虑哪些因素？
8. 设备方案选择的内容包括什么？
9. 项目总图布置的基本要求是什么？
10. 项目总平面布置的基本原则是什么？
11. 竖向设计的形式有哪些？
12. 运输方案选择的要求有哪些？
13. 运输方案分析主要包括哪些方面？
14. 工程方案设计的内容和基本要求是什么？
15. 工程方案选择的基本要求有哪些？
16. 不同类型项目的工程方案研究的内容是什么？
17. 某投资项目需要采购一台数控车床，现有甲、乙两家制造商生产的车床可供选择，其效率相差无几，但使用年限及成本不同，具体数据见表 7-13，请用年费用法和总费用法对这两种设备进行选择。

表 7-13　各设备使用年限及成本

可供选择的机床	使用年限（a）	售价（万元）	年利率（%）	年平均费用（万元）
甲制造商生产的车床	12	170	10	8
乙制造商生产的车床	7	90	10	16

第8章
投资估算及资金筹措方案

投资估算是工程造价确定与控制中一项重要的工作，应力求做到准确、全面，为建设项目决策提供重要依据，避免决策的失误。根据项目的投资估算，项目投资者要制订出可行的、能够体现公平性和融资效率的资金筹措方案。因此，投资估算及资金筹措是项目可行性研究中的关键环节。

8.1 投资估算概述

8.1.1 投资估算的含义及依据

1. 投资估算的含义

投资估算是指在整个投资决策过程中，依据现有的资料和一定的方法，对建设项目的投资额（包括工程造价和流动资金）进行估计和预测的过程。投资估算的主要内容是估算投资项目总投资额及分年资金需要量。

从广义上讲，投资估算指的是对建设项目的投资数额所进行的大概的估计，即一个项目从开始研究时的投资额估算，直至初步设计时的设计概算以及施工图设计阶段甚至施工阶段的预算都可以纳入投资估算的范畴。但目前在我国，投资估算一般专指项目投资的前期决策过程中对项目投资额的估计。根据两者的异同可以看出，我国的投资估算与国外的早期估算相对应。为统一起见，本书所指的投资估算均为投资决策阶段的估算。

2. 投资估算的阶段划分和要求

不论是国内还是国外的投资估算，由于不同阶段掌握的资料和工作的深度不同，投资估算的准确程度也不同，因此将投资估算划分为不同阶段，允许不同阶段投资估算的深度和准确度存在差异。随着工作的进展和项目条件的逐步细化，投资估算会不断深入，准确度会逐步提高，从而对项目投资起到有效的控制作用。

（1）国外投资估算的阶段划分和要求　在英、美等国，对一个建设项目从开发设想直至施工图设计期间各阶段项目投资的预计额均称为估算，只是因各阶段设计深度和技术条件不同，对投资估算的准确度要求有所不同。英、美等国把建设项目的投资估算分为以下五个阶段。

1）投资设想阶段的投资估算。在尚无工艺流程图、平面布置图，也未进行设备分析的情况下，根据假想条件比照同类已投产项目的投资额，并考虑涨价因素编制项目所需投资额。这一阶段称为毛估阶段，或称比照估算。这一阶段投资估算的意义是判断一个项目是否需要进行下一步工作，投资设想阶段对投资估算精度的要求较低，允许误差大于 ±30%。

2）投资机会研究阶段的投资估算。此时应有初步的工艺流程图、主要生产设备的生产能力及项目建设的地理位置等条件，故可套用相近规模项目的单位生产能力建设费用来估算拟建项目所需的投资额，据此初步判断项目是否可行，或审查项目引起投资兴趣的程度。这一阶段称为粗估阶段，或称因素估算。投资机会研究阶段对投资估算精度的误差要求控制在 ±30% 以内。

3）初步可行性研究阶段的投资估算。此时已具有设备规格表、主要设备的生产能力和尺寸、项目的总平面布置、各建筑物的大致尺寸、公用设施的初步位置等条件。此时期可根据投资估算额决定拟建项目是否可行或列入投资计划。这一阶段称为初步估算阶段，或称认可估算。初步可行性研究阶段对投资估算精度的误差要求控制在 ±20% 以内。

4）详细可行性研究阶段的投资估算。此时项目的细节已清楚，并已进行了建筑材料和设备的询价，也进行了设计和施工的咨询，但工程图样和技术说明尚不完备，可根据此时期的投资估算额进行筹款。这一阶段称为确定估算，或称控制估算。详细可行性研究阶段对投资估算精度的误差要求控制在 ±10% 以内。

5）工程设计阶段的投资估算。此时应具有工程的全部设计图样、详细的技术说明、材料清单、工程现场勘察资料等，故可根据单价逐项计算，从而汇总项目所需的投资额，可据此投资估算控制项目的实际建设。这一阶段称为详细估算，或称投标估算，其对投资估算精度的要求为误差控制在 ±5% 以内。

（2）国内投资估算的阶段划分和要求　国内投资项目的投资估算可以概括为项目规划研究阶段、项目建议书阶段、初步可行性研究阶段和详细可行性研究四个阶段。

1）项目规划阶段的投资估算。建设项目规划阶段，是指有关部门根据国民经济发展规划、地区发展规划和行业发展规划的要求，编制建设项目的建设规划。此阶段是按项目规划的要求和内容，粗略估算建设项目所需的投资额。

2）项目建议书阶段的投资估算。项目建议书阶段，是指按项目建议书中的产品方案、项目建设规模、产品主要生产工艺、企业车间组成、初选建厂地点等，估算建设项目所需投资额。此阶段的投资估算是审批项目建议书的依据，是判断项目是否需要进入下一阶段工作的依据。

3）初步可行性研究阶段的投资估算。初步可行性研究阶段，是指在掌握更详细、更深入的资料的条件下，估算建设项目所需的投资额。此阶段的投资估算在初步明确项目方案的前提下为项目进行技术经济论证提供依据，同时也为判断是否进行详细可行性研究提供依据。

4）详细可行性研究阶段的投资估算。详细可行性研究阶段的投资估算较为重要，它是对项目进行较详细的技术经济分析，决定项目是否可行，并比选出最佳投资方案的依据。此阶段的投资估算经审查批准后，即为工程设计任务书中规定的项目投资限额，对工程设计概算起控制作用。

投资项目前期各阶段的投资估算误差要求见表 8-1。

表 8-1 投资项目前期各阶段的投资估算误差要求

投资估算阶段		投资估算误差幅度
国外投资估算	国内投资估算	
投资设想阶段	项目规划阶段	大于 ±30%
投资机会研究阶段	项目建议书阶段	±30% 以内
初步可行性研究阶段	初步可行性研究阶段	±20% 以内
详细可行性研究阶段	详细可行性研究阶段	±10% 以内
工程设计阶段		±5% 以内

尽管投资估算允许存在误差，但是投资估算必须达到下列要求：

1）工程内容和费用构成齐全，计算正确，数据可靠合理。

2）选用指标与具体工程之间存在标准或者条件差异时，要进行必要的换算或调整。

3）投资估算精度应能满足控制初步设计概算的要求，并尽量减少投资估算的误差。

4）估算文档要求完整归档。

3. 投资估算的依据

应做到投资估算的方法科学，基础资料完整，依据充分。不同建设阶段投资估算的基础资料和依据也不尽相同。各阶段投资估算的依据见表 8-2。

表 8-2 各阶段投资估算的依据

投资估算阶段	依据的资料
项目规划阶段	• 国民经济、地区、行业发展规划 • 建设项目建设规划
项目建议书阶段	• 项目建议书中的产品方案 • 项目建设规模 • 主要生产工艺 • 企业车间组成 • 初选厂址等
初步可行性研究阶段	• 工厂总平面图 • 设备、材料价格 • 公用设施的初步配置 • 设备的生产能力等
详细可行性研究阶段	• 项目细节 • 建筑材料、设备的价格 • 大致的设计、施工情况

8.1.2 投资估算的构成

投资估算总额是指从筹建、施工直至建成投产的全部建设费用，其包括的内容应视项目的性质和范围而定。根据国家规定，从满足建设项目投资计划和投资规模的角度，建设项目投资估算的内容包括固定资产投资和铺底流动资金（流动资产投资中所需流动资金的 30%）两部分。但从满足建设项目经济评价的角度，建设项目投资估算应由固定资产投资和全部流动资金组成。不论从哪一角度进行建设项目投资估算，都需要分别考虑建设项目所需的固定资产投资和流动资金，建设项目总投资构成见表 8-3。

表 8-3　建设项目总投资构成

建设项目总投资	固定资产投资	静态投资部分	建筑安装工程费用
			设备及工（器）具购置费
			工程建设其他费用
			预备费（基本预备费）
		动态投资部分	预备费（价差预备费）
			建设期贷款利息
	流动资产投资		铺底流动资金

固定资产投资又分为静态投资部分和动态投资部分。建筑安装工程费用、设备及工（器）具购置费、工程建设其他费用、基本预备费构成建设项目静态投资部分；价差预备费、建设期贷款利息构成建设项目动态投资部分。

建筑安装工程费用、设备及工（器）具购置费和建设期贷款利息在项目交付使用后形成固定资产，预备费（包含基本预备费和价差预备费）一般也按形成固定资产考虑。工程建设其他费用将形成固定资产、无形资产和其他资产。

流动资金是指生产经营性项目投产后，用于购买原材料和燃料、支付工资及其他经营费用等的周转资金。流动资金是伴随建设投资而发生的长期占用的流动资产投资，即财务中的营运资金。

8.1.3　投资估算的作用

投资估算是项目建议书和可行性研究报告的重要组成部分，是项目投资决策的主要依据之一。正确的项目投资估算是保证投资决策正确的关键环节，投资估算的准确性直接影响项目的决策、工程规模、投资经济效果，以及工程建设能否顺利进行。作为论证拟建项目的重要经济文件，投资估算有着极其重要的作用，具体可归纳为以下几点。

1）项目建议书阶段的投资估算，是多方案比选、优化设计、合理确定项目投资的基础，是项目主管部门审批项目建议书的依据之一，从经济上判断项目是否应列入投资计划，对项目的规划、规模控制起参考作用。

2）项目可行性研究阶段的投资估算，是项目投资决策的重要依据，是正确评价建设项目投资合理性、分析投资效益、提供项目决策依据的基础。项目可行性研究报告被批准后，项目投资估算额就作为建设项目投资的最高限额，不得随意突破。

3）项目投资估算对工程设计概算起控制作用，它为设计提供了经济依据和投资限额，设计概算不得突破批准的投资估算额。投资估算一经确定，即成为设计的投资限额，作为控制和指导设计工作的尺度。

8.2　投资估算的方法

8.2.1　静态投资的估算方法

对于静态投资，不同阶段的投资估算方法和允许误差都是不同的。在项目规划和项目建议书阶段，投资估算的精度低，可采取简单的匡算估价法，如生产能力指数法、单位生产能力估算法、系数估算法、比例估算法等。在项目可行性研究阶段和项目评估阶段，投资估算精度要求高，需采用相对详细的投资估算方法，即指标估算法。

1. 生产能力指数法

生产能力指数法又称指数估算法，它是根据已建成的类似项目的生产能力和投资额来粗略估算拟建项目投资额的方法，是对单位生产能力估算法的改进，其计算公式为：

$$Y_2 = Y_1 \left(\frac{X_2}{X_1} \right)^n \times CF$$

式中　Y_1——已建类似项目的静态投资额；

　　　Y_2——拟建项目静态投资额；

　　　X_1——已建类似项目的生产能力；

　　　X_2——拟建项目的生产能力；

　　　CF——不同时期、不同地点的定额、单价、费用变更等的综合调整系数；

　　　n——生产能力指数。

上式表明造价与规模（或容量）呈非线性关系，且单位造价随工程规模（或容量）的增大而减小。在正常情况下，$0 \leqslant n \leqslant 1$。不同生产率水平的国家和不同性质的项目中，$n$ 的取值是不同的，例如对于化工项目，美国取 $n = 0.6$，英国取 $n = 0.66$，日本取 $n = 0.7$。

若已建类似项目的生产规模与拟建项目生产规模相差不大，X_1 与 X_2 的比值在 $0.5 \sim 2$，则指数 n 的取值可近似为 1。

若已建类似项目的生产规模与拟建项目生产规模的比值不大于 50，且拟建项目生产规模的扩大仅靠增大设备规模来达到时，则 n 的取值为 $0.6 \sim 0.7$；若是靠增加相同规格设备的数量达到时，n 的取值为 $0.8 \sim 0.9$。

生产能力指数法主要应用于拟建项目与用于参考的已知项目的规模不同的情况。生产能力指数法的误差可控制在 $\pm 20\%$ 以内，尽管估价误差仍较大，但这种估算方法有独特的好处，即不需要详细的工程设计资料，只知道生产工艺流程及生产规模即可。在总承包工程报价时，承包商大都采用这种方法。

【**例 8-1**】　2013 年在某地兴建一座 50 万 t 尿素的化肥厂，总投资为 30000 万元，假如 2018 年在该地开工兴建 100 万 t 尿素的工厂，尿素的生产能力指数为 0.7，则所需静态投资为多少（假定每年平均工程造价指数为 1.05）？

解：

$$Y_2 = Y_1 \left(\frac{X_2}{X_1} \right)^n \times CF = 30000 \times \left(\frac{100}{50} \right)^{0.7} \times 1.05^5 \ 万元 = 62199.77 \ 万元$$

---

2. 单位生产能力估算法

依据调查的统计资料，利用相近规模项目的单位生产能力投资额乘以建设规模，即得拟建项目投资，其计算公式为：

$$Y_2 = \frac{Y_1}{X_1} X_2 \times CF$$

式中　Y_1——已建类似项目的静态投资额；

　　　Y_2——拟建项目静态投资额；

　　　X_1——已建类似项目的生产能力；

　　　X_2——拟建项目的生产能力；

　　　CF——不同时期、不同地点的定额、单价、费用变更等的综合调整系数。

单位生产能力估算法主要用于新建项目或装置的投资估算，十分简便迅速，但要求估价人员掌握足够的典型工程的历史数据，而且这些数据均应与单位生产能力的造价有关，方可应用。拟建项目必须与所选取的已建项目历史资料类似，仅存在规模大小和时间上的差异。

使用单位生产能力估算法时要注意拟建项目的生产能力和类似项目的生产能力的可比性，否则误差很大。由于在实际工作中不易找到与拟建项目完全类似的项目，通常是把项目按其下属的车间、设施和装置进行分解，分别套用类似车间、设施和装置的单位生产能力投资指标进行计算，然后相加求得项目总投资；或根据拟建项目的规模和建设条件，将类似项目的投资进行适当调整后估算项目的投资额。

【例 8-2】　假定某拟建项目 2018 年生产某种产品 400 万 t。调查研究表明，2013 年该地区年产该产品 50 万 t 的同类项目的固定资产投资额为 2500 万元，假定 2013 ~ 2018 年每年平均造价指数为 1. 10，则拟建项目的投资额为多少？

解：根据以上资料，可首先推算出折算为单位产值的固定资产投资额：

$$\frac{总投资}{年产值} = \frac{2500}{50} 万元/万\ t = 50\ 万元/万\ t$$

据此，即可迅速计算出在同一个地方，且各方面有可比性的年产 400 万 t 的项目固定资产投资额估算值为：

$$50 \times 400 \times 1. 10^5\ 万元 = 32210. 2\ 万元$$

---

3. 系数估算法

系数估算法是以拟建项目的主体工程费用或主要设备费用为基数，以其他工程费用与主体工程费用的百分比为系数估算项目总投资的方法。这种方法简单易行，但是精度较低，一般用于项目建议书阶段。系数估算法的种类很多，在我国常用的方法有设备系数法和主体专业系数法。朗格系数法是世界银行项目投资估算常用的方法。

（1）设备系数法　以拟建项目的设备费用为基数，根据已建成的同类项目的建筑安装费用和其他工程费用等与设备价值的百分比，求出拟建项目建筑安装工程费用和其他工程费用，进而求出建设项目总投资，其计算公式为：

$$C = E(1 + CF_1 P_1 + CF_2 P_2 + CF_3 P_3 + \cdots) + I$$

式中　　　　　C——拟建项目投资额；

　　　　　　　E——拟建项目设备费用；

P_1、P_2、P_3、…——已建项目中建筑安装费用及其他工程费用等与设备费的百分比；

CF_1、CF_2、CF_3、…——由于时间因素引起的定额、价格、费用标准等变化的综合调整系数；

　　　　　　　I——拟建项目的其他费用。

（2）主体专业系数法　以拟建项目中投资比重较大并与生产能力直接相关的工艺设备

投资为基数，根据已建同类项目的有关统计资料，计算出拟建项目各专业工程（总图、土建、供暖、给水排水、管道、电气、自控仪表等）费用与工艺设备投资的百分比，据此求出拟建项目各专业投资，然后相加即为项目总投资，其计算公式为：

$$C = E(1 + \mathrm{CF}_1 P'_1 + \mathrm{CF}_2 P'_2 + \mathrm{CF}_3 P'_3 + \cdots) + I$$

式中　P'_1、P'_2、P'_3、…——已建项目中各专业工程费用与设备投资的百分比。

（3）朗格系数法　以设备费用为基数，乘以适当系数来推算项目的建设费用。这种方法在国内不常见，是世界银行项目投资估算常采用的方法。该方法的基本原理是将总成本费用中的直接成本和间接成本分别计算，再合为项目建设的总成本费用，其计算公式为：

$$C = E(1 + \sum K_i) \times K_c$$

式中　C——总建设费用；

　　　E——主要设备费用；

　　　K_i——管线、仪表、建筑物等项费用的估算系数；

　　　K_c——管理费、合同费、应急费等项费用的估算系数。

总建设费用与主要设备费用之比为郎格系数 K_L，即

$$K_L = (1 + \sum K_i) \times K_c$$

朗格系数包含的内容见表 8-4。

表 8-4　朗格系数包含的内容

项　目		固 体 流 程	固 流 流 程	流 体 流 程
郎格系数 K_L		3.1	3.63	4.74
	（a）包括基础、设备、绝热、油漆及设备安装费	$E \times 1.43$		
	（b）包括（a）和配管工程费	（a）×1.1	（a）×1.25	（a）×1.6
	（c）装置直接费	（b）×1.5		
	（d）包括上述在内和间接费，总费用	（c）×1.31	（c）×1.35	（c）×1.38

应用朗格系数法进行工程项目或装置估价的精度不是很高，影响其精度的因素如下：

1）装置规模大小发生变化的影响。

2）不同地区自然地理条件的影响。

3）不同地区经济地理条件的影响。

4）不同地区气候条件的影响。

5）主要设备材质发生变化时，设备费用变化较大而安装费用变化不大所产生的影响。

尽管如此，由于朗格系数法是以设备费用为计算基础，对于石油、石化、化工工程而言，设备费用在工程中所占的比重可达 45% ~ 55%，工程中每台设备所含有的管道、电气、自控仪表、绝热、涂装、建筑等都有一定的规律，所以，只要对各种不同类型工程的朗格系数掌握准确，估算精度仍可较高。朗格系数法的估算误差为 10% ~ 15%。

【例 8-3】　假定某年产 20 万 t 酒精的工厂，已知该工厂的设备到达工地的费用为 5000 万元。试用朗格系数法估算该工厂的总投资。

解：酒精工厂的生产流程基本上属于流体流程，因此在采用朗格系数法时，全部数据应采用流体流程的数据。计算过程如下：

(1) 设备到达现场的费用为 5000 万元。

(2) 根据表 8-4 计算费用 (a)

$$(a) = 1.43E = 5000 \ 万元 \times 1.43 = 7150 \ 万元$$

则设备基础、绝热、涂装及安装费用为 $(7150 - 5000)$ 万元 $= 2150$ 万元

(3) 计算费用 (b)

$$(b) = (a) \times 1.6 = 7150 \ 万元 \times 1.6 = 11440 \ 万元$$

则其中配管（管道工程）费用为 $(11440 - 7150)$ 万元 $= 4290$ 万元

(4) 计算费用 (c)

$$(c) = (b) \times 1.5 = 11440 \ 万元 \times 1.5 = 17160 \ 万元$$

则工程直接费用为 $(17160 - 11440)$ 万元 $= 5720$ 万元

(5) 计算投资额 C

$$C = (c) \times 1.38 = 17160 \ 万元 \times 1.38 = 23680.8 \ 万元$$

则间接费用为 $(23680.8 - 17160)$ 万元 $= 6520.8$ 万元

由此估算出该工厂的总投资为 23680.8 万元，其中间接费为 6520.8 万元。

4. 比例估算法

根据统计资料，先求出已有同类企业主要设备投资占全厂建设投资的比例，然后再估算出拟建项目的主要设备投资，即可按比例求出拟建项目的建设投资，其计算公式为：

$$I = \frac{1}{K} \sum_{i=1}^{n} Q_i P_i$$

式中　I——拟建项目的建设投资；

　　　K——已建项目主要设备投资占已建项目投资的比例；

　　　n——设备种类数；

　　　Q_i——第 i 种设备的数量；

　　　P_i——第 i 种设备的单价（到厂价格）。

5. 指标估算法

这种方法是把建设项目划分为建筑工程、安装工程、设备及工（器）具购置费及其他基本建设费等费用项目或单位工程；再根据各种具体的投资估算指标，进行各项费用项目或单位工程投资的估算，在此基础上，可汇总成每一单项工程的投资；另外再估算工程建设其他费用及预备费，即求得建设项目总投资。

(1) 建筑工程费用估算　建筑工程费用是指为建造永久性建筑物和构筑物所需要的费用，一般采用单位建筑工程投资估算法、单位实物工程量投资估算法、概算指标投资估算法等进行估算。

1) 单位建筑工程投资估算法。以单位建筑工程量投资额乘以建筑工程总量计算建筑工程费用。这种方法又进一步可分为单位功能价格估算法、单位面积价格估算法、单位容积价格估算法和单位长度价格估算法。

① 单位功能价格估算法。此方法实际上是利用每功能单位的成本价格进行估算，选出

所有此类项目中共有的单位，并计算每个项目中该单位的数量。

建筑工程费用 = 功能单位建筑工程费 × 建筑工程功能单位总量

以五星级宾馆为例，按照这种方法，新建一个五星级宾馆的成本可细分为其所提供的房间数量。这种计算方法首先给出每个房间的单价，然后乘以该宾馆所有房间的数量，从而确定该五星级宾馆项目的投资额。

用这种估算方法能很快得到粗略的估算结果，但是缺乏精确性。要对成本进行精确的预测，拟建的新项目在资源价格、建筑设计、项目总体规模、完成质量、地理位置和工程施工时间等方面必须与先前分析的项目高度相似。显然，先前的项目和新项目之间自然会有很多不同之处，这些差异将严重影响单价估算的精确性。当然根据这些项目间的差异可适当调整价格。

② 单位面积价格估算法。单位面积价格分析的范围是项目房屋总面积，即外墙墙面以内的所有房屋面积。首先分析已完成项目的建筑施工成本，用已知的项目建筑施工成本除以该项目的房屋总面积，即为单位面积价格，然后将结果应用到拟建的项目中，以估算其建筑施工成本。

建筑工程费用 = 单位面积建筑工程费用 × 建筑工程面积

单价的估算方法主要注意以下几个方面。

A. 参考最近类似项目的成本分析。

B. 考虑是否需要进行造价调整，如项目位置远近、工期长短、项目等级及质量、建筑方法复杂性、项目是否有特别设施（如酒店项目需要旋转餐厅或高尔夫练习场及其他特别要求）等。

这种初步估算的方法不仅容易理解，而且设计者除了可以从自己的项目中得到单位面积价格外，还可以从其他资料中得到大量有关单位面积价格的数据，所以应用最广泛。设计中首先需要确定的细节往往是建筑面积，所以在项目开发的早期即可采用这种估算方法。但是，所有影响单位价格估算方法的可变因素同样也会影响对单位面积价格的分析。

③ 单位容积价格估算法。在一些项目中，楼层高度是影响成本的重要因素。例如，仓库、工业窑炉砌筑的高度根据需要会有很大的变化，显然这时不再适用单位面积价格，而单位容积价格则成为确定初步估算的好方法。将总的建筑施工成本除以建筑容积，即可得到单位容积价格。将建筑面积乘以从建筑基座平面到屋顶平面的高度，即为建筑容积，测量建筑面积时仍然从外墙墙面开始计算。

建筑工程费用 = 单位容积建筑工程费用 × 建筑工程容积

④ 单位长度价格估算法。此方法是利用每单位长度的成本价格进行估算，首先要用已知的项目建筑工程费用除以该项目的长度，得到单位长度价格，然后将结果应用到拟建项目中，以估算拟建项目的建筑工程费。例如，水库以水坝单位长度（m）的投资，公路、铁路以单位长度（km）的投资，矿上掘进以单位长度（m）的投资，乘以相应的建筑工程量计算建筑工程费。

建筑工程费用 = 单位长度建筑工程费用 × 建筑工程长度

2）单位实物工程量投资估算法。以单位实物工程量的建筑工程费乘以实物工程总量来估算建筑工程费的方法。大型土方、总平面竖向布置、道路及场地铺砌、厂区综合管网和线路、围墙大门等，分别以 m^3、m^2、延长米或座为单位，套用技术标准、结构形式类似的投资估算指标或类似工程造价资料进行建筑工程费估算。矿山井巷开拓、露天剥离工程、坝体堆砌等，分别以 m³、延长米为单位，套用技术标准、结构形式、施工方法相适应的投资估算指标或类似工程造价资料进行建筑工程费估算。桥梁、隧道、涵洞设施等，分别以 100m² 桥面（桥梁）、100m² 断面（隧道）、道（涵洞）为单位，套用与技术标准、结构形式、施工方法相适应的投资估算指标或类似工程造价资料进行估算。

$$建筑工程费用 = 单位实物工程量建筑工程费用 \times 实物工程总量$$

3）概算指标投资估算法。对于没有上述估算指标且建筑工程费占总投资比例较大的项目，可采用概算指标估算法。采用此种方法，应具有较为详细的工程资料、建筑材料价格和工程费用指标，运用该方法需要投入的实践和工作量大。

$$建筑工程费 = \sum 分部分项实物工程量 \times 概算指标$$

（2）设备及工（器）具购置费估算 设备及工（器）具购置费由设备购置费、工（器）具、生产用家具购置费等组成的，其中，设备购置费是指购置或自制的达到固定资产标准的设备、工（器）具及生产家具等所需的费用，由设备原价和设备运杂费构成；工（器）具、生产家具购置费，是指新建或扩建项目初步设计规定的，保证初期正常生产必须购置的没有达到固定资产标准的设备、仪器、工卡模具、器具、生产用家具和备品备件等的购置费用，一般以设备购置费为计算基数，按照部门或行业规定的工具、器具及生产用家具费率计算。

$$设备及工(器)具购置费 = 设备购置费 + 工(器)具、生产用家具购置费$$
$$设备购置费 = 设备原价 + 设备运杂费 = 设备原价 \times (1 + 设备运杂费率)$$
$$工(器)具、生产用家具购置费 = 设备购置费 \times 定额费率$$

设备及工（器）具购置费的估算根据项目主要设备表及价格、费用资料编制，工（器）具购置费按设备购置费的一定比例计取。对于价值高的设备应按单台（套）估算购置费，价值较小的设备可按类估算，国内设备和进口设备应分别估算。

1）国内设备原价构成及计算。国内设备原价为设备出厂价，一般指的是设备制造厂的交货价或订货合同价。它一般根据生产厂或供应商的询价、报价、合同价确定，或采用一定的方法计算确定。国产设备原价分为国产标准设备原价和国产非标准设备原价。

国产标准设备原价，在计算时，一般采用带有备件的原价。因为国产标准设备一般都有完善的设备交易市场，因此可通过查询相关交易市场价格或向设备生产厂家询价得到国产标准设备原价，这里不再赘述，主要讲述国产非标准设备原价的估算。

国产非标准设备是指国家尚无定型标准，各设备生产厂不可能在工艺过程中采用批量生产，只能按订货要求，并根据具体的设计图样制造的设备。非标准设备由于单件生产、无定型标准，所以无法获取市场交易价格，只能按其成本构成或相关技术参数估算其价格。成本计算估价法是一种比较常用的估算非标准设备原价的方法。按成本计算估价法，非标准设备的原价由以下各项组成：

① 材料费。其计算公式如下：

$$材料费 = 材料净重 \times (1 + 加工损耗系数) \times 每吨材料综合价$$

② 加工费。包括生产工人工资和工资附加费、燃料动力费、设备折旧费、车间经费等，其计算公式如下：

加工费 = 设备总质量 × 设备每吨加工费

③ 辅助材料费（简称辅材费）。包括焊条、焊丝、氧气、氩气、氮气、涂料、CaC_2 等费用，其计算公式如下：

辅助材料费 = 设备总质量 × 辅助材料费指标

④ 专用工具费。按①~③项之和乘以一定百分比计算。

⑤ 废品损失费。按①~④项之和乘以一定百分比计算。

⑥ 外购配套件费。按设备设计图样所列的外购配套件的名称、型号、规格、数量、质量，根据相应的价格加运杂费计算。

⑦ 包装费。按①~⑥项之和乘以一定百分比计算。

⑧ 利润。可按①~⑤项加第⑦项之和乘以一定利润率计算。

⑨ 税金。主要指增值税的销项税额，其计算公式如下：

当期增值税的销项税额 = 销售额 × 适用增值税税率

销售额为①~⑧项之和。

⑩ 非标准设备设计费。按国家规定的设计费收费标准计算。

综上所述，单台非标准设备原价可用下面的公式表达：

单台非标准设备原价 = {[（材料费 + 加工费 + 辅助材料费）× (1 + 专用工具费率) × (1 + 废品损失费率) + 外购配套件费] × (1 + 包装费率) - 外购配套件费} × (1 + 利润率) + 销项税额 + 非标准设备设计费 + 外购配套件费

【例8-4】 某工厂采购一台国产非标准设备，制造厂生产该台设备所用材料费40万元，加工费4万元，辅助材料费8000元，制造厂为制造该设备，在材料采购过程中发生进项增值税税额6.9万元。专用工具费率1.5%，废品损失费率10%，外购配套件费5万元，包装费率1%，利润率为7%，增值税税率为16%，非标准设备设计费2万元，设备购置费率为5%，则该国产非标准设备购置费是多少？

解：专用工具费 = (40 + 4 + 0.8)万元 × 1.5% = 44.8万元 × 1.5% = 0.672万元

废品损失费 = (44.8 + 0.672)万元 × 10% = 4.547万元

包装费 = (44.8 + 0.672 + 4.547 + 5)万元 × 1% = 0.550万元

利润 = (44.8 + 0.672 + 4.547 + 0.550)万元 × 7% = 3.540万元

销项税额 = (44.8 + 0.672 + 4.547 + 5 + 0.550 + 3.540)万元 × 16% = 9.458万元

该国产非标准设备的原价 = (44.8 + 0.672 + 4.547 + 5 + 0.550 + 3.540 + 9.458 + 2)万元 = 70.568万元

该国产非标准设备的购置费 = 70.568万元 × (1 + 5%) = 74.094万元

2）进口设备原价的构成及计算。进口设备的原价是指进口设备的到岸价，即抵达买方边境港口或边境车站，且交完关税等税费后形成的价格。进口设备到岸价的构成与进口设备的交货类别有关。国际贸易中常用的交易方式包括 FOB 交货方式、CFR 交货方式和 CIF 交货方式。本文以 FOB 交货方式为例说明进口设备原价的构成，包括到岸价和相关从属费用。到岸价由货价、国际运费和运输保险费构成，从属费用包括银行财务费、外贸手续费、关税、增值税、消费税和车辆购置税。

① 货价。一般指装运港船上交货价（FOB），也称离岸价格，按有关生产厂商询价、报价、订货合同价计算。设备货价分为原币货价和人民币货价，原币货价一般以美元表示，乘以汇率折算成人民币货价即可。

② 国际运费。即从装运港（站）到达我国目的港（站）的运费。我国进口设备大部分采用海洋运输，小部分采用铁路运输，个别采用航空运输。进口设备国际运费计算公式为：

$$国际运费(海、陆、空) = 原币货价(FOB) × 运费率$$
$$国际运费(海、陆、空) = 单位运价 × 运量$$

其中，运费率或单位运价参照有关部门或进出口公司的规定执行。

③ 运输保险费。对外贸易货物运输保险是由保险人（保险公司）与被保险人（出口人或进口人）订立保险契约，在被保险人交付议定的保险费后，保险人根据保险契约的规定对货物在运输过程中发生的承保责任范围内的损失给予经济上的补偿，其计算公式为：

$$运输保险费 = \frac{原币货价(FOB) + 国外运费}{1 - 保险费率} × 保险费率$$

其中，保险费率按保险公司规定的进口货物保险费率计算。

上述三部分构成到岸价，到岸价(CIF) = 原币货价(FOB) + 国际运费 + 运输保险费

④ 银行财务费。一般是指在国际贸易结算中，中国银行为进出口商提供金融结算服务所收取的费用，可按下式简化计算：

$$银行财务费 = 离岸价格(FOB) × 银行财务费率$$

如果离岸价格（FOB）是以外币表示的，乘以相应汇率将其折算成人民币价格。

⑤ 外贸手续费。指按对外经济贸易部规定的外贸手续费率计取的费用，外贸手续费率一般取 1.5% 。计算公式为

$$外贸手续费 = 到岸价格(CIF) × 外贸手续费率$$

如果到岸价格（CIF）是以外币表示的，乘以相应汇率将其折算成人民币价格。

⑥ 关税。由海关对进出国境或关境的货物和物品征收的一种税。其计算公式为：

$$关税 = 到岸价格(CIF) × 人民币外汇汇率 × 进口关税税率$$

到岸价格作为关税的计征基数时，通常又可称为关税完税价格。

⑦ 消费税。仅对部分进口设备（如轿车、摩托车等）征收，一般计算公式为：

$$应纳消费税税额 = \frac{到岸价格(CIF) + 关税}{1 - 消费税税率} × 消费税税率$$

其中，消费税税率根据规定计取。

⑧ 进口环节增值税。是对从事进口贸易的单位和个人，在进口商品报关进口后征收的税种。其计算公式为：

$$进口环节增值税税额 = 组成计税价格 × 增值税税率$$
$$组成计税价格 = 关税完税价格 + 关税 + 消费税$$

增值税税率根据规定计取。

⑨ 车辆购置税。进口车辆需缴进口车辆购置税。其计算公式为：

$$进口车辆购置税 = (关税完税价格 + 关税 + 消费税) × 车辆购置税率$$

①～⑨加在一起就是从属费用。

【例 8-5】 从美国进口机车车辆一组，质量 800t，装运港船上交货价为 500 万美元，工程建设项目位于国内某省会城市。如果国际运费标准为 300 美元/t，海上运输保险费率为 3‰，银行财务费率为 5‰，外贸手续费率为 1.5%，关税税率为 20%，增值税税率为 16%，消费税税率为 8%，车辆购置税税率为 10%，银行外汇牌价为 1 美元 = 6.5 元人民币，则该进口车辆设备的原价是多少？

解：进口车辆 FOB = 500 万美元 × 6.5 元人民币/美元 = 3250 万元人民币

国际运费 = 300 美元/t × 800t × 6.5 元人民币/美元 ÷ 10000 = 156 万元人民币

海上运输保险费 = $\dfrac{3250 + 156}{1 - 0.3\%}$ 万元人民币 × 0.3% = 10.29 万元人民币

CIF = (3250 + 156 + 10.29) 万元人民币 = 3416.29 万元人民币

银行财务费 = 3250 万元人民币 × 5‰ = 16.25 万元人民币

外贸手续费 = 3416.29 万元人民币 × 1.5% = 51.24 万元人民币

关税 = 3416.29 万元人民币 × 20% = 683.26 万元人民币

消费税 = $\dfrac{3416.29 + 683.26}{1 - 8\%}$ 万元人民币 × 8% = 356.48 万元人民币

增值税 = (3416.29 + 683.26 + 356.48) 万元人民币 × 16% = 712.965 万元人民币

车辆购置税 = (3416.29 + 683.26 + 356.48) 万元人民币 × 10% = 445.60 万元人民币

进口车辆从属费用 = (16.25 + 51.24 + 683.26 + 356.48 + 712.965 + 445.60) 万元人民币 = 2265.80 万元人民币

进口车辆原价 = (3416.29 + 2265.80) 万元人民币 = 5682.09 万元人民币

3）设备运杂费的构成及计算。设备运杂费是指国内采购设备自来源地、国外采购设备自到岸港运至工地仓库或指定堆放地点发生的采购、运输、运输保险、保管、装卸等费用。通常由下列各项构成：

① 运费和装卸费。对于国产设备是指由设备制造厂交货地点起至工地仓库（或施工组织设计指定的需要安装设备的堆放地点）止所发生的运费和装卸费；对于进口设备，则是指由我国到岸港口或边境车站起至工地仓库（或施工组织设计指定的需要安装设备的堆放地点）止所发生的运费和装卸费。

② 包装费。在设备原价中没有包含的，为运输而进行的包装支出的各种费用。

③ 设备供销部门的手续费。按有关部门规定的统一费率计算。

④ 采购与仓库保管费。指采购、验收、保管和收发设备所发生的各种费用，包括设备采购人员、保管人员和管理人员的工资、工资附加费、办公费、差旅交通费、设备供应部门办公和仓库所占固定资产使用费、工具用具使用费、劳动保护费、检验试验费等。

设备运杂费按设备原价乘以设备运杂费率计算，其计算公式为：

$$设备运杂费 = 设备原价 × 设备运杂费率$$

其中，设备运杂费率按各部门及省、市有关规定计取。

（3）安装工程费估算 安装工程费通常按行业或专门机构发布的安装工程定额、取费标准和指标估算投资。

1）工艺设备安装费估算。以单项工程为单元，根据单项工程的专业特点和各种具体的投资估算指标，采用按设备安装费率估算指标进行估算；或根据单项工程设备总重，采用单位质量安装费（t/元）估算指标进行估算。即

$$安装工程费 = 设备原价 \times 设备安装费率$$
$$安装工程费 = 设备质量(t) \times 单位质量(t)安装费$$

2）工艺金属结构、工艺管道估算。以单项工程为单元，根据设计选用的材质、规格，以吨（t）为单位；工业炉窑砌筑和工艺保温或绝热估算，以单项工程为单元，以 t、m^3 或 m^2 为单位，套用技术标准、材质和规格、施工方法相适应的投资估算指标或类似工程造价资料进行估算。即

$$安装工程费 = 质量(体积、面积)总量 \times 单位质量(体积、面积)安装费$$

3）变配电、自控仪表安装工程估算。以单项工程为单元，根据该专业设计的具体内容，一般先按材料费占设备费百分比投资估算指标计算出安装材料费，再分别根据相适应的占设备百分比（或按自控仪表设备台数，用台件/元指标估算）或占材料百分比的投资估算指标或类似工程造价资料计算设备安装费和材料安装费。即

$$材料费 = 设备原价 \times 材料费占设备费百分比$$
$$材料安装费 = 材料费 \times 材料安装费率$$

（4）工程建设其他费用估算　工程建设其他费用按各项费用科目的费率或者取费标准估算，其中技术服务费按国家发展改革委员会关于《进一步开放建设项目专业服务价格的通知》（发改价格〔2015〕299 号）的规定，应实行市场调节价。

（5）基本预备费估算　基本预备费在工程费用和工程建设其他费用相加的基础上乘以基本预备费率。即

$$基本预备费 = (工程费用 + 工程建设其他费用) \times 基本预备费率$$

使用指标估算法，应注意以下事项：

1）使用指标估算法应根据不同地区、年代而进行调整。因为地区、年代不同，设备与材料的价格均有差异，调整方法可以按主要材料消耗量或工程量为计算依据；也可以按不同工程项目的万元工料消耗定额确定不同的系数。在有关部门颁布有定额或材料价差系数（物价指数）时，可以据其调整。

2）使用指标估算法进行投资估算不能生搬硬套，必须对工艺流程、定额、价格及费用标准进行分析，经过实事求是的调整与换算后，才能提高其精确度。

8.2.2　动态投资的估算方法

动态投资主要包括价格变动可能增加的投资额，即价差预备费、建设期贷款利息两部分，如果是涉外项目，还应该考虑汇率的影响。动态部分的估算应以基准年静态投资的资金使用计划为基础来计算，而不是以编制的年静态投资为基础计算。

1. 价差预备费

价差预备费是指建设项目在建设期间由于价格等变化引起工程造价变化的预测预留费用，内容包括：人工、设备、材料、施工机械的价差费，建筑安装工程费及工程建设其他费用调整，利率、汇率调整等增加的费用。价差预备费的测算方法，一般根据国家规定的投资综合价格指数，按估算年份价格水平的投资额为基数，采用复利方法计算。其计算公式为：

$$PF = \sum_{t=1}^{n} I_t \left[(1+f)^m (1+f)^{0.5} (1+f)^{t-1} - 1 \right]$$

式中　PF——价差预备费；

　　　n——建设期年份数；

　　　I_t——估算静态投资额中第 t 年计划投资额；

　　　f——年涨价率；

　　　m——建设前期年限（从编制估算到开工建设的年限）。

年涨价率按政府部门的规定执行，没有规定的由可行性研究人员预测确定。

【例8-6】　某建设项目建筑安装工程费3500万元，设备购置费2500万元，工程建设其他费为1500万元，基本预备费500万元。项目建设前期年限为1年，建设期为3年，各年投资计划额为：第一年完成投资20%，第二年60%，第三年20%。年均投资价格上涨率为6%，求建设项目建设期间价差预备费。

解：该建设项目静态投资额 = (3500 + 2500 + 1500 + 500)万元 = 8000万元

建设期第一年完成投资 = 8000万元 × 20% = 1600万元

第一年价差预备费为 $PF_1 = I_1 \left[(1+f)(1+f)^{0.5} - 1 \right] = 146.14$ 万元

第二年完成投资 = 8000万元 × 60% = 4800万元

第二年价差预备费为 $PF_2 = I_2 \left[(1+f)(1+f)^{0.5}(1+f) - 1 \right] = 752.72$ 万元

第三年完成投资 = 8000万元 × 20% = 1600万元

第三年价差预备费为 $PF_3 = I_3 \left[(1+f)(1+f)^{0.5}(1+f)^2 - 1 \right] = 361.96$ 万元

所以，建设期的价差预备费为

$$PF = (146.14 + 752.72 + 361.96)万元 = 1260.82 万元$$

2. 建设期贷款利息

建设期贷款利息包括向国内银行和其他非银行金融机构贷款、出口信贷、外国政府贷款、国际商业银行贷款以及在境内外发行的债券等在建设期间内应偿还的借款利息。

当总贷款分年均衡发放时，建设期利息的计算可按当年借款在年中支用考虑，即当年贷款按半年计息，上年贷款按全年计息。其计算公式为：

$$q_j = \left(P_{j-1} + \frac{1}{2} A_j \right) i$$

式中　q_j——建设期第 j 年应计利息；

　　　P_{j-1}——建设期第 $(j-1)$ 年末贷款累计金额与利息累计金额之和；

　　　A_j——建设期第 j 年贷款金额；

　　　i——年利率。

国外贷款利息的计算中，还应包括国外贷款银行根据贷款协议向贷款方以年利率的方式收取的手续费、管理费、承诺费；以及国内代理机构经国家主管部门批准的以年利率的方式向贷款单位收取的转贷费、担保费、管理费等。

【例8-7】　某新建项目，建设期为3年，分年均衡进行贷款，第一年贷款1000万元，第二年 600 万元，第三年 400 万元，年利率为 8%，建设期内利息只计息不支付，计算建设期贷款利息。

解：在建设期，各年利息计算如下：

$$q_1 = \frac{1}{2}A_1 i = \frac{1}{2} \times 1000 \text{ 万元} \times 8\% = 40 \text{ 万元}$$

$$q_2 = \left(P_1 + \frac{1}{2}A_2\right)i = \left(1000 + 40 + \frac{1}{2} \times 600\right)\text{万元} \times 8\% = 107.2 \text{ 万元}$$

$$q_3 = \left(P_2 + \frac{1}{2}A_3\right)i = \left(1000 + 40 + 600 + 107.2 + \frac{1}{2} \times 400\right)\text{万元} \times 8\% = 155.78 \text{ 万元}$$

所以，建设期贷款利息 $= q_1 + q_2 + q_3 = (40 + 107.2 + 155.78)$ 万元 $= 302.98$ 万元

3. 汇率的影响

汇率是两种不同货币之间的兑换比率，或者说是以一种货币表示的另一种货币的价格。汇率的变化意味着一种货币相对于另一种货币的升值或贬值。在我国，人民币与外币之间的汇率采取以人民币表示外币价格的形式给出，如 1 美元 = 6.62 元人民币。由于涉外项目的投资中包含人民币以外的币种，需要按照相应的汇率把外币投资额换算为人民币投资额，所以汇率变化就会对涉外项目的投资额产生影响。

（1）外币对人民币升值　项目从国外市场购买设备材料所支付的外币金额不变，但换算成人民币的金额增加；从国外借款，本息所支付的外币金额不变，但换算成人民币的金额增加。

（2）外币对人民币贬值　项目从国外市场购买设备材料所支付的外币金额不变，但换算成人民币的金额减少；从国外借款，本息所支付的外币金额不变，但换算成人民币的金额减少。

估计汇率变化对建设项目投资的影响，是通过预测汇率在项目建设期内的变动程度，以估算年份的投资额为基数计算求得。

8.2.3　流动资金的估算方法

流动资金是伴随固定资产投资而发生的永久性流动资产投资，等于项目投产运营后所需的全部流动资产扣除流动负债后的余额。项目可行性研究中，流动资产主要考虑应收账款、现金和存货；流动负债主要考虑应付账款，由此可见，这里所估算的流动资金实际是投资项目必须准备的最基本的营运资金。

流动资金一般采用分项详细估算法，一些小型项目常常采用较简单的扩大指标法。

1. 分项详细估算法

分项详细估算法是对构成流动资金的各项流动资产和流动负债逐项并分年进行估算。

流动资金 = 流动资产 − 流动负债

流动资金本年增加额 = 本年流动资金 − 上年流动资金

流动资产 = 应收账款 + 预付账款 + 存货 + 现金

流动负债 = 应付账款 + 预收账款

（1）流动资产的估算

1）应收账款的估算。应收账款是指企业对外赊销商品、提供劳务尚未收回的资金，其计算公式为：

$$应收账款 = 年经营成本/应收账款周转次数$$

2）预付账款的估算。预付账款是指企业为购买各类材料、半成品或服务所预先支付的款项，其计算公式为：

$$预付账款 = 外购商品或服务年费用金额/预付账款周转次数$$

3）存货的估算。存货是指企业为销售或者生产耗用而储备的各种物资，主要有原材料、辅助材料、燃料、低值易耗品、维修备件、包装物、商品、在产品、自制半成品和产成品等。为简化计算，仅考虑外购原材料、燃料、其他材料、在产品和产成品，并分项进行计算，其计算公式为：

$$存货 = 外购原材料、燃料 + 其他材料 + 在产品 + 产成品$$

$$外购原材料、燃料 = 年外购原材料、燃料费用/分项周转次数$$

$$其他材料 = 年其他材料费用/其他材料周转次数$$

$$在产品 = \frac{年外购原材料、燃料 + 年工资及福利费 + 年修理费 + 年其他制造费用}{在产品周转次数}$$

$$产成品 = (年经营成本 - 年其他营业费用)/产成品周转次数$$

4）现金的估算。项目流动资金中的现金是指货币资金，即企业生产运营活动中停留于货币形态的那部分资金，包括企业库存现金和银行存款，其计算公式为：

$$现金 = (年工资及福利费 + 年其他费用)/现金周转次数$$

$$年其他费用 = 制造费用 + 管理费用 + 营业费用 - (以上三项费用中所含的工资及福利费、\\ 折旧费、摊销费、修理费)$$

（2）流动负债估算　流动负债是指在一年或者超过一年的一个营业周期内，需要偿还的各种债务，包括短期借款、应付票据、应付账款、预收账款、应付工资、应付福利费、应付股利、应交税金、其他暂收应付款、预提费用和一年内到期的长期借款等。在项目可行性研究中，流动负债的估算可以只考虑应付账款和预收账款两项，其计算公式为：

$$应付账款 = 外购原材料、燃料动力费用及其他材料年费用/应付账款周转次数$$

$$预收账款 = 预收的营业收入年金额/预收账款周转次数$$

2. 扩大指标法

扩大指标法是按照流动资金占某种基数的比率来估算流动资金。一般常用的有营业收入资金率估算法、经营成本资金率估算法，有时也根据单位产量占流动资金的比率估算。究竟采用何种基数视行业习惯而定，所采用的比率根据经验或现有同类企业的实际资料确定，也可依行业、部门给定的参考值确定。扩大指标法简便易行，但准确度不高，适用于项目建议书阶段。

1）营业收入资金率估算法：

$$流动资金 = 年营业收入额 \times 营业收入资金率$$

2）经营成本资金率估算法：

$$流动资金 = 年营业成本 \times 经营成本资金率$$

3）单位产量占流动资金比率估算法：

$$流动资金 = 年产量 \times 单位产量占流动资金比率$$

8.2.4　投资估算报表的编制

1. 建设投资估算表的编制

按照费用归集形式，建设投资可按概算法或按形成资产法分类。

（1）概算法　按照概算法分类，建设投资由工程费用、工程建设其他费用和预备费三部分构成，见表 8-5。

表 8-5　建设投资估算表（概算法）

（人民币单位：万元，外币单位：美元）

序　号	工程或费用名称	建筑工程费	设备购置费	安装工程费	工程建设其他费用	合计	其中：外币（美元）	比例（％）
1	工程费用							
1.1	主体工程							
1.1.1	×××							
	…							
1.2	辅助工程							
1.2.1	×××							
	…							
1.3	公用工程							
1.3.1	×××							
	…							
1.4	服务性工程							
1.4.1	×××							
	…							
1.5	厂外工程							
1.5.1	×××							
	…							
1.6	×××							
2	工程建设其他费用							
2.1	×××							
	…							
3	预备费							
3.1	基本预备费							
3.2	价差预备费							
4	建设投资合计							
	比例（％）							

（2）形成资产法　按照形成资产法分类，建设投资由固定资产费用、无形资产费用、其他资产费用和预备费四部分组成，见表 8-6。

表8-6 建设投资估算表（形成资产法）

（人民币单位：万元，外币单位：美元）

序　号	工程或费用名称	建筑工程费	设备及工（器）具购置费	安装工程费	工程建设其他费用	合计	其中：外币（美元）	比例（%）
1	固定资产费用							
1.1	工程费用							
1.1.1	×××							
1.1.2	×××							
1.1.3	×××							
	…							
1.2	固定资产其他费用							
	×××							
	…							
2	无形资产费用							
2.1	×××							
	…							
3	其他资产费用							
3.1	×××							
	…							
4	预备费							
4.1	基本预备费							
4.2	价差预备费							
5	建设投资合计							
	比例（%）							

2. 建设期利息估算表的编制

在估算建设期利息时，需要编制建设期利息估算表，见表8-7。

表8-7 建设期利息估算表 （单位：万元）

序　号	项　目	合　计	建　设　期					
			1	2	3	4	…	n
1	借款							
1.1	建设期利息							
1.1.1	期初借款余额							
1.1.2	当期借款							
1.1.3	当期应计利息							
1.1.4	期末借款余额							
1.2	其他融资费用							
1.3	小计（1.1 + 1.2）							
2	债券							
2.1	建设期利息							
2.1.1	期初债务余额							
2.1.2	当期债务金额							

（续）

序　号	项　目	合　计	建　设　期					
			1	2	3	4	…	n
2.1.3	当期应计利息							
2.1.4	期末债务余额							
2.2	其他融资费用							
2.3	小计（2.1 + 2.2）							
3	合计（1.3 + 2.3）							
3.1	建设期利息合计（1.1 + 2.1）							
3.2	其他融资费用合计（1.2 + 2.2）							

3. 流动资金估算表的编制

根据流动资金各项估算的结果，编制流动资金估算表，见表8-8。

表 8-8　流动资金估算表　　　　　　　（单位：万元）

序　号	项　目	最低周转天数	周转次数	计　算　期			
1	流动资产						
1.1	应收账款						
1.2	存货						
1.2.1	原材料						
1.2.2	燃料						
1.2.3	在产品						
1.2.4	产成品						
1.3	现金						
1.4	预付账款						
2	流动负债						
2.1	应付账款						
2.2	预收账款						
3	流动资金						
4	流动资金当期增加额						

8.3　项目分期投资计划的编制

8.3.1　项目投入总资金

按投资估算内容和估算方法估算各项投资并进行汇总，编制项目总投资估算汇总表，见表8-9。

表8-9 项目总投资估算汇总表

序 号	费用名称	投资额		估算说明
		合计（万元）	其中：外汇（美元）	
1	固定资产投资			
1.1	静态投资部分			
1.1.1	建筑工程费			
1.1.2	设备及工器具购置费			
1.1.3	安装工程费			
1.1.4	工程建设其他费用			
1.1.5	基本预备费			
1.2	动态投资部分			
1.2.1	价差预备费			
1.2.2	建设期利息			
2	流动资金			
3	项目投入总资金（1+2）			

8.3.2 分年投资计划表

估算出项目建设投资、建设期利息和流动资金后，应根据项目计划进度的安排编制分年投资计划表，见表8-10。该表中的分年建设投资（不含建设期利息）可以作为估算建设期利息和安排资金筹措工作的基础，由此估算的建设期利息列入该表。流动资金本来就是分年估算的，可由流动资金估算表（表8-8）转入。分年投资计划表是编制项目资金筹措计划表的基础。

表8-10 分年投资计划表

序 号	项 目	人民币（万元）			外汇（美元）		
		第一年	第二年	…	第一年	第二年	…
1	建设投资						
2	建设期利息						
3	流动资金						
4	项目流入总资（1+2+3）						

8.4 项目资金筹措

8.4.1 资金筹措的含义及渠道

1. 资金筹措的含义

项目资金筹措是项目实施的一项重要工作，是指企业向外部有关单位和个人以及从企业内部筹措和集中生产经营所需资金的财务活动。筹措资金是企业资金活动的起点，是决定资金运动规模和生产经营发展程度的重要环节。

项目资金筹措要注意以下四点：筹资规模适当、筹资时间及时、筹资来源合理、筹资方式经济。

2. 资金筹措的渠道

资金筹措也可以称为融资。在不同的分类标准下，资金筹措渠道的名称各不相同。按照资金的来源渠道，可以分为权益筹资和负债筹资；按照筹资是否通过金融机构，可以分为直接融资和间接融资；按照资金的取得方式，可以分为内源融资和外源融资；按照筹资的结果是否在资产负债表上得以反映，可以分为表内筹资和表外筹资；按照所筹资金使用期限的长短，可以分为短期筹资和长期筹资等。本书采用内源融资和外源融资的分类进行详细说明。

（1）内源融资　内源融资是指公司经营活动产生的资金，即公司内部融通的资金，它主要由留存收益和折旧构成，是指企业不断将自己的储蓄（主要包括留存盈利收益、折旧和定额负债）转化为投资的过程。内源融资在企业的资本形成中具有原始性、自主性、低成本和抗风险的特点，是企业生存与发展不可或缺的组成部分。事实上，内源融资是企业首选的融资方式，是企业资金的重要来源，其不足是需要一定的积累期，不能适应大规模融资的需要。内源融资的主要渠道有：

1）企业现有的现金，即企业库存现金和银行存款，其中有一部分可以投入项目，即扣除保持必要的日常经营所需的货币资金额后多余的资金。

2）未来生产经营中获得可用于项目的资金。在未来的项目建设期，企业可以从生产经营中获得新的现金，扣除生产经营开支及其他日常开支后，剩余的部分可用于进行项目投资。

未来企业经营获得的净现金流量，需要通过对未来现金流量的预测来估算。值得注意的是，财务费用及流动资金占用的增加部分将不能用于固定资产投资，通常认为折旧及其无形资产摊销可以用于再投资或偿还债务，净利润中有一部分可能用于分红或用作盈余公积留存，其余部分可以用于再投资或偿还债务，其计算公式为：

可用于再投资或偿还债务的企业经营净现金 = 净利润 + 折旧 + 无形及其他资产摊销 - 流动资产占用的增加 - 利润分红 - 利润中需要留作盈余公积的部分

3）企业资产变现。企业可以采取单项资产变现、资产组合变现、股权转让变现、经营权变现、对外长期投资变现和证券资产变现等方式将短期投资、长期投资、固定资产、无形资产等资产变现获得资金，用于项目投资。此外流动资产中的应收账款、其他应收款等应收款项的金额若降低，可增加企业可用现金，存货降低也有同样的作用。这类流动资产的变现通常体现在上述企业未来的净现金流量估算中。

4）企业增资扩股。企业可以通过原有股东增资以及吸收新股东增资扩股，包括国家股、企业法人股、个人股和外资股等。

（2）外源融资　外源融资是指企业通过一定方式向企业之外的其他经济主体筹集资金，以转化为自己投资的过程。外源筹资包括银行贷款、发行股票、企业债券等，此外，企业之间的商业信用、融资租赁在一定意义上也属于外源融资的范围。总体来说，外源融资的方式主要归为两类：直接融资和间接融资。随着技术的进步和生产规模的扩大，单纯依靠内源融资已很难满足企业的资金需求，外源融资已逐渐成为企业获得资金的重要方式。

1）直接融资（Direct Financing）。直接融资与间接融资相对，是资金供求双方通过一定的融资工具直接形成债权债务关系的融资形式。融资工具主要有商业票据和直接借贷凭证、股票、债券。直接融资能最大可能地吸收社会游资，直接投资于企业生产经营之中，从而弥补间接融资的不足。常用的直接融资方式有发行股票和企业债券两种。

① 发行股票。发行股票包括发行普通股股票和发行优先股股票。持有普通股股票的股东都享有同等的权利，他们都能参加公司的经营决策，其所分取的股息红利随着股份公司经营利润的多寡而变化。而优先股股东的特别权利就是可优先于普通股股东以固定的股息分取公司收益，并在公司破产清算时优先分取剩余资产，但一般不能参与公司的经营活动。

② 企业债券。企业债券是企业依照法定程序发行，约定在一定期限内还本付息的债券。根据深、沪证券交易所关于上市企业债券的规定，企业债券发行的主体可以是股份公司，也可以是有限责任公司。申请上市的企业债券必须符合规定条件。

直接融资的优点主要有：第一，资金供求双方联系紧密，有利于资金快速合理配置和使用效益的提高；第二，筹资的成本较低而投资收益较大。

直接融资的缺点主要有：第一，直接融资双方在资金数量、期限、利率等方面受到的限制多；第二，直接融资使用的金融工具的流通性较间接融资的要弱，兑现能力较低；第三，直接融资的风险较大。

2）间接融资（Indirect Financing）。间接融资是指资金供给者与资金需求者通过金融中介机构间接实现资金融通的行为。银行贷款是最常见的方式。

实际工作中，根据获得资金渠道不同，可以将贷款分为以下几类：

1）商业银行贷款。按照贷款期限，商业银行贷款可以分为短期贷款、中期贷款和长期贷款。贷款期限在1年以内的为短期贷款，1年至3年的为中期贷款，3年以上期限的为长期贷款。商业银行的贷款期限通常不超过10年，超过10年期限的，商业银行需要特别报批中国人民银行备案。

按照使用用途，商业银行贷款可以分为固定资产贷款和流动资金贷款。

2）政策性银行贷款。我国的政策性银行有：国家开发银行、中国进出口银行、中国农业发展银行。政策性银行的贷款利率通常比商业银行贷款低。

国家开发银行主要提供基础设施建设及重要的生产性建设项目的长期贷款，期限较长；中国进出口银行主要为产品出口提供贷款支持；中国农业发展银行主要为农业、农村发展项目提供贷款。

3）出口信贷。按照获得贷款资金的对象，出口信贷分为卖方信贷和买方信贷。其中，买方信贷以设备进口商为借款人，取得的贷款资金用于支付进口设备的货款，同时对银行还本付息；卖方信贷以设备出口商为借款人，从设备出口国的银行取得贷款，设备出口商则给予设备的购买方以延期付款。

4）外国政府贷款。政府贷款是一国政府向另一国政府或企业提供的贷款，这种贷款通常在利率及期限上有很大的优惠，利率一般为1%～3%，甚至无息，期限可能长达30年。外国政府贷款通常有限制性条件，如限制贷款必须用于采购贷款国的设备等。

5）国际金融机构贷款。提供项目贷款的主要国际金融机构有：世界银行、国际金融公司、欧洲复兴与开发银行、亚洲开发银行、美洲开发银行等全球性或地区性金融机构。

国际金融机构的贷款通常有一定的优惠性，贷款利率低于商业银行贷款利率，贷款期限也可以很长，一般只有国际金融机构认为应当支持的发展项目才能得到贷款。

随着金融衍生产品的增加，间接融资的渠道将逐步增多。这主要因为间接融资具有灵活方便、安全性高、提高金融的规模经济等优点。

间接融资的缺点也非常明显：第一，资金供求双方的直接联系被割断了，会在一定程度上降低投资者对企业生产的关注与筹资者使用资金的压力和约束力；第二，中介机构提供服务会收取一定的费用，增加了筹资的成本。

8.4.2 资金成本分析

1. 资金成本与资金成本率

项目融资是需要付出一定代价的，这种代价就是资金成本，又称资本成本，它是指项目为筹集和使用资金而支付的费用，包括资金占用费和资金筹集费。具体来说，资金成本是指公司接受不同来源资本净额的现值与预计的未来资本流出量现值相等时的折现率或收益率，它既是筹资者所付出的最低代价，也是投资者所要求的最低收益率。

（1）资金占用费　是指项目公司在投资及经营过程中因使用资金而付出的费用，它是资金成本的主要内容，例如，向股东支付的股利、向债权人支付的利息等。长期资金的用资费用随使用资金数量的多少和时期的长短而变动。资金的占用费实际上包含三个部分：一是所使用资金的无风险报酬（又称为时间价值），即资金经历一定时间的投资和再投资所增加的价值；二是通货膨胀贴水，指由于所处社会发生通货膨胀而需要弥补货币贬值的部分；三是风险补偿，是所有者因资金被具有一定风险的项目使用而获取的额外报酬。

（2）资金筹集费　是指项目公司在筹措资金的过程中为获取资金而付出的花费。例如，向银行支付的借款手续费，因发行股票、债券而支付的发行费用、评估费用等。资金筹集费与资金占用费不同，它通常是在筹措资金时一次支付的，在用资过程中不再发生，因此，资金筹集费可视作融资金额的一项扣除。

资金成本的计算公式表示为：

$$P_0(1-f) = \sum_{t=1}^{n} \frac{CF_t}{(1+K)^t} = \frac{CF_1}{(1+K)} + \frac{CF_2}{(1+K)^2} + \cdots + \frac{CF_n}{(1+K)^n}$$

式中　P_0——筹资总额；

　　　f——筹资费用率；

　　CF_n——第 n 期支付的资金使用费；

　　　K——资金成本。

2. 债务资金成本

债务资金成本由债务资金筹集费和债务资金占用费组成。债务资金筹集费是指债务资金筹集过程中支付的费用，如承诺费、发行手续费、担保费、代理费以及债务兑换手续费等；债务资金占用费是指使用债务资金过程中发生的经常性费用，如贷款利息和债券利息。债务资金成本可分为债券资金成本和长期借款资金成本。

（1）债券资金成本　发行公司债券是企业长期负债筹资的主要方式，它具有利息率固定、利息抵税和到期还本的特点。债券的发行费用一般较高，主要包括申请费、注册费、印刷费和上市费等，因此计算其成本时不能忽略不计。债券的发行价格有等价、溢价和折价等情况，与债券面值可能存在差异，计算其成本时要按预计的发行价格确定其筹资总额。

在考虑资金时间价值时，公司债券资金成本的计算公式可表示为：

$$B_0(1-f) = \sum_{t=1}^{n} \frac{B_t + I_t(1-T)}{(1+K_b)^t}$$

式中 B_0——债券筹资额，按发行价格计算；

  f——筹资费用率；

  B_t——第 t 期偿付的债券本金；

  I_t——第 t 期所付的利息；

  T——所得税税率；

  K_b——债券资金成本。

在不考虑资金时间价值时，按照一次还本、分期付息的方式，债券资金成本的计算公式为：

$$K_b = \frac{I(1-T)}{B_0(1-f)}$$

式中 K_b——债券资金成本；

  I——每期所付利息；

  T——所得税税率；

  B_0——债券筹资额，按发行价格计算；

  f——筹资费用率。

（2）长期借款资金成本　长期借款与公司债券同属于长期负债，其资金成本计算所考虑的因素与公司债券基本相同，但无折价、溢价问题。若有补偿性余额，必须将其与借款手续费一同从筹资总额中扣除。当长期借款的筹资费很少时，也可以忽略不计。一次还本、分期付息的长期借款资金成本的计算公式为：

$$L_0(1-f) = \sum_{t=1}^{n} \frac{I_t(1-T)}{(1+K_d)^t} + \frac{L_0}{(1+K_d)^n}$$

式中 L_0——长期借款筹资额（借款本金）；

  f——长期借款筹资费用率；

  I_t——长期借款第 t 期利息额；

  T——所得税税率；

  K_d——长期借款资金成本。

如果银行借款的期限较长，且每年支付的利息相同，则资金成本的计算公式可简化为：

$$K_d = \frac{I(1-T)}{L_0(1-f)}$$

式中 K_d——长期借款资金成本；

  I——长期借款每期利息额；

  T——所得税税率；

  L_0——长期借款筹资额（借款本金）；

  f——长期借款筹资费用率。

3. 权益资金成本

（1）优先股资金成本　公司发行优先股股票筹资，须支付的筹资费用包括注册费、代销费、广告费和印刷费等，其股息也要定期支付，而股息是由公司税后利润支付的，不会减少公司应上缴的所得税。因此，优先股资金成本可按下列公式计算：

$$K_p = \frac{D_p}{P_0(1-f)}$$

式中 K_p——优先股资金成本；

D_p——优先股每年股利；

P_0——优先股的发行价格；

f——筹资费用率。

（2）普通股的资金成本   普通股的资金成本估算比较困难，因为很难对项目未来的收益以及股东对未来风险所要求的风险溢价做出准确的测定。其计算方法主要有股利折现模型法、资本资产定价模型法、债券收益加风险溢价法。

1）股利折现模型法。普通股资金成本的基本计算公式为：

$$P_0(1-f) = \sum_{t=1}^{\infty} \frac{D_t}{(1+K_s)^t}$$

式中 P_0——普通股筹资额，即发行价格；

f——筹资费用率；

D_t——普通股第 t 年股利；

K_s——普通股投资必要报酬率，即普通股资金成本。

如果公司各股利固定不变，即每年分派现金股利 D，由于普通股没有到期期限，此时，普通股股价为永续年金的现值，即

$$P_0(1-f) = \frac{D}{K_s}$$

则

$$K_s = \frac{D}{P_0(1-f)}$$

如果企业各年股利按照固定比例增长，第一年股利为 D_1，股利年增长率为 g，g 和 K_s 是常数（且 $K_s > g$），则普通股资金成本为：

$$K_s = \frac{D_1}{P_0(1-f)} + g$$

2）资本资产定价模型法。普通股资金成本在数值上与股东要求的报酬率相等。因此，普通股资金成本也可以不通过估计企业的未来股利进行计算，而直接通过估计公司普通股的预期报酬率来计算，即利用资本资产定价模型（CAPM）来估计。用公式表示如下：

$$K_s = R_f + \beta(R_m - R_f)$$

式中 K_s——普通股资金成本；

R_f——无风险报酬率；

β——某种股票 β 系数；

R_m——市场报酬率。

3）债券收益加风险溢价法。根据"风险与收益相匹配"的原理，股东普通股投资的风险高于债券，因而会在债券投资者要求的报酬率上再要求一定的风险溢价，则普通股资金成本的计算公式为：

$$K_s = K_b + RP$$

式中 K_s——普通股资金成本；

K_b——债券资金成本；

RP——股东因比债券持有人承担更大的风险而要求的风险溢价。

（3）留存收益资金成本　企业的留存收益是由企业税后利润形成的，其所有权属于股东。表面看来，企业使用留存收益并没有花费代价。实际上，股东愿意将其留用于企业，而不作为股利将其投资取出。因此，留存收益也是一种具有资金成本的筹资行为，且其资金成本是机会成本，要求获得与普通股等价的报酬。留存收益资金成本的计算方法与普通股相同，只是无须考虑筹资费用，其计算公式为：

$$K_e = \frac{D_1}{P_0} + g$$

式中　K_e——留存收益资金成本；

D_1——第一年股利；

P_0——普通股筹资额，即发行价格；

g——股利年增长率。

4. 综合资金成本

综合资金成本是指企业全部长期资金的总成本，通常是以各种资金占全部资金的比重为权数，对各种资金成本进行加权平均确定的，因此，也叫加权平均资金成本。综合资金成本可用下式计算：

$$K_w = \sum_{j=1}^{n} K_j W_j$$

式中　K_w——综合平均资金成本；

K_j——第j种个别资金成本；

W_j——第j种个别资金成本占全部资金的比重（权数）。

8.4.3　融资方案分析

项目的融资方案分析，需要充分调查项目的运行和投融资环境基础，向包括政府、投资方、融资方等利益相关者在内的各方征询意见，不断修改完善项目的融资方案，最终拟定出一套或几套可行的融资方案，并挑选出融资结构合理和融资风险可以接受的切实可行的方案。

最佳融资结构是指在适度的财务风险条件下，预期的加权平均资金成本率最低，同时收益及项目价值最大的资金结构。确定项目的最佳融资结构，可以采用比较资金成本法和每股利润无差别点分析法。

1. 比较资金成本法

比较资金成本法是指在适度财务风险的条件下，测算可供选择的不同资金结构或融资组合方案的加权平均资金成本率，并以此为标准相互比较，确定最佳资本结构的方法。

项目的融资可分为创立初始融资和发展过程中追加融资两种情况。相应地，项目资金结构决策可分为初始融资决策和追加融资决策。下面分别说明比较资金成本法在这两种情况下的运用。

（1）初始融资决策　项目公司对拟订的项目融资总额可以采用多种融资方式和融资渠道来筹集，每种融资方式的融资额亦可有不同安排，因而形成多个融资方案。在各融资方案面临相同的环境和风险情况下，利用比较资金成本法可以通过加权平均资金成本率的预算和比较来做出选择。具体可以分为两种不同情况。

1）各项资金成本率已定，但资金来源比例未定的优选分析。这种情况下各项资金成本率已经确定，但有几种资金来源比例可供选择，要求经过优选分析，使总资金成本率实现最低。

【例 8-8】　某项目经过分析测算，决定通过申请贷款、发行债券和股票三种方式筹集资金，其资金成本率已经分别确定，现有四种融资结构及其资金成本率，见表 8-11，试从四种资金来源比例中优选一种。

表 8-11　四种融资结构及其资金成本率

资金来源	待定资金来源结构（%）				已定资金成本率（%）
	组合 1	组合 2	组合 3	组合 4	
贷款	20	20	25	30	6
债券	30	40	30	40	8
股票	50	40	45	30	9

解：根据上表资料，各种组合情况的总资金成本率计算如下：
组合 1 总资金成本率 = 20% × 6% + 30% × 8% + 50% × 9% = 8.1%
组合 2 总资金成本率 = 20% × 6% + 40% × 8% + 40% × 9% = 8%
组合 3 总资金成本率 = 25% × 6% + 30% × 8% + 45% × 9% = 7.95%
组合 4 总资金成本率 = 30% × 6% + 40% × 8% + 30% × 9% = 7.7%
从以上计算结果可以看出，组合 4 的总资金成本率最低（7.7%）。因此，应以 30% 贷款、40% 债券、30% 股票为最优资金来源结构。

2）各项资金成本率未定，但资金来源比例已定的优选分析。这种情形下资金来源比例已经确定，但各项资金成本率有几种可能，要求经过优选分析，使总资金成本率实现最低。

【例 8-9】　某项目决定在所筹资金中，贷款、债券、股票的比例分别为 50%、30%、20%，四种资金结构及其成本率见表 8-12，试从四种资金成本率结构中优选一种。

表 8-12　四种资金结构及其成本率

资金来源	已定资金来源结构（%）	待定资金成本（%）			
		组合 1	组合 2	组合 3	组合 4
贷款	50	6	6.5	7	6.5
债券	30	8	7.5	8	7
股票	20	9	8	8.5	9.5

解：根据表中资料，各种组合情况的资金成本率计算如下：
组合 1 总资金成本率 = 50% × 6% + 30% × 8% + 20% × 9% = 7.2%
组合 2 总资金成本率 = 50% × 6.5% + 30% × 7.5% + 20% × 8% = 7.1%
组合 3 总资金成本率 = 50% × 7% + 30% × 8% + 20% × 8.5% = 7.6%
组合 4 总资金成本率 = 50% × 6.5% + 30% × 7% + 20% × 9.5% = 7.25%

从以上计算结果可以看出，组合 2 的总资金成本率最低 (7.1%)。因此，应采用贷款、债券、股票利率分别为 6.5%、7.5%、8% 的资金成本率结构。

（2）追加融资决策 项目有时需要追加融资。因追加融资以及融资环境的变化，项目原有的最佳资本结构需要进行调整，在不断变化中寻求新的最佳资金结构，实现资金结构的最优化。

项目追加融资有多个融资方案可供选择。按照最佳资金结构的要求，在适度财务风险的前提下，选择追加融资方案可用两种方法：一种方法是直接测算各备选追加融资方案的边际资金成本率，选择边际资金成本低的融资方案；另一种方法是分别将各备选追加融资方案与原有的最佳资金结构汇总，测算比较各个追加融资方案下汇总资金结构的加权资金成本率，选择综合资金成本低的融资方案。

2. 每股利润无差别点分析法

每股利润无差别点分析法是将企业的盈利能力与负债对股东财富的影响结合起来，去分析资金结构与每股利润之间的关系，进而确定合理的资金结构的方法，也叫息税前利润—每股利润分析法（EBIT—EPS 分析法）。

每股利润无差别点是指两种或两种以上融资方案下普通股每股利润相等时的息税前利润点，也称息税前利润平衡点或融资无差别点。根据每股利润无差别点分析判断在什么情况下可利用什么方式融资，以安排及调整资金结构。这种方法确定的最佳资金结构即为每股利润最大的资金结构。

每股利润无差别点的计算公式如下：

$$\frac{(\text{EBIT} - I_1)(1 - T) - D_{P_1}}{N_1} = \frac{(\text{EBIT} - I_2)(1 - T) - D_{P_2}}{N_2}$$

式中　EBIT——息税前利润平衡点，即每股利润无差别点；

　　I_1、I_2——两种增资方式下的长期债务年利息；

　　D_{P_1}、D_{P_2}——两种增资方式下的优先股年股利；

　　N_1、N_2——两种增资方式下的普通股股数；

　　　T——所得税税率。

分析者可以依据上式计算出不同融资方案间的无差别点，之后比较相同息税前利润情况下的每股利润值大小，分析每股利润值与临界点之间的距离及其发生的可能性，来选择最佳的融资方案。当息税前利润大于每股利润无差别点时，增加长期债务的方案要比增发普通股的方案有利；当息税前利润小于每股利润无差别点时，增加长期债务则不利。所以这种分析方法的实质是寻找不同融资方案之间的每股利润无差别点，找出对股东最为有利的资金结构。

这种方法既适用于既有法人项目融资决策，也适用于新设法人项目融资决策。对于既有法人项目融资，应结合公司整体的收益状况和资本结构，分析何种融资方案能够使每股利润最大。对于新设法人项目而言，可直接分析不同融资方案对每股利润的影响，从而选择适合的资本结构。

【例 8-10】　某公司拥有长期资金 17000 万元，其资金结构为长期债务 2000 万元，普通股 15000 万元。现准备追加融资 3000 万元，有三种融资方案可供选择：增发普通股、增加债务、发行优先股。企业适用所得税税率为 25%。公司目前和追加融资后的资金结构见表 8-13，判断哪种融资方案更优。

表 8-13 某公司目前和追加融资后的资金结构资料表 （单位：万元）

资金种类	目前资金结构		追加融资后的资金结构			
	金 额	比 例	增发普通股		增加长期债务	发行优先股
长期债务	2000	0.12	2000	0.10	5000 0.25	2000 0.10
优先股						3000 0.15
普通股	15000	0.88	18000	0.90	15000 0.75	15000 0.75
资金总额	17000	1.00	20000	1.00	20000 1.00	20000 1.00
其他资料：						
年债务利息额	180		180		540	180
年优先股股利额						300
普通股股数（万股）	2000		2600		2000	2000

解：（1）增加普通股与增加长期债务两种增资方式下每股利润无差别点为：

$$（EBIT-180）万元 \times（1-25\%）/2600 万股 =（EBIT-540）\times（1-25\%）万元/2000 万股$$
$$EBIT = 1740 万元$$

因此，当息税前利润大于 1740 万元时，采用增加长期债务的方式融资更优，反之，则采用增加普通股的方式融资更优。

（2）增发普通股与发行优先股两种增资方式下的每股利润无差别点为：

$$（EBIT-180）\times（1-25\%）万元/2600 万股 =[（EBIT-180）\times（1-25\%）万元-300 万元]/2000 万股$$
$$EBIT = 1913 万元$$

因此，当息税前利润大于 1913 万元时，采用增加优先股的方式融资更优，反之，则采用增加普通股的方式融资更优。

8.5 资金使用与资金筹措计划

8.5.1 编制项目资金来源计划表

项目资金来源计划表主要反映项目资本金及债务资金来源的构成，在表中应对每一项资金来源的融资条件和融资可信程度加以说明和描述，或在表中附注。表 8-14 所示为某新建项目资金来源计划表。

表 8-14 某新建项目资金来源计划表

序 号	资金来源	金 额	融资条件	融资可信程度
1	资本金	3000 万元		
1.1	股东 A 股本投资	1500 万元		
1.2	股东 B 股本投资	1000 万元		

（续）

序　号	资金来源	金　额	融资条件	融资可信程度
1.3	股东 C 股本投资	500 万元		
2	债务资金			
2.1	××银行贷款	5000 万元	贷款期限 8 年，其中宽限期 2 年；还款期内等额还本付息；年利率 8%，按季付息；无其他财务费用	
2.2	×国买方信贷	600 万美元	贷款期限 10 年，其中宽限期 3 年，宽限期内只付息，不还本；还本期内等额分期偿还本金；年利率 5%，按季付息；无其他银行附加费用；抵押率为 70%	

8.5.2　编制资金使用与资金筹措计划表

项目资金筹措的成果最终应归结为编制一套完整的资金筹措方案，结合分年投资计划，需要编制项目总投资使用计划与资金筹措表，见表 8-15。

表 8-15　项目总投资使用计划与资金筹措表　　　　（单位：万元）

序　号	项　目	合计	项　目　期									
			1	2	3	4	5	6	7	8	9	10
1	投资总额											
1.1	建设投资											
1.2	建设期利息											
1.3	流动资金											
2	资金筹措											
2.1	项目资本金											
2.1.1	用于建设投资											
	其中：企业自筹											
2.1.2	用于流动资金											
	其中：企业自筹											
2.1.3	用于建设期利息											
	其中：企业自筹											
2.2	债务资金											
2.2.1	用于建设投资											
	贷款											
	债券											
2.2.2	用于建设期利息											
	借款											
	债券											
2.2.3	用于流动资金											
	借款											
	债券											
2.3	其他资金											
	年末项目资金余缺											

编制项目总投资使用计划与资金筹措表时应注意以下几个问题：

（1）各年度的资金平衡　项目实施过程中，资金来源必须满足投资使用要求，资金筹措额应当等于或者略大于资金使用额。资金使用还需要考虑债务融资的财务费用（建设期利息及筹资费用）。

（2）建设期利息　通常按以下规则计算建设期利息：当年借款按半年计息，之前年度的借款按全年计息。在安排当年借款金额时需安排当年需要支付的利息及筹资费用的来源。如考虑借款当年利息及筹资费用支出，当年借款额可按下式估算：

$$X = \frac{A + B \times i + C}{1 - \dfrac{i}{2}}$$

式中　X——当年实际借款额；

　　　A——当年投资所需借款额；

　　　B——年初累计借款额；

　　　C——当年筹资费用；

　　　i——年利率。

8.6　案例分析

【案例1】

某企业拟兴建一项年产某种产品3000万t的工业生产项目，该项目由一个综合生产车间和若干附属工程组成。项目建议书中提供的同行业已建年产2000万t类似综合生产车间项目主设备投资和与主设备投资有关的其他专业工程投资系数见表8-16。

表8-16　已建类似项目主设备投资、与主设备投资有关的其他专业工程投资系数表

主设备投资	锅炉设备	加热设备	冷却设备	仪器仪表	起重设备	电力传动	建筑工程	安装工程
2200万元	0.12	0.01	0.04	0.02	0.09	0.18	0.27	0.13

拟建项目的附属工程由动力系统、机修系统、行政办公楼工程、宿舍工程、总图工程、场外工程等组成，其投资初步估计数据见表8-17。

表8-17　附属工程投资初步估计数据表　　　　　　　　（单位：万元）

工程名称	动力系统	机修系统	行政办公楼工程	宿舍工程	总图工程	场外工程
建筑工程费用	1800	800	2500	1500	1300	80
设备购置费用	35	20				
安装工程费用	200	150				
合计	2035	970	2500	1500	1300	80

据估计，工程建设其他费用约为工程费用的20%，基本预备费率为5%。预计建设期物价年平均上涨率3%。该项目建设投资的70%为企业自有资本金，其余资金采用贷款方式解决，贷款利率7.85%（按年计息）。在2年建设期内，贷款和资本金均按第1年60%，第2

年 40% 投入（项目建设前期为 1 年）。

问题：

1. 试用生产能力指数估算法估算拟建项目综合生产车间主设备投资额。拟建项目与已建类似项目主设备投资综合调整系数取 1.20，生产能力指数取 0.85。

2. 试用主体专业系数法估算拟建项目综合生产车间投资额。经测定拟建项目与类似项目由于建设时间、地点和费用标准的不同，锅炉设备、加热设备、冷却设备、仪器仪表、起重设备、电力传动、建筑工程、安装工程等专业工程投资综合调整系数分别为：1.10、1.05、1.00、1.05、1.20、1.20、1.05、1.10。

3. 估算拟建项目全部建设投资，编制该项目建设投资估算表。

4. 计算建设期贷款利息。

解：1. 拟建项目综合生产车间主设备投资额 = 2200 万元 × (3000/2000)$^{0.85}$ × 1.20 = 3726.33 万元

2. 拟建项目综合生产车间投资额 = 设备费用 + 建筑工程费用 + 安装工程费用

（1）设备费用 = 3726.33 万元 × (1 + 1.10 × 0.12 + 1.05 × 0.01 + 1.00 × 0.04 + 1.05 × 0.02 + 1.20 × 0.09 + 1.20 × 0.18) = 3726.33 万元 × (1 + 0.5275) = 5691.97 万元

（2）建筑工程费用 = 3726.33 万元 × (1.05 × 0.27) = 1056.41 万元

（3）安装工程费用 = 3726.33 万元 × (1.10 × 0.13) = 532.87 万元

拟建项目综合生产车间投资额 = (5691.97 + 1056.41 + 532.87) 万元
$$= 7281.25 万元$$

3. 分别计算各费用

（1）工程费用 = 拟建项目综合生产车间投资额 + 附属工程投资
$$= (7283.11 + 2035 + 970 + 2500 + 1500 + 1300 + 80) 万元 = 15666.25 万元$$

（2）工程建设其他费用 = 工程费用 × 工程建设其他费用百分比
$$= 15666.25 万元 × 20\% = 3133.25 万元$$

（3）基本预备费 = (工程费用 + 工程建设其他费用) × 基本预备费率
$$= (15666.25 + 3133.25) 万元 × 5\% = 939.98 万元$$

（4）静态投资合计 = (15666.25 + 3133.25 + 939.98) 万元 = 19739.48 万元

（5）建设期各年静态投资
$$第 1 年 = 19739.48 万元 × 60\% = 11843.69 万元$$
$$第 2 年 = 19739.48 万元 × 40\% = 7895.79 万元$$

（6）价差预备费

建设期第 1 年价差预备费 = 11843.69 万元 × [(1 + 3\%)$^{1.5}$ − 1] = 536.94 万元

建设期第 2 年价差预备费 = 7895.79 万元 × [(1 + 3\%)$^{2.5}$ − 1] = 605.57 万元

建设期的价差预备费 = (536.94 + 605.57) 万元 = 1142.51 万元

（7）预备费
$$预备费 = 939.98 万元 + 1142.51 万元 = 2082.49 万元$$

拟建项目全部建设投资 = (19739.48 + 1142.51) 万元 = 20881.99 万元

（8）拟建项目建设投资估算表见表 8-18。

表 8-18 拟建项目建设投资估算表 （单位：万元）

序 号	工程费用名称	建筑工程费	设备购置费	安装工程费	工程建设其他费	合计	比例（%）
1	工程费用	9036.41	5746.97	882.87		15666.25	75.02
1.1	综合生产车间	1056.41	5691.97	532.87		7281.25	
1.2	动力系统	1800.00	35.00	200.00		2035.00	
1.3	机修系统	800.00	20.00	150.00		970.00	
1.4	行政办公楼	2500.00				2500.00	
1.5	宿舍工程	1500.00				1500.00	
1.6	总图工程	1300.00				1300.00	
1.7	场外工程	80.00				80.00	
2	工程建设其他费				3133.25	3133.25	15.01
	合计（1+2）	9036.41	5746.97	882.87	3133.25	18799.5	
3	预备费				2082.49	2082.49	9.97
3.1	基本预备费				939.98	939.98	
3.2	价差预备费				1142.52	1142.51	
	建设投资合计（1+2+3）	9036.41	5746.97	882.87	5215.74	20881.99	
	比例（%）	43.27	27.52	4.23	24.98		

4. 建设期贷款利息

（1）建设期每年贷款额

第 1 年贷款额 = 20881.99 万元 × 60% × 30% = 3758.76 万元

第 2 年贷款额 = 20881.99 万元 × 40% × 30% = 2505.84 万元

（2）建设期贷款利息

第 1 年贷款利息 = (0 + 3758.76/2) 万元 × 7.85% = 147.53 万元

第 2 年贷款利息 = [(3758.76 + 147.53) 万元 + (2505.84/2)] 万元 × 7.85% = 405.00 万元

建设期贷款利息合计 = (147.53 + 405.00) 万元 = 552.53 万元

【案例2】

某石化项目，设计生产能力 45 万 t，已知生产能力为 30 万 t 的同类项目投入设备费用为 30000 万元，设备综合调整系数 1.1，该项目生产能力指数估计为 0.8。该类项目的建筑工程费用是设备费的 10%，安装工程费用是设备费的 20%，其他工程费用是设备费的 10%，这三项的综合调整系数定为 1.0，其他投资费用估算为 1000 万元。该项目自有资金 30000 万元，其余通过银行贷款获得，年利率为 12%，每半年计息一次。建设期为 3 年，建设前期 0.5 年，投资进度分别为 40%、40%、20%，基本预备费为 10%，建设期内生产资料价差预备费为 5%。自有资金筹资计划为：第 1 年为 12000 万元，第 2 年 10000 万元，第 3 年 8000 万元。该项目固定资产投资方向调节税为 0。试估算该项目的固定资产总额。假设建设期不还贷款利息，试估算建设期借款利息和固定资产投资总额

解：（1）用生产能力指数法估算设备费

$$C = 30000 \text{ 万元} \times (45/30)^{0.8} \times 1.1 = 45644.3 \text{ 万元}$$

（2）用比例法估算静态投资额

$$45644.3 \text{ 万元} \times (1 + 10\% + 20\% + 10\%) \times 1.0 + 1000 \text{ 万元} = 64902 \text{ 万元}$$

基本预备费 $= 64902$ 万元 $\times 10\% = 6490.2$ 万元

包含基本预备费的静态投资 $= 64902$ 万元 $+ 6490.2$ 万元 $= 71392.2$ 万元

（3）计算价差预备费

第1年的价差预备费 $= 71392.2$ 万元 $\times 40\% \times [(1 + 5\%) - 1]$

$\qquad = 1427.84$ 万元

第1年建设投资额 $= 71392.2$ 万元 $\times 40\% + 1427.84$ 万元 $= 29984.72$ 万元

第2年的价差预备费 $= 71392.2$ 万元 $\times 40\% \times [(1 + 5\%)^2 - 1]$

$\qquad = 2927.08$ 万元

第2年建设投资额 $= 71392.2$ 万元 $\times 40\% + 2927.08$ 万元 $= 31483.96$ 万元

第3年的价差预备费 $= 71392.2$ 万元 $\times 20\% \times [(1 + 5\%)^3 - 1]$

$\qquad = 2250.64$ 万元

第3年的建设投资额 $= 71392.2$ 万元 $\times 20\% + 2250.64$ 万元 $= 16529.08$ 万元

（4）计算建设期借款利息

$$实际年利率 = (1 + 12\%/2)^2 - 1 = 12.36\%$$

第1年的借款额 = 第1年的投资计划额 - 自有资金投资额

$\qquad = (29984.72 - 12000)$ 万元 $= 17984.72$ 万元

第1年的借款利息 $= (0 + 17984.72/2)$ 万元 $\times 12.36\% = 1111.46$ 万元

第2年的借款额 $= (31483.96 - 10000)$ 万元 $= 21483.96$ 万元

第2年的借款利息 $= (17984.72 + 1111.46 + 21483.96/2)$ 万元 $\times 12.36\%$

$\qquad = 3688.00$ 万元

第3年的借款额 $= (16529.08 - 8000)$ 万元 $= 8529.08$ 万元

第3年的借款利息 $= (17984.72 + 1111.46 + 21483.96 + 3688.00 + 8529.08/2)$ 万元 $\times 12.36\%$

$\qquad = 5998.64$ 万元

固定资产投资总额 $= (29984.72 + 31483.96 + 16529.08 + 1111.46 + 3688.00 + 5998.64)$ 万元

$\qquad = 88795.86$ 万元

【案例3】

某咨询公司承接了年生产规模为500万t的国内投资项目的建设投资估算业务。已知建筑安装工程费估算为4600万元，设备购置费为2400万元，工程建设其他费用为2000万元，基本预备费费率取10%。该项目的建设期为2年，建设前期0.5年。第一年和第二年的投入比为50%，建设期内年平均价格上涨指数为6%。建设期利息第一年和第二年合计为460万元。该项目的流动资金估算表见表8-19。

表8-19　流动资金估算表　　　　　　　　　（单位：万元）

序号	项目	最低周转天数	周转次数	运营期		
				第3年	第4年	第5~15年
1	流动资产			290	470	700
1.1	应收账款	45		70	110	170
1.2	存货			200	320	480
1.3	现金		12	20	40	50
2	流动负债			30	61	100

（续）

序 号	项 目	最低周转天数	周转次数	运 营 期		
				第 3 年	第 4 年	第 5 ~ 15 年
2.1	应付账款	60		30	61	100
3	流动资金					
4	流动资金本年增加额					

（1）估算该建设项目的建设投资额。

（2）将流动资金估算表中加深单元格补充完整，并编制该项目总投资估算表（流动资金额按正常生产年份计算即可）。

解：（1）该项目工程费用为：（4600 + 2400）万元 = 7000 万元

工程建设其他费用为：2000 万元

基本预备费为：（7000 + 2000）万元 × 10% = 900 万元

该项目的静态投资额 = （7000 + 2000 + 900）万元 = 9900 万元

第一年的价差预备费为：

$$9900 \text{ 万元} \times 50\% \times [(1 + 6\%)^{0.5} (1 + 6\%)^{0.5} - 1] = 297 \text{ 万元}$$

第二年的价差预备费为：

$$9900 \text{ 万元} \times 50\% \times [(1 + 6\%)^{0.5} (1 + 6\%)^{1.5} - 1] = 611.82 \text{ 万元}$$

因此，建设期价差预备费 = （297 + 611.82）万元 = 908.82 万元

$$\text{建设投资额} = \text{工程费用} + \text{工程建设其他费} + \text{预备费}$$
$$= （9900 + 908.82）\text{万元} = 10808.82 \text{ 万元}$$

（2）填写完整的项目流动资金估算表，见表 8-20，项目总投资估算表见表 8-21。

表 8-20 流动资金估算表 （单位：万元）

序 号	项 目	最低周转天数	周转次数	运 营 期		
				第 3 年	第 4 年	第 5 ~ 15 年
1	流动资产			290	470	700
1.1	应收账款	45	8	70	110	170
1.2	存货			200	320	480
1.3	现金	30	12	20	40	50
2	流动负债			30	61	100
2.1	应付账款	60	6	30	61	100
3	流动资金			260	409	600
4	流动资金本年增加额				149	191

表 8-21 项目总投资估算表 （单位：万元）

序 号	费用名称	投 资 额	估 算 说 明
1	建设投资	10808.82	
1.1	建筑工程费	2900	
1.2	设备购置费	2400	
1.3	安装工程费	1700	

（续）

序 号	费用名称	投 资 额	估算说明
1.4	工程建设其他费用	2000	
1.5	基本预备费	900	
1.6	价差预备费	908.82	
2	建设期利息	460	
3	流动资金	600	
	项目总投资额（1+2+3）	11868.82	

【案例4】

某家电子科技产业公司拟投资金9500万元，新建微型磁记录设备和磁疗器项目；经主管部门批准，企业采用股份制形式。除发行企业债券集资外，还向社会公开发行人民币个人股、项目长期投资资金构成情况是：①向银行申请固定资产贷款2500万元，年贷款利率为10.8%，并采取担保方式，担保费总额100万元，担保期限为4年；②发行一次还本付息单利企业债券1900万元，委托某证券公司代理发行，发行费用总额40万元，5年期，年利率为15.5%；③向社会发行个人普通股300万股，每股发行价格12元，每股股利为0.90元，每年预期增长5%；④接受国外某慈善机构捐赠现金80万美元，按1美元=6.25元人民币的汇率折合成人民币总额500万元；⑤企业保留盈余资金1000万元；企业建成投产后的企业所得税税率为25%。问该项目的综合资金成本率是多少？

解：第一步：根据上述筹资方案提供的资料，利用简化的资金成本计算公式，各来源渠道的资金成本如下：

$$K_{贷} = \left(10.8\% + \frac{100}{4 \times 2500} \times 100\%\right) \times (1 - 25\%) = 8.85\%$$

$$K_{债} = \frac{15.5\%}{1 - \frac{40}{5 \times 1900}} \times (1 - 25\%) = 11.67\%$$

$$K_{股} = \frac{0.9}{12} \times 100\% + 5\% = 12.5\%$$

接受捐赠现金的成本，采用债务资金成本法确定。按该项目债务资金成本计算得：

$$K_{捐} = 11.67\%$$

企业保留盈余成本采用普通股成本法计算得：

$$K_{盈} = 12.5\%$$

第二步：通过分析计算，各项资金占项目长期投资总额的比重分别为：

$$w_{贷} = \frac{2500}{9500} \times 100\% = 26.3\% \qquad w_{债} = \frac{1900}{9500} \times 100\% = 20\%$$

$$w_{股} = \frac{300 \times 12}{9500} \times 100\% = 37.9\% \qquad w_{捐} = \frac{500}{9500} \times 100\% = 5.3\%$$

$$w_{盈} = \frac{1000}{9500} \times 100\% = 10.5\%$$

第三步：项目加权平均综合资金成本为：

$$K = \sum_{j=1}^{n} R_j w_j = 8.85\% \times 26.3\% + 11.67\% \times 20\% + 12.5\% \times 37\% +$$

$$11.67\% \times 5.3\% + 12.5\% \times 10.5\% = 11.33\%$$

【案例 5】

某企业计划年初的资金结构见表 8-22。普通股股票每股面值为 200 元，今年期望股息为 20 元，预计以后每年股息增加 5%。该企业所得税率为 25%，且发行各种证券均无筹资费。现该企业拟增资 400 万元，有两个备选方案。

甲方案：发行长期债券 400 万元，年利率为 10%。同时，普通股股息增加到 25 元，以后每年还可增加 6%。

乙方案：发行长期债券 200 万元，年利率 10%，另发行普通股 200 万元，普通股股息增加到 25 元，以后每年增加 5%。试比较甲乙方案的综合资金成本率，选择最佳筹资方案。

表 8-22　资金来源及其成本

各种资金来源	金额（万元）
B 长期债券，年利率 9%	600
P 优先股，年股息率 7%	200
C 普通股，400000 股，年增长率 5%	800
合计	1600

解：计算如下：

(1) 采用甲方案后，企业的综合资金成本率为 $K_{甲}$

各种资金来源的比重和资金成本率分别为：

原有长期债券：

$$w_{b_1} = \frac{600}{2000} = 30\%, \quad K_{b_1} = \frac{9\% \times (1 - 25\%)}{1 - 0} = 6.75\%$$

新增长期债券：

$$w_{b_2} = \frac{400}{2000} = 20\%, \quad K_{b_2} = \frac{10\% \times (1 - 25\%)}{1 - 0} = 7.5\%$$

优先股：$w_p = \dfrac{200}{2000} = 10\%, \quad K_p = \dfrac{7\%}{1 - 0} = 7\%$

普通股：$w_s = \dfrac{800}{2000} = 40\%, \quad K_s = \dfrac{25}{200} + 6\% = 18.5\%$

综合资金成本率：

$$K_{甲} = 30\% \times 6.75\% + 20\% \times 7.5\% + 10\% \times 7\% + 40\% \times 18.5\% = 11.625\%$$

(2) 采用乙方案后，企业的综合资金成本率为 $K_{乙}$

原有长期债券：$w_{b_1} = \dfrac{600}{2000} = 30\%, \quad K_{b_1} = 6.75\%$

新增长期债券：$w_{b_2} = \dfrac{200}{2000} = 10\%, \quad K_{b_2} = 7.5\%$

优先股：$w_p = \dfrac{200}{2000} = 10\%, \quad K_p = 7\%$

普通股：$w_s = \dfrac{1000}{2000} = 50\%$，$K_s = \dfrac{25}{200} + 5\% = 17.5\%$

综合资金成本率：

$$K_\text{乙} = 30\% \times 6.75\% + 10\% \times 7.5\% + 10\% \times 7\% + 50\% \times 17.5\% = 12.225\%$$

从以上计算可以看出，$K_\text{乙} > K_\text{甲}$，所以应选择甲方案筹资，因为筹资方案甲为最佳经济方案。

课后复习题

1. 投资项目的前期工作可以概括为哪四个阶段？各阶段的投资估算误差有何要求？

2. 工程项目总投资的构成包括哪些项目？投资估算有何作用？

3. 拟建年产 30 万 t 铸钢厂，根据项目可行性研究报告，已建年产 25 万 t 类似工程的主厂房工艺设备投资约 2400 万元，已建类似项目与设备有关的其他各专业工程投资系数见表 8-23，与主厂房投资有关的辅助工程及附属设施投资系数见表 8-24。

表 8-23 与设备投资有关的各专业工程投资系数

加 热 炉	汽化冷却	余热锅炉	自动化仪表	起 重 设 备	供电与传动	建筑安装工程
0.12	0.01	0.04	0.02	0.09	0.18	0.40

表 8-24 与主厂房投资有关的辅助工程及附属设施投资系数

动 力 系 统	机 修 系 统	总图运输系统	行政及生活福利设施工程	工程建设其他费用
0.30	0.12	0.20	0.30	0.20

已知拟建项目建设期与类似项目建设期的综合价格差异系数为 1.25，试用生产能力指数估算法估算拟建工程的工艺设备投资额；用系数估算法估算该项目主厂房投资和项目建设的工程费用与工程建设其他费投资。

4. 某项目投资建设期为 3 年，建设前期为 1 年，第一年投资为 3000 万元，且每年以 10% 的速度增长，预计该项目年均投资价格上涨率为 5%，求建设项目建设期间价差预备费。

5. 某新建项目，建设期为 3 年，分年均衡进行贷款，贷款总额为 4000 万元，其中第一年共占用贷款总额的 50%，第二年、第三年分别占用贷款总额的 25%，年利率为 8%，建设期内利息只计息不支付，试计算建设期贷款利息。

6. 内源融资渠道有哪些？

7. 直接融资渠道有哪些？有何优缺点？

8. 间接融资渠道有哪些？

9. 某项目通过长期借款、短期借款和发行股票分别融资 4000 万元、1000 万元和 7000 万元，融资的资金成本分别为 8%、6% 和 15%，计算该项目加权平均资金成本率。

10. 某扩建项目总投资 8000 万元，筹资方案为：原有股东增资 3200 万元，其资金成本为 15%；银行长期借款 4800 万元，有效年利率 8%；假定该项目年初投资当年获利，企业所得税税率 25%，计算该项目的所得税后加权平均资金成本。

第9章
项目财务分析及评价

9.1.1 财务效益和费用估算概述

1. 财务效益和费用估算的概念

财务效益与费用估算是指在市场、资源、工程技术条件分析评价的基础上，从项目的角度出发，根据现行的经济法规和价格政策，对项目一系列有关的财务效益与费用数据进行调查、收集、整理和测算，并编制有关的财务效益与费用估算表格的工作。财务效益主要包括销售（营业）收入和补贴收入；财务费用主要包括项目投资、生产成本费用和税金等。项目财务效益和费用估算是财务分析的重要基础，其估算的准确性、可靠性将直接影响财务分析的结果，而且该部分在可行性研究和项目评价中起关键作用，会对最后的决策意见产生决定性的影响。

2. 财务效益和费用估算的原则

（1）应以现行法律法规和政策规定为依据　财务效益与费用的识别和估算是对将来情况的预测，要求财务效益与费用的识别和估算在总体上与会计准则和税收制度相一致，而且要遵循相应的法律法规以及财务政策。

（2）应遵守"有无对比"的原则　财务效益与费用估算同样要遵循"有无对比"的原则。"有项目"是指实施项目后的将来状况，"无项目"是指不实施项目时的将来状况。"有无对比"的差额部分即是由于项目的建设增加的效益和费用。"有无对比"的目的是识别增量效益，排除由于其他原因产生的效益，同时识别对应的增量费用，从而估算出项目的净效益。

（3）应体现效益和费用对应一致的原则　该原则强调在合理确定的项目范围内，对等地估算财务主体的直接效益以及相应的直接费用，避免高估或低估项目的净效益。

（4）应遵循准确性原则　财务效益与费用估算是财务分析的重要基础，同时还直接关系到经济评价的结果，其估算的准确性至关重要，应依据项目性质、类别和行业特点，采用恰当的方法，编制相关表格，以财务效益与费用估算的准确性来为以后的评价工作奠定基础。

3. 财务效益和费用估算的内容

财务效益和费用估算包括对项目计算期内各年的经济活动情况以及全部财务收支结果的估算。其主要内容有：项目总投资及投资资金来源与筹措的估算、项目运营期的确定、总成本费用估算、销售（营业）收入、增值税、附加税金的估算、利润总额及其分配的估算、贷款还本付息的估算等。

4. 财务效益和费用估算的程序

（1）熟悉项目概况，制订财务效益和费用估算工作计划　首先对项目的基本概况进行全面的了解，针对项目的特点，制订财务效益和费用估算的工作计划，明确评价的重点，依据工作计划进行人员和时间的安排。

（2）收集资料　主要收集有关部门批准的相关文件，如选址意见书、土地转让的批复等；国家有关部门制定的法律法规、政策、规章制度、办法和标准等；同类项目的有关基础资料等。

（3）进行财务效益和费用估算　在完成相关资料的收集工作以后，可以进行财务效益和费用的估算工作，测算各项财务效益与费用的数据，并按照相关的规定编制相应的财务效益和费用估算表。

9.1.2　总成本费用的估算

1. 总成本费用构成及估算

项目的总成本费用是指在一定时期内因生产和销售产品发生的全部费用。项目总成本费用的估算具有很强的行业性，因此估算时应注意反映行业特点或服从行业规定。总成本费用的构成及估算通常采用两种方法：生产成本加期间费用估算法和生产要素估算法。

（1）生产成本加期间费用估算法　该方法是将费用按照经济用途分为计入产品生产成本的生产费用和不计入产品成本的期间费用，见表9-1。拟建项目的生产总成本可以分为与产品生产经营直接相关的直接材料费、直接燃料及动力费、直接工资及福利费，其他直接支出（即工资福利费）和制造费用，此类费用可以直接计入产品生产成本；还有一类与产品生产经营没有直接关系的期间费用，包括管理费用、财务费用和营业费用，不能计入产品成本。这种方法计算总成本的表达式为：

$$总成本 = 生产成本 + 期间费用$$
$$生产成本 = 直接材料费 + 直接燃料和动力费 + 直接工资 + 其他直接支出 + 制造费用$$
$$期间费用 = 管理费用 + 财务费用 + 营业费用$$

表9-1　总成本费用估算表（生产成本加期间费用估算法）　　（单位：万元）

序　号	项　　目	合计	计　算　期					
			1	2	3	4	…	n
1	生产成本							
1.1	直接材料费							
1.2	直接燃料及动力费							
1.3	直接工资及福利费							
1.4	其他直接支出							
1.5	制造费用							

（续）

序　号	项　　目	合计	计　算　期					
			1	2	3	4	…	n
1.5.1	折旧费							
1.5.2	修理费							
1.5.3	其他制造费用							
2	管理费用							
2.1	无形资产摊销							
2.2	其他资产摊销							
2.3	其他管理费用							
3	财务费用							
3.1	利息支出							
3.1.1	长期借款利息							
3.1.2	流动资金借款利息							
3.1.3	短期借款利息							
4	营业费用							
5	总成本费用合计（1＋2＋3＋4）							
5.1	其中：可变成本							
5.2	固定成本							
6	经营成本（5－1.4.1－2.1－2.2－3.1）							

注：本表适用于新设法人项目与既有法人项目的"有项目""无项目"和增量总成本费用的估算。

1）生产成本构成。

① 直接材料费。直接材料包括企业生产经营过程中实际消耗的原材料、辅助材料、设备配件、外购半成品包装物、低值易耗品以及其他直接材料。在对产品的直接材料费用进行估算时，应重点核对占产品制造成本比重较大的直接材料的价格合理性。直接材料费用的估算准确，关键在于确定合理的材料单价和消耗定额。单价的确定一般可以采用该产品前三年的平均价格，再考虑一定的物价上涨因素。消耗定额则要按主管部门规定的有关参数进行估算，如果主管部门没有规定具体的参数，可以参照同类型项目的消耗情况进行估算。项目生产产品的直接材料费计算公式为：

直接材料费 = 单位产品材料消耗量 × 产品年产量 × 材料单价

② 直接燃料和动力费。在进行财务分析时，如果直接燃料和动力费消耗量不大，可以在直接材料中进行估算；如果消耗量很大或是产品生产过程中消耗的主体，则应对其进行单独计算，其计算公式为：

直接燃料和动力费 = 单耗量 × 年产量 × 燃料、动力单价
= 全年耗用量 × 燃料、动力单价

③ 直接工资。直接工资包括企业直接从事产品生产人员的工资、奖金、津贴和补贴。

④ 其他直接支出。其他直接支出包括直接从事产品生产人员的职工福利费等，一般按工资总额的14%计取。其计算公式为：

职工福利费 = 职工工资总额 × 14%

⑤ 制造费用。制造费用是指企业各个生产单位（分厂、车间）为组织和管理生产所发

生的各项费用，包括生产单位（分厂、车间）管理人员工资、职工福利费、折旧费、维简费、修理费、物料消耗、低值易耗品摊销、劳动保护费、水电费、办公费、差旅费、运输费、保险费、租赁费（不包括融资租赁费）、设计制图费、试验检验费、环境保护费以及其他制造费用。在项目可行性分析的财务分析中，不可能也没有必要对所有的制造费用进行逐项估算，一般采用简洁的估算方法，其计算公式为：

$$制造费用 = 折旧费 + 修理费 + 其他制造费用$$

折旧费即固定资产折旧费，一般可以根据固定资产原值及估计残值、使用年限等按一定方法计算，具体方法及计算公式在生产要素估算法中详细介绍。若固定资产按年直线法折旧，其计算公式为：

$$折旧费 = (固定资产原值 - 预计净残值)/使用年限$$

$$修理费 = 固定资产原值 \times 修理费综合费率$$

$$其他制造费用 = (直接材料费 + 直接燃料动力费 + 职工工资 + 职工福利) \times 综合费率$$

2）期间费用构成。

① 管理费用。管理费用是指项目行政管理部门为管理和组织生产经营活动而发生的各项费用，主要根据项目的具体情况和具体规模而定，其计算公式一般为：

$$管理费用 = 生产制造成本 \times 规定比率$$

② 财务费用。财务费用是指企业为筹集资金而发生的各项费用，包括企业生产经营期间的借款利息净支出（借款利息支出减利息收入）、汇兑净损失、调剂外汇手续费、金融机构手续费以及筹资发生的其他财务费用等，其计算公式一般为：

$$财务费用 = 借款利息净支出 + 汇兑净损失 + 银行手续费$$

$$借款利息净支出 = 借款利息支出 - 利息收入$$

在大多数项目的财务分析中，通常只考虑借款利息支出。借款利息支出的估算包括长期借款利息、流动资金借款利息和短期借款利息三部分。

第一部分，长期借款利息。长期借款利息是指在项目建设期间的借款余额（含未支付的建设期利息）应当在运营期支付的利息，它的计算和还款方式有关，具体计算方法参见本章借款还本付息估算部分。

第二部分，流动资金借款利息。流动资金借款利息也要列入各年总成本的财务费用。流动资金借款使用"等额利息法"的还本付息方法，本金于项目生命期末偿还；各年均计全年利息（包括借款当年），其计算公式为：

$$各年流动资金利息 = 各年占用的流动资金借款 \times 流动资金借款年利率$$

第三部分，短期借款利息。短期借款一般是在项目运营期为了弥补资金短缺而发生的借款，短期借款的偿还按照随借随还的原则处理，即当年借款尽可能于下年偿还，其计算公式为：

$$短期借款利息 = 短期贷款金额 \times 短期贷款利率$$

③ 营业费用。营业费用是指企业在销售产品、自制半成品和提供劳务等过程中发生的各项费用以及专设销售机构的各项经费，其计算公式一般为：

$$营业费用 = 营业收入 \times 综合费率$$

（2）生产要素估算法　生产要素估算法是从估算各种生产要素的费用入手汇总得到项目总成本费用，而不管其具体应归集到哪个产品上，即将生产和销售过程中消耗的全部外购原材料、辅助材料、燃料、动力、人工工资及福利、修理费等费用要素加上当年应计提的折旧、摊销、财务费用和其他费用，得出总成本费用，见表 9-2。采用这种方法不必计算项目内部各生产环节成本结转，同时也较容易计算经营成本、可变成本、固定成本。其计算公式为：

$$总成本费用 = 外购原材料费 + 外购燃料及动力费 + 工资及福利费 + 折旧费 + 摊销费 +$$
$$修理费 + 利息支出(财务费用) + 其他费用$$

表 9-2 总成本费用估算表（生产要素估算法） （单位：万元）

序　号	项　目	合计	计　算　期					
			1	2	3	4	…	n
1	外购原材料费							
2	外购燃料及动力费							
3	工资及福利费							
4	修理费							
5	其他费用							
6	经营成本（1+2+3+4+5）							
7	折旧费							
8	摊销费							
9	利息支出							
10	总成本费用合计（6+7+8+9）							
10.1	其中：固定成本							
10.2	可变成本							

1）外购原材料、燃料和动力费。外购原材料、燃料和动力费是指外购原材料、燃料和水电汽等动力的支出，应分别按照其入库单价和消耗定额（即到厂价格和途库损耗）进行计算，采用的价格时点和价格体系应与营业收入的估算一致，其计算公式一般为：

$$原材料成本 = 全年产量 \times 单位产品原材料成本$$
$$燃料和动力成本 = 全年产量 \times 单位产品燃料和动力成本$$

2）工资及福利费。工资是指项目建成投产后在一定时期内支付给企业全体职工的工资、奖金、津贴和补贴等。福利费是指项目建成投产以后，用于医疗保险费、养老保险费、失业保险费、工伤保险费、生育保险费等社会保险费和住房公积金中由职工个人缴付的部分，其计算公式为：

$$工资及福利费 = 职工人数 \times 人均年工资 \times (1 + 福利费率)$$

3）折旧费。折旧，就是固定资产在使用过程中，通过逐渐损耗（包括有形损耗和无形损耗）而转移到产品成本或商品流通费用中的那部分价值。按照财税制度规定，企业固定资产应当按月计提折旧，并根据用途计入相关资产的成本或者当期损益。在财务评价时，固定资产折旧可以直接列支于总成本费用。固定资产折旧方法可在税法允许的范围内由企业自行确定，一般采用直线法，包括年限平均法和工作量法。税法也允许采用某些加速折旧法，即双倍余额递减法和年数总和法。

第一种方法：直线法。

① 年限平均法。年限平均法即根据固定资产的原值、预计净残值率和折旧年限计算折

旧，其计算公式为：

$$年折旧率 = \frac{(1 - 预计净残值率)}{折旧年限} \times 100\%$$

$$年折旧额 = 固定资产原值 \times 年折旧率$$

预计净残值率是预计的固定资产净产值与固定资产原值的比率，根据会计制度的规定，净残值按固定资产原值的3%~5%确定。特殊情况下，净残值率低于3%或者高于5%的，由企业自主确定，报主管财税机关备案。

② 工作量法。工作量法可分为两种，一是按照行驶里程计算折旧，二是按照工作小时计算折旧。

专业车队的客、货运汽车，按照行驶里程计算折旧费：

$$单位里程折旧额 = \frac{原值 \times (1 - 预计净残值率)}{总行驶里程}$$

$$年折旧额 = 单位里程折旧额 \times 年行驶里程$$

大型专用设备，可根据工作小时计算折旧费：

$$每工作小时折旧额 = \frac{原值 \times (1 - 预计净残值率)}{总工作小时}$$

$$年折旧额 = 每工作小时折旧额 \times 年工作小时$$

第二种方法：加速折旧法。

加速折旧法又称递减折旧费用法，是指在固定资产使用前期提取折旧较多，在后期提取较少，使固定资产价值在使用年限内尽早得到补偿的折旧计算方法。只有某些特定的企业才准许采用加速折旧法。下面介绍两种常用的加速折旧法：双倍余额递减法和年数总和法。

① 双倍余额递减法。双倍余额递减法是以年限平均法折旧率两倍的折旧率计算折旧额的方法，其计算公式为：

$$年折旧率 = \frac{2 \times 100\%}{折旧年限}$$

$$年折旧额 = 固定资产净值 \times 年折旧率$$

实行双倍余额递减法的固定资产，应当在其固定资产折旧年限到期前两年内，将固定资产净值扣除预计净残值后的净额平均摊销。

② 年数总和法。年数总和法是根据固定资产原值减去预计净残值后的余额，按每一年递减的折旧率来计算折旧的方法。每一年的折旧率是一个变化的分数，其计算公式为：

$$年折旧率 = \frac{折旧年限 - 已使用年数}{折旧年限 \times (折旧年限 + 1)/2} \times 100\%$$

$$年折旧额 = (固定资产原值 - 预计净残值) \times 年折旧率$$

【例9-1】 已知某厂新购进一台车床设备，该设备的原值为6000万元，折旧年限为10年，预计净残值率为5%。试用双倍余额递减法和年数总和法计算年折旧额。

解：（1）双倍余额递减法

年折旧率 $= \dfrac{2 \times 100\%}{10} = 20\%$ ，到第7年直线折旧法的折旧额超过双倍余额递减法的余额，因此，从第7年改为直线折旧法，计算结果见表9-3。

表 9-3　双倍余额递减法各年的折旧额

项　目 ＼ 年　份	1	2	3	4	5	6	7	8	9	10	合计
资产净值（万元）	6000	4800	3840	3072	2458	1966	1573	1258	1006	653	
年折旧率（%）	20	20	20	20	20	20	—	—	—	—	
年折旧额（万元）	1200	960	768	614	492	393	318	318	318	319	5700
预计净残值（万元）											300

注：第 10 年折旧额为小数调整结果。

（2）年数总和法

$$第一年折旧率 = \frac{10}{10 \times 11/2} = \frac{10}{55}$$

$$第二年折旧率 = \frac{9}{10 \times 11/2} = \frac{9}{55}$$

以此类推，第三年到第十年的折旧率分别为 $\frac{8}{55}$、$\frac{7}{55}$、$\frac{6}{55}$、$\frac{5}{55}$、$\frac{4}{55}$、$\frac{3}{55}$、$\frac{2}{55}$、$\frac{1}{55}$。

计算结果见表 9-4。

表 9-4　年数总和法各年的折旧额

项　目 ＼ 年　份	1	2	3	4	5	6	7	8	9	10	合计
资产净值（万元）	6000	4964	4031	3202	2477	1855	1337	922	611	404	
年折旧率（%）	10/55	9/55	8/55	7/55	6/55	5/55	4/55	3/55	2/55	1/55	
年折旧额（万元）	1036	933	829	725	622	518	415	311	207	104	5700
预计净残值（万元）											300

4）摊销费。摊销费是指无形资产和其他资产在一定期限内分期摊销的费用。无形资产和其他资产的原始价值也要在规定的年限内按年度或产量转移到产品的成本之中，这一部分被转移的无形资产和其他资产的原始价值称为摊销。企业通过计提摊销，回收无形资产及其他资产的资本支出。

无形资产的摊销一般采用平均年限法，不计残值；其他资产的摊销可以采用平均年限法，不计残值。摊销年限应注意符合税法的要求。

5）固定资产修理费。固定资产修理费是指为保持固定资产的正常运转、使用及充分发挥使用效能，对其进行必要修理所发生的费用。按照修理范围的大小和修理时间间隔的长短可以分为大修理和小修理。根据现行的财务制度规定，发生的修理费直接在成本费用中列支，若数额较大可实行预提或摊销。

在用生产要素估算法估算总成本费用时，固定资产修理费是指项目全部固定资产的修理费，修理费可直接按固定资产原值（扣除所含的建设期利息）的一定百分比估算，百分比的选取应考虑行业和项目特点。根据项目特点，也可以间歇性地调整修理费率，开始取值较低，之后取值较高。

6）财务费用。财务费用的构成与计算期间费用中的财务费用相同。

7）其他费用。其他费用包括其他制造费用、其他管理费用和其他营业费用，是指制造费用、管理费用和营业费用中分别扣除工资及福利费、折旧费、摊销费、修理费以后的其余部分。

其他制造费用可以按照固定资产原值（扣除所含的建设利息）的百分数估算，也可以按人员定额计算。

其他管理费用是指管理费用中扣除工资及福利费、折旧费、摊销费、修理费以后的其余部分，可以按人员定额或者取工资及福利费总额的倍数计算。

其他营业费用是指营业费用中扣除工资及福利费、折旧费、修理费以后的其余部分，可以按营业收入的百分比计算。

2. 经营成本构成及估算

经营成本是项目评价中特有的概念，用于项目财务评价的现金流量分析。经营成本是指总成本费用扣除固定资产折旧费（或矿山维简费）、无形资产及递延资产摊销费和财务费用后的成本费用，其计算公式：

经营成本 = 总成本费用 − 固定资产折旧费(矿山维简费) − 无形资产及递延资产摊销费 − 财务费用

项目评价中采用现金流量概念，考虑的是现金的流入或者流出，固定资产折旧费、无形资产及递延资产摊销费等只是项目固定资产投资的现金转移，并没有导致现金流出，因此，作为经常性支出的经营成本中不包括固定资产折旧费和无形资产及递延资产摊销费。各项目的融资方案不同，利率也不同，因此，项目投资现金流量表不考虑投资资金来源，利息支出也不作为现金流出。项目资本金现金流量表中已将利息支出单列，因此，经营成本中也不包括利息支出。

3. 固定成本和可变成本

在财务评价进行盈亏平衡分析时，需要将总成本费用分解为固定成本和可变成本。

固定成本是指不随产品产量及销售量的增减发生变化的各项成本费用，主要包括非生产人员工资、固定资产折旧费、无形资产及递延资产摊销费、修理费、办公费、管理费等。

可变成本是指随着产品产量和销售量的增减而成正比例变化的各项费用，主要包括原材料、燃料及动力消耗、包装费和生产人员工资等。

长期借款利息应视为固定成本，短期借款利息如果用于购置流动资产，可能部分与产品产量、销售量有关，可以视为半可变半固定成本，为简化计算，也可以视为固定成本。

9.1.3 营业收入及税金的估算

1. 营业收入的概念

营业收入是指销售产品或者提供服务取得的收入。它是项目建成投产后补偿总成本费用、上缴税金、偿还债务、保证企业再生产正常进行的前提，是进行利润总额估算的基础数据，营业收入的准确程度在很大程度上影响着项目财务效益的分析评价。在估算营业收入时，应对市场预测的相关结果、产品或者服务方案、建设规模等进行概括性的描述或确认，而且应对采用价格的合理性进行说明。

2. 营业收入的估算

营业收入一般包括产品销售收入和其他销售收入。其他销售收入包括材料销售、固定资产出租、外购商品销售、无形资产转让、提供非工业性劳务等取得的收入。根据国家有关规定，部分项目可以估算应得到的补贴收入，包括先征后返的增值税税款等。

营业收入的主要决定因素有产品销售量和销售价格。对于生产多种产品和提供多项服务的项目，应分别估算各种产品及服务的销售收入。项目评价时，假设产品的销售量等于生产量，正常生产年份产品都达到100%的设计生产能力，得到产品营业收入的计算公式为：

$$年营业收入 = \sum_{i=1}^{n} 年产品销售数量_i \times 产品销售单价_i$$

式中　i——第 i 种产品；

　　　n——产品种类数。

如果产品销售单价是含税（增值税）单价，要将其换算成不含税单价，换算公式为：

$$不含税单价 = 含税单价/(1 + 增值税税率)$$

3. 补贴收入

补贴收入是指与项目收益相关的政府补贴，有些投资项目应该按照国家有关规定估算企业可能获得的补贴收入，主要包括先征后返的增值税；按销量或工作量等根据国家规定的补助定额计算并按期给予的定额补贴；属于财政扶持而给予的其他形式的补贴等。补贴收入和营业收入一样，应列入利润表、财务计划现金流量表、项目投资现金流量表与项目资本金现金流量表。

4. 税金的估算

项目财务评价中涉及的税种很多，主要有增值税、消费税、资源税、城市维护建设税、教育费附加及地方教育附加等，所得税在利润估算时讲述，这里就不再赘述。

（1）增值税　增值税是以商品生产、流通和劳动服务各个环节的新增价值为课税对象的一种流转税。在项目财务评价的销售收入、投资与成本估算中，它等于销项税额减去进项税额，基本税率为13%、9%、6%和3%$^{\ominus}$。增值税实行价外税，其计算公式为：

$$应纳增值税税额 = 销项税额 - 进项税额$$

$$销项税额 = 销售额 \times 税率 = \frac{销售收入}{1 + 税率} \times 税率$$

$$进项税额 = \frac{外购原材料、燃料和动力费}{1 + 税率} \times 税率$$

（2）消费税　消费税是以消费品（或消费行为）的流转额为课税对象的税种，实行价内税。在项目经济评价中，对适用消费税的产品，应按税法规定计算消费税。可以实行从价定率办法和从量定额办法计算，计算公式为：

$$从价定率：应纳消费税税额 = 销售额 \times 税率$$

$$从量定额：应纳消费税税额 = 销售量 \times 单位税额$$

（3）资源税　资源税是对因资源生成和开放条件的差异而客观形成的级差收入征收的一种税。目前我国仅限于对矿产品和盐征收资源税，其计算公式为：

$$应纳税额 = 产量(课税数量) \times 单位税额$$

$\ominus$　根据《财政部　税务总局　海关总署关于深化增值税改革有关政策的公告》（财政部　税务总局　海关总署公告2019年第39号）的要求，自2019年4月1日起，增值税一般纳税人（以下称纳税人）发生增值税应税销售行为或者进口货物，原适用16%税率的，税率调整为13%；原适用10%税率的，税率调整为9%。《住房和城乡建设部办公厅关于重新调整建设工程计价依据增值税税率的通知》（建办标函〔2019〕193号）中也规定，2019年4月1日起将增值税税率由10%调整为9%。

（4）城市维护建设税　城市维护建设税是为了加强城市的维护建设、扩大和稳定城市维护建设资金来源而征收的一种税。城市维护建设税属于地方税，是对缴纳产品税、增值税的单位或个人征收的一种附加税，其计算公式为：

应纳城市维护建设税 = 纳税人实际缴纳的增值税和消费税税额 × 适用税率

城市维护建设税税率：纳税人所在地在市区的，税率为7%；纳税人所在地在县城、镇的，税率为5%；纳税人的所在地不在市区、县城或镇的，税率为1%。

（5）教育费附加　教育费附加是为发展我国中小学教学设施和办学条件，扩大教育经费的资金来源而征收的一种附加税。以交纳的增值税和消费税为计征基础，税率为3%。

（6）地方教育附加　地方教育附加是指各省、自治区、直辖市根据国家有关规定，为实施"科教兴省"战略，增加地方教育资金投入，促进各省、自治区、直辖市教育事业发展，开征的一项地方政府性基金。该收入主要用于各地方教育经费的投入补充。按照地方教育附加使用管理规定，在各省、直辖市的行政区域内，凡缴纳增值税、消费税的单位和个人，都应按规定缴纳地方教育附加。税率为2%，计征基础与教育费附加一致。

对以上营业收入、增值税及附加税金进行估算，根据估算结果编制估算表，见表9-5。

表9-5　营业收入、增值税、税金及附加估算表　　　　　（单位：万元）

序　号	项　目	合计	计 算 期					
			1	2	3	4	…	n
1	营业收入							
1.1	产品A营业收入							
	单价							
	数量							
1.2	产品B营业收入							
	单价							
	数量							
	…							
2	增值税							
2.1	销项税额							
2.2	进项税额							
3	税金及附加							
3.1	消费税							
3.2	城市维护建设税							
3.3	教育费附加							
3.4	地方教育附加							

9.1.4　利润及利润分配的估算

1. 利润的估算

（1）利润总额的估算　利润是企业在一定时期内生产经营活动的最终成果在财务上的体现，它是反映项目投产或投入使用后的生产经营成果的指标。对投产项目可能实现的利润及其分配进行估算，在项目财务评价中有重要意义，其估算公式为：

利润总额 = 营业利润 + 补贴收入 + 营业外收入 − 营业外支出

其中：营业利润 = 产品销售利润 + 其他销售利润 − 管理费用 − 财务费用 + 投资净损益

产品销售利润 = 产品销售收入 − 税金及附加 − 产品制造成本 − 产品销售费用

其他销售利润是指企业除了项目产品销售以外从事第三产业或服务业所获得的销售利润，在项目财务评价时难以估算，因此一般项目的利润总额中不包含其他销售利润。

投资净收益一般属于项目建成投产后的对外再投资，在缺乏可靠依据的情况下难以估算，可以考虑暂不计入。营业外收入和营业外支出的金额同样事先难以估计和预测，因此，一般项目利润估算时不考虑其影响。据此，利润总额可按以下公式估算：

利润总额 = 产品销售收入 − 税金及附加 − 产品制造成本 − 产品销售费用 − 管理费用 −

财务费用 + 补贴收入

或　利润总额 = 产品销售收入 − 税金及附加 − 总成本费用 + 补贴收入

（2）企业所得税和净利润的估算　企业所得税是对我国境内的企业在我国境内的生产经营所得和其他所得所征收的一种税。根据2007年3月16日，第十届全国人民代表大会第五次会议通过，并于2008年1月1日起施行的《中华人民共和国企业所得税法》的规定，企业应纳所得税，按应纳税所得额计算，税率为25%。应纳税所得额为企业每一纳税年度的收入总额减去准予扣除项目后的余额。其计算公式为：

应纳所得税税额（所得税费用）= 应纳税所得额 × 比例税率

应纳税所得额 = 利润总额 ± 税收调整项目

估算企业所得税时，一般不考虑税收调整项目。

净利润（Net Profit）是指在利润总额中按规定交纳了所得税以后公司的利润留存，一般也称为税后利润或净利润。净利润的计算公式为：

净利润 = 利润总额 − 所得税费用

净利润是一个企业经营的最终成果，净利润多，企业的经营效益就好；净利润少，企业的经营效益就差，它是衡量一个企业经营效益的主要指标。

2. 利润分配的估算

企业的利润总额必须按照国家有关规定进行分配。项目所得到的利润总额首先应缴纳所得税，纳税以后的利润应按照下列顺序进行分配：税前弥补以前年度亏损（5年内）；依法缴纳所得税；税后补亏（5年后）；提取法定公积金和公益金；向投资者分配利润。经以上分配后的余额为未分配利润。

（1）弥补以前年度亏损　按照税法的有关规定，企业在项目投产后发生的年度亏损，可以用下一纳税年度所得税前的利润弥补，下一纳税年度的利润所得不足以弥补的，可以逐年延续弥补，最长不得超过5年。5年内不足以弥补的，则第六年起用税后利润弥补。

（2）提取法定盈余公积金和公益金　盈余公积金是企业从税后利润中提取的积累资金。当法定盈余公积金累计额达到注册资本的50%时可以不再提取，超出50%部分可以转增资本金，转增后留存的盈余公积金不得少于注册资本的25%。

公益金是指专门用于职工集体福利设施的准备金，可以按照当年实现的税后利润（净利润）的5% ~ 10%提取。

（3）可供投资者分配的利润　按下列顺序进行分配：第一，支付优先股股利；第二，提取任意盈余公积金；第三，支付普通股股利。

（4）未分配利润 企业未分配利润是指利润总额经过上述分配后的余额，未分配利润可留待以后年度进行分配。

9.1.5 借款还本付息估算

借款还本付息估算主要是测算还款期的利息、本金以及偿还贷款的时间，从而考虑项目的偿还能力和收益，为财务评价和项目的决策分析提供依据。

1. 还本付息的资金来源

依据国家现行的财税制度规定，借款还本付息的资金来源主要有：项目投产后所取得的利润、固定资产折旧、摊销费和其他还款资金来源。

（1）利润 用于归还借款的利润，一般应是提取了法定和任意盈余公积金（含公益金）后的未分配利润。在项目投产的初期，如果用规定的资金来源归还贷款的缺口较大，也可以暂不提取盈余公积金、公益金，但这段时间不宜过长，否则将影响到企业的扩展能力。

（2）固定资产折旧 由于项目在投产的初期尚未面临固定资产更新的问题，还无须固定资产更新，作为固定资产重置准备金性质的折旧基金在被提取以后会处于闲置状态。所以，为了有效地利用一切可能的资金来缩短还款期限，可以使用部分新增折旧基金作为偿还贷款的来源之一。一般情况下，投产初期可以利用的折旧基金在全部折旧基金中的比例较大，随着时间的累积，可以利用的折旧基金比例会逐渐减少，最后所有被用于归还贷款的折旧基金应由未分配利润归还贷款后的余额垫回，以保证折旧基金总体上不被挪作他用，折旧基金在还清贷款后恢复其原有的经济属性。

（3）摊销费 摊销费是按照现行的财务制度计入项目的总成本费用，但是项目在提取摊销费以后，并没有规定这笔资金的具体用途，因此处于闲置状态的摊销费可以用来归还贷款。

（4）其他还款资金来源 其他还款资金来源是指按照有关规定可以用减免的销售税金作为偿还贷款的资金来源。在进行估算的时候，如果没有明确的依据，可以暂时不考虑其他还款资金来源。

项目在建设期借入的全部建设投资贷款本金以及相应的建设期借款利息（即资本化利息）两部分所构成项目的贷款总额，在项目投产后可由上述的资金来源偿还。

在生产期内，建设投资和流动资金的贷款利息，按现行的财务制度均应作为财务费用计入项目总成本费用。

2. 还款方式及还款顺序

项目贷款的还款方式应该根据不同的贷款资金来源及所要求的还款条件来确定。

（1）国内借款的还款方式 虽然现在国内借贷双方在贷款合同或者贷款协议中明确规定了还款的期限，但是实际操作中，借贷双方往往还是根据项目还款资金的来源情况确定还款的期限，即按实际偿还能力确定还款的期限。一般情况下，先偿付当年需要偿还的外汇借款本金，再用剩余资金来源按先贷款先还、后贷款后还，利息高的先还、利息低的后还的偿还顺序，或者按照双方的贷款协议，归还国内的借款。每年国内借款偿还额的计算公式为：

$$人民币当年还本额 = 当年还本资金来源 - 外汇当年还本额$$

（2）国外借款的还款方式 按照国际惯例，在贷款合同或者贷款协议中，一般对贷款本息的偿还期限有明确的规定，要求借款方在规定的期限内按规定的数量还清全部贷款的本金和利息，可利用资金回收系数计算出在规定的期限内每年需要归还的本息之和。

一般还款方式可采用等额还本付息或等额本金偿还两种。

3. 贷款利息的估算

（1）不同时期贷款利息的计算

1）建设期利息计算。建设期利息计算是指建设投资借款利息的计算，由于无法事先确定每笔贷款的实际发生时间，需要依据项目进度计划列出各年投资额，一般采取均衡贷款方式。通常为了简化计算，假定当年贷款均发生在年中，贷款当年按半年计算，即按半年时间计息，其余各年按全年计算，具体估算方法见本书第 8 章投资估算中的建设期贷款利息估算。

2）投产期利息计算。还款假定发生在当年年末，故还款当年按全年计息，其近似计算公式为：

$$贷款投产期每年应计利息 = 年初借款累计额 \times 年利率$$

（2）还本付息额的计算　建设投资借款的年度还本付息额计算，可分别采用等额还本付息，或等额本金两种还款方法来计算。

1）等额还本付息还款方式。等额还本付息是指在规定的还款期内，每一年偿还的本金和利息之和是相等的，但是每一年支付的本金数和利息数各不相同。其计算步骤如下：

第一，计算建设期末或者宽限期末的累计借款本金和未付资本化利息之和，记为 I_{c}。

第二，依据等值计算的原理，采用资金回收系数计算每年等值的还本付息额，记为 A。则有：

$$A = I_{\mathrm{c}} \times (A/p, i, n) = I_{\mathrm{c}} \times \frac{i(1+i)^{n}}{(1+i)^{n} - 1}$$

式中　　i——借款利率；

$(A/p, i, n)$——资金回收系数，可通过查表求得，也可通过公式 $\dfrac{i(1+i)^{n}}{(1+i)^{n} - 1}$ 计算；

　　　　n——规定的还款期。

第三，计算每年应支付的利息，其计算公式为：

$$每年应支付的利息 = 年初借款余额 \times 年利率$$
$$年初借款余额 = I_{\mathrm{c}} - 本年以前各年偿还的本金累计$$

第四，计算每年偿还的本金，其计算公式为：

$$每年偿还本金 = A - 每年支付利息$$

等额还本付息的还款方式要求每年还本付息的总额相等，但是每年偿还的本金额及支付的利息是不等的，其中利息将随本金的逐渐偿还而逐年减少，相反需要偿还的本金部分却由于利息减少而逐年加大。因此，此法适用于投产初期效益相对较差而后期效益较好的项目。

2）等额本金还款方式。等额本金还款方式是指在还款期内每年偿还本金额相等，但是利息不等，从而每年还本付息之和也不相同。其计算步骤如下：

第一，计算建设期末的累计借款本金与未付资本化利息之和，记为 I_{c}。

第二，计算在规定偿还期内，每年应偿还的本金 A'（含有建设期未付的利息），其计算公式为：

$$A' = \frac{I_{\mathrm{c}}}{n}（等额）$$

第三，计算每年应支付的利息额，其计算公式为：

$$每年支付利息 = 年初借款本金累计 \times 年利率$$

第四，计算每年的还本付息额，记为 A'，其计算公式为：

$$A' = \frac{I_c}{n} + I_c \times \left(1 - \frac{t-1}{n}\right) \times I$$

等额本金还款方式每年偿还的本金是确定的，计算比较简洁，但是投产初期还本付息额相对较大。此法适用于投产初期效益较好的项目，如果效益不好则需用短期贷款来偿还。

【例9-2】 已知某项目建设期末贷款本利和累计为1000万元，按照贷款协议，还款期限5年，已知年利率为6%，计算：

（1）若该项目采用等额还本付息方式还款，则每年的还本额、付息额和还本付息总额。

（2）若该项目采用等额本金方式还款，则每年的还本额、付息额和还本付息总额。

解：（1）等额还本付息方式

每年的还本付息总额 $A = I_c \dfrac{i(1+i)^n}{(1+i)^n - 1}$

$$= 1000 \text{ 万元} \times \frac{6\% \times (1+6\%)^5}{(1+6\%)^5 - 1} = 237.40 \text{ 万元}$$

还款期各年的还本额、付息额和还本付息总额见表9-6。

表9-6 等额还本付息方式下各年的还款数据 （单位：万元）

年 份	1	2	3	4	5
年初借款余额	1000	822.60	634.56	435.23	223.94
利率	6%	6%	6%	6%	6%
年利息	60	49.36	38.07	26.11	13.46
年还本额	177.40	188.04	199.33	211.29	223.96
年还本付息总额	237.40	237.40	237.40	237.40	237.40
年末借款余额	822.60	634.56	435.23	223.94	0

（2）等额本金方式

$$每年的还本额 A = 1000 \text{ 万元}/5 = 200 \text{ 万元}$$

还款期各年的还本额、付息额和还本付息总额见表9-7。

表9-7 等额本金方式下各年的还款数据 （单位：万元）

年 份	1	2	3	4	5
年初借款余额	1000	800	600	400	200
利率	6%	6%	6%	6%	6%
年利息	60	48	36	24	12
年还本额	200	200	200	200	200
年还本付息总额	260	248	236	224	212
年末借款余额	800	600	400	200	0

9.2　财务分析及评价

9.2.1　财务分析概述

1. 财务分析的概念

财务分析是项目可行性研究中项目评价的第一个层次。财务分析是在国家现行财税制度和市场价格体系下，分析预测项目的财务效益与费用，编制财务分析报表，计算财务评价指标，考察拟建项目的盈利能力、偿债能力等，判断项目的财务可行性，从而明确项目对财务主体的价值以及对投资者的贡献，为投资决策、融资决策及银行贷款决策提供依据。

2. 财务分析的意义

财务分析是经济分析的核心部分，是可行性研究中项目评价的第一个层次，为费用效益分析提供了调整计算的基础，是项目决策科学化的重要手段。

（1）财务分析是项目投资决策的重要依据　通过财务分析，可以考察项目的盈利能力、财务生存能力、偿债能力和抗风险能力等，进而判断项目方案在融资条件下的合理性，为投资者的投资决策提供科学依据，是比选方案、进行融资决策和投资者最终决定出资的依据。

（2）通过财务分析，为企业制定适宜的资金规划　即为项目进行资金筹措和资金使用的安排。

（3）财务分析是银行提供贷款决策的重要依据　通过财务分析，银行可以分析项目的偿债能力，正确地做出贷款决策，以保证银行资金的安全性、流动性和盈利性，也可以促使银行不断积累项目贷款的经验，提高贷款的使用效益，以实现资金的最大增值。

3. 财务分析的目标

项目财务分析的目标主要有投资项目的盈利能力、偿债能力、财务生存能力和抗风险能力的风险。

（1）盈利能力分析　项目的盈利能力是指项目投资的盈利水平，是反映项目财务效益的主要标志，也是反映项目在财务上可行程度的基本标志。投资项目的盈利能力分析，应当分析项目达到设计生产能力的正常生产年份可能获得的盈利水平。项目的盈利能力分析主要评估项目各年度投资盈利能力，以及项目在整个生命期内的盈利水平。

（2）偿债能力分析　偿债能力是指项目按期偿还到期债务的能力，主要表现为建设投资借款偿还期的长短、利息备付率和偿债备付率的高低。这些都是银行进行项目贷款决策的重要依据，也是评价项目偿债能力的重要指标。

（3）财务生存能力分析　项目能够持续生存的条件是确保从各项经济活动中得到足够的净现金流量。项目的财务生存能力分析，应根据财务计划现金流量表，分析项目计算期内各年的投资活动、融资活动和经营活动所产生的各项现金流入和流出，计算净现金流量和累计盈余资金，分析项目是否有足够的净现金流量来维持正常生存与运营。各年累计盈余资金不应出现负值，出现负值时应进行短期融资，并分析项目短期借款的可靠性。

（4）抗风险能力分析　项目的抗风险能力，一般通过不确定性分析（如盈亏平衡分析、敏感性分析）和风险分析（如概率分析）预测分析客观因素变动对项目盈利能力的影响，检验不确定性因素的变动对项目收益、收益率和投资借款偿还期等评价指标的影响程度，分析评价投资项目承受各种投资风险的能力，提高项目投资的可靠性和盈利水平。

4. 财务分析的内容和步骤

财务分析是在确定的建设方案、投资估算和融资方案的基础上进行财务可行性研究。财务分析的主要内容与步骤如下：

1）选取财务分析基础数据与参数，包括主要投入物和产出物的财务价格、税费、利率、汇率、项目计算期、固定资产折旧率、无形资产和递延资产摊销年限、生产负荷及财务基准收益率等。

2）计算营业收入，估算成本费用。

3）编制财务分析报表，主要有财务现金流量表、损益和利润分配表、资金来源与运用表、借款偿还计划表。

4）计算财务评价指标，进行盈利能力分析和偿还能力分析。

5）进行不确定性分析，包括敏感性分析和盈亏平衡分析。

6）编写财务评价报告。

5. 财务分析基础数据与参数的选取

（1）财务价格　项目财务分析是对拟建投资项目未来的效益与费用进行分析，应采用以现行市场价格体系为基础的预测价格。现行市场价格是指评价当年在市场上的实际支付价格。预测价格是指在选定的基年价格基础上，同时应考虑所采用的基年现行价格的合理性、国家有关政策及市场供求状况等对价格变化趋势的影响。

由于商品的价格因地不同、因时而异，要准确预测项目计算期内的各种投入和产出物的价格是比较困难的，在不对评价结果造成影响的前提下，可以采取以下方法：

第一，在拟建项目建设期的投资估算中，由于已经预留了建设期价差预备费，因此建筑材料和设备等投入物可采用固定的价格计算投资费用，其价格不必年年变动。

第二，在生产（运营）期内，如果不能够确定投入物和产出物的价格变动，各种投入物和产出物的价格一般可以采用项目生产（运营）期初的价格；如果可以充分判断未来市场的价格趋势，应采用相对变动的价格，并在生产（运营）期各年采用统一的不变价格。

第三，如果项目有多种投入物或产出物时，只需要对项目生产成本中影响较大的商品和主要产出物的价格进行预测。在对未来市场价格有充分判断的基础上，可以采用相对变动的价格，并考虑通货膨胀。

在对拟建项目投入和产出物的财务分析中，要确保两者定价原则一致，使所选的预测价格合理、科学，符合国家规定和市场情况。在财务分析中计算投入物和产出物所采用的价格，可以是含增值税的价格，也可以是不含增值税的价格，应在分析中说明采用何种计价方法。

（2）税费　在财务分析中，合理计算各种税费是正确计算项目效益与费用的重要基础。财务分析中涉及的税费主要有增值税、所得税、城市维护建设税和教育费附加等。税种和税率的选择应根据相关税法和项目具体情况确定，说明各种税的税种、税基、计税额等。如果项目有减免税费优惠，应说明政策依据、减免方式与减免金额等。各种税金的计算见9.1.3营业收入及税金的估算。

（3）利率　利率是指在一定的计息期（如年、月）内利息额与借入或贷出的本金之比率。借款利率是项目财务评价的重要基础数据，用以计算借款利息。采用固定利率的借款项目，财务分析时直接采用约定的利率计算利息；采用浮动利率的借款项目，财务分析时应对借款期内的平均利率进行预测，采用预测的平均利率计算利息。

此外，应注意名义利率和有效利率的区别。如果按月计算的利率为 1%，得到有效的年利率为 $\left(1 + \dfrac{12\%}{12}\right)^{12} - 1 = 12.68\%$，大于名义年利率 $1\% \times 12 = 12\%$。名义利率（$i_{名义}$）和有效利率（$i_{有效}$）的关系如下：

$$i_{有效} = \left(1 + \frac{i_{名义}}{n}\right)^n - 1$$

（4）汇率　汇率是两种不同货币之间的兑换比率，或者是以一种货币表示另一种货币的价格。对于涉外项目，在财务分析时需要将外币计算的国际市场价格按汇率折算为人民币。财务分析中汇率的取值，一般采用国家外汇管理部门公布的当期外汇牌价的卖出、买入的中间价。

（5）项目计算期　项目计算期包括建设期和生产运营期。建设期可以按投资项目的合理建设工期或预计的建设进度确定；生产运营期应根据产品寿命（如矿产资源项目的设计开采年限）、主要设施和设备的使用寿命、主要技术的寿命等因素确定。确定项目计算期，应充分考察产品在市场上的供求情况及技术进步等因素。

财务分析的项目计算期一般不超过 20 年。对于一些公益性项目的计算期可以适当延长，对于永久性工程（如水利枢纽工程等），其运营寿命很长，其计算期应根据评价要求确定，生产运营期可以低于折旧生命期。

（6）生产负荷　生产负荷是指项目生产运营期内生产能力的发挥程度，也称为生产能力利用率，一般用百分比表示。生产负荷是计算销售收入和经营成本的依据之一，一般应按项目投产期和投产后正常生产年份分别设定生产负荷。在确定项目生产运营期各年的生产负荷时，应考虑项目性质、产品的市场需求、原材料和燃料动力的供应以及技术掌握的难易程度等因素对生产负荷的制约和影响。

（7）财务基准收益率　财务基准收益率是指部门（行业）的平均利润率，是衡量各行业的投资项目应达到的投资效果和在财务上可行的最低要求。如果有行业发布的本行业基准收益率，即以其作为项目的基准收益率；如果没有行业规定，则由项目评价人员设定。设定方法有两种：一是参考本行业一定时期的平均收益水平并考虑项目的风险因素确定；二是按项目占用的资金成本加一定的风险系数确定。设定财务基准收益率时，应与财务分析采用的价格相一致，如果财务分析采用变动价格，则设定基准收益率应考虑通货膨胀因素。

6. 融资前财务分析和融资后财务分析

项目决策可分为投资决策和融资决策两个层次。投资决策重在考察项目净现金流的价值是否大于其投资成本，融资决策重在考察资金筹措方案能否满足要求。投资决策在先，融资决策在后。根据不同决策的需要，财务分析可分为融资前财务分析和融资后财务分析。

一般来说，宜先进行融资前财务分析，融资前财务分析是指在考虑融资方案前就可以开始进行的财务分析，即不考虑债务融资条件下进行的财务分析。在融资前财务分析的结论满足要求的情况下，初步设定融资方案，再进行融资后财务分析。

融资前财务分析只进行盈利能力分析，并以项目投资者折现现金流量分析为主，涉及的报表为项目投资财务现金流量表，计算项目投资内部收益率和财务净现值指标，也可计算投资回收期指标（静态）；融资后财务分析需进行盈利能力分析、偿债能力风险和生存能力分析，涉及的财务报表为项目资本金现金流量表、投资各方现金流量表、财务计划现金流量表、利润及利润分配表、借款还本付息表、资产负债表等。

9.2.2 财务分析报表的编制

通过对总成本费用、营业收入及税金、利润及利润分配、借款还本付息的估算，可以编制出财务分析报表，主要有各种现金流量表、利润及利润分配表、借款还本付息表以及资产负债表等。

1. 财务现金流量表

（1）项目投资财务现金流量表 项目财务现金流量表是指在确定项目融资方案之前，分析投资方案，按照工程建设和生产计划进度与项目资金规划，计算出整个建设项目生命期内各年的现金流量和净现金流量，进而计算投资项目所得税前的财务内部收益率、财务净现值及投资回收期等静态和动态盈利性分析评价指标的表格，是融资前评价项目投资经济效益的主要依据。项目投资现金流量表是融资前动态分析的报表，主要考察整个计算期内现金流入和现金流出，见表9-8。

表9-8　项目投资财务现金流量表　　　　　　　　（单位：万元）

序　号	项　　目	合计	计　算　期					
			1	2	3	4	…	n
1	现金流入							
1.1	营业收入							
1.2	补贴收入							
1.3	回收固定资产余值							
1.4	回收流动资金							
2	现金流出							
2.1	建设投资							
2.2	流动资金投资							
2.3	经营成本							
2.4	税金及附加							
2.5	维持运营投资							
3	所得税前净现金流量（1-2）							
4	累计所得税前净现金流量							
5	调整所得税							
6	所得税后净现金流量（3-5）							
7	累计所得税后净现金流量							

计算指标：

项目投资财务内部收益率（所得税前）：%

项目投资财务内部收益率（所得税后）：%

项目投资财务净现值（所得税前）（$i_c = $ %）：万元

项目投资财务净现值（所得税后）（$i_c = $ %）：万元

项目投资回收期（所得税前）：年

项目投资回收期（所得税后）：年

1）现金流入主要是营业收入，还可能包括补贴收入，在项目计算期最后一年，还包括回收固定资产余值及回收流动资金。营业收入是不含税收入，各年数据取自营业收入、增值税、税金及附加估算表；回收固定资产余值为固定资产折旧费估算表中最后一年的固定资产期末净值，回收流动资金为项目正常生产年份流动资金的占用额。

2）现金流出主要包括建设投资、流动资金投资、经营成本、税金及附加、维持运营投资。固定资产投资和流动资金投资的数额取自项目总投资使用计划与资金筹措表；流动资金投资为各年流动资金增加额；经营成本取自总成本费用估算表。一些项目在运营期需要投入一定的固定资产投资才能得以维持正常运行，这类投资称为维持运营投资。对维持运营投资，根据实际情况有两种处理方式，一种是予以资本化，即计入固定资产原值，一种是费用化，列入年度总成本。维持运营投资是否能予以资本化，取决于其是否能够使可能流入企业的经济利益增加，且该固定资产的成本是否能够可靠地计量。如果该投资投入后延长了固定资产的寿命，或者使产品质量实质性提高，或使成本实质性降低等，那么应予以资本化，并计提折旧，否则该投资职能费用化，列入年度总成本。尤其需要注意的是，项目投资现金流量表中的所得税应根据息税前利润乘以所得税率计算，称为调整所得税。原则上，息税前利润的计算应完全不受融资方案变动的影响，即不受利息多少的影响，包括建设期利息对折旧的影响（因为折旧的变化会对利润总额产生影响，进而影响息税前利润）。但这样一来将会出现两个折旧数据和两个息税前利润数据（用于计算融资前所得税的息税前利润和利润表中的息税前利润）。为简化起见，当建设期利息占总投资比例不是很大时，也可按利润表中的息税前利润计算调整所得税。

3）增值税的销项税额、进项税额和应纳增值税税额没有在报表中体现，原因在于估算时应纳增值税税额＝销项税额－进项税额，销项税额作为现金流入，进项税额和应纳增值税税额作为现金流出，二者相互抵消，为此将其简化，表中没有体现，项目资本金现金流量表也是作此处理。

4）项目计算期各年的净现金流量为各年现金流入量减对应年份的现金流出量，各年累计净现金流量为本年及以前各年净现金流量之和。

5）所得税前净现金流量为上述净现金流量加所得税之和，即在现金流出中不计入所得税时的净现金流量。所得税后累计净现金流量的计算方法与上述累计净现金流量的计算方法相同。所得税前净现金流量计算的相关指标（即所得税前指标）是投资盈利能力的完整体现，用于考察有项目方案设计本身所决定的财务盈利能力，它不受融资方案和所得税政策变化的影响，仅体现项目方案本身的合理性。所得税前指标可以作为初步投资决策的主要指标，用于考察项目是否基本可行，并值得融资。所谓"初步"是相对而言，意指根据该指标，投资者可以做出项目实施后能否实现投资目标的判断，此后再进行融资方案的比选分析，有了较为满意的融资方案后，投资者才能决定最终出资。所得税前指标应该受到项目有关各方（项目发起人、项目业主、项目投资人、银行和政府管理部门等）的广泛关注，它还特别适用于建设方案设计中的方案比选。

（2）项目资本金现金流量表　为了全面考察项目的盈利能力，还需要进行项目资本金现金流量分析，其实质是进行项目融资后的财务分析。项目资本金现金流量分析是在项目融资后的财务盈利能力分析中，从资本金出资者的整体角度出发，以项目资本金为计算基础，把项目资本金、借款本金偿还和借款利息支付、经营成本、税金及附加、维持运营投资和所得税等作为现金流出，计算资本金的财务内部收益率，从投资者整体角度考察项目的盈利能力。项目资本金现金流量表见表9-9。

表 9-9 项目资本金现金流量表 （单位：万元）

序 号	年 份项 目	计 算 期								合计
		1	2	3	4	5	6	…	n	
1	生产负荷（%）									
1.1	营业收入									
1.2	补贴收入									
1.3	回收固定资产余值									
1.4	回收流动资金									
2	现金流出									
2.1	项目资本金									
2.1.1	建设投资									
2.1.2	流动资金									
2.1.3	建设期利息									
2.2	借款本金偿还									
2.3	借款利息支付									
2.4	经营成本									
2.5	税金及附加									
2.6	维持运营投资									
2.7	所得税									
	净现金流量（1－2）									
计算指标：项目资本金内部收益率（%）										

注：1. 对外商投资项目，现金流出中应增加职工奖励及福利基金科目。

2. 本表适用于新设法人项目与既有法人项目"有项目"的现金流量分析。

1）现金流入各项的数据来源与项目投资财务现金流量表相同。

2）现金流出项目包括项目资本金、借款本金偿还、借款利息支付、经营成本、税金及附加、维持运营投资、所得税。其中，项目资本金取自项目总投资计划与资金筹措表中资金筹措项下的自有资金分项。借款本金偿还由两部分组成：一部分为借款还本付息计划表中本年还本额；一部分为流动资金借款本金偿还，一般发生在项目计算期最后一年。借款利息支付数额来自总成本费用估算表中的利息支出项。现金流出中其他各项与全部投资现金流量表中相同。

3）项目计算期各年的净现金流量为各年现金流入量减对应年份的现金流出量。项目资本金现金流量表将各年投入项目的项目资本金作为现金流出，各年交付的所得税和还本付息也作为现金流出。因此，其净现金流量包括了企业在缴税和还本付息之后所剩余的收益（含投资者应分得的利润），即企业的净收益，也是投资者的权益性收益。根据这种净现金流量计算得到的资本金内部收益率指标能够反映从投资者整体角度考察盈利能力的要求，也就是从企业角度对盈利能力进行判断的要求。依据项目资本金现金流量表计算的指标为资本金内部收益率，其表达式和计算方法同项目财务内部收益率，只不过所依据的表格和净现金流量数值不同。

（3）投资各方现金流量表 对于某些项目，为了考察投资各方的具体收益，还需要编制从投资各方角度出发的现金流量表，这就是投资各方现金流量表。

投资各方现金流量表是在项目融资后的财务盈利能力分析中，以项目各投资者的出资额为计算基础，按照投资各方实际收入和支出，把实分利润（或股利分配）、资产处置收益分配、租赁收入、技术转让或使用收入和其他现金流入作为现金流入；把实缴资本（股权投资）、租赁资产支出和其他现金流出作为现金流出。投资各方现金流量表见表 9-10。

表 9-10 投资各方现金流量表 （单位：万元）

序　号	年　份 项　目	合计	计　算　期					
			1	2	3	4	…	n
1	现金流入							
1.1	实分利润							
1.2	资产处置收益分配							
1.3	租赁收入							
1.4	技术转让或使用收入							
1.5	其他现金流入							
2	现金流出							
2.1	实缴资本							
2.2	租赁资产支出							
2.3	其他现金流出							
3	净现金流量（1 - 2）							

计算指标：投资各方内部收益率（%）

注：1. 本表按照不同投资方式分别编制。

2. 投资各方现金流量表既适用于内资企业，也适用于外商投资企业；既适用于合资企业，也适用于合作企业。

3. 投资各方现金流量表中现金流入是指出资方因该项目的实施将实际获得的各种收入；现金流出是指出资方因该项目的实施将实际投入的各种成本。表中科目应该依据项目具体情况调整。

4. "实分利润"是指投资者由项目获取的利润。

5. "资产处置收益分配"是指对有明确的合营期限或合资期限的项目，在期满时对资产余值按股比或约定比例的分配。

6. "租赁费收入"是指出资方将自己的资产租赁给项目使用所获得的收入，此时应将资产价值作为现金流出，列入"租赁资产支出"科目。

7. "技术转让或使用收入"是指出资方将专利或专有技术转让或允许该项目使用所获得的收入。

（4）财务计划现金流量表 该表应在财务分析辅助表和利润及利润分配表的基础上编制，主要是通过考察项目计算期内的投资、融资和经营活动所产生的各项现金流入和流出情况，计算净现金流量和累计盈余资金，依据该结果分析项目计算期内是否具有足够的净现金流量来维持项目的正常生产运营，是否能实现项目在财务上的可持续性。

当在项目计算期内累计盈余资金出现负值时，应进行短期融资，同时分析短期借款的时间长短，进一步判断项目的财务生存能力。故项目生产运营期间的短期融资也应该在财务计划现金流量表中得到反映。财务计划现金流量表见表 9-11。

表 9-11　财务计划现金流量表　　　　　　　　（单位：万元）

序　号	年　份 项　目	合计	计　算　期					
			1	2	3	4	…	n
1	经营活动净现金流量（1.1 – 1.2）							
1.1	现金流入							
1.1.1	销售（营业）收入							
1.1.2	增值税销项税额							
1.1.3	补贴收入							
1.1.4	其他流入							
1.2	现金流出							
1.2.1	经营成本							
1.2.2	增值税进项税额							
1.2.3	增值税							
1.2.4	增值税附加							
1.2.5	所得税							
1.2.6	其他流出							
2	投资活动净现金流量（2.1 – 2.2）							
2.1	现金流入							
2.2	现金流出							
2.2.1	建设投资							
2.2.2	维持运营投资							
2.2.3	流动资金							
2.2.4	其他流出							
3	筹资活动净现金流量（3.1 – 3.2）							
3.1	现金流入							
3.1.1	项目资本金投入							
3.1.2	建设投资借款							
3.1.3	流动资金借款							
3.1.4	债券							
3.1.5	短期借款							
3.1.6	其他流入							
3.2	现金流出							
3.2.1	各种利息支出							
3.2.2	偿还债务本金							
3.2.3	应付利润（股利分配）							
3.2.4	其他流出							
4	净现金流量（1 + 2 + 3）							
5	累计盈余资金							

注：1. 对于新设法人项目，本表投资活动的现金流入为零。

2. 对于既有法人项目，可适当增加科目。

3. 必要时，现金流出中可以增加应付优先股股利科目。

4. 对外商投资项目应将职工奖励与福利基金作为经营活动现金流出。

2. 利润及利润分配表

利润及利润分配表是用于计算项目投资利润率、总投资收益率、投资利税率和项目资本金净利润率等评价指标，反映项目计算期内各年利润总额、营业收入、总成本费用、所得税、税后利润及利润分配情况的表格。对于利润及利润分配表的分析评价，主要是审核表中数据是否真实可靠，指标的计算是否正确，编制格式是否符合相应要求，审查项目的利润总额以及利润分配的顺序是否符合国家财务制度和相关的政策。利润及利润分配表见表 9-12。

表 9-12　利润及利润分配表　　　　　（单位：万元）

序号	年份 项目	合计	计算期					
			1	2	3	4	…	n
1	营业收入							
2	税金及附加							
3	总成本费用							
4	补贴收入							
5	利润总额（1－2－3＋4）							
6	弥补以前年度亏损							
7	应纳税所得额（5－6）							
8	所得税（7）×25%							
9	净利润（5－8）							
10	期初未分配利润							
11	可供分配的利润（9＋10）							
12	提取法定盈余公积金（含公益金）(9)×10%							
13	可供投资者分配的利润（11－12）							
14	应付优先股股利							
15	提取任意盈余公积金							
16	应付普通股股利（13－14－15）							
17	各投资方利润分配							
	其中：××方							
	××方							
18	未分配利润（13－14－15－17）							
19	息税前利润（利润总额＋利息支出）							
20	息税折旧摊销前利润（息税前利润＋折旧＋摊销）							

注：1. 对于外商出资项目，由第 11 项减去储备基金、职工奖励与福利基金和企业发展基金后，得出可供投资者分配的利润。

2. 第 14～16 项根据企业性质和具体情况选择填列。

3. 法定盈余公积金按净利润计提。

3. 借款还本付息表

借款还本付息表用以反映项目借款偿还期内借款支用、还本付息和可用于偿还借款的资金来源情况，计算借款偿还期或者偿债备付率和利息备付率等指标。

借款还本付息表主要包括各种债务的借款及还本付息和偿还各种债务本金的资金来源。在借款尚未还清的年份，当年偿还本金的资金来源等于本年还本的数额；在借款还清的年份，当年偿还本金的资金来源等于或大于本年还本的数额。借款还本付息表见表9-13。

表9-13 借款还本付息表 　　　　　　　　（单位：万元）

序　号	项　目＼年　份	合计	计　算　期					
			1	2	3	4	…	n
1	借款1							
1.1	期初本息余额							
1.2	当期还本付息							
	其中：还本							
	付息							
1.3	期末借款余额							
2	借款2							
2.1	期初本息余额							
2.2	当期还本付息							
	其中：还本							
	付息							
2.3	期末借款余额							
3	债券							
3.1	期初债务余额							
3.2	当期还本付息							
	其中：还本							
	付息							
3.3	期末债务余额							
4	借款和债券合计							
4.1	期初本息余额							
4.2	本年还本付息							
	其中：还本							
	付息							
4.3	期末余额							

计算指标：利息备付率
偿债备付率

4. 资产负债表

资产负债表是根据"资产 = 负债 + 所有者权益"的会计平衡原理编制的。企业资产负债表是国际上通用的财务报表，反映了某一特定日期的财务状况。根据资产负债表的数据可以计算资产负债率、流动比率、速动比率等比率指标，以考察企业的财务状况，资产负债表见表9-14。

表9-14 资产负债表 　　　　　　　　（单位：万元）

序　号	项　目＼年　份	合计	计　算　期					
			1	2	3	4	…	n
1	资产							
1.1	流动资产总额							
1.1.1	货币资金							
1.1.2	应收账款							

（续）

序　号	项　目＼年　份	合计	计　算　期					
			1	2	3	4	…	n
1.1.3	预付账款							
1.1.4	存货							
1.1.5	其他							
1.2	在建工程							
1.3	固定资产净值							
1.4	无形及其他资产净值							
2	负债及所有者权益（2.4＋2.5）							
2.1	流动负债总额							
2.1.1	短期借款							
2.1.2	应付账款							
2.1.3	预收账款							
2.1.4	其他							
2.2	建设投资借款							
2.3	流动资金借款							
2.4	负债小计（2.1＋2.2＋2.3）							
2.5	所有者权益							
2.5.1	资本金							
2.5.2	资本公积金							
2.5.3	累计盈余公积和公益金							
2.5.4	累计未分配利润							

计算指标：资产负债率（%）

注：1. 对外商投资项目，第2.5.3项应改为累计储备基金和企业发展基金。

2. 对既有法人项目，一般只针对法人编制，可按需要增加科目，此时表中资本金是指企业全部实收资本，包括原有和新增的实收资本。必要时，此表也可针对"有项目"范围编制，此时表中资本金仅指"有项目"范围的对应数值。

3. 货币资金包括现金和累计盈余资金。

资产由流动资产、在建工程、固定资产净值、无形及其他资产净值四项组成。

1）流动资产为货币资金、应收账款、预付账款、存货及其他之和。应收账款、预付账款和存货三项数据来自流动资金估算表；货币资金数据则取自财务计划现金流量表的累计资金盈余与流动资金估算表中现金项之和。

2）在建工程是指固定资产投资和建设期利息的年累计额。

3）固定资产净值、无形及其他资产净值分别从固定资产折旧费估算表、无形和其他资产摊销估算表取得。

负债包括流动负债、建设投资借款和流动资金借款。流动负债中的应付账款、预收账款数据可由流动资金估算表直接取得。后两项需要根据财务计划现金流量表中的对应项及相应的本金偿还项进行计算。

所有者权益包括资本金、资本公积金、累计盈余公积和公益金及累计未分配利润。其中，资本金为项目投资中累计自有资金（扣除资本溢价），当存在由资本公积金或盈余公积金转增资本金的情况时应进行相应调整；资本公积金为累计资本溢价及赠款，转增资本金时进行相应调整；累计未分配利润可直接取自利润表；累计盈余公积金也可由利润表中盈余公积金项计算各年份的累计值，但应根据是否用盈余公积金弥补亏损或转增资本金的情况进行相应调整。

9.2.3 财务评价指标及计算

1. 财务评价指标分类

（1）按是否考虑资金时间价值进行分类 可以分为静态指标和动态指标。

静态指标主要有：总投资收益率、项目资本金净利润率、投资回收期、利息备付率、偿债备付率、资产负债率等。

动态指标主要有：财务内部收益率、财务净现值等。

（2）按财务分析的目标进行分类 可以分为反映盈利能力的指标、反映偿债能力的指标和反映财务生存能力的指标等。

盈利能力指标主要有：总投资收益率、项目资本金净利润率、投资回收期、财务内部收益率、财务净现值等。

偿债能力指标主要有：利息备付率、偿债备付率、资产负债率等。

（3）按指标的性质进行分类 可以分为时间性指标、价值性指标和比率性指标。

时间性指标主要有：投资回收期。

价值性指标主要有：财务净现值。

比率性指标主要有：总投资收益率、项目资本金净利润率、财务内部收益率、利息备付率、偿债备付率、资产负债率等。

2. 项目财务盈利能力指标分析

项目财务盈利能力分析主要是为了评价项目投资的盈利水平，是项目财务分析的主要内容之一，可以分为动态指标分析和静态指标分析。

（1）动态指标分析

1）财务净现值（FNPV）。财务净现值是指按照设定的折现率 i_c，计算的项目计算期内各种净现金流量的现值之和，其计算公式为：

$$FNPV = \sum_{t=1}^{n} (CI - CO)_t (1 + i_c)^{-t}$$

式中　FNPV——财务净现值；

　　　　CI——现金流入量；

　　　　CO——现金流出量；

　$(CI - CO)_t$——第 t 年的净现金流量；

　　　　n——计算期；

　　　　i_c——设定的折现率；

　$(1 + i_c)^{-t}$——第 t 年的折现系数。

财务净现值是评价项目盈利能力的绝对指标，它反映了项目在满足按设定折现率要求的盈利能力之外获得的超额盈利的现值。当 FNPV > 0 时，说明项目的盈利能力超过了按设定的基准折现率计算的盈利能力，项目是可行的；当 FNPV = 0 时，说明项目的盈利能力刚好达到按设定的基准折现率计算的盈利能力，项目可以考虑被接受；当 FNPV < 0 时，说明项

目的盈利能力达不到按设定的基准折现率计算的盈利能力，从而判断项目是不可行的。一般只计算所得税前财务净现值。

【例 9-3】 已知某生产汽车零件的拟建项目，预测其现金流量表见表 9-15。根据此现金流量表，试用财务净现值指标判断该项目是否可行（$i = 15\%$）。

表 9-15 某项目现金流量表 （单位：万元）

项　目 ＼ 年　份	1	2	3	…	10
投资	1200				
产出		300	300	…	300
残值					200
累计现金流量	−1200	300	300	…	500

解：由表 9-15 可知：

$$\text{FNPV} = 300 \text{万元} \times (P/A, 15\%, 9) \times (P/F, 15\%, 1) + 200 \text{万元} \times (P/F, 15\%, 10) - 1200 \text{万元}$$
$$= 300 \text{万元} \times 4.7716 \times 0.8696 + 200 \text{万元} \times 0.2472 - 1200 \text{万元} = 94.26 \text{万元} > 0$$

因此，该项目可以被接受。

2）财务内部收益率（FIRR）。财务内部收益率是指项目在整个计算期内各年净现金流量现值累计等于零时的折现率，是反映项目整个生命期内总投资支出所能获得的实际最大投资收益率，是项目内部潜在的最大盈利能力，也是项目接受贷款利率的最高临界点，其计算公式为：

$$\sum_{t=1}^{n} (CI - CO)_t (1 + FIRR)^{-t} = 0$$

式中　FIRR——财务内部收益率；

　　　　CI——现金流入量；

　　　　CO——现金流出量；

　　$(CI - CO)_t$——第 t 年的净现金流量；

　　　　n——计算期年数。

财务内部收益率可以根据财务现金流量表中的净现金流量用试算插值法计算，或者可以用专门的软件计算。

以财务内部收益率为评价指标时的判别依据是：当计算出的财务内部收益率大于基准投资收益率（i_c），同时也高于银行贷款利率或者投资者的期望收益率时，则认为该项目是可行的；反之则认为项目在财务上是不可接受的。

【例 9-4】 已知某拟建项目采用折现率为 15% 时，所得财务净现值为 16 万元；当采用折现率为 16% 时，所得财务净现值为 −60 万元。假设 $i_c = 13\%$，试用试算插值法计算该项目的财务内部收益率。

解：由题可知，$i_1 = 15\%$，$\text{FNPV}_1 = 16$；$i_2 = 16\%$，$\text{FNPV}_2 = -60$，则有

$$FIRR = i_1 + (i_2 - i_1) \frac{FNPV_1}{FNPV_1 + |FNPV_2|} = 15\% + (16\% - 15\%) \frac{16}{16 + |-60|} = 15.2\% > i_c = 13\%$$

3）动态投资回收期。见第 2 章贴现指标中时间型指标的描述。

（2）静态指标分析

1）静态投资回收期。见第 2 章非贴现指标中时间型指标的描述。

2）总投资收益率。也就是全部投资收益率，其计算公式见第 2 章式（2-15）。具体计算时，如果项目生产期较短，且年平均息税前利润波动较大，可以选择生产期的平均年平均息税前利润；如果项目生产期较长，年平均息税前利润在生产期又没有较大的波动，可选择正常生产年份的年息税前利润。式中的项目总投资为建设投资、建设期利息和流动资金之和。总投资收益率高于同行业的收益率参考值，表明项目的盈利能力满足要求，则认为项目是可行的，反之则是不能接受的。

3）项目资本金净利润率。该指标与第 2 章资本金投资净利率一样，见式（2-16）。如果项目生产期较短，且年净利润额波动较大，可以选择生产期的年平均利润总额；如果项目生产期较长，年净利润额在生产期又没有较大的波动，可选择正常生产年份的年利润总额。

计算出的项目资本金净利润率要与同行业的净利润率或者投资者期望的最低资本金净利润率进行比较，如果计算出的数值高于同行业的净利润率或者投资者期望的最低资本金净利润率，则认为项目的盈利能力满足要求，反之则不满足要求。

【例 9-5】 某项目的财务数据如下：总资金为 3000 万元，其中含项目资本金 1500 万元。项目正常运营期间，年营业收入为 1600 万元，总成本费用为 800 万元（其中利息费用为 200 万元），税金及附加为 200 万元，所得税税率为 25%。已知同行业（部门）的总投资收益率为 20%，项目资本金净利润率为 25%。试计算该项目的总投资收益率及项目资本金净利润率，并判断项目在财务上是否可以接受。

解：由题可知：

$$年利润总额 = (1600 - 800 - 200) 万元 = 600 万元$$
$$年应纳所得税额 = 600 万元 \times 25\% = 150 万元$$
$$年税后利润 = (600 - 150) 万元 = 450 万元$$
$$年息税前利润 = (600 + 200) 万元 = 800 万元$$

可得

$$总投资收益率 = 800 万元/3000 万元 = 26.67\% > 20\%$$
$$项目资本金净利润率 = 450 万元/1500 万元 = 30\% > 25\%$$

从而可以判断，该项目的总投资收益率及项目资本金净利润率均高于同行业（部门）的平均水平，故该项目在财务上是可以接受的。

---

3. 项目财务偿债能力指标分析

投资项目的资金构成一般可分为自有资金和借入资金。自有资金可长期使用，而借入资金必须按期偿还。因此，项目的投资者自然要关心项目偿债能力；借入资金的所有者，即债权人也非常关心贷出资金能否按期收回本息。因此，偿债能力分析是财务分析中的一项重要内容。

项目财务偿债能力分析是指根据有关财务报表计算利息备付率、偿债备付率等指标，评价项目借款偿债能力的过程。同时还可以计算借款偿还期、资产负债率、流动比率和速动比率等指标，作为偿债能力的辅助指标。

（1）利息备付率（ICR）　利息备付率是指项目在借款偿还期内，各年可以用于支付利息的息税前利润与当期应付利息费用的比值，其计算公式为：

$$利息备付率 = 息税前利润（EBIT）/当期应付利息费用（PI）$$

其中，息税前利润是指利润总额与计入总成本费用的利息费用之和，当期应付利息是指计入总成本费用的全部利息。

利息备付率可以按年计算，也可以按整个借款期计算。利息备付率表示项目的利润偿付利息的保证倍率，是从付息资金来源的充裕性角度反映项目偿付债务利息的能力。对于正常运营的企业，利息备付率应当大于2，否则表示付息能力保障程度不足。

（2）偿债备付率（DSCR）　偿债备付率是指项目在借款偿还期内，各年可以用于还本付息资金与当期应还本付息金额的比值，其计算公式为：

$$偿债备付率 = 可用于还本付息资金/当期应还本付息金额（PD）$$
$$= （息税前利润加折旧摊销 - 所得税）/当期应还本付息金额（PD）$$
$$= （EBIT + 折旧 + 摊销 - 所得税）/当期应还本付息金额（PD）$$

其中，可用于还本付息的资金，包括可用于还款的折旧和摊销、在成本中列支的利息费用、可用于还款的利润等；当期应还本付息金额包括当期应还贷款本金及计入成本的利息。

偿债备付率可以按年计算，也可以按整个借款期计算。偿债备付率表示可用于还本付息的资金偿还借款本息的保证倍数。正常情况下，偿债备付率应大于1，且越高越好。偿债备付率低，说明还本付息的资金不足，偿债风险大；当指标值小于1时，表示当年资金来源不足以偿还当期债务，需要通过短期借款偿付已到期的债务。

【例9-6】　某项目运营期第3年，有关财务数据为：利润总额1000万元，全部为应纳税所得额基数，税率25%；当年折旧450万元，摊销50万元；当年贷款本金为1500万元，应付利息120万元，试计算该项目运营期第3年的利息备付率和偿债备付率。

解：息税前利润（EBIT）= （1000 + 120）万元 = 1120万元

应纳所得税 = 1000万元 × 25% = 250万元

因此

$$利息备付率 = EBIT/PI = 1120/120 = 9.33$$
$$偿债备付率 = （EBIT + 折旧 + 摊销 - 所得税）/PD$$
$$= （1120 + 450 + 50 - 250）/（1500 + 120）= 0.99$$

可见，该项目利息备付率较高，利息偿还能力较好，但偿债备付率接近1，有一定的风险。总体来看，偿债能力是可行的。

（3）资产负债率　资产负债率是反映项目各年所面临的财务风险程度及偿债能力的指标，其计算公式为：

$$资产负债率 = \frac{负债合计}{资产合计} \times 100\%$$

资产负债率表明了企业总资产中有多少是通过负债得来的，是评价企业负债水平的综合指标。适度的资产负债率既能表明企业投资人、债权人的风险较小，又能表明企业经营安全、稳健、有效，具有较强的融资能力。国际上公认的较好的资产负债率指标是 60%。但是难以简单地用资产负债率的高或低来判断企业财务风险的大小，因为过高的资产负债率表明企业财务风险太大；过低的资产负债率则表明企业对财务杠杆利用不够。实践表明，行业间资产负债率差异也较大，因此，实际分析时应结合国家总体经济运行状况、行业发展趋势、企业所处竞争环境等具体条件进行判定。

（4）流动比率　流动比率是反映项目各年偿付流动负债能力的指标，其计算公式为：

$$流动比率 = \frac{流动资产总额}{流动负债总额} \times 100\%$$

流动比率衡量企业资金流动性的大小，考虑流动资产规模与负债规模之间的关系，在判断企业短期债务到期前，可以转化为现金用于偿还流动负债的能力。流动比率指标越高，说明偿还流动负债的能力越强；但该指标过高，说明企业资金利用效率低，对企业的运营也不利。国际公认的流动比率指标是 200%，但行业间的流动比率会有很大差异，一般来说，若行业生产周期较长，流动比率就应该相应提高；反之，就可以相对降低。

（5）速动比率　速动比率是反映项目各年快速偿付流动负债能力的指标，其计算公式为：

$$速动比率 = [(流动资产总额 - 存货)/流动负债总额] \times 100\%$$

速动比率指标是对流动比率指标的补充，是剔除了流动比率指标计算公式的分子流动资产总额中变现力最差的存货后，计算企业实际的短期债务偿还能力，较流动比率指标更为准确。速动比率指标越高，说明偿还流动负债的能力越强。与流动比率一样，该指标过高，说明企业资金利用效率低，对企业的运营也不利。国际公认的速动比率指标为 100%，同样，行业间该指标也有较大差异，实践中应结合行业特点分析判断。

在财务分析及评价过程中，项目可行性研究人员应该综合考察以上盈利能力和偿债能力指标，分析项目的财务运营能力能否满足预期的要求和规定的标准，从而评价项目的财务可行性。

9.3　PPP 融资模式及 PPP 项目财务分析

9.3.1　PPP 融资模式基本概念

1. PPP 概念

"PPP"一词由英国经济学界于 1997 年在联合国可持续发展的项目管理（Sustainable Project Management，SPM）会议上提出的，是对业已兴起的 BOT（建设—运营—移交）、TOT（转让—运营—移交）等政府特许经营、与各类社会资本合作模式的总括。从公共管理的角度看，PPP 是一种创新型的政府采购模式，能解决公共项目长期存在的问题项目超支、工期延长、效率低下、后期管理混乱等，而且相对于政府传统的直接出资建造模式，PPP 模式可以将很多商业风险转移给社会资本方。自 20 世纪 90 年代以来，PPP 模式在世界各国，尤其是发展中国家得到推广。我国政府自 2014 年以来，出台相关文件 200 多个，大力发展 PPP 模式。从定义角度来说，PPP 是一个相对宽泛的表述性词语，更多是大众认同的一种概念，形式上具有明显的特征，但不具有一个确切的定义，国际大型机构和各国政府对 PPP 都有自己的看法，以下总结了几种使用较为广泛的释义。

(1) 联合国开发计划署的 PPP 概念　1998 年，联合国开发计划署给出了 PPP 的概念。PPP 是指政府、营利性企业和非营利性组织基于某个项目而形成的相互合作关系的形式。通过这种合作形式，合作各方可以达到比预期单独行动更有利的结果。合作各方参与某个项目时，政府并不是把项目的责任全部转移给私营部门，而是由参与合作的各方共同承担责任和融资风险。

(2) 欧盟委员会的 PPP 概念　PPP 是指公共部门和私营部门之间的一种合作关系，其目的是提供传统上由公共部门提供的公共项目或服务。

(3) 加拿大 PPP 国家委员会的 PPP 概念　PPP 是公共部门和私营部门之间的一种合作经营关系，它建立在双方各自经验的基础上，通过适当的资源分配、风险分担和利益共享机制，最好地满足事先清晰界定的公共需求。

(4) 亚洲开发银行的 PPP 概念　PPP 是公共部门和私营部门在基础设施和其他服务方面的一系列合作关系，其特征有政府授权、规制和监管，私营部门出资、运营提供服务，长期合作、共担风险，提高效率和服务水平。

(5) 中国财政部和国家发展改革委员会的 PPP 概念　财政部《关于推广运用政府和社会资本合作模式有关问题的通知》（财金〔2014〕76 号）中将政府和社会资本合作（PPP 模式）界定为："政府和社会资本合作模式是在基础设施及公共服务领域建立的一种长期合作关系，通常模式是由社会资本承担设计、建设、运营、维护基础设施的大部分工作，并通过'使用者付费'及必要的'政府付费'获得合理投资回报；政府部门负责基础设施及公共服务价格和质量监管，以保证公共利益最大化"。这一描述将私人资本扩展至社会资本范畴，界定了中国 PPP 模式下政府和社会资本在合作中的职责分工及盈利回报模式。《国家发展改革委关于开展政府和社会资本合作的指导意见》（发改投资〔2014〕2724 号）中，则将 PPP 界定为："政府为增强公共产品和服务供给能力、提高供给效率，通过特许经营、购买服务、股权合作等方式，与社会资本建立的利益共享、风险分担及长期合作关系"。

PPP 分为广义和狭义两种说法。广义的 PPP 泛指政府与社会资本为提供公共产品或服务而建立的各种合作关系。狭义的 PPP 可以理解为 BOT、TOT、DBFO（设计—建设—融资—运营）等多种方式的总称。对于政府而言，PPP 不仅是一种融资模式，更是其管理相关公共项目的有效手段。

2. PPP 与传统融资模式项目的主要区别

1）融资是 PPP 的目的之一，但不仅限于融资目的，政府和公共部门除了利用民营部门的资本以外，大多还利用了民营部门的生产与管理技术。

2）融资更多是考虑将自己的风险最低化，而在 PPP 管理模式中，更多是考虑双方风险并将整体风险最小化。事实证明，追求整个项目风险最小化的管理模式，要比公、私双方各自追求风险最小化更能化解风险，PPP 所带来的"一加一大于二"的效应，需要从管理模式创新的层面上理解和总结。

3）融资者考虑的是自己收益最大化，而PPP更强调社会综合效益最大化。在PPP模式中的合作双方，不能过分追求局部利益，而需要更关心更多的公众利益。在PPP管理框架下，政府为了吸引民间资本进入，减少民营部门的经营风险，会确保其经营具有一定的收益水平，但又不应收益过高，如果收益过高，政府方面也会做出相应控制。

9.3.2 PPP项目财政承受能力评估

《关于印发〈政府和社会资本合作项目财政承受能力论证指引〉的通知》（财金〔2015〕21号）中规定，为确保财政中长期的可持续性，财政部门应根据项目全生命周期内的财政支出、政府债务等因素，对部分政府付费或政府补贴的项目，开展财政承受能力论证，每年政府付费或政府补贴等财政支出不得超出当年财政收入的一定比例。

PPP项目全生命周期过程的财政支出责任，主要包括股权投资、运营补贴、风险承担、配套投入等。PPP中心负责组织开展行政区域内PPP项目财政承受能力论证工作。省级财政部门负责汇总统计行政区域内的全部PPP项目财政支出责任，对财政预算编制、执行情况实施监督管理。财政承受能力论证采用定量和定性分析方法，坚持合理预测、公开透明、从严把关，统筹处理好当期与长远关系，严格控制PPP项目财政支出规模。

财政承受能力评估包括财政支出能力评估与行业和领域平衡性评估。

（1）财政支出评估 这是指根据PPP项目预算支出责任，评估PPP项目实施对当前及今后年度财政支出的影响。每一年度全部PPP项目需要从预算中安排的支出责任，占一般公共预算支出的比例应当不超过10%。省级财政部门可根据本地实际情况，因地制宜地确定具体比例，并报财政部备案，同时对外公布。

（2）行业和领域平衡性评估 为了平衡不同行业和领域的PPP项目，防止某一行业和领域的PPP项目过于集中，在进行财政支出能力评估通过后，进行领域平衡性评估。只有当财政支出能力评估及行业和领域平衡性评估都通过论证后，才能说该PPP项目通过论证，否则该项目未通过论证。对于"通过论证"的项目，各级财政部门应当在编制年度预算和中期财政规划时，将项目财政支出责任纳入预算统筹安排。"未通过论证"的项目，则不宜采用PPP模式。

9.3.3 PPP项目物有所值分析

《关于印发〈PPP物有所值评价指引（试行1）〉的通知》（财金〔2015〕167号）中规定，中华人民共和国境内拟采用PPP模式实施的项目，应在项目识别或准备阶段开展物有所值评价，物有所值评价包括定性评价和定量评价。现阶段以定性评价为主，鼓励开展定量评价。物有所值评价资料主要包括（初步）实施方案、项目产出说明、风险识别和分配情况、存量公共资产的历史资料、新建或改扩建项目的（预）可研报告、设计文件等。

1. 物有所值定性评价

政府采购开展物有所值评价时，项目本级财政部门（或PPP中心）应会同行业主管部门，明确定性评价程序、指标及其权重、评分标准等基本要求。定性评价指标包括全生命周期整合程度、风险识别与分配、绩效导向与鼓励创新、潜在竞争程度、政府机构能力、可融资性六项基本评价指标及补充评价指标。补充评价指标主要是六项基本评价指标未涵盖的其他影响因素，包括项目规模大小、预期使用寿命长短、主要固定资产种类、全生命周期成本测算准确性、运营收入增长潜力、行业示范性等。

在各项评价指标中，六项基本评价指标权重为 80%，其中任一指标权重一般不超过 20%；补充评价指标权重为 20%，其中任一指标权重一般不超过 10%。定性评价采用专家打分法。定性评价专家组包括财政、资产评估、会计、金融等经济方面的专家，以及行业、工程技术、项目管理和法律方面的专家等。

PPP 中心会同行业主管部门组织召开专家组会议，原则上评分结果在 60 分（含）以上的，通过定性评价，否则未通过定性评价。

2. 物有所值定量评价

定量评价是在假定采用 PPP 模式与政府传统投资方式产出绩效相同的前提下，通过对 PPP 项目全生命周期内政府方净成本的现值（PPP 值）与公共部门比较值（PSC）进行比较，判断 PPP 模式能否降低项目全生命周期成本。图 9-1 展示了 PSC 与 PPP 值的组成。

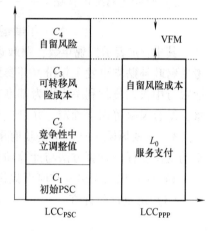

（1）公共部门比较值（PSC） PSC 是假设项目由政府融资、拥有和运营，并且能够运用最有效率的方式向公众提供产品或服务，再把政府和企业运作项目的区别和风险综合考虑进去的全项目生命周期现金流的净现值。

PSC = 初始 PSC + 竞争性中立调整值 + 项目全部风险成本

图 9-1 PSC 与 PPP 值的组成

1）初始 PSC =（建设成本 – 资本性收益）+（运营维护成本 – 使用者付费收入）+ 其他成本

2）竞争性中立调整值 = 传统模式少支出的土地费用 + 行政审批费用 + 税费 + 其他应增费用 – PPP 项目咨询费 – 其他应扣减费用

3）项目全部风险成本包括可转移风险成本和自留风险成本。可转移风险由社会资本承担，自留风险由政府承担。计算风险成本的方法主要有比例法、情景分析法、概率法等。

① 比例法。在各类风险支出数额和概率均难以准确测算的情况下，可以按照项目建设运营成本的一定比例确定风险承担成本。

风险承担成本 = 项目建设运营成本 × 风险承担比例

通常风险承担成本不超过项目建设运营成本的 20%，可转移风险承担成本占项目全部风险承担成本的比例一般为 70% ~ 85%。

② 情景分析法。在各类风险支出数额可以进行测算、但出现概率难以确定的情况下，可针对影响风险的各类事件和变量进行"基本""不利"及"最坏"等情景假设，测算各类风险发生所带来的风险承担支出。

③ 概率法。在各类风险支出数额和发生概率均可进行测算的情况下，首先确定关键风险和评价各种潜在后果，估算得到每种后果发生的概率，风险成本是所有后果按照概率分布进行加权计算后求和。

$$某个风险承担成本 = \sum（某个风险后果 × 该后果发生的概率）$$

（2）政府方净成本的现值（PPP） PPP 值是指政府采用 PPP 模式实施项目并达到产出

说明要求所应承担的全生命周期净成本和自留风险承担成本之和的净现值。根据《关于印发〈PPP 物有所值评价指引（试行 1）〉的通知》（财金［2015］167 号），PPP 值可等同于 PPP 项目全生命周期内股权投资、运营补贴、自留风险承担和配套投入等各项财政支出责任的现值。

$$PPP = 政府股权投资 + 运营补贴 + 自留风险承担成本 + 配套投入$$

1）股权投资支出 = 项目资本金 × 政府占项目公司股权比例

2）政府运营维护补贴 $= \dfrac{项目全部建设成本 \times （1 + 合理利润率） \times （1 + 合理折现率）^n}{财政运营补贴周期 （年）} +$

$$年度运营成本 \times （1 + 合理利润率） - 当年使用者付费数额$$

其中：n 表示折现年数；财政运营补贴周期指财政提供运营补贴的年数；合理折现率应考虑财政补贴支出发生年份，并参照同期地方政府债券收益率合理确定；合理利润率应以商业银行中长期贷款利率水平为基准，充分考虑可用性付费、使用量付费、绩效付费等不同情景，结合风险等因素确定，并且应当充分考虑合理利润率变化对运营补贴支出的影响。

3）自留风险承担成本是政府承担的风险，计算时应充分考虑各类风险出现的概率和带来的支出责任，计算方法与计算项目全部风险成本方法相同。

4）配套投入支出 = 政府拟提供的其他投入总成本 - 社会资本方支付的费用。

（3）定量评价标准

$$VFM = PSC - PPP$$

当 VFM ≥ 0 时，认为通过物有所值定量评价；当 VFM < 0 时，认为没有通过物有所值定量评价。物有所值评价结论为"通过"的项目，可进行财政承受能力论证；"未通过"的项目，可在调整实施方案后重新评价，仍未通过的不宜采用 PPP 模式。

（4）关键影响因素分析 在物有所值定量评价中，有两个关键的影响因素：折现率和风险调整值。

1）折现率。政府部门一般选取行业基准收益率为折现率。行业基准收益率应从本行业内选取规模和风险都具有代表性的项目，通过计算这些项目的财务内部收益率的加权平均值确定。由于政府部门的投资一般不考虑资金的机会成本和收益水平，因此，基准收益率最常取的是行业基准收益率。

2）风险调整值。确定风险调整值的关键有两点：一是确定政府和社会资本之间的风险分配。一般情况下，政府部门承担法律、政策和最低需求风险；社会资本承担设计、建设、融资及运营维护等风险；政府和社会资本合理共担不可抗力等风险。二是风险调整值的确定，即风险定价。风险定价的方法主要有比例法、情景分析法、概率法等。

9.3.4 PPP 项目实施方案编制

通过前期的调查研究及分析论证，完成项目招商实施方案编制。招商实施方案主要内容如图 9-2 所示。

1. 项目概况

项目概况主要包括基本情况、经济技术指标和项目公司股权情况等。基本情况主要明确项目提供的公共产品和服务内容、项目采用 PPP 模式运作的必要性和可行性，以及项目运作的目标和意义；经济技术指标主要明确项目区位、占地面积、建设内容或资产范围、投资

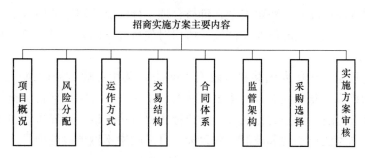

图 9-2 招商实施方案主要内容

规模或资产价值、主要产出说明和资金来源等；项目公司股权情况主要明确是否要设立项目公司以及公司股权结构。

2. 风险分配

按照风险分配优化、风险收益对等和风险可控等原则综合考虑政府风险管理能力、项目回报机制和市场风险管理能力等要素，在政府和社会资本间合理分配项目风险。原则上，项目设计、建造、财务和运行维护等商业风险由社会资本承担，法律、政策和最低需求等风险由政府承担，不可抗力等风险由政府和社会资本合理共担。

3. 运作方式

项目运作方式主要包括委托运营、MC、BOT、BOO、TOT 和 BOT 等。具体运作方式的选择主要由收费定价机制、项目投资收益水平、风险分配基本框架、融资需求、改扩建需求和期满处置等因素决定。

4. 交易结构

交易结构主要包括项目投融资结构、回报机制和相关配套安排。项目投融资结构主要说明项目资本性支出的资金来源、性质和用途，项目资产的形成和转移等。项目回报机制主要说明社会资本取得投资回报的资金来源，包括使用者付费、可行性缺口补助和政府付费等支付方式。相关配套安排主要说明由项目以外相关机构提供的土地、水、电、气和道路等配套设施和项目所需的上、下游服务。

5. 合同体系

合同体系主要包括项目合同、股东合同、工程承包合同、运营服务合同、原料供应合同、产品或服务采购合同、融资合同和保险合同等。项目合同是其中最核心的法律文件。项目边界条件是项目合同的核心内容，主要包括权利义务、交易条件、履约担保和调整衔接等边界。权利义务边界主要明确项目资产权属、社会资本承担的公共责任、政府支付方式和风险分配结果等，交易条件边界主要明确项目合同期限、项目回报机制、收费定价调整机制和产出说明，履约保障边界主要明确强制保险方案以及由投资竞争保函、建设履约保函、运营维护保函和移交维修保函组成的履约包涵体系、调整衔接边界主要明确应急处置、临时接管和提前终止、合同变更、合同展期、项目新增改扩建需求等应对措施。

6. 监管架构

监管架构主要包括授权关系和监管方式。授权关系主要是政府对项目实施机构的授权，以及政府直接或通过项目实施机构对社会资本的授权。监管方式主要包括行政监管、合同监管和公众监督等。行政监管即保证项目公司的产品或服务质量符合行业通行技术标准和特殊规范，确保其服务高质高效、稳定安全、价格合理。合同监管即保证项目公司服务质量符合特许经营协议规定，保证政府以及特许经营协议对项目公司的要求得到遵从和履行。

7. 采购选择

项目采购应根据《中华人民共和国政府采购法》及相关规章制度执行，采购方式包括公开招标、邀请招标、竞争性谈判、竞争性磋商和单一来源采购。项目实施机构应根据项目采购需求，依法选择适当的采购方式。公开招标主要适用于核心边界条件和技术经济参数明确、完整、符合国家法律法规和政府采购政策，且采购中不做更改的项目。

8. 实施方案审核

为提高工作效率，财政部门应当会同相关部门及外部专家建立PPP项目的评审机制，从项目建设的必要性及合规性、PPP模式的适用性、财政承受能力以及价格的合理性等方面，对项目实施方案进行评估，确保"物有所值"。评估通过的由项目实施机构报政府审核，审核通过的按照实施方案推进。

9.4 案例分析

9.4.1 一般项目财务分析案例

【案例1】 H建设项目有关资料如下：

1. 项目计算期10年，其中建设期2年。项目第3年投产，第5年开始达到100%的设计生产能力。

2. 项目建设投资7000万元，预计6200万元形成固定资产，800万元形成无形资产。其中，固定资产中有2000万元机器设备是建设单位购入（2019年4月1日后购入），增值税税率为13%，增值税的进项税额在项目投产后当年一次性抵扣。固定资产年折旧费为700万元，固定资产余值在项目运营期末收回，固定资产投资方向调节税税率为0。

3. 无形资产在运营期8年中，均匀摊入成本。

4. 流动资金为1000万元，在项目计算期末收回。

5. 项目的设计生产能力为年产量1.1万t，预计每吨售价为7000元（不含税），增值税税率为13%，所得税率为25%。总成本费用中可变成本所占比例为70%。

6. 项目的资金投入、销量及经营成本等基础数据，见表9-16。假设经营成本中60%是计税项目，增值税的综合税率预估为11%。

表9-16 建设项目资金投入、销量及经营成本表 （单位：万元）

序 号	项 目	年 份	1	2	3	4	5~10
1	建设投资	自有资金部分	2000	500			
		贷款（不含贷款利息）		4500			
2	流动资金	自有资金部分			400		
		贷款			100	500	
3	年销售量（万t）				0.8	1.0	1.1
4	年经营成本				4200	4600	5000

7. 还款方式：在项目运营期间（即从第 3 年至第 10 年）按等额本金还款方式偿还，流动资金贷款每年付息，运营期末还本。长期贷款利率为 8%（按年计息），流动资金贷款利率为 3%。表 9-17 所示为基准折现率 $I_c = 12\%$ 时各年的现值系数。

问题：

1. 计算无形资产摊销费。

2. 编制借款还本付息表（直接将结果填入给定表 9-18）。

3. 编制总成本费用估算表（直接将结果填入给定表 9-19）。

4. 编制项目利润及利润分配表，法定盈余公积金提取比例为 10%，每年按净利润的 20% 向股东分配股利，5% 提取任意盈余公积金（直接将结果填入给定表 9-20）。

5. 编制项目投资现金流量表（直接将结果填入表 9-21），通过此表计算所得税前和所得税后财务评价指标，并进行融资前的财务评价（基准折现率为 12%，行业基准回收期 8 年）。

6. 编制项目资本金现金流量表（直接将结果填入表 9-22），通过此表计算项目资本金财务内部收益率，并进行融资后的财务评价。

7. 计算项目第 3 年和第 6 年的利息备付率和偿债备付率

表 9-17 基准折现率 $I_c = 12\%$ 时各年的系数值

年 份	1	2	3	4	5	6	7	8	9	10
复利现值系数	0.893	0.797	0.712	0.636	0.567	0.507	0.452	0.404	0.361	0.322
年金现值系数	0.893	1.690	2.402	3.037	3.605	4.111	4.564	4.968	5.328	5.650

解：

1. 每年无形资产的摊销费 = (800/8)万元 = 100 万元

2. 建设期利息 = 4500 万元 × 0.5 × 8% = 180 万元

建设期末借款的本利和 = (4500 + 180)万元 = 4680 万元

因此，建设期投资借款从第 3 年到第 10 年每年应偿还的本金 = (4680/8)万元 = 585 万元

建设期投资借款从第 3 年开始每年偿还的利息 = 年初尚未偿还金额 × 8%

流动资金借款本金在生命期末偿还，每年偿还的利息 = 100 万元 × 3% = 3 万元

具体数值见表 9-18。

表 9-18 项目借款还本付息表 （单位：万元）

序号	年份 / 项目	1	2	3	4	5	6	7	8	9	10
1	建设投资借款		4500								
1.1	年初借款余额			4680	4095	3510	2925	2340	1755	1170	585
1.2	当年还本付息			959.4	912.6	865.8	819	772.2	725.4	678.6	631.8
	还本			585	585	585	585	585	585	585	585
	付息			374.4	327.6	280.8	234	187.2	140.4	93.6	46.8
1.3	年末借款余额		4680	4095	3510	2925	2340	1755	1170	585	0
2	流动资金借款			100	500						
2.1	年初借款余额			100	600	600	600	600	600	600	600

（续）

序号	项目＼年份	1	2	3	4	5	6	7	8	9	10
2.2	当年还本付息			3	18	18	18	18	18	18	18
	还本										600
	付息			3	18	18	18	18	18	18	18
2.3	年末借款余额			600	600	600	600	600	600	600	0
3	借款合计	4500	100	500							
3.1	年初借款余额			4780	4695	4110	3525	2940	2355	1770	1185
3.2	当年还本付息			962.4	930.6	883.8	837	790.2	743.4	696.6	1249.8
	还本			585	585	585	585	585	585	585	1185
	付息			377.4	345.6	298.8	252	205.2	158.4	111.6	64.8
3.3	年末借款余额		4680	4695	4110	3525	2940	2355	1770	1185	0

3. 总成本费用估算见表 9-19。

表 9-19　总成本费用估算表　　　　　　　（单位：万元）

序号	项目＼年份	3	4	5	6	7	8	9	10
1	经营成本	4200	4600	5000	5000	5000	5000	5000	5000
2	折旧费	700	700	700	700	700	700	700	700
3	摊销费	100	100	100	100	100	100	100	100
4	利息支出	377.4	345.6	298.8	252	205.2	158.4	111.6	64.8
5	总成本费用	5374.5	5745.6	6098.8	6052	6005.2	5958.4	5911.6	5864.8
5.1	固定成本	1612.35	1723.68	1829.64	1815.6	1801.56	1787.52	1773.48	1759.44
5.2	可变成本	3762.15	4021.92	4269.16	4236.4	4203.64	4170.88	4138.12	4105.36

4. 第 3 年营业收入 = 0.8 万吨 × 7000 元/吨 = 5600 万元

第 3 年增值税销项税额 = 5600 万元 × 13% = 728 万元

第 3 年增值税的进项税额 = 4200 万元 × 60% × 11% = 277.2 万元

第 3 年建设期购买机器设备抵扣的增值税进项税额 = 2000 万元 × 13% = 260 万元

第 3 年的增值税附加税金 = (728 − 277.2 − 260) 万元 × (7% + 3% + 2%) = 22.896 万元

第 4 年营业收入 = 1.0 万吨 × 7000 元/吨 = 7000 万元

第 4 年增值税销项税额 = 7000 万元 × 13% = 910 万元

第 4 年增值税的进项税额 = 4600 万元 × 60% × 11% = 303.6 万元

第 4 年增值税附加税金 = (910 − 303.6) 万元 × (7% + 3% + 2%) = 72.768 万元

第 5 年到第 10 年营业收入 = 1.1 万吨 × 7000 元/吨 = 7700 万元

第 5 年到第 10 年增值税销项税额 = 7700 万元 × 13% = 1001 万元

第 5 年到第 10 年增值税的进项税额 = 5000 万元 × 60% × 11% = 330 万元

第 5 年到第 10 年增值税附加税金 = (1001 − 330) 万元 × (7% + 3% + 2%) = 80.52 万元

具体计算见表 9-20。

表 9-20 项目利润及利润分配表 （单位：万元）

序号	年份 项目	3	4	5	6	7	8	9	10
1	营业收入	5600	7000	7700	7700	7700	7700	7700	7700
2	总成本费用	5374.5	5745.6	6098.8	6052	6005.2	5958.4	5911.6	5864.8
3	税金及附加	22.896	72.768	80.52	80.52	80.52	80.52	80.52	80.52
4	利润总额	202.604	1181.632	1520.68	1567.48	1614.28	1661.08	1707.88	1754.68
5	弥补以前年度亏损	0	0	0	0	0	0	0	0
6	所得税	50.651	295.408	380.17	391.87	403.57	415.27	426.97	438.67
7	净利润	151.953	886.224	1140.51	1175.61	1210.71	1245.81	1280.91	1316.01
8	提取法定盈余公积金(7)×10%	15.1953	88.6224	114.051	117.561	121.071	124.581	128.091	131.601
9	可供投资者分配利润(7)-(8)	136.7577	797.6016	1026.459	1058.049	1089.639	1121.229	1152.819	1184.409
10	应付优先股股利	0	0	0	0	0	0	0	0
11	提取任意盈余公积金(7)×5%	7.5977	44.3112	57.0255	58.7805	60.5355	62.2905	64.0455	65.8005
12	应付普通股股利（7）×20%	30.3906	177.2448	228.102	235.122	242.142	249.162	256.182	263.202
13	未分配利润	98.7694	576.0456	741.3345	764.1465	786.9615	809.7765	832.5915	855.4065
14	息税前利润（EBIT）	580.004	1527.232	1819.48	1819.48	1819.48	1819.48	1819.48	1819.48
15	息税折旧摊销前利润（EBITDA）	1380.004	2327.232	2619.48	2619.48	2619.48	2619.48	2619.48	2619.48

5. 固定资产期末余值 = (7000 + 180 - 800) 万元 - 700 万元/年 × 8 年 = 780 万元

正常生产年份流动资金额度 = (400 + 100 + 500) 万元 = 1000 万元

项目投资现金流量表的编制见表9-21。根据此表，计算的财务评价指标如下：

表 9-21 项目投资现金流量表 （单位：万元）

序号	项目	建设期		生产期							
		1	2	3	4	5	6	7	8	9	10
	生产负荷			60%	90%	100%	100%	100%	100%	100%	100%
1	现金流入			5600	7000	7700	7700	7700	7700	7700	9480
1.1	营业收入			5600	7000	7700	7700	7700	7700	7700	7700
1.2	补贴收入										

（续）

序号	项目	建设期		生产期							
		1	2	3	4	5	6	7	8	9	10
1.3	回收固定资产余值										780
1.4	回收流动资金										1000
2	现金流出	2000	5000	4722.896	5172.768	5080.52	5080.52	5080.52	5080.52	5080.52	5080.52
2.1	建设投资	2000	5000								
2.2	流动资金			500	500						
2.3	经营成本			4200	4600	5000	5000	5000	5000	5000	5000
2.4	税金及附加			22.896	72.768	80.52	80.52	80.52	80.52	80.52	80.52
2.5	维持运营投资										
3	所得税前净现金流量（1-2）	-2000	-5000	877.104	1827.232	2619.48	2619.48	2619.48	2619.48	2619.48	4399.48
4	累计所得税前净现金流量	-2000	-7000	-6122.896	-4295.664	-1676.184	943.296	3562.776	6182.256	8801.736	13201.216
5	调整所得税			145.001	381.808	454.87	454.87	454.87	454.87	454.87	454.87
6	所得税后净现金流量	-2000	-5000	732.103	1445.424	2164.61	2164.61	2164.61	2164.61	2164.61	3944.61
7	累计所得税后净现金流量	-2000	-7000	-6267.897	-4822.473	-2657.863	-493.253	1671.357	3835.967	6000.577	9945.187

（1）所得税前财务评价指标

所得税前投资回收期 = $(6-1+1676.184/2619.48)$ 年 = 5.64 年

所得税前财务净现值 FNPV = -2000 万元 × 0.893 - 5000 万元 × 0.797 + 877.104 万元 × 0.712 + 1827.232 万元 × 0.636 + 2619.48 万元 × 0.567 + 2619.48 万元 × 0.507 + 2619.48 万元 × 0.452 + 2619.48 万元 × 0.404 + 2619.48 万元 × 0.361 + 4399.48 万元 × 0.322 = 3433.479 万元

所得税前财务内部收益率的计算：

利用 EXCEL 的函数计算公式得出所得税前的 FIRR = 23.56%

运用试算插值法计算所得税前 FIRR

$$i_1 = 23\%，\ FNPV_1 = 102.22 \text{ 万元}；i_2 = 25\%，\ FNPV_2 = -244.66 \text{ 万元}$$

因此，$FIRR = 23\% + \dfrac{102.22 \text{ 万元}}{(102.22 + 244.66)\text{万元}} \times (25\% - 23\%) = 23.59\%$

可见，所得税前投资回收期 < 行业基准回收期 8 年

FNPV > 0，FIRR > 基准折现率 12%

因此，该项目财务方面是可行的。

（2）所得税后财务评价指标

所得税后投资回收期 = $(7-1+493.253/2164.61)$ 年 = 6.23 年

所得税后财务净现值 = −2000 万元 × 0.893 − 5000 万元 × 0.797 + 732.103 万元 × 0.712 + 1445.424 万元 × 0.636 + 2164.61 万元 × 0.567 + 2164.61 万元 × 0.507 + 2164.61 万元 × 0.452 + 2164.61 万元 × 0.404 + 2164.61 万元 × 0.361 + 3944.61 万元 × 0.322 = 1898.833 万元 > 0

财务净现值的计算，第 5 年到第 9 年净现金流量属于年金形式，也可采用年金现值系数进行计算，结果和上面复利现值计算稍有差异，这里面不在累述了。

所得税后财务内部收益率的计算：

利用 EXCEL 的函数计算公式得出所得税后的 FIRR = 18.70%

运用试算插值法的 FIRR 计算：

给定 $i_1 = 18\%$，$FNPV_1 = 150.38$ 万元；$i_2 = 20\%$，$FNPV_2 = -259.21$ 万元

因此，$FIRR = 18\% + \dfrac{150.38\ \text{万元}}{(150.38 + 259.21)\ \text{万元}} \times (20\% - 18\%) = 18.73\%$

可见，所得税后投资回收期 < 行业基准回收期 8 年。

FNPV > 0，FIRR > 基准折现率 12%。

因此，该项目财务方面是可行的。

该项目无论从所得税前指标还是所得税后指标来看财务上都是可行的。

6. 项目资本金现金流量表如表 9-22 所示。通过该表计算项目资本金财务内部收益率：

利用 EXCEL 的函数计算公式得出项目资本金的财务内部收益率 FIRR = 29.07%

运用试算插值法的 FIRR 计算：

给定 $i_1 = 28\%$，$FNPV_1 = 83.92$ 万元；$i_2 = 30\%$，$FNPV_2 = -67.93$

因此，$FIRR = 28\% + \dfrac{83.92\ \text{万元}}{(83.92 + 67.93)\ \text{万元}} \times (30\% - 28\%) = 29.10\%$

可见，项目资本金内部收益率 > 基准折现率 12%，该项目财务上具有可行性。

表 9-22 项目资本金现金流量表 （单位：万元）

序号	项 目	建 设 期		生 产 期							
		1	2	3	4	5	6	7	8	9	10
	生产负荷			60%	90%	100%	100%	100%	100%	100%	100%
1	现金流入			5600	7000	7700	7700	7700	7700	7700	9480
1.1	营业收入			5600	7000	7700	7700	7700	7700	7700	7700
1.2	补贴收入										
1.3	回收固定资产余值										780
1.4	回收流动资金										1000
2	现金流出	2000	500	5635.947	5898.776	6344.49	6309.39	6274.29	6239.19	6204.09	6768.99
2.1	项目资本金	2000	500	400							
2.2	借款本金偿还			585	585	585	585	585	585	585	1185
2.3	借款利息支付			377.4	345.6	298.8	252	205.2	158.4	111.6	64.8
2.4	经营成本			4200	4600	5000	5000	5000	5000	5000	5000

（续）

序号	项　　目	建　设　期		生　产　期							
		1	2	3	4	5	6	7	8	9	10
2.5	税金及附加			22.896	72.768	80.52	80.52	80.52	80.52	80.52	80.52
2.6	所得税			50.651	295.408	380.17	391.87	403.57	415.27	426.97	438.67
2.7	维持运营投资										
	净现金流量	-2000	-500	-35.947	1101.224	1355.51	1390.61	1425.71	1460.81	1495.91	2711.01

7. 该项目利息备付率和偿债备付率计算如下：

第3年的利息备付率 = EBIT/应付利息 = 580.004万元/377.4万元 = 1.54

第3年的偿债备付率 = （EBITDA - 所得税）/还本付息额 = （1380.004 - 50.651）万元/962.4万元 = 1.38

第6年的利息备付率 = EBIT/应付利息 = 1819.48万元/252万元 = 7.22

第6年的偿债备付率 = （EBITDA - 所得税）/还本付息额 = （2619.48 - 391.87）万元/837万元 = 2.66

从计算结果来看，该项目第3年的偿债能力一般，主要原因在于项目在试生产阶段。

第6年是正常运营的年份，该项目的偿债能力较强，利息备付率和偿债备付率均高于最低标准，总体来说项目的偿债能力是较强的。

9.4.2　PPP项目案例

【案例2】　某水利项目建设宗旨为在改善城市生态环境，承担经开区生态雨洪管理功能的前提下，打造一个集生态、观光、休闲为一体的综合性景区。该项目属于新建项目，占地约1500亩。项目总投资额约250000万元，资本金比例为30%，其中政府股权比例为5%，社会资本方股权比例为95%。该项目建设期3年，由项目公司根据不影响项目建设进度的原则按4:3:3的比例分期投入。

1. 物有所值评价

（1）物有所值定性评价　物有所值定性评价采用专家打分法。定性评价专家组包括财政、资产评估、会计、金融等经济方面专家，以及行业、工程技术、项目管理和法律方面的专家等。

1）基本指标。该项目基本评价指标包括全生命周期整合程度、风险识别与分配、绩效导向与鼓励创新、潜在竞争程度、政府机构能力、可融资性等六项，其权重共为80%。

全生命周期整合程度指标主要考核在项目全生命周期内，项目设计、投融资、建造、运营和维护等环节能否实现长期、充分整合，其权重为15%。

风险识别与分配指标主要考核在项目全生命周期内，各风险因素是否得到充分识别并在政府和社会资本之间进行合理分配，其权重为15%。

绩效导向与鼓励创新指标主要考核是否建立以基础设施及公共服务供给数量、质量和效率为导向的绩效标准和监管机制，是否落实节能环保、支持本国产业等政府采购政策，能否鼓励社会资本创新，其权重为15%。

潜在竞争程度指标主要考核项目内容对社会资本参与竞争的吸引力，其权重为15%。

政府机构能力指标主要考核政府转变职能、优化服务、依法履约、行政监管和项目执行管理等能力，其权重为 10%。

可融资性指标主要考核项目的市场融资能力，其权重为 10%。

2) 补充指标。经项目实施机构会同相关职能部门，根据项目具体情况就六项基本评价指标未涵盖的其他影响因素设置了四项补充评价指标，分别是项目规模大小（权重为 5%）、预期使用寿命长短（权重为 5%）、全生命周期成本测算准确性（权重为 5%）、运营收入增长潜力（权重为 5%）。

表 9-23 专家评分表

指 标		权 重	专家 1	专家 2	专家 3	专家 4	专家 5
基本指标	全生命周期整合程度	15%	80	85	70	75	80
	风险识别与分配	15%	75	85	85	80	75
	绩效导向与鼓励创新	15%	70	75	60	85	80
	潜在竞争程度	15%	80	75	85	65	60
	政府机构能力	10%	70	80	75	75	65
	可融资性	10%	65	85	70	60	85
	基本指标小计	80%	—	—	—	—	—
补充指标	项目规模大小	5%	40	25	35	30	40
	预期使用寿命长短	5%	70	80	85	85	70
	全生命周期成本测算准确性	5%	80	85	90	80	80
	运营收入增长潜力	5%	90	85	80	85	85
	补充指标小计	20%	—	—	—	—	—
合 计		100%	—	—	—	—	—
备 注		每项指标评分分为五个等级，有利（81～100 分）、较有利（61～80 分）、一般（41～60 分）、较不利（21～40 分）、不利（0～20 分）					

表 9-24 专家评分结果表

指 标		权 重	总 分	平 均 分	加 权 分
基本指标	全生命周期整合程度	15%	390	78	11.7
	风险识别与分配	15%	400	80	12
	绩效导向与鼓励创新	15%	370	74	11.1
	潜在竞争程度	15%	365	73	10.95
	政府机构能力	10%	365	73	7.3
	可融资性	10%	365	73	7.3
	基本指标小计	80%	—	—	60.35
补充指标	项目规模大小	5%	170	34	1.7
	预期使用寿命长短	5%	390	78	3.9
	全生命周期成本测算准确性	5%	415	83	4.15
	运营收入增长潜力	5%	425	85	4.25
	补充指标小计	20%	—	—	14
评分结果		100%	—	—	74.35

经过专家打分和综合评价，该项目加权平均分为 74.35 分，满足定性评价要求，适合采用 PPP 模式。

（2）物有所值定量评价 根据定量评价计算要求，计算净现值采用的折现率应考虑财政补贴支出发生年份，参照同期地方政府债券收益率合理确定。结合我国目前的折现率水平，该项目的年度折现率设定为5%。

1）计算该项目PSC值。

① 计算初始PSC值。该项目建设期3年，运营期10年。建设总投资约250000万元。运营维护成本主要为政府在运营期中需承担的项目运营维护费用、管理费用等各项成本支出之和，经测算年度运营成本为1107万元/年，暂不计算其他成本，收入每年7万元，不存在资本性收益（指项目全生命周期内产生的转让、租赁或处置资产所获的收益）。

② 计算竞争性中立调整值。该项目中传统模式下政府的竞争优势主要为政府比社会资本少支出所得税。经测算，项目合作期内政府在传统模式下政府比在PPP模式下合计少支出的税费现值为5873.64万元。

表9-25 该项目竞争性中立调整值计算表 （单位：万元）

序 号	项 目	2020	2021	2022	2023	2024
1	竞争性中立调整值	215	343	312	537	739
1.1	所得税	215	343	312	537	739
2	竞争性中立调整值现值	176.88	268.75	232.82	381.64	500.18

序 号	项 目	2025	2026	2027	2028	2029
1	竞争性中立调整值	1020	1211	1501	1739	2011
1.1	所得税	1020	1211	1501	1739	2011
2	竞争性中立调整值现值	657.5	743.45	877.6	968.34	1066.5
合计		5873.64				

③ 计算风险承担成本。该项目采用比例法计算风险承担成本。参考PPP项目的惯例，通常风险承担成本不超过项目建设运营成本的15%，该项目风险承担成本取项目建设运营成本的15%，合计39160万元。其中，可转移风险承担成本占项目全部风险承担成本的85%，即33286万元，自留风险承担成本占项目全部风险承担成本的15%，即5874万元。

④ 计算PSC值。

表9-26 该项目PSC计算表 （单位：万元）

序 号	项 目	2017 年	2018 年	2019 年	2020～2029 年
1	初始PSC值	100000	75000	75000	1107
1.1	建设成本	100000	75000	75000	
1.2	资本性收益				
1.3	运营维护成本				1100
1.4	项目收入				7
1.5	其他成本				
	初始PSC值现值	235390.13			
2	竞争性中立调整值现值	5873.64			
3	项目全部风险成本	15000	11250	11250	166
3.1	可转移风险承担成本	12750	9562.5	9562.5	141
3.2	自留风险承担成本	2250	1687.5	1687.5	25
	项目全部风险成本现值	35315.18			
4	PSC值现值	276579			

2) 计算该项目 PPP 值。

① 股权投资。该项目资本金比例为 30%，为 75000 万元，由政府和中选社会资本按股权比例出资。其中政府方持股比例为 5%，投资额为 3750 万元。

② 政府运营维护成本。项目运营期间，政府每年须向项目公司支付补贴 35000 万元，按 5% 折现率折算的现值为 233450.16 万元。

表 9-27　政府补贴支出　（单位：万元）

运营年份	1 ~ 3	4 ~ 13
政府补贴	0	35000

③ 自留风险承担成本。政府自留风险承担成本等同于 PSC 值中的自留风险承担支出成本，其现值约为 5325.11 万元。

④ 配套投入。由于该项目的项目设施和配套工程建设成本已计入项目总投资，且项目周边的水、电、道路均配套较完善，故政府方不承担额外配套投入支出责任。

表 9-28　项目 PPP 值测算　（单位：万元）

序　号	项　目	2017 年	2018 年	2019 年	2020 ~ 2029 年
1	PPP 值	3750	2812.5	2812.5	35025
1.1	股权投入	1500	1125	1125	
1.2	运营维护成本				35000
1.3	自有风险承担	2250	1687.5	1687.5	25
1.4	配套收入				
2	PPP 现值			242196	

3) 物有所值定量评价结果。该项目物有所值（VFM）的量值如下：

VFM = PSC − PPP = 276579 万元 − 242196 万元 = 34383 万元

该项目 VFM > 0 时，意味着政府采用 PPP 模式更为经济，所以该项目应采用 PPP 模式。

2. 财政承受能力评价

该项目通过了物有所值评价后，还需要对其进行财政承受能力评价，以明确 PPP 项目给财政带来的负担是否在可控范围内。

（1）财政支出能力评估

1) 政府股权投资支出。该项目资本金比例为 30%，为 75000 万元，政府方持股比例为 5%，投资额为 3750 万元。

2) 运营补贴支出。项目运营期间，政府须向项目公司支付补贴，政府补贴支出见表 9-27，按 5% 折现率折算的现值为 233450.16 万元。

3) 风险承担成本支出。政府自留风险承担成本等同于物有所值计算中的自留风险承担支出成本，其现值约为 5325.11 万元。

4) 配套投入支出。政府方不承担额外配套投入支出责任。

根据 2014 ~ 2016 年项目所在地财政预算执行情况报告，近 3 年地方财政收入增长稳定，各年财政收入增长率均在 10% 左右，且各年财政收支平衡，假设该地区政府一般公共预算支出按照平均 10% 的增速稳定增长。目前为止该地区政府没有公布其他 PPP 项目，因此计算政府财政承受能力时只考虑该项目的财政支出情况即可，该项目财政支出所占总财政支出（一般公共预算支出）的比例测算见表9-29。

表 9-29　该项目所在地财政支出占财政支出的比例表

年　份	财政支出（万元）	政府一般公共预算支出（万元）	占　比
2017	3750	780000	0.48%
2018	2812.5	858000	0.33%
2019	2812.5	943800	0.3%
2020	35025	1038180	3.37%
2021	35025	1141998	3.07%
2022	35025	1256198	2.79%
2023	35025	1381818	2.53%
2024	35025	1520000	2.3%
2025	35025	1672000	2.09%
2026	35025	1839200	1.9%
2027	35025	2023120	1.73%
2028	35025	2225431	1.57%
2029	35025	22447974	1.16%

从表中可以看出，该项目建设运营年度内，项目财政支出占政府一般公共财政预算支出的比例未超过10%，因此该地区政府具有较强的财政能力和承受能力。

（2）行业和领域平衡性评估　行业和领域均衡性评估，是根据PPP模式适用的行业和领域范围，以及经济社会发展需要和公众对公共服务的需求，平衡不同行业和领域的PPP项目，防止某一行业和领域的PPP项目过于集中。由于该项目的建设为迫切的水利建设类工程，不存在行业及领域集中问题，行业和领域较为均衡。

（3）财政承受能力论证结论　该项目通过了财政承受能力论证和行业和领域平衡性评估，建议该地区财政部门应当在编制年度预算和中期财政规划时，将该项目财政支出责任纳入预算统筹安排。

3. 实施方案设计

（1）项目概况　某水利项目建设宗旨为在改善城市生态环境、承担经开区生态雨洪管理功能的前提下，打造一个集生态、观光、休闲为一体的综合性景区。该项目属于新建项目，占地约1500亩。项目总投资额约250000万元，资本金比例为30%，其中政府股权比例为5%，社会资本方为95%。该项目建设期3年，由项目公司根据不影响项目建设进度的原则按4∶3∶3的比例分期投入。

（2）风险分配　该项目涉及各类潜在风险，按照风险分配优化、风险收益对等和风险可控等原则，应由最有能力消除、控制或降低风险的一方承担风险。在项目协议中需具体明确项目风险的分配，在政府和社会资本间合理分配项目风险。一般情况下，法律、政策和最低需求等风险由政府承担，项目设计、建造、运营维护等商业风险由社会资本承担，该项目政府承担风险比例约占5%，社会资本承担风险比例约占95%。

表 9-30　该项目风险分担表

风险层面	风险种类	政　府　方	社会资本方	共担风险
政治层面	资产征用	√		
	政府审批延误	√		
	政府失信	√		
	上级法律变化			√
	本级法律变化	√		
	税收政策变化			√
	行业政策性变化			√
市场层面	融资可行性		√	
	高融资成本		√	
	金融市场低效率		√	
	通货膨胀			√
	融资利率		√	
	汇率变动		√	
	劳动力/材料设备价格上涨			√
	工程第三方		√	
项目层面	土地使用	√		
	基础设施配套	√		
	竞争不充分	√		
	设计质量		√	
	建设过程控制		√	
	设计变更			责任方承担
	工期延误			责任方承担
	建设成本超支			责任方承担
	工程质量		√	
	水源	√		
	可行性缺口补助费用支付	√		
	安全运营		√	

（3）运作方式　根据对项目基本情况及 PPP 项目运作方式分析，该项目为新建项目、公益项目，需要维修养护等日常服务，有融资需求，因此，该项目拟采取 BOT 的运作方式，即建设—运营—移交方式，政府将项目建设、融资、运营、维护等全部交给社会资本，由政府通过向项目公司支付可用性服务费的方式支付项目的可用性（符合验收标准的公共资产），以及支付运维绩效服务费的方式支付项目公司为维持项目可用性的运营维护服务（符合绩效要求的公共服务），该可用性服务费和运营绩效服务费将纳入跨年度的财政预算，并提请人大审议通过。

（4）交易结构

1）项目投融资结构。该项目中由政府和社会资本方共同组建项目公司，负责该项目的投资、建设、管理和维护。项目投资总额为 250000 万元。其中，项目资本金为项目建设投资总额的 30%，即 75000 万元。其中政府方出资 3750 万元，股权占比 5%；社会资本方出资 71250 万元，股权占比 95%。项目剩余 70% 的投资额，175000 万元由项目公司通过融资获得。

2）相关配套安排。该项目依托周边原有供水、排水、电力、通信等工程管网，满足该项目相关配套的需要。

土地及建筑物使用权方面，土地划拨给项目实施机构，供项目公司无偿使用。该土地未经过土地管理部门书面同意，项目公司不得变更土地用途性质，也不得将土地使用权转让和抵押。

供电方面，电力部门和电网公司协助管线迁改与停电安排工作，同时优先保障该项目正常运营所需用电，并在政策允许范围内给予项目公司一定的电价优惠。

供水方面，自来水公司协助进行管道安装等相关工作，并负责项目运营期间各工作人员的安全用水和管道设施的维护。

环境保护方面，环保部门协助项目公司处理项目运营产生的生活垃圾等。

3）回报机制。社会资本方取得投资回报的方式包括使用者付费、可行性缺口补助及政府付费三种方式。该项目主要为政府付费。

政府支付项目公司可用性服务费及运维绩效服务费，可用性服务费以最终审计结果确定的工程总投资和双方约定的合理利润率（中标价为准），并结合绩效考核结果在运营期分年支付；运营绩效服务费为运营期年运营成本和双方约定的合理利润率（中标价为准），结合绩效考核结果在运营期分年支付。该项目所在地财政局根据PPP项目合同的约定向项目公司支付可用性服务费和运维绩效服务费。该费用须纳入当地政府财政中长期规划和对应年度财政预算并获得县人大或常委会批复文件。

合理利润率设定一般考虑我国中央银行规定的五年期长期银行贷款利率、商业银行贷款利率、社会平均投资收益率以及行业收益率等几方面的因素。根据统计，近10年我国五年期以上基准银行贷款利率变化在4.9%~7.83%，到2015年，由于国家实施相对积极货币政策，基准银行贷款利率维持在4.9%的相对低位。综合分析，我国近10年，五年期以上贷款平均基准利率为6.43%，综合拟定该项目合理利润率不高于6.30%（该标准最终通过社会资本方报价确定）。

年度折现率应考虑财政补贴支出发生的年份，并参照同期地方政府债券收益率合理确定。2017年项目所在地政府发行的十年期债券收益率在4.02%左右，社会偏好折现率一般为4.5%~6%，结合该项目实际，考虑市场因素和经济增长因素，折现率选定为5%。

运营补贴周期：项目运营补贴周期为10年。

运维绩效服务费指项目公司为维持该项目可用性之目的提供的符合协议规定的绩效标准的运营维护服务而需要获得的服务收入，主要包括该项目红线范围内的运营维养成本、税费及必要的合理回报。项目公司通过取得运营绩效服务费以收回项目维护成本并获取合理收益。

（5）合同体系

1）《PPP项目合同》。该合同全面规定合同各方的权利和义务。社会资本与实施机构共同签订《PPP项目合同》；社会资本和政府出资代表共同成立项目公司；项目公司成立后，社会资本方、项目公司及实施机构签订三方补充协议，或项目公司承继PPP项目合同。

2）融资贷款合同。由项目公司与融资机构签订。同时，项目公司以其财产或其他权益作为抵押或质押，或由中选社会资本提供担保，并在担保合同中具体体现。

3）履约合同。由项目公司与其他相关方签订工程总承包、设备采购、原材料供应、设施租赁或场地租赁等合同。

4）保险合同。包括建筑工程一切险、第三方责任险等，需制定保险方案，签署保险合同。

5）其他合同。包括与运营机构签订的运营合同、场地租赁合同或与专业咨询机构签署的如投资、法律、技术、财务、税务等方面的咨询服务合同。

（6）监管架构　加强建设和运行的监管是各级建设行政主管部门的重要职责，同时项目作为水利建设类项目，政府有必要对其调控。政府应发挥其应有职能，保证PPP项目达到预期效益，采取有效措施，切实加强项目建设、运营维护过程中的监管工作。

1）合同监管。政府方依据PPP项目合同对社会资本的经营进行持续的合同监管；项目涉及的其他政府部门（如项目所在地人民政府、水务局等），协同实施机构对社会资本进行行政监管。政府在进行合同监管期间，可引入第三方监管机构对社会资本履约情况进行监管和中期评估。

2）行政监督。

3）监管原则。公正、透明、持续、有效。

4）项目实施期间的知情权。社会资本定期向政府提供有关项目实施的报告和信息，以便政府方及时了解项目的进展情况。包括以下两点：

① 建设期：审阅项目计划和进度报告。在项目正式开工以前，社会资本向政府提交项目计划，对建设期间重要节点做出原则规定，以保障按照工程进度在约定的时间内完成项目建设并开始运营。在建设期间，社会资本定期向政府提交项目进度报告，说明工程进度及项目计划的完成情况。

② 运营维护期：审阅运营维护和有关项目运营情况的报告。在项目开始投入使用、运营之前，社会资本编制项目运营维护情况报告，并在开始运营日之前报送政府备查。在运营维护期间，社会资本定期向政府报送有关运营情况的报告或其他相关资料。

5）现场检查。政府有权进入项目现场检查相关工作。

6）对承包商选择的监控。社会资本在签订工程承包合同或运营维护合同前事先报告政府，由政府在规定的期限内确认该承包商的选择是否符合国家及项目所在地区的相关法律法规，是否符合合同约定的资质要求等。

7）对配套服务质量的监督。政府根据绩效考核指标对服务质量规范等情况进行检查监督，切实保证社会资本按照相关政策要求提供高质量的水利基础配套服务。

8）处罚措施。

① 行政处罚。包括责令提交详细说明并整改。

② 罚款。实施机构及相关职能部门，对于检查过程中发现的问题，处以一定金额的罚款。

③ 违约处罚。社会资本部分违约的，予以相应违约金处罚；社会资本全面违约的，应终止其特许经营权。

9）争议的解决。

① 协商解决。所有争议应通过协商友好解决，双方达成一致的决议对各方均有约束力。

② 调解。对于不能通过协商解决的争议、分歧或索赔，任何一方可将争议、分歧或索

赔提交由双方一致同意决定的第三方专家小组，以多数通过决议并通知各方该决议。除非一方在决议之后规定的期限内发出将争议交付仲裁的意向通知，否则专家小组的决议具有约束力。

③ 仲裁、诉讼。不能通过调解解决的争议，按法律法规规定，由仲裁或诉讼解决。争议裁决之前，各方应继续履行 PPP 项目合同中的所有义务，且对最终调整不构成损害。

10）不弃权。任何一方没有或延迟行使 PPP 项目合同权利不应构成对该权利的放弃，而且对该权利的单独或部门行使也不能阻止任何未来对该权利的行使。

11）公众监督。建立公众投诉建议的平台，通过项目实施机构网站建立网络投诉平台，借助互联网平台对评价数据进行系统管理与分析。还可以建立公众信息反馈系统，增加项目信息披露途径，实现 PPP 项目评价过程与评价标准的公开化。用户、公众可以对项目的水利基础设施设备建设质量水平以及对项目公司提供的各项配套服务在网络建议投诉平台网站提出建议和进行投诉，项目实施机构对反映比较集中的问题进行整理，制定相应的规章制度并进行听证讨论，不断完善监管。

（7）采购选择 项目所在地住房和城乡建设管理委员会管理处作为该项目的采购人，采用公开招标的方式选择投融资、施工一体化的社会资本方。其采购程序包括：

1）招标前市场测试工作。在启动该项目正式采购程序前，为检验初步拟定的方案设想是否符合潜在社会资本、金融机构等该项目主要参与方的意愿，建议进行相应的市场需求测试，获取参与主体对该项目的反馈，据此对项目实施方案和招标文件进行相应的调整与完善，在一定程度上可有效保障项目的顺利落地。

2）资格预审。项目可以采用资格预审方式，并按照相关的规定给予社会资本方充分的准备时间。

① 项目实施机构根据项目需求条件准备资格预审文件，发布资格预审公告，邀请社会资本和与其合作的金融机构参与资格预审，验证项目能否获得响应和实现充分竞争，并将资格预审的评审报告提交财政部门（PPP 中心）备案。

② 资格预审公告应在省级（含省级）以上人民政府财政部门指定的媒体上发布。预审公告包括：项目授权主体、项目实施机构和项目名称、采购需求、对社会资本的资格要求、允许联合体参与的采购活动、拟确定参与竞争的合格社会资本的家数和确定方法以及社会资本提交资格预审申请文件的地点和截止时间。

③ 项目有 3 家以上社会资本通过资格预审的，项目实施机构可以继续开展采购文件准备工作；项目通过资格预审的社会资本不足 3 家的，项目实施机构应在实施方案调整后重新组织资格预审；项目经重新资格预审合格社会资本仍不够 3 家的，可依法调整实施方案选择的采购方式。

3）建设工程部分的招标形式。考虑到目前施工图样编制进度难以满足工程量清单招标的需求，因此该项目采用建筑安装工程费下浮率形式招标。

4）采购文件编制。项目采购文件应当包括采购公告、投标人须知（包括密封、签署、盖章要求等）、投标人应当提供的资格、资信及业绩证明文件、采购方式、政府对项目实施机构的授权、实施方案的批复和项目相关审批文件、采购程序、投标文件编制要求、提交投标文件截止时间、开启时间及地点、保证金交纳数额和形式、响应文件评审方法、评审标准、政府采购政策要求、《PPP 项目合同》草案及其他法律文本、采购结果确认谈判中项目合同可变的细节等内容。项目采购文件中还应当明确项目合同必须报请本级人民政府审核同意，在获得同意前项目合同不得生效。

5）投标文件评审。评审小组由采购人代表和评审专家共 5 人以上单数组成，其中评审专家人数不得少于评审小组成员总数的 2/3。评审专家可以由采购人自行选定，但评审专家中至少应含 1 名财务专家和 1 名法律专家。采购人代表不得以评审专家的身份参加项目的评审。评审小组成员应当按照客观、公正、审慎的原则，根据采购文件规定程序、方法和标准进行资格审查和独立评审。

6）谈判与合同文件签署。项目实施机构成立专门采购结果确认谈判工作组，按照候选社会资本的排名依次进行合同签署前的确认谈判，率先达成一致的候选社会资本为中选社会资本。确认谈判不得涉及合同中不可谈判的核心条款，不得重复与排序在前但已终止谈判的社会资本进行再次谈判。确认谈判完成后，签署确认谈判备忘录，并将相关内容公示。

课后复习题

1. 财务效益和费用估算的概念是什么？
2. 财务效益和费用估算的内容是什么？它们基本的程序是什么？
3. 总成本的估算有哪几种方法？折旧费的计算有哪几种方法？
4. 生产成本的构成部分有哪些？如何估算生产成本？
5. 项目的营业收入是如何估算的？
6. 财务分析基础数据与参数有哪些？
7. 在分析项目财务状况时，如何编制财务现金流量表、利润及利润分配表、借款还款付息表及资产负债表等财务报表？
8. 财务评价指标是如何分类的？
9. 在项目财务分析中，盈利能力指标和偿债能力指标各有哪些？如何利用这些指标进行财务分析？
10. 已知某公司购进一批新设备，该设备的原值为 5000 万元，折旧年限为 8 年，预计净残值率为 6%。试用双倍余额递减法和年数总和法计算年折旧额。
11. 已知某项目的计算期为 15 年，每年的净现金流量如表 9-31 所示，假设基准收益率为 12%。根据项目的净现值判断该项目是否可行。

表 9-31　某项目净现金流量表　　　　　　　　　（单位：万元）

年　份	1	2	3	4	5	6	7	8～15
现金流入	0	0	100	150	120	180	200	240
现金流出	−400	−500	30	35	25	30	40	40

12. 已知某项目在建设期第 1 年、第 2 年和第 3 年各年借款分别为 100 万元、80 万元和 50 万元，利率为 9%，计算项目的建设期利息为多少。

13. 某建设项目有关资料如下：

（1）项目计算期 8 年，其中建设期 2 年。项目第 3 年投产，第 4 年达到 100% 的设计生产能力。

（2）项目建设投资 10000 万元，预计 8800 万元形成固定资产，1200 万元形成无形资产。固定资产年折旧费为 1000 万元，固定资产余值在项目运营期末收回。假设建设期不存在未抵扣的增值税税额。

（3）无形资产在运营期内均匀摊入成本。

（4）流动资金为 1500 万元，在项目计算期末收回。

（5）项目的设计生产能力为年产量 2 万 t，预计每吨售价为 7500 元，增值税税率 16%，税金及附加按营业收入的 1.5% 计取，所得税率为 25%。总成本费用中可变成本所占比例为 70%。

（6）项目的资金投入、销量及经营成本等基础数据，见表 9-32。

表 9-32 建设项目资金投入、销量及经营成本表 （单位：万元）

序号	项 目	年 份	1	2	3	4~8
1	建设投资	自有资金部分	2000	3000		
		贷款（不含贷款利息）	2000	3000		
2	流动资金	自有资金部分			500	
		贷款			1000	
3	年销售量（万 t）				1.4	2
4	年经营成本				5600	8000

（7）还款方式：在项目运营期间按等额本息还款方式偿还，流动资金贷款每年付息，运营期末还本。长期贷款利率为 8%（按年计息），流动资金贷款利率为 3%。

（8）行业基准折现率为 10%，行业基准回收期为 8 年。

问题：

（1）编制借款还本付息表。

（2）编制总成本费用估算表。

（3）编制项目利润及利润分配表，法定盈余公积金提取比例为 10%，每年按净利润的 20% 向股东分配股利，5% 提取任意盈余公积金。

（4）编制项目投资现金流量表，计算财务评价指标，并进行融资前的财务评价。

（5）编制项目资本金现金流量表，计算项目资本金财务内部收益率，并进行融资后的财务评价。

（6）计算项目第 5 年的利息备付率和偿债备付率。

14. 如何进行 PPP 项目物有所值评价和财政承受能力分析？

15. PPP 项目实施方案包括哪些内容？

第 10 章

建设项目经济费用和经济效益分析及评价

10.1 经济费用和经济效益分析概述

10.1.1 经济费用和经济效益的含义

经济费用和效益分析也称为国民经济分析，是按合理配置资源的原则，采用影子价格等国民经济评价参数，从国民经济的角度考察投资项目所耗费的社会资源和对社会的贡献，评价投资项目的经济合理性。

项目经济费用和效益分析的目的是把国家有限的各种资源投入到国家和社会最需要的项目之中，并使这些可用于投资的社会有限资源能够合理配置和有效利用，以得到最大的投资效益。

经济费用分为直接费用与间接费用，经济效益分为直接效益与间接效益。

1. 经济费用

项目的经济费用是指项目耗用社会经济资源的经济价值，即按经济学原理估算出的被耗用经济资源的经济价值。

项目经济费用包括三个层次的内容，分别为项目实体直接承担的费用、受项目影响的利益群体支付的费用以及整个社会承担的环境费用。第一项称为直接费用，第二项、第三项一般称为间接费用，但更多地称为外部效果。

（1）直接费用　直接费用是指项目使用投入物所形成的并在项目范围内计算的费用，一般表现为其他部门为本项目提供投入物；需要扩大生产规模所耗用的资源费用；减少对其他项目或者最终消费投入物的供应而放弃的效益；增加进口或者减少出口从而耗用或者减少的外汇等。

（2）间接费用　间接费用是指国民经济为项目付出了代价，而在项目直接费用中要求得到反映的那部分费用，如项目产生的环境污染及造成的生态平衡破坏所需的治理费用；新建投资项目的服务配套设施、附属工程所需的投资支出和其他费用；为新建项目配套的邮政、水、电、道路、港口码头等公用基础设施的投资支出和费用。如果这些设施是专门和全部为本项目服务的，则应作为项目的组成部分，其所有费用都应包括在项目总投资之内；如果这些设施不是全部为本项目服务，则应根据本项目所享受的服务质量的大小、程度来进行分摊，并把这部分费用计入项目的总费用中。

2. 经济效益

项目的经济效益是指项目为社会创造的社会福利的经济价值，即按经济学原理估算出的社会福利的经济价值。

与经济费用相同，项目的经济效益也包括三个层次的内容，分别为直接获得的效益、受项目影响的利益群体获得的效益以及项目可能产生的环境效益。第一项称为直接效益，第二项、第三项称为间接效益。

（1）直接效益　直接效益是指由项目产出物直接生成并在项目范围内计算的经济效益，一般表现为增加项目产出物或者服务的数量以满足国内需求的效益；替代效益较低的相同或类似企业的产出物或者服务，使被替代企业减产（停产）从而减少国家有用资源耗费或者损失的效益；增加出口或者减少进口从而增加或者节支的外汇等。

（2）间接效益　间接效益是指项目对国民经济做出的贡献中，在直接效益中未得到反映的那部分效益。它是由于项目的投资兴建和经营，使配套项目和相关部门因增加产量和劳务量而获得的效益。例如，水利工程除了用于发电外，还可以为当地的农田灌溉、防洪、农产品加工等带来好处和收益。

10.1.2　需要进行经济费用和经济效益分析的项目类别

有些项目不仅需要进行财务评价，而且需要进行国民经济评价，即经济费用和经济效益分析，从国民经济角度评价项目是否可行。根据目前我国的实际条件，需要进行经济费用和效益分析的项目主要是铁路、公路等交通运输项目，较大的水利水电项目，国家控制的战略性资源开发项目，动用社会资源和自然资源较大的中外合资项目，以及主要产出物和投入物的市场价格不能反映其真实价值的项目。

1. 需要进行经济费用和经济效益分析的项目判别准则

符合以下准则之一的，都需要进行经济费用效益分析：

（1）自然垄断项目　对于电力、电信、交通运输等行业的项目，存在着规模效益递增的产业特征，企业一般不会按照帕累托最优法则进行运作，从而导致市场配置资源失效。

（2）公共产品项目　即项目提供的产品或服务在同一时间内可以被共同消费，具有消费的非排他性（未花钱购买公共产品的人不能被排除在此产品或服务的消费之外）和消费的非竞争性（一人消费一种公共产品并不以牺牲其他人的消费为代价）特征。由于市场价格机制只有通过将那些不愿意付费的消费者排除在该物品的消费之外才能得以有效运作，因此市场机制对公共产品项目的资源配置失灵。

（3）具有明显外部效果的项目　外部效果是指一个个体或厂商的行为对另一个个体或厂商产生了影响，而该影响的行为主体又没有负相应的责任或没有获得应得报酬的现象。产生外部效果的行为主体由于不受预算约束，因此常常不考虑外部效果承受者的损益情况。因此，这类行为主体在其行为过程中常常会低效率甚至无效率地使用资源，造成消费者剩余与生产者剩余的损失及市场失灵。

（4）涉及国家控制的战略性资源开发及涉及国家经济安全的项目　这些项目往往具有公共性、外部效果等综合特征，不能完全依靠市场配置资源。

（5）政府对经济活动的干预　如果干扰了正常的经济活动效率，也将导致市场失灵。

2. 需要进行经济费用和经济效益分析的项目类别

从投资管理角度来看，现阶段需要进行经济费用效益分析的项目可以分为以下几类：

1）政府预算内投资（包括国债资金）的用于涉及国家安全、国土开发和市场不能有效配置资源的公益性项目和公共基础设施建设项目、保护和改善生态环境项目、重大战略性资源开发项目。

2）政府各类专项建设基金投资的用于交通运输、农林水利等基础设施、基础产业建设项目。

3）利用国际金融组织和外国政府贷款，需要政府主权信用担保的建设项目。

4）法律、法规规定的其他政府性资金投资的建设项目。

5）企业投资建设的涉及国家经济安全、影响环境资源、公共利益、可能出现垄断、涉及整体布局等公共性问题，需要政府核准的建设项目。

10.1.3　经济费用和经济效益分析的基本原理

项目的经济费用和经济效益分析使用基本的经济评价理论，采用费用—效益分析方法，即费用与效益比较的理论方法，寻求以一定的投入（费用）获取最大的产出（效益）。经济费用和经济效益分析采取"有无对比"方法识别项目的费用与效益；采用影子价格理论方法估算各项费用与效益；采用现金流量分析方法，使用报表分析；采用内部收益率、净现值等经济盈利性指标进行定量的经济效益分析。

经济费用和经济效益分析的主要工作包括：识别国民经济的费用与效益，测算和选取影子价格，编制国民经济评价报表，计算国民经济评价指标并进行方案比选。

"有无对比"方法是经济费用效益分析的基本方法，即将"有项目"与"无项目"两种不同条件下国民经济的不同情况进行对比，识别项目的费用与效益。实践中，也可采用将比较方案分别与"无项目"方案对比，再进行结果比较，以识别和计算两个方案的差别费用效益。

经济费用和经济效益分析需要遵循费用和效益的计算范围对应一致的基本原则。国民经济评价中，需要计算项目的外部费用与外部效益。外部费用与外部效益计算中，需要仔细分析确定计算的范围，容易出现的一种偏差是效益的扩大化。一种谨慎的解决方法是，在衡量一项效益是否应当计入本项目的外部效益时，要分析其带来这种效益是否还需要本项目以外其他的投入（费用）。

经济费用和经济效益分析中，方案优化遵循基本的经济分析法则。国民经济评价目标是资源的最优配置，使资源使用获得最大的经济效益。实践中通常采取总量效益最大化或者单位效率最大化两种方法。从资源最有效利用的角度考虑，总量效益最大化是基本原则。在使用单位效率最大化方法时，需要分析是否与总量效益最大化的原则冲突。

10.1.4　经济费用和经济效益的测算

1. 经济费用和经济效益的测算原则

项目投资所发生的经济费用和经济效益的计算，应在对利益相关者进行分析的基础上，研究在特定的社会经济背景条件下相关利益主体付出的代价及获得的收益。投资项目经济费用和经济效益的测算原则有以下几点：

（1）支付意愿原则 项目产出物的正面效果的计算遵循支付意愿（WTP）原则，用于分析社会成员为投资项目所产出的效益愿意支付的价值。

（2）受偿意愿原则 项目产出物的负面效果计算应遵循接受补偿意愿（WTA）原则，用于分析社会成员为接受这种不利影响所得到补偿的价值。

（3）机会成本原则 项目投入的经济费用的计算应遵循机会成本原则，用于分析项目所占用的所有资源的机会成本。机会成本应按资源的其他最有效利用所产生的效益进行计算。

（4）实际价值计算原则 项目经济费用效益分析应对所有费用和效益采用反映资源真实价值的实际价格进行计算，不考虑通货膨胀因素的影响，但应考虑相对价格的变动。

2. 经济费用的鉴别与测算

（1）直接费用的鉴别与测算

1）由于项目存在从而增加项目所需投入物的社会供应量。由于项目大量使用投入物，因此可能会使得社会通过增加生产量来满足此类需求。这种情况下，项目直接费用表现为其他部门为供应建设项目投入物而扩大生产规模所耗用的资源费用，也就是作为项目投入物的资源的机会成本。

2）减少对其余相同或者相似企业的供应。建设项目所需的投入物是减少对其他企业的供应而转移过来的，这种情况下，建设项目直接费用表现为减少对其他建设项目投入物的供应而放弃的收益。因此，项目直接费用为这些其他企业因为减少该种投入物的供应量而相应减少的产量采用影子价格计算的边际效益。

3）增加进口或者减少出口的投入物。增加进口是指国家不得不增加进口，以满足投资项目对投入物的需要，其费用可以看作是国家为增加进口而多支付的外汇；减少出口是指因为项目使用了国家准备用来出口的商品作为投入物，从而减少了国家的出口量，其费用是国家减少出口而损失的外汇收入。

（2）间接费用的鉴别与测算 经济费用分析中的间接费用是指由项目引起的，而在项目的直接费用中未得到反映的那部分费用。一个投资项目可能产生的间接费用主要是环境污染所造成的损失，如项目造成的空气污染、水污染，产生的废渣引起的生态失衡等，项目本身不支付任何费用，但是国民经济付出了代价。对于项目所造成的污染，首先要进行鉴别，并与国家规定的标准进行比较，考察污染的程度；然后，对污染所造成的损失，除了按照环保部门规定征收的排污费计算外，也可以用被污染的农作物和河流的水产品或者森林的价值损失作为项目污染和对生态的破坏所造成的损失，并计入与项目效益对应的费用项中。对于量化确实有困难的，可根据国家控制污染的要求进行定性分析。

3. 经济效益的鉴别与测算

（1）直接效益的鉴别与测算

1）项目的产出物用以增加国内市场的供应量，其效益就是所满足的国内需求，项目的直接效益表现为增加该产出物数量满足国内需求的效益。

2）项目投产以后所生产的产品，替代了其他企业的相同或者类似产品，使得其他产品减少了同等数量，即从整个社会来看，产品的数量没有增加。这种情况下，项目的直接效益为被替代企业因为减少产量而节省的资源价值，这些资源价值应采用支付意愿价格度量。

3）增加出口或者减少进口的产出物。增加出口是指因项目投产后生产的产品数量而增加了国家出口产品的数量，项目直接效益可以看作是增加出口所增收的国家外汇。减少进口是指项目投产后所生产的产品可以替代等量相同的进口产品，项目直接效益可以看作是国家因为减少进口而节省的外汇。

（2）间接效益的鉴别与测算

1）技术扩散。建设先进技术的项目，由于技术培训、人才流动、技术推广和培训，整个社会都会受益，这是一种比较明显的技术外部效果，是一种间接效益。这部分间接效益比较容易鉴别，但是很难量化，通常是滞后的，实际中大多只做一般的定性分析。

2）产业相关联效果。主要是指由于拟建项目的投入使其上、下游项目原来闲置的生产能力得以发挥或者达到经济规模所产生的效果。对下游企业的关联效果主要指生产初级产品的项目对以其产出物为原料或半成品的经济部门产生的效果，对上游企业的关联效果是指促进为项目提供原料或半成品企业的发展。

计算时应当注意，随着时间的推移，如果没有该拟建项目，上下游企业的生产能力利用率也可能发生变化，因而应考虑项目生产期内这种可能的变化，按照"有无对比法"计算实际的外部效益，并需要注意其他拟建项目是否有类似效果。如果其他拟建项目有类似的效益，则不能把全部间接效益都归属于所评估的项目，否则会造成重复计算。

3）环境与生态效果。项目建成后对环境与生态产生积极影响的，应从社会整体角度对项目环境生态影响的间接效益进行鉴别，尽可能使其量化，若量化困难的，则应该进行定性分析。

4. 转移支付的处理

从国民经济角度看，项目的某些财务收益和支出并没有造成资源的实际增加或者减少，而是国民经济内部的转移支付，不计入项目的经济费用与经济效益。这种纯属货币转移而不伴随资源增减的财务收支在项目国民经济评估中称为项目的转移支付。转移支付包括的主要内容有税金、补贴、国内银行借款利息及土地出让金等。在国民经济效益评估中，对上述转移支付应予以剔除。

（1）税金　从企业角度来看，税金是企业实际支出的金额，应计入成本，但实质上，税收是调节分配的一种手段。经济费用效益分析是站在国民经济角度考察项目的，以是否增加国民经济的资源消耗或者增加国民经济收入价值来判定经济费用或经济效益，而税收实际上并未花费国家任何资源，它只是企业和税收部门之间的一项资金转移。列为转移支付的税金包括营业税金及附加、房产税、土地使用税和车船税等。在经济费用效益分析中，这些税金不列入项目的费用，否则就会高估项目的经济代价，从而降低项目的效益。

（2）补贴　补贴是根据国家政策的规定给予某种产品的价格补贴。补贴可以看作是一种与税金相反的转移支付，是国家为了鼓励人们消耗或者购买某种产品或原材料，采取优惠的方式给生产者或使用者以价格上的优待。从生产者或使用者的角度分析，补贴无疑是一项净收益，但从国民经济角度考察项目可以看出，为生产这些包含价格补贴的产品所消耗的资源并没有因为价格补贴而减少，国民经济收入也没有因此而增加，只是货币在政府和项目之间的转移。所以，在经济费用效益分析中，不应该把这种补贴作为项目的效益，以免低估项目的经济代价，人为地增加项目的效益。

（3）国内银行借款利息　项目支付的国内银行借款利息是国民经济内部企业与银行之间的资金转移，这种转付并没有增加国民经济的收入或国民经济的资源消耗，所以在项目经济费用效益分析中，国内借款利息既不列为费用，也不列为效益。

（4）土地出让金 土地出让金是项目建设征购土地的实际支付费用，是项目转移给地方政府、村镇集体、其他企业或农民的货币资金。这种为项目建设征用土地而支付的费用是由项目转移给地方、集体或个人的一种支付行为，从国民经济角度看，土地费用的支付并没有造成资源的增加或者减少，故在国民经济效益评估时不列为费用。应列为费用的是被占用土地的机会成本和使国家新增的资源消耗。

10.1.5 财务分析和经济费用及经济效益分析的异同

1. 财务分析和经济费用及经济效益分析的共同点

项目的财务分析和经济费用及经济效益分析是相互联系、相互制约的，这两种分析在形式上的共同点表现在以下几个方面：

（1）评价目的相同 两种评价方法都是从费用与效益的关系入手，以寻求经济效益最好的项目为目的，追求以最小的投入获得最大的产出，获得较好的经济效益。

（2）评价基础相同 两种评价方法都是项目可行性研究的组成部分，都要在完成项目的市场预测、厂址选择、投资估算、工艺技术路线、工程技术方案和资金筹措的基础上进行，评价的结论也都取决于项目本身的客观条件。

（3）基本分析方法以及评价指标类似 两种评价方法都采用现金流量分析，计算净现值、内部收益率等经济指标，从而进行分析评价。

（4）所属范畴相同 两种分析方法都属于经济评价范畴，都使用类似的经济评价理论和方法。

2. 财务分析和经济费用和经济效益分析的不同点

（1）评价角度和立场不同 财务评价是从投资者或者贷款银行的角度分析项目财务效果，从项目的微观角度，按照现行的财税制度，侧重对项目的盈利能力和贷款偿还能力的评价，以判断项目是否具有财务上的生存能力；经济费用效益分析是从国家整体的立场出发，从国家角度分析项目对国民经济发展、国家资源配置的影响，侧重项目对国家的贡献及国家为项目付出的代价，以考察投资行为的经济合理性和宏观可行性。

（2）评价任务不同 财务评价为投资项目选定和银行贷款决策提供依据，关注项目的投资收益、筹资来源和还本付息能力；经济费用效益分析用于拟建项目的择优及拟建项目生产规模的选择，是重大项目决策的主要依据，主要关心项目是否应当兴建，以及拟建项目应有多大的生产规模。

（3）费用和效益的划分范围不同 财务分析根据项目发生的财务收支计算项目的费用与效益，只考虑可用货币度量的直接费用和直接效益；经济费用效益分析根据项目实际耗费的有用资源以及项目向社会贡献的有用产品或者服务来计算项目的费用与效益，不仅考虑项目对国民经济的直接费用和直接效益，还考虑间接费用和间接效益。在财务分析中作为费用或效益的税金、国内银行借款利息、财务补贴等，在国民经济分析中被视为国民经济内部转移支付，不作为项目的费用或效益。在财务分析中不列为费用或效益的环境生态破坏、技术推广等，在国民经济分析中被当作费用或者效益。

（4）计价基础不同 财务分析中，投入物和产出物以市场价格为基础计价，这种价格一般称为财务价格，并将行业基准收益率或者一年期贷款利率加上通货膨胀率和风险报酬率作为基准折现率；在国民经济分析中，用影子价格、影子汇率、影子工资等进行评价。影子价格的运用可以使有限的资源得到最优利用，从而带来最好的效益。在国民经济评价中，对一般的通货膨胀不予考虑。

（5）评价的内容和方法不同　财务评价的内容和方法比较简单，主要运用成本收益分析方法进行定量分析；国民经济分析的内容和方法比较复杂，主要运用费用—效益分析方法，结合定性和定量方法。

（6）评价采用的指标和参数不同　财务分析的主要评价指标和参数有投资收益率、投资回收期、财务净现值、财务内部收益率、名义汇率、借款偿还期、行业基准收益率等；国民经济分析采用的主要指标和参数主要有社会折现率、经济内部收益率、经济净现值、影子价格、影子汇率和影子工资等。

为了便于比较，表 10-1 列出了财务分析与经济分析的主要区别。

表 10-1　财务分析与经济分析的主要区别

项　　目	财　务　分　析	经　济　分　析
评估角度和立场	从投资者或者贷款银行角度出发	从国民经济和社会需要出发
评估任务	为投资项目选定和银行贷款决策提供依据	为重大项目决策提供依据
费用和效益的划分范围	企业效益包括销售收入、利润和折旧等，仅考虑直接费用和直接效益，税金、工资、国内银行借款利息作为费用支出	国家效益包括企业上交的利润和折旧，而税金、工资、国内贷款等作为转移支付，经济费用和经济效益分为直接与间接的
计价基础	采用国内现行市场价格；把国家长期贷款利率或部门基准收益率作为折现率；采用国家统一规定的官方汇率	采用影子价格；采用社会折现率或国家基准收益率作为折现率；采用国家统一规定的影子汇率
评价内容和方法	财务分析的内容和方法较简单，采用企业盈利能力分析方法	经济分析的内容和方法较复杂，采用费用—效益分析方法，结合定性和定量方法
评价采用的指标和参数	财务内部收益率、财务净现值和投资回收期等	经济内部收益率、经济净现值等

10.2　影子价格的计算及经济费用和经济效益评价参数

10.2.1　影子价格的计算

1. 影子价格的含义

影子价格（Shadow Price）的概念是 20 世纪 30 年代末至 40 年代初由荷兰数理经济学家、计量经济学家詹恩·丁伯根和苏联数学家、经济学家、诺贝尔经济学奖获得者列·维·康托罗维奇提出的。

影子价格是进行项目国民经济分析评价、计算国民经济效益与费用时的专用价格，是指依据一定原则确定的，能够反映投入物和产出物真实经济价值，反映市场供求状况，反映资源稀缺程度，使资源得到合理配置的价格。进行国民经济评价时，项目主要投入物和产出物的价格，原则上都应采用影子价格。实践中是采取替代用途、替代方案分析来估算项目的各种投入和产出的影子价格。对于项目的投入物，影子价格是其所有用途中价值最高的价格；

对于项目的产出物，影子价格采用替代供给产品的最低成本用户的支付意愿中较低者。

2. 影子价格的类型

作为项目经济费用效益分析的重要参数，广义的影子价格不仅包括一般商品货物的影子价格，而且包括劳动力、土地、资金和外汇等主要要素的影子价格。

为方便确定影子价格，一般商品货物又分为外贸货物和非外贸货物。如果某货物主要影响国家的进出口水平，应将其划分为外贸货物；如果某货物主要影响国内的供求关系，应将其划分为非外贸货物。劳动力、土地、资金和外汇的影子价格分别称为影子工资、土地影子价格、社会折现率和影子汇率。

需要注意的是，在划分外贸货物和非外贸货物的时候，应该防止标准过严、过宽，适宜采用以下原则：

第一，直接进口的投入物和直接出口的产出物，应该划分为外贸货物。

第二，以下间接影响进出口的项目投入物，按照外贸货物处理。

1）国内生产的货物，原来确有出口机会，由于拟建项目的使用，丧失了出口机会。

2）国内生产不足的货物，以前进口过，现在也大量进口，由于拟建项目的使用，导致进口量增加。

第三，以下间接影响进出口的项目产出物，按照外贸货物处理。

1）虽然是供国内使用，但确实可以替代进口，项目投产以后，可以减少进口数量。

2）虽然不直接出口，但确实能顶替其他产品，使这些产品增加出口。

第四，符合下列情况的货物，应该视为非外贸货物。

1）天然非外贸货物。例如国内运输项目、大部分电力项目、国内电信项目等基础设施所提供的产品或者服务。

2）由于地理位置所限，国内运费太高，不能进行外贸的货物。

3）受国内贸易政策的限制，不能进行外贸的货物。对这类货物必须根据具体情况进行分析，做出有根据的判断。

3. 影子价格的计算

（1）外贸货物的影子价格计算　外贸货物的影子价格应基于口岸价格进行计算，以反映其价额取值具有国际竞争力，其计算公式为：

$$出口产出的影子价格（出厂价）= 离岸价（FOB）× 影子汇率 - 出口费用$$

$$进口投入的影子价格（到厂价）= 到岸价（CIF）× 影子汇率 + 出口费用$$

（2）非外贸货物影子价格计算　非外贸货物的影子价格应根据下列要求计算：

1）如果项目处于竞争性市场环境中，应采用市场价格作为计算项目投入或产出的影子价格的依据。

2）如果项目的投入或产出的规模很大，项目的实施将足以影响其市场价格，导致"有项目"和"无项目"两种情况下市场价格不一致，在项目经济费用效益分析中，取两者的平均值作为计算影子价格的依据。

3）此外，用成本分解法对某种货物进行分解，得到该货物的分解成本，这是确定非贸易货物影子价格的一种重要方法。成本分解法是对任意一种非贸易货物按照其边际生产成本的成本构成要素分解为贸易货物、非贸易货物、土地、劳动力和资金等，并对要素中的贸易货物按照国际价格进行计算，非贸易货物按照影子价格定价。如果它的价值很大，为了更准确地测算，则需要进行第二次、第三次分解。以此按照生产的连锁循环向前推移，进行一级一级的分解，最后可以分解成贸易货物和劳动力消耗两个部分，这样非贸易货物就可以以边境口岸价格作为统一尺度来进行衡量。进行成本分解时，剔除了原生产费用要素中的利息和折旧两项，而代之以流动资金的资金回收费用和固定资产投资的资金回收费用。在测算回收费用时，应考虑采用社会折现率。

成本分解可以按照以下步骤进行：

第一步，数据准备。按成本（费用）要素列出某种非贸易货物的财务成本表、单位货物的固定资产投资与流动资金；同时列出该货物生产厂的建设期限、建设期各年的投资比例。

第二步，计算重要的原材料、燃料、动力、工资等投入物的影子价格及单位费用。先要确定它们属于外贸货物还是非外贸货物，然后根据相应的定价原则计算它们的影子价格。计算时可以直接用国家相关部门发布的影子价格或者价格换算系数。重要的原材料、燃料和动力中有些可能属于非外贸货物，而且找不到现成的影子价格，这时可以根据成本分解法，对其进行第二次分解。财务成本中单列的运费用运费换算系数进行调整；用工资换算系数把财务成本中的工资及福利费调整为影子工资。需要注意的是，应剔除上述数据中包含的税金。

第三步，对固定资产投资进行调整和等值计算。由于假定固定资产投资发生在年初，因此可以用下式将固定资产投资等值计算到生产期初（即建设期末）：

$$I_{\mathrm{F}} = \sum_{t=1}^{n_1} I_t (1 + i_{\mathrm{s}})^{n_1 - t + 1}$$

式中　I_t——建设期各年调整后的单位固定资产投资（元）；

　　　n_1——建设期（年）；

　　　i_{s}——社会折现率（%）；

　　　I_{F}——等值计算到生产期初的单位固定资产投资。

$$P_{\mathrm{c}} = P_{\mathrm{v}} (P/F, i_{\mathrm{s}}, t)$$

式中　P_{c}——固定资产残值等值计算到生产期初的现值；

　　　P_{v}——固定资产残值；

　　　t——项目的生产期。

第四步，用固定资产回收费用取代财务成本中的折旧率。用资金回收系数 $(A/P, i, n)$ 计算固定资金回收费用，取代财务成本中的折旧，其计算公式为：

$$M_{\mathrm{F}} = (I_{\mathrm{F}} - P_{\mathrm{c}}) (A/P, i, n)$$

第五步，用流动资金回收费用取代财务成本中的流动资金利息。

假设每单位货物 A 的流动资金回收费用为 M_{W}，则有：

$$M_{\mathrm{W}} = W i_{\mathrm{s}}$$

式中　W——单位货物 A 占有的流动资金（元）。

第六步，财务成本中的其他项目可不予调整。

第七步，完成上述调整后，各项费用重新计算的总额即为货物 A 的分解成本，作为货物 A 的出厂影子价格。

下面以一个案例来详细说明成本分解法的具体应用。

【例 10-1】 已知某货物 Y 设定为非外贸货物，试用成本分解法求其影子价格。

由于货物 Y 的供应量有限，需要新增投资，扩大生产能力来满足拟建项目的需求，因此应该按照全部成本（包括固定成本和可变成本）进行分解。由于缺乏边际成本的资料，故近似地采用平均成本进行分解。

（1）数据准备 每吨货物 Y 占用的固定资产原值为 1164 元，占用流动资金为 180 元。货物 Y 单位财务成本见表 10-2。

表 10-2 货物 Y 单位财务成本

序号	项　　目	单　位	耗　用　量	耗用金额（元）	调整后的耗用金额（元）
1	外购原材料、燃料动力			704.53	
	原料 A	m³	4.42	412.37	937.04
	原料 B	t	0.25	21.64	6.64
	燃料 C	t	1.40	65.82	109.82
	燃料 D	t	0.07	13.04	35.62
	电力	10^3 kW·h	0.33	28.74	49.50
	其他			94.31	94.31
	铁路货运			59.24	142.77
	汽车货运			9.37	9.74
2	工资			39.62	39.62
3	提取的职工福利费			4.19	4.19
4	折旧费			58.20	208.30
5	大修理基金			23.24	23.24
6	利息支出			7.24	21.6
7	其他支出			26.48	26.48
	单位成本			863.50	1708.87

根据经验设定生产货物 Y 的项目，其建设期为 2 年，各年投资比为 1∶1，投资发生在年初，项目生产期为 20 年，固定资产形成率为 95%。固定资产投资中建筑工程费用占20%，根据估算的"三材"（木材、钢材、水泥）用量、"三材"影子价格占财务价格的差价，测算出调整后的建筑费用与调整前的建筑费用换算系数为 1.35，社会折现率为 12%。

（2）计算重要原材料的影子价格及费用

1）外贸原料 A 为外贸货物，直接进口，到岸价为 50 美元/m³，影子汇率 4 元人民币/美元，贸易费用率为 6%。用影子价格重新计算该项费用为：

$$[50 \times 4 \times (1 + 6\%) \times 4.42] 元 = 937.04 元$$

2）外购燃料 C 为非外贸货物，影子价格 74 元/t，重新计算该项费用为：

$$[74 \times (1 + 6\%) \times 1.40] 元 = 109.82 元$$

3）外购燃料 D 可以出口，为外贸货物，出口离岸价扣减运输费用和贸易费用后为 120美元（产出地出厂价），考虑国内贸易费用，重新计算该项费用为：

$$[120 \times 4 \times (1 + 6\%) \times 0.07] 元 = 35.62 元$$

4）已知该地区电力分解成本为 0.15 元/（kW·h），用其作为影子价格，重新计算电力费为：
$$0.15\ 元/(kW\cdot h)\times 0.33\times 10^3 kW\cdot h=49.5\ 元$$

5）铁路货运价格换算系数为2.41，用影子价格计算铁路货运费用为：
$$59.24\ 元\times 2.41=142.77\ 元$$

6）汽车货运价格换算系数为1.04，用影子价格计算汽车货运费用为：
$$9.37\ 元\times 1.04=9.74\ 元$$

7）工资换算系数为1，工资及职工福利费不作调整。

8）外购原料B为非外贸货物，可以通过老企业挖潜增加供应，拟按可变成本分解来确定B的影子价格，见表10-3。

表10-3　原料B可变成本分解

项　　目	单　　位	耗　用　量	耗用金额（元）	调整后的耗用金额（元）
a	m³	0.01	0.62	2.12
b	t	0.002	1.59	2.78
c	t	0.01	0.44	0.78
d	t	0.12	0.78	1.33
电力	10³kW·h	0.06	3.79	9.00
铁路货运			0.16	0.39
汽车货运			0.08	0.08
其他			8.57	8.57
可变成本合计			16.03	25.05

对原料B的第二轮分解步骤如下：

1）a为外贸货物，到岸价50美元/m³，用影子价格计算的费用为：
$$[50\times 4\times (1+6\%)\times 0.01]\ 元=2.12\ 元$$

2）b为外贸货物，到岸价为328美元/t，用影子价格计算的费用为：
$$[328\times 4\times (1+6\%)\times 0.002]\ 元=2.78\ 元$$

3）c为非外贸货物，影子价格为74元/t，用影子价格计算的费用为：
$$[74\times (1+6\%)\times 0.01]\ 元=0.78\ 元$$

4）d为非外贸货物，价格换算系数为1.61，用影子价格计算的费用为：
$$0.78\ 元\times 1.61\times (1+6\%)=1.33\ 元$$

5）电力为非外贸货物，该地区影子价格为0.15元/（kW·h），用影子价格计算的费用为：
$$0.15\ 元/(kW\cdot h)\times 0.06\times 10^3 kW\cdot h=9\ 元$$

6）铁路货运费用价格换算系数为2.41，用影子价格计算的费用为：
$$0.16\ 元\times 2.41=0.39\ 元$$

7）其他两项不予调整。

各项费用相加得出原料B的出厂影子价格为25.05元。

可得货物Y中原料B的费用：25.05元×（1+6%）×0.25=6.64元

由于货物Y的财务成本中已将运输费用单列，所有原料单价中都不含运输费用。

（3）单位固定资产投资的调整和等值计算

每吨货物 Y 占用固定资产投资 = 占用固定资产原值/固定资产形成率

$$= 1164 \ 元/95\% = 1225 \ 元$$

本案例只考虑因投资中建筑费用的调整，建筑费换算系数取 1.35。单位固定资产投资调整为：

$$1225 \ 元 \times 20\% \times 1.35 + 1225 \ 元 \times 80\% = 1310.75 \ 元$$

按社会折现率 12%，将固定资产投资换算为生产期初的数值：

$$I_F = 1310.75 \ 元 \times (F/P, 12\%, 2) \times 50\% + 1310.75 \ 元 \times (F/P, 12\%, 1) \times 50\%$$
$$= (1310.75 \times 1.254 \times 0.5 + 1310.75 \times 1.12 \times 0.5) \ 元$$
$$= 1555.86 \ 元$$

年固定资金回收费用为：

$$M_F = I_F \times (A/P, i, n) = 1555.86 \ 元 \times (A/P, 12\%, 20)$$
$$= 1555.86 \ 元 \times 0.13388 = 208.30 \ 元$$

（4）流动资金回收费用

$$M_W = W \cdot i_s = 180 \ 元 \times 0.12 = 21.6 \ 元$$

（5）其他财务成本不予调整

（6）得出货物 Y 每吨的分解成本为 1708.87 元，即为货物 Y 的出厂影子价格。用于拟建项目的国民经济评价时，这一影子价格还要另加运输费用和贸易费用，才为该货物的到厂价格。

（3）不具有市场价格的货物或服务的影子价格计算　如果项目的产出效果不具有市场价格，或市场价格难以真实反映其经济价值时，应遵循消费者支付意愿和（或）接受补偿意愿的原则，按下列方法计算其影子价格：

1）显示偏好法。按照消费者支付意愿的原则，通过其他相关市场价格信号，按照显示偏好的方法，寻找并揭示这些影响的隐含价值，对其效果进行间接估算。如项目的外部效果导致关联对象产出水平或成本费用发生变动，应对这些变动进行客观的量化分析，作为对项目外部效果的量化依据。

2）陈述偏好法。根据意愿调查评估法，按照陈述偏好的原则进行间接估算。一般通过对被评估者的直接调查直接评价对象的支付意愿或接受补偿的意愿，从中推断出项目造成的有关外部影响的影子价格。应注意调查评估中可能出现以下偏差：

1）当调查对象相信他们的回答能影响决策，从而使他们实际支付的私人成本低于正常条件下的预期值时，调查结果可能产生的策略性偏差。

2）当调查者对各种备选方案介绍得不完全或使人误解时，调查结果可能产生的资料性偏差。

3）问卷假设的收款或付款方式不当，调查结果可能产生的手段性偏差。

4）调查对象长期免费享受环境和生态资源等所形成的 "免费搭车" 心理，导致调查对象将这种享受看成是天赋权利而反对为此付款，从而导致调查结果的假想性偏差。

（4）特殊投入物的影子价格

1）劳动力的影子价格（影子工资）。经济费用效益分析中把劳动力视为一种特殊投入物，劳动力的劳务费用以影子工资计算。影子工资主要包括两方面：劳动力的机会成本和因劳动力转移而引起的新增资源消耗。影子工资一般通过影子工资换算系数计算，影子工资换算系数是影子工资与项目财务评价中劳动力的工资和福利费的比值。其计算公式为：

$$影子工资 = 财务工资 \times 工资换算系数$$

影子工资应该根据项目所在地的劳动力就业状况、劳动力就业或转移成本测定。劳动力充足的发展中国家，影子工资不是敏感因素。

技术性工种劳动力的影子工资换算系数一般取值为 1，即影子工资以财务实际支付的工资计算。对于非技术劳动力，其影子工资换算系数取值为 0.25 ~ 0.8，根据当地的非技术劳动力供求状况决定，非技术劳动力较为富余的地区可取较低值，劳动力不太富余的地区可取较高值，中间状况可取 0.5。

【例 10-2】　已知某项目财务评价中非技术性工种劳动力的平均工资和福利费为 2500 元/月，其影子工资换算系数为 0.8，计算该项目中非技术性工种劳动力的影子工资。

解：影子工资 = 财务工资 × 影子工资换算系数
= 2500 元/月 × 0.8 = 2000 元/月

2）土地影子价格。土地是一种特殊的投入物，在我国，土地是一种稀缺资源，项目占用的土地无论是否支付费用，均应计算其影子价格。土地影子价格主要包括两部分：一是土地用于建设项目而使社会放弃的原有效益，即土地的机会成本；二是土地用于建设项目而使社会增加的资源消耗，如拆迁费用、安置补助费等。

根据被占用土地类型的不同，土地影子价格的计算规则也不同：项目所占用的农业、林业、牧业、渔业及其他生产性用地，其影子价格应按照其未来对社会可提供的消费产品的支付意愿及因改变土地用途而发生的新增资源消耗进行计算；项目所占用的住宅、休闲用地等非生产性用地，对于市场完善的，应根据市场交易价格估算其影子价格，对于无市场交易价格或市场机制不完善的，应根据支付意愿价格估算其影子价格。

在计算土地的机会成本时，项目评估人员不仅要根据被占用土地的类型分析土地影子价格，还要考虑项目计算期内技术、政策、环境、适宜性等多方面的约束条件，选择 2 ~ 3 种该土地最可行的替代用途（包括现行用途）进行比较，以其中年净效益最大者（并需以该土地被征用前 3 年的年净效益平均值）为基础。其计算公式为：

$$OC = \sum_{t=1}^{n} NB_0 (1 + g)^t (1 + i_s)^{-t}$$

式中　OC——土地的机会成本；

n——项目占用土地的期限，一般为项目的计算期；

t——年份；

NB_0——基年土地单位面积年净效益（前 3 年平均值）；

g——年平均净效益增长率；

i_s——社会折现率。

在实际的土地影子价格计算中，大部分项目需要计算的是农田类型的土地，故本部分主要侧重介绍农田机会成本的计算。

在计算农田机会成本时需要准备的基本数据有：土地单位面积年产量、农作物影子价格以及农作物生产成本等。土地单位面积产量可以从某一基年开始，每年增长一定比例，确定各年的农作物产量；农作物影子价格的确定应首先分析农作物是属于外贸货物还是非外贸货物，再按照货物定价原则确定其影子价格；农作物生产成本的确定，要以实际的调查研究结果为依据，对生产成本进行适当调整。

农田机会成本的计算方法为：农作物的年产值扣减生产成本后得到年净收益，即为各年的土地机会成本，然后用折现法折算到建设期初，求其初值。

【例 10-3】　现某地有一拟建项目建设期 1 年，生产期为 3 年，拟占用农田 100 亩。该农田近 3 年内平均亩产小麦为 0.9t。根据往年经验，该地区农田小麦亩产量以 3% 递增。每吨小麦的生产成本为 500 元。小麦为外贸货物，按直接出口处理，其出口离岸价为 350 美元/t。项目所在地距离口岸 300km，小麦运费为 0.2 元/（t·km），假设贸易费用不存在，影子汇率换算系数为 1.1，官方牌价为 6.4，社会折现率为 11%，货物的影子运费换算系数为 2。试计算该土地的机会成本。

解：每吨小麦的产地影子价格为：

换算为人民币的口岸价　　　$350 \times 6.4 \times 1.1$ 元 $= 2464$ 元

运输费用　　　　　　　　$300 \times 0.2 \times 2$ 元 $= 120$ 元

合计为　　　　　　　　　$(2464 - 120)$ 元 $= 2344$ 元

该地区生产每吨小麦的净效益为：

$$(2344 - 500) \text{元} = 1844 \text{元}$$

项目计算期内每亩土地的净效益现值为：

$$P = \sum_{t=1}^{4} 1844 \times 0.9 \times (1 + 3\%)^4 \times (1 + 11\%)^{-4} = 5525.44 \text{元}$$

项目所占用土地的净效益现值为：

$$5525.44 \text{元/亩} \times 100 \text{亩} = 552544 \text{元}$$

故得到该土地的机会成本为 552544 元。

3）自然资源的影子价格。项目投入的自然资源，无论在财务上是否付费，在经济费用效益分析中都必须测算其经济费用。不可再生自然资源的影子价格应按资源的机会成本计算，可再生资源的影子价格应按资源再生费用计算。

10.2.2　经济费用和经济效益参数

经济费用效益参数是国民经济评价的基础。正确理解和使用评价参数，对正确计算费用、效益和评价指标数值，以及比选优化方案具有重要作用。经济费用效益评价参数体系有两类，一类是通用参数，如社会折现率、影子汇率等，这些通用参数由有关专门机构组织测算和发布；另一类是货物影子价格等一般参数，由行业或者项目评价人员测定。

1. 资金的影子价格——社会折现率

社会折现率是从国家角度对资金机会成本和资金时间价值的估量。它是从社会的观点反映出的最佳资源分配和社会可接受的最低投资收益率的限度，即投资项目可能使社会得到收益的最低标准。

社会折现率也称为影子利率，是从国民经济角度考察建设项目投资所应达到的最低收益水平，实际上也是资金的机会成本和影子价格。社会折现率是项目经济可行性研究和方案比较的主要依据，在项目经济评价中，主要作为计算经济净现值的折现率，同时也是用来衡量经济内部收益率的基准值。社会折现率作为资金的影子价格，代表着资金占用在一定时间内应达到的最低增值率，体现了社会对资金时间价值的期望和对资金盈利能力的估算。

作为费用效益分析中的一项重要参数，社会折现率是国家评价和调控投资活动的重要经济杠杆之一，代表着社会资金被占用应获得的最低收益率。国家可以选用适当的社会折现率来进行项目的费用效益分析，从而促进资源的优化配置。

社会折现率需要根据国家社会经济发展目标、发展水平、发展战略、宏观调控意图、社会成员的费用效益时间偏好、社会投资收益水平、资金机会成本等因素进行综合分析，由国家统一测定和发布。各类投资项目的国民经济评价都应采用有关专门机构统一发布的社会折现率作为计算经济净现值的折现率。根据上述要求，结合当前的实际情况，目前我国的社会折现率为 8%，部分国家和组织的社会折现率见表 10-4。

表 10-4　部分国家和组织的社会折现率

国家和组织名称	美　国	欧　盟	法　国	德　国	日　本	亚洲开发银行
社会折现率	2%~3%	5%	8%	3%	4%	10%~12%

2. 外汇的影子价格——影子汇率

影子汇率的概念最早由经济学家哈伯格在 20 世纪 60 年代提出，最初的定义是单位外汇的社会福利价值。项目评估人员通常把影子汇率定义为单位外汇的经济价值，区分于单位外汇的财务价值和市场价值。

影子汇率是指单位外汇的经济价值，依照影子价格的基本理论，影子汇率就是指外汇的影子价格，应当等于外汇的社会边际成本或边际贡献，是国家每增加或者减少一个单位的外汇收入所需付出或节约的社会成本，或者是增加的这一单位外汇收入对社会的边际贡献。

影子汇率是一个重要的国家经济参数，体现了从国民经济角度对外汇价值的估量，在建设项目的费用效益分析中除了用于外汇与本国货币之间的换算外，还是经济换汇和经济结汇成本的判据。

在国民经济评价中，影子汇率通过影子汇率换算系数来计算，影子汇率换算系数是影子汇率与国家外汇牌价的比值。投资项目投入物和产出物涉及进出口的，应采用影子汇率换算系数调整计算影子汇率。根据目前我国外汇收支状况、主要进出口商品的国内价格与国外价格的比较、出口换汇成本及进出口关税等因素综合分析，目前我国的影子汇率换算系数取值为 1.08。

例如，中国人民银行外汇牌价为 1 美元兑换 6.34 元人民币，则此时的影子汇率为 1 美元等于 6.85 元人民币（6.34 元 × 1.08 = 6.85 元）。

10.3　经济费用和经济效益分析的报表编制

编制国民经济评价报表是进行国民经济评价的基础工作之一。项目评价应在经济费用和效益数值调整的基础上，编制经济评估基本报表。

国民经济效益费用流量表一般在项目财务评价基础上进行调整编制，有些项目也可以直接编制。

1. 在财务评价基础上编制国民经济效益费用流量表

以项目财务评价为基础编制项目投资经济效益费用流量表，应注意合理调整效益与费用的范围和内容，具体步骤如下：

1）剔除转移支付。将财务现金流量表中列支的销售税金及附加、增值税、国内借款利息作为转移支付剔除。

2）计算外部（间接）效益与外部（间接）费用。根据项目的具体情况，确定可以量化的项目外部效益和外部费用。分析确定哪些是项目重要的外部效益，需要采取什么方法估算，并保持效益费用的计算口径一致。

3）调整建设投资。用影子价格、影子汇率逐项调整构成投资的各项费用，剔除涨价预备费、税金、国内借款建设期利息等转移支付项目。

进口设备价格调整通常要剔除进口关税、增值税等转移支付。建筑工程费和安装工程费按材料费、劳动力的影子价格进行调整；土地费用按土地影子价格进行调整。

4）调整流动资金。财务账目中的应收、应付款项及现金并没有实际耗用国民经济资源，在国民经济评价中应将其从流动资金中剔除。如果财务评价中的流动资金是采用扩大指标法估算的，国民经济评价仍应按扩大指标法，以调整后的销售收入、经营费用等乘以相应的流动资金指标系数进行估算；如果财务评价中的流动资金是采用分项详细估算法进行估算的，则应用影子价格重新分项估算。根据建设投资和流动资金调整的结果，编制经济费用和经济效益分析投资费用估算调整表（表10-5）。

表10-5　经济费用和经济效益分析投资费用估算调整表

（人民币单位：万元；外币单位：万美元）

序号	项　目	财　务　分　析			经济费用效益分析			经济费用效益分析比财务分析增减
		外币	人民币	合计	外币	人民币	合计	
1	建设投资							
1.1	建设工程费							
1.2	设备购置费							
1.3	安装工程费							
1.4	其他费用							
1.4.1	其中：土地费用							
1.4.2	专利及专有技术费							
1.5	基本预备费							
1.6	涨价预备费							
1.7	建设期利息							
2	流动资金							
	合计（1+2）							

5）调整经营费用，用影子价格调整各项经营费用，对主要原材料、燃料及动力费用用影子价格进行调整；对劳动工资及福利费，用影子工资进行调整。同时，编制经济费用和经济效益分析经营费用估算调整表（表10-6）。

表 10-6　经济费用和经济效益分析经营费用估算调整表（单位：人民币万元）

序号	项　目	单位	年投入量	财 务 分 析		经 济 分 析	
				单价（元）	年成本	单价（元）	年费用
1	外购原材料						
1.1	原材料 A						
1.2	原材料 B						
1.3	原材料 C						
…	…						
2	外购燃料及动力						
2.1	煤						
2.2	水						
2.3	电						
2.4	重油						
…	…						
3	工资及福利费						
4	修理费						
5	其他费用						
	合计						

6）调整营业收入，用影子价格调整计算项目产出物的营业收入，并编制项目直接效益估算调整表（表 10-7），还应对外部效果编制项目间接费用估算表（表 10-8）和项目间接效益估算表（表 10-9）。对难以量化的外部效果进行定性分析，以便全面反映项目的产出效果。

表 10-7　项目直接效益估算调整表

（收入效益单位：人民币万元，外币万美元）

产出物名称			投产第一期负荷（%）				投产第二期负荷（%）				正常生产年份（%）			
			A产品	B产品	…	小计	A产品	B产品	…	小计	A产品	B产品	…	小计
年产出量		计算单位												
		国内												
		国际												
		合计												
财务分析	国内市场	单价（元）												
		现金收入												
	国际市场	单价（美元）												
		现金收入												
经济费用效益分析	国内市场	单价（元）												
		直接效益												
	国际市场	单价（美元）												
		直接效益												
	合计（万元）													

表 10-8　项目间接费用估算表　　　　　　（人民币单位：万元）

序　号	项　目	合　计	计　算　期					
			1	2	3	4	...	n

表 10-9　项目间接效益估算表　　　　　　（人民币单位：万元）

序　号	项　目	合　计	计　算　期					
			1	2	3	4	...	n

7）调整外汇价值，国民经济评价各项营业收入和费用支出中的外汇部分，应用影子汇率进行调整，计算外汇价值。从国外引入的资金和向国外支付的投资收益、贷款本息，也应用影子汇率进行调整。

2. 直接编制项目投资经济费用和经济效益流量表

项目投资经济费用和经济效益流量表见表 10-10。有些行业的项目可能需要直接进行国民经济评价，判断项目的经济合理性。可按以下步骤直接编制国民经济费用效益流量表。

表 10-10　项目投资经济费用和经济效益流量表　　　　　　（人民币单位：万元）

序　号	项　目	合　计	计　算　期					
			1	2	3	4	...	n
1	效益流量							
1.1	项目直接效益							
1.2	资产余值回收							
1.3	项目间接效益							
2	费用流量							
2.1	建设投资							
2.2	维持运营投资							
2.3	流动资金							
2.4	经营费用							
2.5	项目间接费用							
3	净效益流量（1－2）							

计算指标：

经济内部收益率（%）

经济净现值（$i_e = $　%）

1）确定国民经济效益、费用的计算范围，包括直接费用、直接效益和间接费用、间接效益。

2）测算各种主要投入物的影子价格和产出物的影子价格，并在此基础上对各项国民经济效益和费用进行估算。需要注意的是，交通运输项目国民经济效益不按产出物影子价格计算，而是采用由于节约运输时间、费用等指标计算效益。

　　3）编制国民经济费用效益流量表。

10.4　经济费用和经济效益分析的评价指标

　　经济费用和经济效益分析的评价指标，需要通过编制相关报表来计算，从而反映项目的国民经济效果。主要的评价指标有：经济内部收益率、经济净现值和效益费用比等。

　　1. 经济内部收益率（EIRR）

　　经济内部收益率是反映项目对国民经济净贡献的相对指标。内部收益率是在项目生命期（计算期）内逐年累计的经济净效益流量的现值等于零时的折现率，它是项目评价的主要判断依据。表达式为：

$$\sum_{t=1}^{n}(B-C)_t(1+EIRR)^{-t}=0$$

　　式中　EIRR——经济内部收益率；

　　　　　　B——效益流量；

　　　　　　C——费用流量；

　　　　$(B-C)_t$——第 t 年的净效益流量；

　　　　　　n——计算期。

　　经济内部收益率等于或大于社会折现率，表明项目对国民经济的净贡献达到或超过了要求的水平。若建设项目对国民经济的净贡献达到或者超过了国民经济要求的水平，则应认为项目是可以接受的。

　　2. 经济净现值（ENPV）

　　经济净现值是反映项目对国民经济净贡献的绝对指标，是按指定的社会折现率将项目建设和生产（服务）期内各年的净经济效益流量折算到基准年（建设期初）的现值之和。计算公式为：

$$ENPV=\sum_{t=1}^{n}(B-C)_t(1+i_s)^{-t}$$

　　式中　ENPV——经济净现值；

　　　　　　i_s——社会折现率。

　　项目的经济净现值等于或大于零，说明项目不仅能达到符合社会折现率要求的经济效益水平，还能得到现值计算的超额社会盈余，此时项目从国民经济角度考虑是可以被接受的。经济净现值越大，表明项目所带来的经济效益的绝对值越大。

　　3. 效益费用比（RBC）

　　效益费用比是项目在计算期内效益流量的现值与费用流量的现值的比率，是经济费用效益分析的辅助评价指标。计算公式为：

$$RBC=\frac{\sum_{t=1}^{n}B_t(1+i_s)^{-t}}{\sum_{t=1}^{n}C_t(1+i_s)^{-t}}$$

式中　RBC——效益费用比；

B_t——第 t 期的项目经济效益；

C_t——第 t 期的项目经济费用

i_s——社会折现率。

如果项目的经济效益费用比大于1，则表明项目资源配置的经济效益达到了可以被接受的水平。

【例10-4】　某地区要兴建一座防洪堤坝，来减少每年雨季造成的灾害。针对此项目，现有两个互斥方案可供选择，两方案的各项数据对比见表10-11。假设社会折现率为10%，试用效益费用比指标评价选择出合适的方案。

表10-11　两方案的各项数据对比　　　　　（人民币单位：亿元）

方　　案	初 始 投 资	年运营维护费用	预期年减少损失	运营期（年）
A	150	25	30	25
B	300	50	90	25

解：计算各方案初始投资的费用年值分别为：

方案 A：　　　　　　　150 亿元 $\times (A/P, 10\%, 25) = 16.53$ 亿元

方案 B：　　　　　　　300 亿元 $\times (A/P, 10\%, 25) = 33.05$ 亿元

方案 A 每年获得效益为减少损失，即30亿元；方案 B 每年获得效益为减少损失，即90亿元。

则各个方案的效益费用比为：

方案 A：

$$\frac{30}{16.53 + 25} = 0.722 < 1$$

方案 B：

$$\frac{90}{33.06 + 50} = 1.084 > 1$$

方案 B 的效益费用比大于1，方案 A 的效益费用比小于1，故 B 方案优于 A 方案。

10.5　公路项目经济费用和经济效益评价的案例分析

10.5.1　公路项目经济费用和经济效益分析的参数选择及费用调整

1. 经济参数选择

根据相关部门在2010年编制的《公路建设项目经济评价方法与参数》中，公路项目经济费用效益分析所采用的主要参数通常为社会折现率、影子汇率、影子工资和贸易费用率。

（1）社会折现率　社会折现率衡量经济内部收益率的基准值，也是计算项目经济净现值的折现率。社会折现率一般为8%，最低不低于6%。社会折现率由国家相关部门统一测定并发布，公路建设项目社会折现率应以国家最新发布的参数值为准。

（2）影子汇率　影子汇率指能正确反映国家外汇经济价值的汇率。

影子汇率 = 外汇牌价 × 影子汇率换算系数(1.08)

（3）影子工资　影子工资 = 财务工资 × 影子工资换算系数。公路项目影子工资换算系数分为两类，即技术劳动力影子工资换算系数和非技术劳动力影子工资换算系数。对于技术劳动力，影子工资换算系数为1；对于非技术劳动力，需要结合项目所在地经济发展水平、劳动力供求关系等确定，公路项目通常采用的影子工资换算系数为0.5。

（4）贸易费用率　贸易费用率是生产资料在流通过程中耗费的以影子价格计算的贸易费用与生产资料价格的综合比率，它的高低与物资流通的效率、生产资料价格总水平、人民币与外汇的比价等因素相关。

2. 经济费用和经济效益评价流程

在经济费用效益评价的流程中，首先是经济费用与经济效益的计算。其中，经济费用包括建设期经济费用和运营期经济费用。经济效益包括降低营运成本的效益、旅客节约时间的效益和减少交通事故的效益。在计算完成后，进行经济费用效益流量分析和敏感性分析。具体的经济费用效益评价流程如图10-1所示。

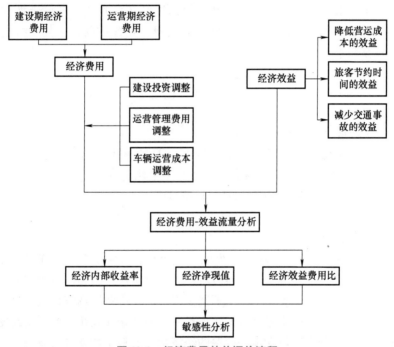

图10-1　经济费用效益评价流程

3. 费用调整

公路建设项目的经济费用效益分析采用影子价格进行计算，需要将建设投资、运营管理费用、车辆营运成本等调整为影子价格。

（1）建设投资调整

1）建设投资包括建筑安装工程费、设备及工（具）器具购置费、工程建设其他费用和预留费用。

2）剔除属于国民经济内部"转移支付"的税金、补贴、国内借款利息。

3）主要材料、劳动力、土地等投入物的价格调整，其中钢材、木材、水泥、沥青等建筑材料属于一般投入物，劳动力、土地属于特殊投入物。

对于公路建设项目，通常将钢材、木材、沥青作为可外贸货物，以到岸价为基础进行计算。其计算公式为：

$$影子价格 = 到岸价（CIF）\times 影子汇率 + 进口费用$$

进口费用是指货物进口环节在国内所发生的所有相关费用。包括运输、装卸、运输保险等各种费用支出及物流环节的各种损失、损耗等。

水泥一般作为非外贸货物，以出厂价为基础进行计算。

$$影子价格 = 出厂价 + 运输费用$$

外贸货物的到岸价主要参考《投资项目评价与经营决策信息资料》（国家信息中心经济预测部主办，月刊）。随着我国市场经济发展和贸易范围的扩大，大部分货物的价格由市场形成，市场价格可以近似地反映其真实的价值。

土地的影子价格等于土地的机会成本加上土地转变用途所导致的新增资源消耗。即

$$土地影子价格 = 土地机会成本 + 新增资源消耗$$

土地机会成本一般按拟建项目占用土地而使国民经济为此放弃的该土地"最佳替代用途"的净效益来计算；新增资源消耗包括拆迁补偿费、安置补助费，其中拆迁补偿费通常用影子价格换算系数进行调整。

土地最佳替代用途的净效益计算公式如下：

$$LOC = NB_0(1 + g)^{\tau+1}\left[\frac{1 - (1 + g)^n(1 + i)^{-n}}{i - g}\right]$$

式中　LOC——土地最佳替代用途的净效益；

　　　NB_0——基年土地的"最好可行替代用途"的单位面积年净效益；

　　　g——土地最好可行替代用途的年平均净效益增长率；

　　　n——项目占用土地的期限，为项目计算期；

　　　τ——基年距开工年年数；

　　　i——社会折现率。

（2）运营管理费用调整　运营管理费用主要包括：日常养护、小修费用，管理费用，大修、中修费用等。运营管理费用一般通过对拟建项目所在地区相同或相似的、正在使用中的项目调查得到，再根据建设投资中建筑安装工程费的经济费用调整系数来进行调整。

日常养护、小修费用：一般通过对拟建项目所在地区相同或相似的、正在使用中的项目调查得到；根据建设投资中建筑安装工程费的经济费用调整系数来进行调整。

管理费用：包括水电等日常开支和收费人员工资；一般通过对拟建项目所在地区相同或相似的、正在使用中的项目调查得到；经济费用取财物费用，不作调整。

大修、中修费用：一般取沥青混凝土罩面费用的1/3；根据建设投资中建筑安装工程费的经济费用调整系数来进行调整。

（3）车辆运营成本调整　车辆运营成本调整应针对不同组成部分的特点按照《建设项目经济评价方法与参数》所设定的原则分别进行调整，以经济费用作为计算国民经济效益的基础。

车辆营运成本按影子价格调整，包括燃油消耗、机油消耗、轮胎磨耗、养护费用、车辆折旧、司乘人员工资及福利、保险费、管理费及其他相关税费。车辆运营成本主要受时间、距离两个参数的影响而发生变化，不同的车辆运营成本组成与时间和距离的关系不同。其中

燃油消耗量、机油消耗量、轮胎磨耗、养护费用及部分车辆折旧和利息与车辆行驶距离直接相关；车辆折旧、司乘人员费用、保险费、各种税费、管理费等与车辆保有时间直接相关。此外，车辆运营成本也受道路技术状况和交通条件的直接影响。

车辆在基准状态下，其基本的燃料、轮胎、润滑油及维修部件和工时损耗所产生经济费用，可根据不同车型的车辆特性及相关的消耗品和人工工时的经济价格确定。

车辆运营成本的计算依据车速 – 交通量、运营成本 – 车速等模型进行计算。

车速 – 交通量模型：

$$高速公路、一级公路 \begin{cases} S = a \times e^{[b \times (v/c)^2]} & 当 (v/c) \leqslant 0.8 \\ S = a_1 \times e^{[b_1 \times (v/c)^8]} & 当 (v/c) > 0.8 \end{cases}$$

$$二级公路 \begin{cases} S = a \times e^{[b \times (v/c)^2]} & 当 (v/c) \leqslant 0.75 \\ S = a_1 + b_1 \times (v/c) & 当 (v/c) > 0.75 \end{cases}$$

$$三级、四级公路 \begin{cases} S = a \times e^{[b \times (v/c)^2]} & 当 (v/c) \leqslant 0.67 \\ S = a_1 + b_1 \times (v/c) & 当 (v/c) > 0.67 \end{cases}$$

式中　　S——速度（km/h）；

v——标准车小时交通量；

c——标准车小时通行能力；

a、a_1、b、b_1——系数，取值见表 10-12。

表 10-12　a、a_1、b、b_1 系数取值

公 路 等 级	车 型	a	b	a_1	b_1
高速公路、一级公路	小客车	96.55	−0.35	86.039	−0.648
	大客车	79.08	−0.154	78.71	−0.559
	小货车	73.67	−0.16	71.925	−0.469
	中货车	68.31	−0.06	70.956	−0.455
	大货车	65	−0.15	62.375	−0.327
二级公路	小客车	60	−1.42	65.1	−50.8
	大客车	43.9	−0.86		
	小货车	50.5	−1.11		
	中货车	46.7	−0.97		
	大货车	48.4	−1.04		
三级公路	小客车	50	−1.37	69.9	−57.2
	大客车	39.9	−0.87		
	小货车	43.1	−1.04		
	中货车	40.6	−0.91		
	大货车	38.5	0.79		
四级公路	小客车	48	−1.45	61.9	−49.2
	大客车	38	−0.93		
	小货车	42.5	−1.18		
	中货车	39.7	−1.03		
	大货车	38.4	−0.96		

运输成本 – 车速模型：

$$C = A \times S^2 - B/S + D$$

式中　　C——车辆运输成本（元/百 km）；

　　　　S——车速（km/h）；

　A、B、D——系数，取值见表 10-13。

表 10-13　A、B、D 系数取值

公路等级	系　　数	小 客 车	大 客 车	小 货 车	中 货 车	大 货 车
高速一级公路	A	0.5967	1.23	0.0963	0.126	0.556
	B	7.83	15.43	5.32	10.04	14.14
	D	114.11	308.14	141.88	219.99	301.04
二级公路	A	4.5	10.53	4.93	10.082	6.96
	B	51.89	126.71	55.71	112.86	87.11
	D	242.4	667.79	273.03	508.38	573.83
三级公路	A	6.05	17.53	6.92	13.94	13.23
	B	73.83	210.97	83.45	167.29	159.45
	D	331.27	922.4	372.97	702.78	782.26
四级公路	A	8.99	27.57	10.03	23.39	20.65
	B	111.35	346.64	124.54	293.02	264.05
	D	487.12	1506.9	542.91	1225.9	1278.7

10.5.2　案例分析

1. 项目背景

（1）项目名称　某高速公路建设项目。

（2）线路及设计标准　拟建项目为国道主干线某高速公路位于某直辖市内的一段，与另外一条高速公路相接，起于某直辖市北城入口，终于邻市南城入口。该项目作为区域南北主通道加密线和区域经济干线，将该直辖市内多条高速公路有机地联系起来，完善和均衡了该直辖市的纵横高速公路网，对于改善区域路网结构，加快该市基础设施建设具有重要意义。

该项目路线全长 65km，采用设计速度 100km/h 的四车道高速公路标准，路基宽度 30m。主要分部分项工程有土石方 903.5 万 m³，大桥 8302m/30 座，中小桥 268m/5 座，隧道 3986m/5 座，涵洞 221 道。

（3）编制依据　该项目的经济评价是以国家发改委和建设部 2006 年编制的《建设项目经济评价方法与参数》（第 3 版）、交通运输部交规划发〔2010〕178 号文件《关于印发公路建设项目可行性研究报告编制办法的通知》为依据，评价模型参考《公路投资优化和改善可行性研究方法》，即 Study of Prioritization of Highway Investments and Improving Feasibility Study Methodologies Pilot Study Report 确定。

（4）计算期　项目计划 2010 年初开工，2012 年底建成通车，建设年限为 3 年。国民经济经济评价运营期为 20 年。国民经济评价计算期为 23 年，评价计算基准年为 2010 年，评价计算末年为 2032 年。

（5）远景交通量预测值　该项目采用"四阶段"法预测远景交通量，预测值见表10-14。

表10-14　某高速公路远景交通量预测值　（单位：标准小客车台）

路　段　年　份		2013	2015	2020	2025	2027	2030	2032
娄底互通至长冲互通（8km）	趋势	10167	12337	19158	28280	31916	35890	38852
	诱增	1001	1081	1408	1536	1302	1464	1247
	合计	11168	13418	20566	29816	33218	37354	40099
长冲互通至双峰互通（14.083km）	趋势	11090	13523	20921	31040	34666	39382	42148
	诱增	1032	1114	1538	1685	1882	1607	1353
	合计	12122	14637	22459	32725	36548	40989	43501
双峰互通至锁石互通（11.180km）	趋势	9981	12165	18893	27742	30858	35068	37497
	诱增	929	1002	1389	1506	1676	1431	1204
	合计	10910	13167	20282	29248	32534	36499	38701
	增长率（%）	—	20.86	50.03	44.21	11.23	12.19	6.03
锁石互通至曲兰互通（15.697km）	趋势	9954	12122	18659	27398	30406	34235	36624
	诱增	927	999	1371	1488	1651	1397	1176
	合计	10881	13121	20030	28886	32057	35632	37800
	增长率（%）	—	20.59	52.66	44.210	10.98	11.15	6.08
曲兰互通至库宗桥互通（15.257km）	趋势	10298	12572	19224	28244	31350	35356	37790
	诱增	959	1036	1413	1534	1702	1443	1213
	合计	11257	13608	20637	29778	33052	36799	39003
	增长率（%）	—	20.88	51.65	44.29	10.99	11.34	5.99
全线平均（共64.217km）	交通量	11268	13590	20795	30098	33482	37455	39821
	增长率（%）	—	20.61	53.02	44.74	11.24	11.87	6.32

2. 经济费用计算

（1）建设期经济费用计算　建设投资估算为39.77亿元，经济费用为34.27亿元，具体调整方法如下所述：

1）人工费。人工的估算价格为16.78元/工日。由于该项目经过的地区是中部不发达地区，当地劳动力有富余，临时工影子价格比估算价格要低，但考虑到该项目有技术相对较为复杂的隧道要消耗一些技术劳动力，而技术劳动力的影子价格比估算价格要高，因此，根据项目所在地区综合情况，取影子人工换算系数为0.7。

2）主要材料的影子价格和费用。该项目以影子价格为标准进行调整的材料主要是指工程中数目占有比重大而且价格明显不合理的投入物和产出物，主要材料有原木、锯材、钢材、水泥、砂石料及沥青等。钢材、木材、沥青等为可外贸货物，影子价格按公式计算。挂牌汇率按1美元兑换6.8325元人民币计算，取影子汇率换算系数为1.08。水泥为具有市场价格但非贸易货物，按公式计算。其他材料费一般按具有市场价格的非外贸货物的影子价格计算，其投资估算原则上不变，即影子价格换算系数为1。

3）土地的影子价格。土地的影子价格等于土地的机会成本加上土地转变用途所导致的新增资源消耗。土地征收补偿费中土地及青苗补偿费为29152.8901万元，按机会成本计算方法调整计算；安置补助费为3130.1481万元，用影子价格换算系数1.1进行调整。计算得土地影子价格为每亩 7.23 万元。

4）其他费用的调整。该项目其他费用的调整指扣除公路建设费用中的税金、建设期贷款利息等非实质性投入投资。

建设费用调整表见表 10-15。

表 10-15　建设费用调整表

费用名称	单位	数　量	预算单价（元）	投资估算（万元）	影子价格或换算系数（元）	经济费用（万元）
人工	工日	18443450	16.78	30948.109	0.7	21663.676
原木	m³	4266	878.43	374.738	909.27	387.895
锯材	m³	13845	1205.00	1668.323	1315.76	1821.670
钢材	t	48051	3934.32	18904.820	4093.84	19671.311
水泥	t	764650	362.34	27706.328	348.86	26675.580
沥青	t	6868	3621.22	2487.054	3708.33	2546.881
砂、砂砾	m³	2201000	75.50	16617.550	(1.0)	16617.550
片石	m³	774088	45.00	3483.396	(1.0)	3483.396
碎（砾）石	m³	2784983	65.00	18102.390	(1.0)	18102.390
块石	m³	140834	80.00	1126.672	(1.0)	1126.672
其他费用	公路 km	56.217		123303.727	(1.0)	123303.727
税金	公路 km	56.217		8030.492	(0)	0
第一部分合计	公路 km	56.217		252753.58		252753.58
第二部分合计	公路 km	56.217		3645.67		3645.67
征地费	亩	7241	84100	60896.81	72326	52371.26
国内贷款利息	公路 km	56.217		28174.798	(0)	0
国外贷款利息	公路 km	56.217		0	(0)	0
其他	公路 km	56.217		21724.215	(1.0)	21724.215
第三部分合计	公路 km	56.217		110795.823		74095.47
预留费	公路 km	56.217		30511.825	(1.0)	30511.825
工程投资合计（不含息）	公路 km	56.217		369532.10		342653.71
工程投资合计（含息）	公路 km	56.217		397706.90	(0.86)	342653.71

注：1 亩 = 666.67m²。

（2）资金筹措与分年度投资计划

1）项目资本金 92383 万元，占项目总投资比例的 25%。

2）余额 277149.1 万元申请国内银行贷款，占项目总投资的比例为 75%。

3）该项目 2010 年初开工，2012 年底建成，工期为三年。第一年投入资金 30%，第二年投入资金 40%，第三年投入资金 30%。资金年度使用计划见表 10-16。

表 10-16　资金年度使用计划表　　　　　　　　　　　　（单位：万元）

资金来源	2010 年	2011 年	2012 年	合　计
年度贷款	83144.72	110859.63	83144.72	277149.07
资本金	27714.91	36953.21	27714.91	92383.03
基本建设费	11859.63	147812.84	110859.63	369532.1

（3）运营期经济费用计算

1）运营期财务费用。

第一，养护及交通管理费。该项目全线设管理中心 1 处，服务区 1 处，停车区 1 处，匝道收费站 3 处，养护工区 2 处。

小修养护费用：该项目通车第一年的养护财务费用为 5 万元/km，项目运营期内按每年 3% 递增。

隧道营运费用：运营期间，隧道运营费用主要考虑隧道管理、通风、照明等费用，根据测算，中隧道每年运营费用约为 40 万元/km、长隧道每年运营费用约为 80 万元/km，该项目隧道运营费用以此数据为基础进行测算，并按每年 3% 递增。项目推荐方案隧道总长 4108m，其中，中隧道 3090m，短隧道 1018m。

管理费用：拟定该项目推荐方案管理及收费人员 145 名，通车第一年每人每年按 3.5 万元估算，项目运营期内按每年 3% 递增。

第二，大修、中修工程费用。项目运营第 10 年安排大修一次，大修费用按当年养护费用的 13 倍计算，大修当年不计日常养护费。

2）运营期经济费用。公路小修保养费用，大修、中修工程费用及交通管理费用，根据国民经济评价的要求，按调整后的建设投资经济费用与财务费用之比，将公路养护费用及交通管理费用调整为经济费用，即影子价格换算系数取 0.86。

3）残值。残值取公路建设经济费用的 50%，以负值计入费用。

调整后经济费用详见表 10-17。

表 10-17　国民经济评价费用支出汇总表　　　　　　　　（单位：万元）

年　份	合　计	建设投资	养护管理费用	大修费用	残　值
2010	102796.1	102796.1			
2011	137061.5	137061.5			
2012	102796.1	102796.1			
2013	788.59		678.18		
2014	812.24		698.53		
2015	836.61		719.48		
2016	861.71		741.07		
2017	887.56		763.30		
2018	914.19		786.20		
2019	941.61		809.79		
2020	969.86		834.08		
2021	998.96		859.10		
2022	5429.95		569.47	4100.29	
2023	1059.79		911.42		
2024	1091.59		938.76		
2025	1124.33		966.93		
2026	1158.06		995.93		

（续）

年　份	合　计	建设投资	养护管理费用	大修费用	残　值
2027	1192.81		1025.81		
2028	1228.59		1056.59		
2029	1265.45		1088.28		
2030	1303.41		1120.93		
2031	1342.51		1154.56		
2032	-169944.06		1189.20		-171326.85

3. 经济效益计算

（1）计算方法　该项目采用相关线路法计算经济效益。

（2）主要计算参数

1）社会折现率取为8%。

2）汽车运输成本。结合实地调查及项目所在省份同类型道路确定。

3）时间价值。旅客旅行时间的节约所产生的价值以每人平均创造国内生产总值的份额来计算（考虑到旅客节约的时间不能全部用于生产，所以取节约时间的1/2）。根据预测，该项目所在地区人均创造价值2013年为9976元/人，2015年为10261元/人，2020年为13321元/人，2025年为14325元/人，2030年为16158元/人，2032年为17517元/人。

在途货物占用流动资金的节约所产生的价值，以在途货物平均价格和资金利息率为基础进行计算，在途货物平均价格参考交通部公路规划设计院有限公司《道路建设技术经济指标》确定。预计在途货物平均价格2013年为4018元/t，2015年为4521元/t，2020年为5009元/t，2025年为6311元/t，2030年为6925元/t，2032年为7126元/t。

4）交通事故率及损失费。交通事故率及损失费按表10-18计算。

表10-18　交通事故率及损失费表

公路等级	事故率计算公式（次/亿km）	直接损失费（万元/次）	间接损失费（万元/次）
高速公路	-40+0.005 AADT	1.2~1.6	18~24
一级公路	37+0.003 AADT	0.9~1.1	13.5~16.5
二级公路	133+0.007 AADT	0.6~0.8	10.5~12.8
三级公路	140+0.03 AADT	0.4~0.6	10.5~12.8

该项目各年份国民经济评价效益汇总见表10-19。

表10-19　国民经济评价效益汇总表　　　　　　（单位：万元）

年　份	降低运营成本效益	旅客时间节约效益	减少交通事故效益	合　计
2013	33972	2112	154	36238
2014	40153	2554	177	42884
2015	42536	2727	204	45467
2016	46857	3046	235	50138
2017	51603	3402	270	55275

（续）

年　份	降低运营成本效益	旅客时间节约效益	减少交通事故效益	合　计
2018	56814	3800	312	60926
2019	60288	4069	359	64716
2020	63989	4359	413	68761
2021	69130	4766	476	74372
2022	74672	5211	549	80432
2023	80647	5698	632	86977
2024	87089	6231	728	94048
2025	91803	6625	839	99267
2026	98204	7166	966	106336
2027	105042	7751	1113	113906
2028	112345	8385	1283	122013
2029	120147	9070	1478	130695
2030	127595	9731	1702	139028
2031	137482	10622	1961	150065
2032	145381	11341	2259	158981

4. 经济费用和经济效益评价指标值

经济费用和经济效益评价指标值计算以基本报表"项目投资基金费用效益流量表"为基础，该拟建项目高速公路国民经济评价指标计算结果见表10-20。

5. 经济费用和经济效益评价敏感性分析

经济评价所采用的参数，有的来自估算，有的来自预测，带有一定的不确定性，因此，不排除这些参数还有所变动的可能性。为了分析这些不确定因素变化对项目所产生的影响，按费用上升、效益下降的不同组合，对推荐方案进行分析，以考察经济评价指标对其变化因素的敏感程度，从而更全面地了解该项目，为投资决策者提供科学的依据。该项目经济敏感性分析见表10-21。

从经济敏感性分析结果可以看出，在效益减少20%，同时费用上升20%的最不利情况下，经济内部收益率（11.01%）仍大于社会折现率（8%）。分析结果表明，从国民经济角度看，该项目抗风险能力强。

6. 经济费用效益评价结论

经济费用效益评价表明，项目经济净现值为303636.55万元，大于0，经济内部收益率为15.30%，大于社会折现率8%，国民经济效益良好。当效益下降20%，同时费用上升20%的情况下，项目经济净现值为133669.37万元，仍大于0，经济内部收益率为11.01%，仍大于社会折现率，项目抗风险能力较强。

因此，从宏观经济角度分析，项目可行，且具有较强的抗风险能力。

表 10-20 项目投资基金费用和经济效益流量表

序号	项目	建设期 1	建设期 2	建设期 3	运营期 4	5	6	7	8	9	10	11	12	13	14	15	16	17	18	19	20	21	22	23
1	费用流出:	102796.1	137061.5	102796.1	788.59	812.24	836.61	861.71	887.56	914.19	941.61	969.86	998.96	5429.95	1059.79	1091.59	1124.33	1158.06	1192.81	1228.59	1265.45	1303.41	1342.51	-16944.06
1.1	建设费用	113918	151891	113918																				
1.2	运营管理费				436.45	449.54	463.03	476.92	491.23	505.97	521.14	536.78	552.88	569.47	586.55	604.15	622.27	640.94	660.17	679.97	700.37	721.39	743.03	765.32
1.3	日常养护费				241.73	248.99	256.45	264.15	272.07	280.23	288.64	297.30	306.22	0	324.87	334.62	344.65	354.99	365.64	376.61	387.91	399.55	411.53	423.88
1.4	大中修费													4100.29										
1.5	残值																							-17326.85
1.6	其他费用																							
2	效益流入:				36238	42884	45467	50138	55275	60926	64716	68761	74372	80432	86977	94048	99267	106336	113906	122013	130695	139028	150065	158981
2.1	降低运输成本				33972	40153	42536	46857	51603	56814	60288	63989	69130	74672	80647	87089	91803	98204	105042	112345	120147	127595	137482	145381
2.2	旅客节约时间				2112	2554	2727	3046	3402	3800	4069	4359	4766	5211	5698	6231	6625	7166	7751	8385	9070	9731	10622	11341
2.3	减少交通事故				154	177	204	235	270	312	359	413	476	549	632	728	839	966	1113	1283	1478	1702	1961	2259
3	净效益流量	-102796.10	-137061.50	-102796.10	35449.41	42071.76	44630.39	49276.29	54387.44	60011.81	63774.39	67791.14	73373.04	75002.05	85917.21	92956.41	98142.67	105177.94	112713.19	120784.41	129429.55	137724.59	148722.49	328925.06

内部收益率: 15.30%

净现值(万元): 303636.55 ($I_s=8\%$)

效益费用比: 2.11

投资回收期(年): 13.24

表 10-21　经济敏感性分析表

项目 效益减少	费用增加	0%	10%	20%
0%	EN（万元）	13.24	14.27	15.3
	ENPV（万元）	303636.55	276326.58	249016.61
	ERBC（万元）	2.11	1.92	1.76
	EIRR	15.30%	14.22%	13.26%
10%	EN（万元）	14.38	15.53	16.7
	ENPV（万元）	245962.93	218652.96	191342.99
	ERBC（万元）	1.9	1.73	1.58
	EIRR	14.10%	13.07%	12.17%
20%	EN（万元）	15.82	17.15	18.49
	ENPV（万元）	188289.3	160979.34	133669.37
	ERBC（万元）	1.69	1.54	1.41
	EIRR	12.83%	11.86%	11.01%

课后复习题

1. 经济费用和经济效益的含义是什么？
2. 经济费用和效益测算要遵循的原则是什么？
3. 在经济费用效益分析中，转移支付是如何处理的？
4. 列表分析经济分析和财务分析的异同。
5. 项目的外部效果分为哪几种类型？哪些外部效果需要列入经济评价的现金流量表中？
6. 经济费用效益分析的评价指标有哪些？
7. 已知有某拟建项目，现有两个生产方案可供选择，各方案的净现金流量见表 10-22，假设基准收益率为 10%，试用经济内部收益率比较判断两方案的优劣。

表 10-22　净现金流量表　　　　　　　　（单位：万元）

方案	年份	0	1	2	3	4	5
A		-700	150	200	400	400	450
B		-500	120	130	360	360	400

第 11 章

项目社会评价

11.1 社会评价的含义及内容

11.1.1 社会评价的概念及特点

社会评价是分析拟建项目对当地社会的影响和当地社会条件对项目的适应性和可接受程度，是评价项目的社会可行性。除了通过分析项目涉及的各种社会因素评价项目的社会可行性，还要提出项目与当地社会协调关系、避免社会风险、促进项目实施、维持社会和谐稳定的方案和建议。政府部门非常重视拟建项目的社会评价，我国国家发展改革委员会于 2002 年开始，要求投资项目可行性研究报告中应该包括社会评价的内容。

社会评价是项目可行性研究中的重要组成部分，与财务评价、国民经济评价和环境影响评价相互补充，构成了项目可行性研究的主要内容，这些评价从不同的角度分析、考察了拟建项目的可行性。

社会评价的特点主要是宏观性和长期性；评价分析的多目标性和行业特征明显；外部效益较多，定量分析难度较大。

1. 宏观性和长期性

项目社会评价必须从全社会的宏观角度考察项目的存在给社会带来的贡献和影响，考察投资项目建设和运营对实现社会发展目标的作用和影响及对社会发展目标的促进作用。在进行拟建项目的社会评价时，要综合考察与项目建设相关的各种可能的影响因素，不仅要考虑正面的、直接的影响，还要考虑负面的、间接的影响，因此这种评价必须是全社会性质的，具有广泛性和宏观性。另一方面，社会评价又具有长期性，一般情况下，项目的社会评价要考虑一个国家、一个地区的中期和远期发展规划和要求，评价的项目对社会的影响往往不是几十年，而是近百年，甚至关系到几代人的生活。因此，项目的社会评价又具有长期性的特点。

2. 评价分析的多目标性和行业特征明显

拟建项目的社会评价需要涉及社会各个领域的发展目标，具有多目标分析的特点。社会评价的目标分析是多层次的，是以国家、地方和当地社区各层次的发展目标以及各层次的社会政策为基础展开的。因此，要综合分析考虑多种社会效益与影响的需要，必须采用多目标综合评价的方法做出项目社会可行性的判断。因为各行业各类不同性质的投资项目的社会效益存在多样性，而且各行业项目的特点不同，反映社会效益指标的差异也很大，所以社会评价指标的行业特征比较明显。一般情况下，各行业能通用的指标较少，而专业性的指标较多。

3. 外部效益较多，定量分析难度较大

项目社会评价涉及的间接效益和外部效益通常比较多，如产品质量和生活质量的提高，人民物质文化水平和教育水平的提高，自然环境和生态环境的改善，社会稳定和国防安全等。尤其是农业、水利和交通运输等基础设施项目和公益性项目的社会评价，主要表现在项目的间接与相关效益方面，而且这些效益大多是难以定量分析的无形效益，没有市价能够衡量，如对文化、社会秩序稳定、人民素质的提高、增加闲暇时间的影响等，一般只能进行文字描述，进行定性分析，很难采用定量分析。

11.1.2 社会评价的目标和适用范围

社会评价目的在系统调查和预测拟建项目的建设、运营产生的社会影响与社会效益，分析项目所在地区的社会环境对项目的适应性和可接受程度。通过分析项目涉及的各种社会因素，评价项目的社会可行性，提出项目与当地社会协调关系，规避社会风险，促进项目顺利实施，保持社会稳定的方案。

社会评价适用于社会因素较为复杂、社会影响比较久远、社会效益比较显著、社会矛盾比较突出、社会风险比较大的投资项目，需要进行社会评价的项目主要有以下几种：

1. 农业、林业项目

农业项目的目的一般是增加农业生产，其中包括改良农业品种、增加灌溉设施、改良土壤、加快农业科技的发展、加强农业技术服务网建设，增加农业生产资料投入，解决农村能源问题、加快牧场建设，农村公路建设等。林业项目如植树造林、林业副产品加工等。这类项目的直接受益者一般是项目区所在地的农民，项目的运营直接涉及项目所在地人民的生产与生活，项目引起的社会变化对社区各方面影响较大，特别是现阶段，我国扶贫工作以开发性扶贫为主，将过去的单纯"输血"改为"造血"，因此，过去的单纯经济投入转变为复杂的工程建设。在这种情况下，必须十分注意分析项目的建设是否适应当地的需要；当地人民的文化可接受性如何，对项目的吸收能力如何；项目的收入分配是否有利于贫困户；妇女是否得到应得的收益；承担项目的机构能否适应项目的持续实施等一系列项目与社会相互适应的问题。通过社会评价，采取适当措施使项目与社会相适应，避免社会风险。

2. 水利项目

水利项目的建设具有发电、防洪、灌溉、养鱼等作用，小型项目一般是当地人民直接受益，大中型项目一般是省、市甚至全国受益，库区建设地一般也受益。水利项目造成的影响也较大，其中对社会环境的影响主要涉及人口迁移及安置。根据以往的经验，人口迁移及安置所产生的社会影响直接关系到当地人民的生活、生产方式，而且，在项目执行过程中由于未能做好人口迁移及安置所形成的阻力和困难往往对项目的建设产生很大的负面作用。除此之外，当地移民与安置地居民间的矛盾也引发许多社会问题，影响社会安定。因此，一般水利项目与其他需要大规模人口迁移的项目（如扶贫项目的异地开发）都是进行社会评价的

重点。

3. 社会事业项目

社会事业项目除大型项目外，中小型项目以为当地人民提供社会服务为目的，其投资效益主要是社会效益，难以用经济指标衡量，如教育、卫生项目，文化事业、体育事业项目等。此类项目的效益，很大程度上是以当地居民的满意程度来衡量的。社会事业的建设和发展，直接关系到千家万户，如一个学校的选址、规模，势必受到人口密度、适龄人口总数等因素的约束，其效益直接关系到每个孩子的成长，涉及千万学生家庭的安定。因此，对社会事业项目做完整的社会评价，是此类项目发挥作用的基本保证。

4. 能源、交通、大中型工业项目

这几类项目以经济效益为主，但也不容忽视它们的社会效益。基础性项目，往往为国民经济和社会发展提供必要的条件，有时经济效益难以量化计算，社会效益的评价则涉及更广的范围。因此，对基础性工业项目的评价，不仅要计算其经济产出，还要评价其社会影响。大中型工业项目一般对环境影响较大，从而影响社区人民的生活，并且通常涉及土地征用、人口迁移等问题，对项目所在地人民的影响是直接的、长期的，对社区结构、社区发展，均有较大的影响。通过社会评价，可有效扩大有利影响，减轻项目对当地的不利影响，促进项目与当地社会的协调发展。

此外，拟在边远地区、少数民族地区及多民族聚居区建设的项目也需进行社会评价。在这些地区建设的项目，不论属于哪种类型和行业，均有社会风险大的特点。各民族发展的不平衡，形成了项目建设的特殊环境；各族人民的文化历史、风俗习惯、宗教信仰、生活方式等因素，一般都对项目的建设产生一定的影响，从而对项目产生不同的作用。因此，在考虑上述地区的项目的评价时，必须更加重视各种社会因素对项目的作用及影响，尽可能促进人民对项目的参与和支持，以保证项目的顺利实施和项目与当地社会的协调一致。

总之，我国各类、各行业项目一般均应进行程度不同的社会评价，以利于对项目进行全面的分析评价，从而进行正确的决策。社会评价应贯彻于项目周期的始终，如项目立项、可行性研究、项目评估、实施和项目后评价等环节。但各类项目进行社会评价的侧重点、内容有所不同，深度要求不一，要按项目的类型、行业的特点和各个项目所处环境的具体情况分别对待。

11.1.3 社会评价的主要内容

社会评价从以人为本的原则出发，主要内容包括项目的社会影响分析、项目与所在地区的互适性分析和社会风险分析。

1. 社会影响分析

项目的社会影响分析旨在分析预测项目可能产生的正面影响（通常称为社会效益）和负面影响。社会影响分析主要有以下几个方面：

（1）项目对所在地区居民收入的影响　主要分析预测由于项目实施可能造成当地居民收入增加或者减少的范围、程度及其原因；收入分配是否公平，是否扩大贫富收入差距，并提出促进收入公平分配的措施建议。扶贫项目应着重分析项目的实施能在多大程度上减轻当地居民的贫困和帮助多少贫困人口脱贫。

（2）项目对所在地区居民生活水平和生活质量的影响　分析预测项目实施后居民居住水平、消费水平、消费结构、人均寿命的变化及其原因。

（3）项目对所在地区居民就业的影响　分析预测项目的建设、运营对当地居民就业结构和就业机会的正面影响与负面影响。其中，正面影响是指可能增加就业机会和就业人数，负面影响是指可能减少原有就业机会及就业人数，以及由此引发的社会矛盾。

（4）项目对所在地区不同利益群体的影响　分析预测项目的建设和运营使哪些人受益或受损，以及对受损群体的补偿措施和途径。兴建露天矿区、水利枢纽工程、交通运输工程、城市基础设施等往往会引起非自愿移民，应特别加强对这项内容的分析。

（5）项目对所在地区弱势群体利益的影响　分析预测项目的建设和运营对当地妇女、儿童、残疾人员利益的正面影响或负面影响。

（6）项目对所在地区文化、教育、卫生的影响　分析预测项目建设和运营期间是否可能引起当地文化教育水平、卫生健康程度的变化以及对当地人文环境的影响，提出减小不利影响的措施建议。公益性项目要特别加强对这项内容的分析。

（7）项目对当地基础设施、社会服务容量和城市化进程等的影响　分析预测项目建设和运营期间是否可能增加或者占用当地的基础设施，包括道路、桥梁、供电、给水、排水、供气、服务网点，以及产生的影响。

（8）项目对所在地区少数民族风俗习惯和宗教的影响　分析预测项目建设和运营是否符合国家的民族和宗教政策，是否充分考虑了当地民族的风俗习惯、生活方式或者当地居民的宗教信仰，是否会引发民族矛盾、宗教纠纷，是否会影响当地社会安定。

通过以上分析，对项目的社会影响做出评价，编制项目社会影响分析表，见表 11-1。

表 11-1　项目社会影响分析表

序号	社 会 因 素	影响的范围、程度	可能出现的后果	措 施 建 议
1	对居民收入的影响			
2	对居民生活水平与生活质量的影响			
3	对居民就业的影响			
4	对不同利益群体的影响			
5	对脆弱群体的影响			
6	对地区文化、教育、卫生的影响			
7	对地区基础设施、社会服务容量和城市化进程的影响			
8	对少数民族风俗习惯和宗教的影响			

2. 互适性分析

互适性分析主要是分析预测项目能否为当地的社会环境、人文条件所接纳，以及当地政府、居民对项目存在与发展的支持程度，考察项目与当地社会环境的相互适应关系。互适性分析主要有以下几个方面：

1）分析预测与项目直接相关的不同利益群体对项目建设和运营的态度及参与程度，选择可以促进项目成功的各利益群体的参与方式，对可能阻碍项目存在与发展的因素提出防范措施。

2）分析预测项目所在地区的各类组织对项目建设和运营的态度，可能在哪些方面、在多大程度上对项目予以支持和配合。对需要由当地提供交通、电力、通信、水源等基础设施条件，粮食、蔬菜、肉类等生活供应条件，医疗、教育等社会福利条件的，当地是否能够提供、是否能够保障。国家重大建设项目要特别注重这方面内容的分析。

3）分析预测项目所在地区现有技术、文化状况能否适应项目建设和发展。对于为发展地方经济、改善当地居民生产生活条件兴建的水利项目、公路交通项目、扶贫项目，要特别注重这方面内容的分析，应分析当地居民的教育水平能否适应项目要求的技术条件，能否保证实现项目的既定目标。

通过项目与所在地区的互适性分析，就当地社会对项目适应性和可接受程度做出评价，编制社会对项目的适应性和可接受程度分析表，见表 11-2。

表 11-2　社会对项目的适应性和可接受程度分析表

序号	社 会 因 素	适 应 程 度	可能出现的问题	措 施 建 议
1	不同利益群体			
2	当地组织机构			
3	当地技术文化条件			

3. 社会风险分析

项目的社会风险分析是对可能影响项目的各种社会因素进行识别和排序，应选择影响面大、持续时间长、容易导致较大矛盾的社会因素进行预测，分析可能出现这种风险的社会环境和条件。对于可能诱发民族矛盾、宗教矛盾的项目，要特别注重这方面的分析，并提出防范措施。社会风险分析见表 11-3。

表 11-3　社会风险分析表

序 号	风 险 因 素	持 续 时 间	可能导致的后果	措 施 建 议
1				
2				
3				
4				
5				

11.2 社会评价的主要方法

社会评价方法的类型主要有通用评价方法和专用评价方法两种类型，通用评价方法分为社会信息调查法、逻辑框架法、"有无对比"分析法三种，专用评价方法分为利益相关者分析法、参与式方法两种。

11.2.1 通用评价方法

1. 社会信息调查法

（1）个人访谈　个人访谈是收集社会信息经常采用的重要方法之一，它灵活自由，不限于事先设定的问题和问题的排列顺序。个人访谈通常分为三种类型，见表 11-4。

表 11-4　个人访谈的三种类型比较

类　　型	优　　点	缺　　点	备　　注
非正式的会话式访谈	涉及领域广	1）费时，不易突出重点； 2）缺乏可比性； 3）受调查者本人的态度和好恶影响较大	可以让调查人员在谈话主题选择方面享有充分的灵活性和自由。调查者通常很少记笔记
重点问题访谈	1）收集资料有可比性； 2）节省时间	涉足领域仅限预设表格，范围较窄	重点问题用表格列出，对谈话内容方向进行引导
半封闭型的访谈	1）直接问答项目有关的问题； 2）得到的信息具有可比性； 3）受会谈主持人的影响不大； 4）问题直截了当，省时间	收集到的信息价值的大小受问卷设计质量的影响较大	需要准备具体问题的清单

（2）小组讨论　社会信息可以通过调查者与被调查者之间的讨论和交流来获取。与个人访谈相比，小组进行集体讨论具有以下优点：

1）能使被调查者通过采取既迅速又经济的方式来收集信息。

2）可以摆脱个人访谈的窘境，使受访谈者能够畅谈其在个别场所不愿意过多涉及的问题。

3）比个人访谈更为精确，因为人们顾虑提供不准确信息会与其他人所提供的信息相互矛盾。

（3）调查问卷　调查问卷是获取有关社会文化基础资料的常用工具，可分为结构式、开放式和半结构式三种基本类型。

第一种是结构式，结构式通常也称封闭式，对于这种问卷，研究者早已在问卷上列出问题答案的备选项，由受访者认真选择一个答案划圈或打钩即可。第二种是开放式，开放式也称开口式，这种问卷不设置固定的答案备选项，让受访者自由发挥。第三种是半结构式，半结构式的问卷介于结构式和开放式两者之间，问题的答案既有固定的、标准的，也有让受访者自由发挥的，这种问卷吸取了两者的长处，在实践中运用得较多。

（4）参与观察　参与观察指为了达到深入了解情况的目的，调查者直接加入到某一社会群体之中，以内部成员的角色参与该社会群体的各种活动，在共同生活中进行观察、收集与分析有关的资料。这种方法通常与个人访谈、小组讨论和调查问卷等方法结合使用。与其他方法相比，参与观察法有以下显著的优点：

1）参与观察者可以观察到某个现象或各个层面的真实情况。

2）有助于揭示行为模式、社会和经济进程，以及信息提供者也不能恰当描述的环境因素。

3）有助于了解社区中贫困人口和其他任意被忽略的人群的需要、行为模式和环境条件。

（5）文献调查

1）文献调查法也叫二手资料查阅法，即通过收集有关的各种文献资料，摘取其中对社会评价有用的信息。社会信息调查一般是从文献调查开始的。

2）运用文献调查法应注意的问题。无论是进行短期调查还是进行长期研究，社会评价人员都希望尽可能全面地收集已有的信息和资料，但应注意资料的有效性，不要追求面面俱到，避免过时的资料。

2. 逻辑框架法

逻辑框架法（Logical Framework Approach，LFA）是美国国际开发署在1970年开发并使用的一种项目设计、计划和评价工具，并逐渐在国际组织援助项目的计划管理及评价中得到推广和应用。

逻辑框架法是概念化地论述项目的一种方法，即用一张简单的框图来分析复杂项目的内涵和各种逻辑关系，以便给人们一个整体的框架概念。投资项目社会评价运用逻辑框架分析法，可以明确项目应该达到的目标层次以及相关联的考核指标、验证方法和假设条件之间的因果关系，从而使人们在总体上明确把握投资项目的概念。逻辑框架分析法的模式一般可以用矩阵表示，逻辑框架分析法模式矩阵要素见表11-5。

表11-5 逻辑框架分析法模式矩阵要素表

目标层次	客观验证指标	客观验证方法	重要假设及外部条件
宏观目标	宏观目标客观验证指标	评价及检测手段和方法	实现宏观目标的条件
具体目标	具体目标客观验证指标	评价及检测手段和方法	实现具体目标的条件
产出成果	产出成果衡量指标	评价及检测手段和方法	实现项目产出的条件
投入/产出	投入方式及定量指标	投入活动验证方法	落实投入的外部条件

整个逻辑框架分析的结构逻辑关系是由下到上的，即一个项目的投入在什么条件下能产出什么，有了这些产出在什么外部假设条件下可以达到项目的直接目的，而达到这个目的后又在什么客观假设的必要或者充分条件下最终达到项目的预期宏观社会经济目标。

综上可知，逻辑框架分析法可以用来总结项目的投入、产出、目的和目标诸多因素，分析项目运行过程中各方面的因果关系，判断项目的发展方向，对项目进行全面的分析评价。

3. "有无对比"分析法

"有无对比"分析法是指"有项目"情况和"无项目"情况的对比分析。"有项目"情况就是拟建项目建设运营中可能引起各种社会经济变化后的社会经济状况；"无项目"情况就是确定评价的基准线情况。这样，"有项目"情况扣除同一时间内"无项目"情况，就得到由拟建项目引起的效益增量和各种影响。在对比分析中，应该分清这些效益和影响中拟建项目的作用和项目以外的作用。如果很难确定拟建项目本身的作用，则可以确定一个与项目所在地区条件基本相同，又没有其他项目建设的区域作为参比中的"无项目"区来进行有无对比。最后，采用表11-6的分析模式综合分析拟建项目。

表11-6 "有无对比"综合分析表

项目效益	有项目	无项目	差别	分析
财务效益				
经济效益				
经济影响				
环境效益				
社会影响				
综合结果				

11.2.2　专用评价方法

1. 利益相关者分析法

投资项目的利益相关者可能包括作为投资者或债权人的政府、项目实施机构、其他政府相关部门、项目影响的目标人群、其他受项目影响的个人或组织，以及其他利益相关者，如社区组织、当地政府和捐赠者等。

利益相关者分析的首要目标是区分出重要的利益相关者。重要的利益相关者一旦确定，他们在项目中的利益和他们对项目的影响也必须确定。对每个利益相关者的评价包括：权利和地位；组织化程度、决策控制能力、影响力、与其他利益相关者的权利关系、对项目成功的重要性。利益相关者对项目的影响程度与其拥有的对项目的控制力有关，这种权力能够直接影响项目建设的各项活动，或者间接影响项目的实施过程。

对各利益相关者影响程度的评价通常需要在一定范围内排序，并比较他们之间的重要程度，根据比较结果，将他们的影响程度划分为以下四种类型：

1）利益相关者具有很强的影响力和重要性。为了得到他们的支持，应该让他们在项目全过程都积极参与。

2）利益相关者具有较高的影响力和较低的重要性。对于这类利益相关者，应该经常和他们保持联系，理解他们的观点，避免冲突和不满。如果得不到充分重视，他们可能会反对项目建设。

3）利益相关者具有较低的影响力和较高的重要性。应该采取特别措施满足他们的要求，他们的参与对项目成功很有意义。

4）对于影响力和重要性都较低的利益相关者，一般不会关注项目的建设，他们需要的不是直接征询他们的意见，而是能够获得大众化的公开信息。

对利益相关者的评价一般采用两种方法：一是利用矩阵方法评价在项目建设中的不同利益相关者的重要性和影响程度；二是采用利益相关者参与的方法，通过召开一系列研讨会，使不同利益相关者逐步达成统一的立场。

2. 参与式方法

公众参与到社会评价中是社会评价一个重要手段和方法。参与式方法是通过一系列的方法或措施，促使事物（事件、项目等）的相关群体积极、全面地介入事务过程（决策、实施、管理和利益分享等过程）的一种方式方法。通过这些方法或措施的运用，使当地人（农村的和城市的）和外来者（专家、政府工作人员等）一起对当地的社会、经济、文化、资源状况进行分析和评价，对所面临的问题和机遇进行研究，从而做出计划、制订行动方案并使方案付诸实施，并在方案实施中对计划和行动进行检测评价，最终使当地人从项目的实施中得到利益。在社会评价中运用的参与方式包括参与式评价和参与式行动两个方面。

参与式评价，如参与式规划、参与式监测评价等，主要强调乡土知识对专家知识的补充和完善，侧重于应用参与式的工具来进行数据的收集、分析，以弥补社会评价专家对项目所在地社会状况认识的不足。参与式评价要求收集关键利益相关者的信息，特别是那些受项目消极影响的机构或个人的信息，从而根据充分的信息资料制订出能够为他们所接受的项目方案，这样能够最大限度地优化项目的运营效果，并为项目运营方案的制订和优化提供依据。

参与式行动强调利益相关者参与项目的具体活动，以便从项目的实施和发展中受益。参与式行动与参与式评价最主要的区别：参与式行动更偏重于让项目的利益相关者在决策和项目的实施中发挥作用，而参与式评价要从专家评价项目的角度注意聆听拟建项目的利益相关者的意见。当某个项目的受益群体（即受项目积极影响的机构或个人）的积极参与对该项目的成败能够起关键作用时，参与式行动所能够发挥的作用就会更加明显。

11.3 社会评价报告的编写

　　社会评价的结果应形成社会评价报告，报告的内容应明确该项目能够满足进一步明确投资项目应达到的社会目标等要求，并可作为针对这些目标制订项目方案的依据。在投资项目的研究论证中，社会评价可能以独立的研究报告的形式出现，也可能以投资项目可行性研究报告或咨询评价报告等项目论证报告中的一个独立章节的形式出现。无论以什么形式出现，社会评价报告编写的基本要求是一致的。

　　1. 社会评价报告的编写内容深度及编写要求

　　（1）社会评价报告的内容深度要求　社会评价报告是社会评价工作成果的集中体现，是社会评价承担单位向其委托单位提交的工作文件，是政府有关部门对有关建设项目进行审批、核准或备案的重要依据，其内容应该达到以下要求：

　　1）社会评价报告总体上应做到内容全面、重点突出、实用性强，全面回答了有关各方所关注的涉及社会评价的各方面问题。

　　2）项目背景的社会信息以及相关社会层面的项目受益人群范围应界定清楚。对社会经济和人口统计特征、社会组织和社会服务、文化接受程度和融合能力、受益人群参与项目相关活动的可能性等方面都应明确阐述。

　　3）解释在所选定的需要进行社会调查和评价的受影响范围及特定社会环境条件下所开展的社会评价工作的过程、目的及效果，包括为开展相关社会评价工作所采用的策略和方法。

　　4）确认主要利益相关者的需求、意愿、目标人群对项目内容的认可和接受程度等。

　　5）阐明需要解决的社会问题及解决方法，在需要时制订缓解负面社会影响后果的方案。如果所造成的负面社会影响后果不能由项目业主自身来解决，阐述其他可供选择的解决途径。

　　6）为增强不同利益相关者参与项目的能力提出具体方案，为提高项目透明度和确保社会公平、减轻贫困和降低社会风险提出具体方案，制定必要的利益相关者参与方案，在少数民族群体将会受到负面影响时，按国际惯例制定符合少数民族特殊需求的方案。

　　7）从营造良好社会环境条件的角度，提出提升项目实施效果及其实现项目预期目标的有关建议，并提出使项目机构能够自我发展且符合当地可持续发展目标要求的策略和途径。

　　8）对项目实施过程中的监测评价机制提出建议，通过把重点放在符合项目社会发展目标的投入、过程、产出和结果上，对项目实施过程中的监测评价体系做出制度性安排。

　　（2）社会评价报告的编写要求

　　1）采用的基础数据应真实可靠。基础数据是评价的基础，基础数据有错误，特别是社会经济调查的资料有错误，不管选用的分析评价指标多么正确，也难以得出正确的评价结论。因此，对于报告中定量分析或项目背景及定性分析需要引用的数据资料，应确保资料引用来源可靠，要选用最能支持和说明观点的关键指标和最新的、权威的数据资料，并明确指出数据的来源渠道。对于国家及当地统计部门已经发布的数据，要求至少是上一年度的统计数据。对于统计部门尚未发布、通过其他途径获得的数据，引用时应对数据的准确性进行分析论证。

2）分析方法的选择要合理。社会评价应在社会基础数据资料调查研究的基础上，对拟建项目预期可能的社会影响进行预测分析。应根据项目所在地区的实际情况，通过定性分析与定量分析相结合的方法，对未来可能的社会影响后果进行分析预测。

3）结论观点明确，客观可信。结论中必须对建设项目可能造成的社会影响、所采用的减轻负面社会影响措施的可行性、合理性做出明确回答，不能模棱两可。结论必须以严谨客观的分析论证为依据，不能带有感情色彩。

4）报告格式应规范。应强调社会评价报告的客观性、科学性、逻辑性和可读性。报告写作应合理采用图表等形式，使报告的论证分析过程直观明了，报告应图文并茂，简化不必要的文字叙述。语言表达要准确、简明、朴实、严谨，行文不加夸张修饰和渲染。凡带有综合性、结论性的图表应放到报告正文之中，对于有参考价值的图表应放到报告的附件中，以减少正文篇幅。

2. 社会评价报告的编写要点

建设项目的类型不同，对社会评价要求的差别也很大。社会评价工作在我国刚刚起步，国外及有关各级组织对社会评价报告的编写要求也不尽相同，因此没有统一的被普遍接受的社会评价报告编写标准格式，报告的章节设置、表达方式存在很大差别，但对投资项目社会评价报告基本内容的要求相差不大。下文对社会评价报告编写等要重点关注的内容予以阐释，并以某水电工程移民安置行动计划社会评价报告大纲为案例，对社会评价报告格式进行示范。

（1）报告摘要　报告摘要主要阐述评价项目的由来、编制社会评价报告的依据、评价范围、主要工作过程、主要结论及建议等。

（2）建设项目概述　建设项目概述主要阐述建设项目的规模，工程技术及产品方案，原材料、燃料供应，辅助设施建设，项目建设和运营活动的社会影响范围及途径等。

（3）社会影响范围的界定　界定投资项目的社会影响范围是开展社会评价工作的基础和前提。应根据项目的具体特点及当地的社会经济情况，对社会影响范围及对象进行合理界定。重点包括以下内容：

1）对项目的社会影响区域进行界定。社会影响区域应是可能受到项目直接或间接影响的地区。社会评价的区域范围应能涵盖所有潜在影响的社会因素，而不应受到行政区划等因素的制约。

2）对项目影响区域内的目标群体和影响群体进行合理界定。目标群体应是项目直接瞄准的期望受益群体。项目影响群体应包括各类直接或间接受益群体，也包括可能受到潜在负面影响的群体。

3）分析哪些社会影响是由项目直接导致的，以及项目的实施还可能产生哪些间接影响。

4）对项目可能导致的重要影响因素进行合理界定，以便能合理地确定社会评价的内容及侧重点。

（4）社会经济调查 在社会影响范围界定的基础上，阐述对受项目影响的社会环境、经济环境及人文环境进行调查的过程、方法和主要步骤，包括召开各种研讨会，听取弱势群体的意见，及对受影响的人口、财产、资源、社会组织结构、法律制度环境进行调查的过程。

社会经济调查应重视采用参与式方法，强调通过公众参与广泛收集相关社会经济状况资料。

（5）利益相关者分析 在社会经济调查的基础上，进行利益相关者分析，确定主要的利益相关者，分析利益相关者的利益构成，对各利益相关者的重要性和影响力进行分析评价，并在此基础上为各利益相关者参与项目方案制定和实施管理提出相应的参与方案，以提高项目建设的透明度，避免工程延期或管理方面的冲突。通常还应结合项目的具体情况，对特定的利益相关者进行重点专题分析评价。

1）贫困人群。当项目的投资建设活动影响到贫困人口时，必须识别贫困人口所面对的社会风险，确保贫困人口能够更大程度地参与到项目的前期准备、方案设计及建设管理等过程中，使更多的贫困人口有更多的机会从项目中受益。

① 如果扶贫是投资项目的首要目标，则项目的关键利益相关者就应该是贫困者。这就要求制定相应的瞄准机制和制度来真正保证贫困人口受益。

② 如果扶贫是项目的次要目标，应在保证主要目标实现的前提下，尽可能地使贫困人口受益。

③ 分析投资项目对贫困人口的影响类型，以便有针对性地优化项目建设实施方案，为贫困者创造更多的脱贫致富机会，减轻自然、经济和社会风险对贫困人口的打击，取得持续性的扶贫效果。

2）妇女群体。在投资项目的社会评价中，预期项目产生的社会影响对男性和女性可能有所区别，使得社会性别问题成为拟建项目社会评价中不可回避的重要内容，此时应在社会评价及项目方案的制定和优化过程中考虑社会性别因素。应重点关注下列社会性别问题：

① 设计分性别的数据收集方案，并将其纳入社会调查的范围之内。

② 进行参与式社会性别分析，收集不同性别的利益相关者对项目建设方案及目标的期望，制定需要达到的社会性别目标。

③ 聘请女性项目工作人员、妇联或支持性别敏感性工作的非政府组织代表，并评价她们的能力。

④ 在调查论证的基础上，项目组专家在调整优化项目建设方案之后，制定实现社会性别目标的具体方案。

⑤ 制定确保目标实现的监测评价机制。

3）少数民族群体。

① 对于受到少数民族因素影响的项目，应针对项目的具体情况，对涉及少数民族的问题进行相关社会调查：

A. 考察历史，了解某个特定少数民族或文化群体的现状。

B. 收集项目影响范围内的少数民族的相关信息，了解该民族的特征和内涵，以便对其民族传统进行理解。

C. 信息内容应具有针对性。

② 对于涉及面较广的大型项目，应选择恰当的抽样调查方法，以便以尽可能低的成本获取具有代表性的观点和意见。

③ 为了甄别脆弱性的潜在来源，获取具有代表意义的意见和观点，对少数民族群体应该给予特别的关注，不应该按比例抽样的方式仅选择有代表性的目标群体进行协商。

4）非自愿移民群体。在项目投资建设中如果涉及非自愿移民问题，应重视对非自愿移民的社会风险的分析评价。非自愿移民涉及社会、经济、政治、文化、宗教、环境以及技术等诸多方面因素，因征用土地、房屋拆除和居民迁移而受到影响的人群，是项目的主要利益相关者。

① 在社会评价中，应结合不同项目的特点，从以下方面分析移民可能造成的社会影响：

A. 土地资源的丧失。

B. 劳动、生产和管理技能贬值。

C. 社会网络和社会资本的丧失。

D. 移民安置过程中的社会矛盾。

E. 社区参与和使用公共财产途径的变化。

F. 土地资源重新分配中的社会公平问题。

G. 土地征用和房屋拆迁对社会性别的不同影响。

H. 对文化和社会服务场所造成的影响。

I. 对贫困人员和社会弱势群体的特殊影响。

② 在社会影响分析的基础上，从以下方面分析移民可能导致的社会风险：

A. 失去土地。

B. 失业。

C. 丧失家园。

D. 社会边缘化。

E. 发病率和死亡率的增加。

F. 食物没有保障。

G. 失去享有公共资源的权益。

H. 社会组织结构的解体。

（6）减轻负面社会影响的措施方案及其可行性　在对利益相关者进行社会风险分析评价的基础上，应针对比较重要的风险因素，通过工程规划设计方案的调整和变更，或者采用相应的对策措施，有针对性地规避社会风险。例如，对于非自愿移民的社会风险，主要通过移民安置计划的编制和实施，规避因失去土地可能造成的社会风险；通过编制收入恢复计划，使受影响人群得以妥善安置、生产生活水平得以恢复和逐步提高，解决失业人群的再就业问题及家园的恢复重建问题等。

措施方案应包括损失估算、补偿标准制定、收入恢复计划、补偿措施、实施进度计划、费用预算等相关内容，并结合社会经济调查及利益相关者分析的结果，对措施方案的可行性进行分析论证。

（7）参与、磋商及协调机制　社会评价报告应结合项目的具体特点，对利益相关者参与社会经济调查、参与补偿措施方案的制定和实施、参与项目的实施管理等活动提出措施和建议，对相关的沟通协调、意见反馈、申诉及纠偏机制的建立提出措施方案。

（8）监测评价　项目业主应根据项目的具体情况建立内部监测评价的框架机制。对于存在较大的社会风险的项目，还应委托外部机构和专家建立相应的外部监测评价制度。在项目前期论证的社会评价报告中，应对监测评价方案提出明确要求。

（9）重视不同行业项目社会评价的特点　不同行业及不同类型的项目，社会评价的内容及侧重点明显不同，社会评价报告的编写必须反映项目的特点。

1）城市交通项目。对于城市交通项目，在关注项目实施可能为物流和人员往来提供便捷服务，刺激经济增长，扩大提供进入市场、获取社会服务渠道，促进就业，推动居住区的扩大、人口及居住环境改善的同时，还应关注项目建设引起的征地拆迁社会风险。由于其利益相关者基本涵盖了城市生活中各个层次的居民（社会评价所关注的主要利益相关者，是指那些受项目不利影响的群体），包括那些因为交通建设受到拆迁影响的人，还有那些因交通变化失去收入的人，以及可能在项目建成后受到危害（如噪声或空气污染）的人。除此之外，主要公路穿过的社区和乡镇应该确保行人的安全，特别是当地儿童的安全。社会评价应该调查造成不安全后果的各种因素，在如何更好地消除安全隐患问题方面征询当地社区居民的意见，同时还应该在评价中提出适当的解决问题的办法。在土木工程的建设中，在项目建设中雇佣临时性民工可能会对当地社区居民的生活造成间接影响，项目规划者应该予以考虑。

2）城市环境项目。主要包括供水、集中供暖、污水处理、固体废物收集与处理、城市环境卫生、文物保护及旧城改造等项目。在社会评价报告中应重点阐述以下内容：

① 分析通过解决因空气、土地或水污染带来的环境问题，对提升该项目地区的环境卫生状况、提高目标人群生活质量的影响。

② 分析城市环境项目的建设施工可能为居民创造的非农就业机会，对土地被征用和搬迁的农村家庭及其他受项目影响人群就业的影响，以及对城市企业因搬迁而带来的就业压力。

③ 可能引起的环境政策的严格执行和社会服务政策或公共产品价格政策的调整，可能导致既得利益者受损。

④ 由于房屋拆迁而导致居民区内原有商业网络的破坏，使得那些以此为生的人群的生计出现困难。

⑤ 环境收费政策的调整，使得一些处于最低生活保障线边缘的人陷入贫困，以及由于环保政策的调整对某些行业提出新的限制而使某些人员丧失收入来源等。

⑥ 地方政府、土地管理部门、拆迁机构，以及项目的计划、决策、设计和实施等机构对项目的影响程度等。

3）能源项目。包括水电、火电、太阳能、风力发电以及输变电线路等建设项目，在使项目所在地区受益的同时，也可能发生土地征用、人口迁移或引起当地市场能源价格变化等，从而引起相关的负面社会影响。在社会评价报告中，应着重阐述因能源开发而造成的潜在社会风险，制定避免、消除或减缓负面影响的措施，同时要为当地受项目影响的居民提供更多的分享项目效益的机会，为受影响的人群创造知情和参与的机会，并根据他们的愿望和要求拟定项目应达到的社会目标。通过与受影响人群进行双向沟通协商（如通过社区对话、公众听证、个人专访、专题小组讨论、公民投票以及多方谈判等形式进行沟通协商），以尽可能减少项目的不利影响，使尽可能多的人受益。

4）农村发展项目。对于涉及农业生产、家畜饲养、林业种植、畜牧养殖和水产品开发等的项目，应保证目标人群（即广大农民），特别是低收入和贫困农民受益，关注项目可能对农民造成的不利影响，并制定减缓负面影响的方案。

5）水利项目。包括水利灌溉和水资源开发利用项目，其社会评价应重点关注下列问题：

① 由于征地占地所引起的负面影响，通过制订和实施"移民行动计划"来减轻各种负面影响。

② 对于农村水利项目，应把农民用水者参与管理作为项目发展的社会目标，通过调查项目区农民用水户的情况，了解他们参与灌溉管理的需求和能力，以及他们为改善灌溉系统而承担建设成本的愿望，提出改善灌溉系统、完善参与式灌溉和排水管理等方面的对策建议。

③ 阐述贫困和弱势群体参与项目活动的机会，特别是那些居住在下游地区的群体，合理确定灌溉项目水渠走向和灌溉系统的布局，研究水的计量和收费方式，分析项目实施方案对相关群体的影响，研究提出减缓项目可能带来的不利影响和社会风险的对策建议。

6）自然资源保护项目。包括恢复坡地林木、修复草场、保护生物多样性、阻止沙化以及建立自然保护区等项目。这些项目的实施往往会对当地人口特别是贫困人口造成不利影响，使其传统食物或经济来源（如在森林里采集、狩猎和伐木等）受到限制，因而影响他们的生产生活方式。另外，自然保护区的建立还可能引起移民搬迁问题。社会评价报告应通过调查项目建设与当地人们生产生活可能出现的矛盾冲突及其原因，阐述制定包括贫困人口在内的有针对性的措施，将自然资源保护与当地的经济发展及摆脱贫困等目标有机结合起来，实现人与自然的和谐发展。

（10）附件、附图及参考文献　社会评价报告应结合项目的具体情况，在报告正文之后提供有关的附件、附图及参考文献等。附件可能包括项目建议书、可行性研究报告、项目申请报告等项目前期论证报告及其审批、核准的文件，以及社会评价调查大纲、访谈记录等。可以根据项目情况，提供有关地图、反映当地社会经济特征的图表等资料。参考文献应给出作者、文献名称、出版单位、版次、出版日期等相关信息。

11.4　社会稳定风险评价

11.4.1　社会稳定风险评价概述

1. 社会稳定风险评价的定义

从广义来讲，社会稳定风险是指因重大事项处置不当而引发利益矛盾、利益冲突甚至群体性事件的风险，是一种导致社会冲突、危及社会稳定和社会秩序的可能性，是一类基础性、深层次、结构性的潜在危害因素，对社会的安全运行和健康发展构成严重威胁。从狭义角度来讲，社会稳定风险是指在实施重大建设项目时，存在的对社会和群众生产与生活影响面大、持续时间长并容易导致较大社会冲突的不确定性。这里主要指狭义的社会稳定风险。

社会稳定风险分析和评价主要是针对由于重大建设项目的建设可能引发的社会稳定风险，通过深入调查研究识别风险来源，采用风险分析和管理的技术方法，对重大项目建设的合法性、合理性、必要性、程序性、适时性等全面采取风险应对措施，以期实现规避和化解重大建设项目引发的社会不稳定事件（如群体性事件或个人极端事件）的目的。重大建设项目社会稳定风险评价是我国项目评价的创新工作机制，是特定发展阶段出于"维稳"的现实需要，对项目建设及运营可能引发的社会稳定风险所进行的专项分析和审查，目的是规避和化解可能引发社会不稳定的风险。

2. 社会稳定风险评价的内容

社会稳定风险评价的内容包括风险调查评价，风险识别评价，风险估计评价，风险防范、化解措施评价，落实措施后的风险等级评价以及风险分析结论。

（1）风险调查评价　用来说明评价主体根据实际需要直接开展或者要求项目单位开展补充风险调查的情况。对收集项目各方面意见进行梳理和比较分析，形成能够反映实际情况的信息资料并阐述其采纳情况。

1）风险调查评价的要点。工程项目的风险调查评价应重点围绕拟建项目的合法性、合理性、可行性、可控性等方面展开。

① 拟建项目的合法性。主要评价拟建重大项目是否符合现行的相关法律、法规、规范以及国家有关政策，是否符合国家与地区国民经济和社会发展规划、产业政策等；拟建项目相关审批部门是否有相应的项目审批权并在权限范围内进行审批；决策程序是否符合国家法律、法规、规章等有关规定。

② 拟建项目的合理性。主要评价拟建项目的实施是否符合经济社会发展规律，是否符合社会公共利益、人民群众的现实利益和长远利益，是否兼顾了不同利益群体的诉求，是否可能引发地区、行业、群体之间的相互盲目攀比；依法应给予相关群众的补偿和其他救济是否充分、合理、公平、公正；拟采取的措施和手段是否必要、恰当，是否维护了相关群众的合法权益等。

③ 拟建项目的可行性。主要评价拟建项目的建设时机和条件是否成熟，是否有具体、翔实的方案和完善的配套措施；拟建项目实施是否与本地区经济社会发展水平相适应，是否超越本地区财力，是否超越大多数群众的承受能力，是否能得到大多数群众的支持和认可。

④ 拟建项目的可控性。主要评价拟建项目是否存在公共安全隐患，是否会引发群众性事件，是否会引发社会负面舆论、恶意炒作以及其他影响社会稳定的问题；对拟建项目可能引发的社会稳定风险是否可控；对可能出现的社会稳定风险是否有相应的防范、化解措施，措施是否可行和有效；宣传解释和舆论引导措施是否充分等。

2）风险调查评价的要求。第一，对风险调查的全面性进行评价，包括风险调查的内容和范围、调查形式和方法是否恰当、合理、科学，是否达到广泛性和深入性的要求。第二，对公众参与的完备性进行评估，包括拟建项目是否按照有关规定履行了公众参与、专家咨询、信息公开等程序性要求。第三，对风险调查结果的真实性和可信性进行评价，包括是否广泛听取了各方面意见，是否全面、真实地反映了相关利益者合理的和不合理的、现实的和潜在的诉求。

在整理风险调查的内容时，应重点阐述以下方面：

① 调查的对象、所采用的调查方式与方法。

② 拟建项目的合法性、合理性、可行性和可控性。

③ 各类利益相关者的意见和诉求。

④ 地方各级政府部门、基层组织、社会团体、工商企业等有关人员或法人的参与情况和认可态度。

⑤ 媒体舆论导向及已经公开报道的同类建设项目风险情况等。

在对社会稳定风险分析评价的基础上，根据实际情况，可采取公示、问卷调查、实地走访和召开座谈会、听证会等方式进行补充调查，完善风险调查相关内容。

（2）风险识别评价 风险识别是从风险调查的客观记录、统计结果中辨认出风险因素的过程，即以维护拟建项目所在地群众的合法权益为前提，针对各利益相关者不理解、不认同、不满意、不支持的所有方面及其可能引发风险事件的影响，确定风险因素的来源、风险事件的产生条件，从而识别出属于不同风险类型和风险阶段的各种风险因素。风险识别过程包括识别那些可能对目标产生重大影响的风险源、影响范围、事件原因和潜在隐患及其可能产生的后果，从而生成一个全面的风险列表。

1）风险识别的对象。风险识别的对象主要包括以下五个方面的内容。

① 风险类别。针对某一种类的事件或者某一区域，分析、列举、细化此类事件或该区域可能发生的各种风险。

② 风险原因。分析可能导致风险发生的各种原因，包括自然原因、人为原因、政策原因、历史原因、管理原因、技术原因等。

③ 风险机理。分析不同风险源发生作用的机理。即风险源是通过何种途径、如何导致不利后果发生的。

④ 风险发生的时间、地点。分析不同风险发生和产生影响的时间、地点，确定风险发生及其影响的重点区域和时间段。

⑤ 风险影响对象。分析风险可能导致的后果，包括可能产生的客观损失和主观影响，受风险影响的对象和影响方式。

2）风险识别的方法。识别风险的方法有很多，可以将其分为定量分析法和定性分析法。

① 定性分析法。它是社会科学研究中比较重要的方法，这是一种从人的主观意识角度来对事物做出判断的方法，是比较直观、简便的识别方法。定性研究方法主要有调查问卷法、德尔菲法、头脑风暴法、风险源清单法、主观评分法。

② 定量分析法。它是运用在大量实践和从充分的事故资料统计分析中获得的指标或数学模型，对重大建设项目的社会环境、相关人员、组织管理等方面的状况按照有关标准，应用科学的方法构造数学模型进行数理分析的一种方法。定量分析方法主要有统计和概率法、蒙特卡罗模拟、故障树分析、层次全息模型法。

风险识别评价就是要结合风险调查评价的结果，对社会稳定各风险因素进行全面和准确的评价。通过对有关社会经济调查及统计资料的分析，结合对项目经济风险影响评价、社会影响评价、环境影响评价、资源利用、土地房屋征收补偿和移民安置影响评价等相关评价结论，以及公众参与的完备性程度等的评价，判断拟建项目是否存在被遗漏的重要风险因素，并补充识别被遗漏的重要风险因素。

（3）风险估计评价 风险估价是指在风险识别的基础上，通过层层剖析每一种风险因素的形成原因、影响表现、风险分布状况、影响程度和引发风险事件的可能性，以及各种风险因素之间相互影响的情形，归纳、筛选出其中的主要风险因素，并逐一对每项主要风险因素的发生概率、影响程度和风险程度进行预测性判断。

风险估计评价就是用选定的风险估计方法，对每一个主要风险要素所进行的分析推理过程，对预测估计的主要风险因素的发生概率、影响程度和风险程度是否恰当进行评价。补充风险识别中遗漏的重要风险因素，对拟建项目可能存在的重要风险因素的性质、特征、未来变化趋势及可能造成的影响后果进行分析评价，形成评价后主要风险因素的风险程度汇总表。

（4）风险防范、化解措施评价　为避免主要风险因素可能引发的风险事件，应结合报建项目的实际特点，研究提出有针对性的风险防范、化解的措施，以在风险事件发生之前将风险因素完全消除，或者减少已经存在的风险因素，从而使风险事件发生概率降至接近于零。

在风险防范、化解措施中，应逐一解释各项主要风险因素的防范和化解措施的具体内容、实施时间和要求，以及责任主体、协助单位的意见，并按照风险阶段、风险因素、防范和化解措施、实施时间和要求、责任主体、协助单位的先后顺序编制成汇总表。

风险防范、化解措施评价就是对所提出的风险防范、化解措施是否与现行的相关政策和法规相符，进行合法性的评价；对所提出的风险防范、化解措施是否有遗漏，进行系统性、完整性的评价；对所提出的风险防范、化解措施是否具有明确的责任主体，职责分工以及时间进度安排是否全面、合理、可行、有效进行评价；结合风险识别和风险估计评价的结论，补充、优化和完善风险防范、化解措施汇总表，提出综合评价意见。

（5）落实措施后的风险等级评价　风险等级是指在各项风险防范、化解措施落实后，根据分析和预测每一风险可能引发风险事件的风险概率、影响程度和风险程度等的变化趋势及结果，参照所规定的社会稳定风险等级评判标准，对拟建项目的社会风险状况做出的综合判断。风险等级分为高风险、中风险、低风险三级。

1）高风险。大部分群众对项目有意见、反应特别强烈，可能引发大规模群体性事件。

2）中风险。部分群众对项目有意见、反应强烈，可能引发矛盾冲突。

3）低风险。多数群众理解支持但少数人对项目有意见，通过有效工作可防范和化解矛盾。

风险的等级是决定拟建重大项目能否进入建设实施阶段的重要依据。例如，当重大固定资产投资项目的风险等级为高风险或中风险时，国家发政委不予审批、核准或核报；存在低风险且有可靠防控措施的，国家发改委可予审批、核准或核报国务院审批、核准，并应在批复文件中提出切实落实防控风险的要求。

在进行风险等级的分析时，应逐一预测主要风险因素在其防范、化解措施落实后的可能变化趋势，并结合预期可能引发的风险事件的风险程度，参照国家发改委或本地区、本行业制定的社会稳定风险等级评判标准，对拟建项目的社会稳定风险等级做出综合判断。

风险等级的综合判断，一般可以采用定性与定量相结合的方法。但在选用专家打分等方法进行定量分析时，要说明风险防范、化解措施落实后确定每一个风险因素权重的方法。

总之，落实措施后的风险等级评价是在风险防范、化解措施评估的基础上，对分析中采取措施后各主要风险因素变化的分析是否得当进行评价，提出评估意见。对风险等级评判方法、评判标准的选择和运用是否恰当，评判的结果是否合理提出评价意见。通过结合补充的主要风险因素和上述评价论证的结果，预测各主要因素风险可能变化的趋势和结果；对分析变化情况、落实措施后的风险等级进行综合判断，提出项目风险等级的评判结论。

（6）风险分析结论 社会风险分析的结论是对拟建项目进行社会稳定风险评价工作的重要依据。在风险分析结论中，应逐一阐述拟建项目的主要风险因素、主要的风险防范和化解措施，以及拟建项目的风险等级和落实主要风险防范、化解措施的有关建议。社会稳定风险评价报告应当在项目审批（核准）所需的各前置文件具备之后完成。该项目规划、项目选址、环评等已完成社会稳定风险专项评估的，在社会稳定情况未发生较大变化的前提下，其结论可以直接引用。

3. 社会稳定风险评价的程序

重大事项社会稳定风险评价工作可分阶段实施，具体阶段和每一阶段的主要工作如下：

（1）明确评价对象和评估内容 社会稳定风险评价对象是指有可能引发社会不稳定风险的重大建设项目及其相关联事项，它与重大建设项目本身并不一定完全一致。例如，对于城市垃圾焚烧发电厂的建设项目，除了要将垃圾焚烧发电厂作为评价对象外，还应将垃圾进场路线列入评价对象，因为垃圾运输车沿途造成的垃圾渗漏、异味飘散等也有可能引发沿途居民的不满。因此，评估对象不能简单地确定为重大建设项目本身，也不能生搬硬套有关文件，而应充分考虑各关联因素可能产生的预期后果来合理确定评价对象。

社会稳定风险评价的内容比较复杂，是整个评价工作的重点。在掌握评价对象特性的基础上，主要关注以下几点：

1）重大事项的合理性、合法性。

2）可能给人民群众造成的影响，重点是负面影响。

3）群众可能提出的合理的异议和诉求及解决方法。

4）群众可能提出的不合理诉求，以及如何利用现有的法律、法规对这些不合理诉求进行充分、合理、有力的解释，以获得广大群众对项目的理解和支持。

5）重大事项是否在广大群众的可承受范围内。

6）是否存在引发群众大规模集体上访或群体性事件的风险等。

确定评估内容时要充分依靠相关专家的知识和经验，并且必须保证法律的权威性，依法维护社会的和谐与稳定。

（2）识别主要利益相关方 对重大事项利益相关方的识别，是在确定评价对象之后，根据评价对象的相关资料以及对其进行的特性分析，确定与评价对象有各种直接或间接利害关系的各方。一般将主要利益相关方区分为受益方和受害方，但一般为了下一阶段（进行风险调查）工作的方便，又进一步将其区分为相关政府职能部门（包括重大事项出台的实施部门及上级主管部门，项目所在地居委会等）、非政府组织（包括企业、事业单位等）、居民个人，从而针对不同的群体选择适当的风险调整方法。

（3）制定风险调查方案 针对各利益相关方，制定详细的社会稳定风险调查方案。对于居民个人，特别是受负面影响的居民，应根据充分了解重大事项的特点及可能的影响，结合社会学、风险管理科学知识，设计全面的风险调查问卷，并制定科学的抽样调查方案，以充分掌握可能存在的社会稳定风险点。同时要设立固定的收集居民意见的渠道，随时了解最新信息。对于与重大建设项目有关的政府职能部门、非政府组织，可根据事先拟定的访谈提纲进行深入的座谈，了解和掌握这些机构对重大事项的意见和建议。

（4）社会稳定风险分析 社会稳定风险分析是整个社会稳定风险评价工作的核心。该阶段主要是从各个途径获得的有关重大项目社会反映的信息中，识别重大事项可能引发的社会稳定风险及风险的来源，进而制定相应的风险管理措施和应急处置预案。

在这一阶段，应组织与项目有关的技术专家进行座谈，从专业技术角度了解建设项目可能存在的对各利益相关者的最大影响，特别是负面影响，并从专业技术角度寻求应对方法。对获得的有效居民调查问卷进行统计分析，获得居民最关心的可能引发社会稳定风险的因素，确定其影响程度，并掌握最容易被居民接受的有效风险应对措施。对各机构的访谈内容进行归纳，掌握来自这些机构的各种影响重大事项实施的因素，并制定应对措施。另外，关注各方反映强烈的各种诉求，并从当前的技术水平以及法律、法规出发，分析这些诉求的合理性和可能的应对方案。

在社会稳定风险的分析中，还应充分了解广大人民群众对相关重大建设项目的可承受能力。因为有可能重大建设项目从技术的角度是可行的，也是合理合法的，但却是广大群众一时所不能承受的，这种项目的实施就很可能引发社会不稳定。这也是社会稳定风险有别于其他风险的重要特征。

（5）提出风险管理措施　社会稳定风险评价的最终目的，一是要全面识别可能存在的风险，二是要提出有针对性的、行之有效的风险管理措施。在制定风险管理措施时，除了要考虑技术的可行性和现有的法律法规外，还要考虑措施实施的经济成本，以及人民群众的认可程度。

不稳定事件随时可能会突然出现，这就要求项目制定有效的应急处置预案，并建立应急处置职能部门，保证在突发事件发生时，事态可以得到及时有效的控制，问题可以得到及时有效的解决，避免因处置不及时或处置不当导致事态恶化，引发社会不稳定。

11.4.2　社会稳定风险评价的方法

评价方法是为实现重大事项社会稳定风险评价目标所使用的基本工具或采取的基本手段，科学地掌握和运用重大事项社会稳定风险评价方法，是做好重大事项社会稳定风险评价的重要保证。运用适当的方法对重大的政策决策和建设项目进行社会稳定风险评价，一方面，可以借鉴企业进行风险评价的方法，另一方面，企业都是以利润最大化为其宗旨，它们的风险评价考虑的主要是自身经济利益方面的损失和不确定，而社会稳定风险评价主要考虑社会稳定和民众拥护方面的风险。由于进行风险评价的目的不同，所以不能完全照搬企业风险管理的评估方法。为了更好地提高重大决策社会稳定风险评价的有效性，在重大建设项目社会稳定风险评价制度的运行的实践中，应在全面系统的社会风险分析基础上，根据政策确定不同阶段的特征，注意具体问题具体分析，灵活选择多种评估方法或评估方法组合进行评价。一般地，社会稳定风险评价主要有六种方法。

1. 访谈法

该方法主要是指在重大决策制定以及实施过程中，由专业的访谈人员对所有的利益相关者进行开放式、半结构化或者结构化的访谈，深入了解他们对重大决策的意见和建议。从利益相关者的态度中了解其对决策的支持程度，在对所收集到的信息进行系统加工的基础上，预测因重大决策导致出现社会稳定的风险。这种方法在重大决策社会稳定风险评估中的适用范围较广，可以在决策的制定以及实施等阶段采用。但是，这种方法存在一个突出问题：受访者可能会由于顾虑而不愿意透露真实看法。

2. 专家预测法

该方法是指在重大决策制定以及实施过程中，根据决策内容的不同选择相关领域的专家，由其运用自身的专业知识，通过系统的指标体系对重大决策可能会带来的社会稳定风险进行评价。该方法在重大决策的制定以及实施等环节都可以运用。但是，专家对于信息掌握得不全面有可能影响预测的准确性和科学性。

3. 问卷调查方法

重大决策社会稳定风险评价最简单的方法就是对公众的态度进行调查。问卷调查法是一种常用的调查方法，该方法主要是指在重大决策制定以及实施过程中，通过问卷的形式对决策的利益相关者进行全面的调查，在此基础上，对有关信息进行全面的分析。在获取信息的真实性上，该方法具有访谈法所无法比拟的优势。该方法不仅可以运用到决策的制定阶段，也可以在决策的实施阶段应用。

4. 定量分析法

该方法主要是指在重大决策制定以及实施过程中，使用采集到的统计数据对相关利益主体的利益得失情况进行分析，并且计算出社会稳定风险的发生点、发生的概率以及风险的等级。从实践来看，该方法往往受到数据收集的局限而不能发挥应有的作用。

5. 比较案例分析法

比较案例分析法即选择以往类似的案例与重大决策进行比较，从中发现重大决策可能带来的社会影响。选择恰当的案例是该方法的关键，因此在案例选择上，既要考虑已有案例与决策所涉及领域的相似性，又要考虑已有案例的利益相关者与决策可能涉及的利益相关者的一致性。

6. 实验研究法

实验研究法的主要目的就是在重大决策制定以及实施的过程中，通过模拟现实的方法，引入政策这一自变量对随机选择的利益相关者进行刺激，搭建起不同利益相关者之间利益博弈平台。通过"有无对比"以及控制组与实验组之间的比较来发现不同利益相关者之间在利益或价值观等方面的冲突，以此为基础，对决策可能产生的社会稳定风险进行评价。

11.4.3　社会稳定风险评价报告的编写

在 11.3 节中已经详细阐述了社会评价报告的具体编写要求，社会稳定风险评价报告的编写与之类似，这里不再赘述，下面给出编写社会稳定风险评价报告的示范。

1. 管理方对稳定风险评价的要求

1）国家和本地设定的评价范围、评价重点、评估步骤等。

2）国家和本地设定的、发生效力的"负面清单"。

3）国家和本地设定的稳定风险评价前置性要求。

4）国家和本地设定的其他相关要求。

2. 待评价事项的概况

1）待评价事项的名称。

2）待评价事项的建设单位，包括①建设单位名称；②建设单位概况。

3）待评价事项的使用单位。

4）待评价事项的性质。

5）建设内容及规模。

6）建设地点和施工区域。

7）投资估算及资金来源。

8）建设周期。

9）社会效益预估。

3. "风险点清单"

经过评估准备，可形成同类案例的风险点清单，见表 11-7。

表 11-7 风险点清单

风险领域	风险类型	风险点（示例）
常见纠纷引发社会不稳定	住房纠纷	产权纠纷等
	房屋拆迁纠纷	抵制强制拆迁等
	劳动保障纠纷	企业裁员纠纷等
	经济纠纷	涉嫌欺诈项目的纠纷等
	涉法涉诉、涉及军事或军队	司法纠纷等
	恶性群体纠纷	非正常上访等

4. 现场的风险告知

风险告知范围与利益相关者覆盖范围一致。建议以待评价事项的物理位置为中心，以 N（N 视具体情况而定，$N \approx 500\text{m}$）为一环，形成现场的风险告知三级圈，见表 11-8。风险告知范围覆盖约 $X\text{km}^2$ 的地域，基本覆盖所有利益相关者。

表 11-8 现场的风险告知三级圈（示例）

风险告知圈	告知特征	告知范围	建议告知要求	告知记录
一级风险告知圈	全面覆盖	据待评价事项的物理位置 0 到 N 的区域	1）要求至少采用两种以上告知方式，并确保有书面告知文件。 2）采用点对点的告知方式，确保每户都得到风险告知	时间、地点、人物；持续时间；告知次数；照片、视频等
二级风险告知圈	重点覆盖	据待评价事项的物理位置 N 到 $2N$ 的区域	1）确保每个社区（村）宣传栏张贴有书面告知文件。 2）召开（居）村民代表座谈会	
三级风险告知圈	普通覆盖	据待评价事项的物理位置 $2N$ 到 $3N$ 的区域	1）确保在乡（镇、街道）宣传栏张贴书面告知文件。 2）以乡（镇、街道）为单位，召开专题情况介绍会	

5. 现场的问卷调查（表 11-9）

表 11-9 现场问卷调查的三级圈

排序	风险因素	调查问卷中所占比例	风险所处阶段	风险等级
1	拆迁纠纷		建设期间	
2	噪声扰民		建设期间	
3	影响交通		建设期间	

（续）

排　序	风险因素	调查问卷中所占比例	风险所处阶段	风险等级
4	流动人口问题		建设期间和投入运营后	
5	扬尘与大气污染问题		建设期间	
6	…		待研判	

6. 风险分析清单（表11-10）

表11-10　风险分析清单

序号	风险点	设计部门及责任人	涉及利益相关群体	风险发生阶段	所属风险领域/类型	发生概率	造成损失	社会影响
1								
2								
3								
…								

7. 风险升级预测分析（表11-11）

表11-11　社会稳定的风险升级预测（示例）

来　源	风险行为预测	风险预警	操作建议
现场实地风险分析	1）现场集体的极端行为	高风险	处置
	2）现场个体的极端行为		
	3）现场集体的行为艺术		
	4）个体现场的行为艺术	中风险	重视
虚拟空间风险分析	5）召集现场		
	6）网上引发较大规模关注	低风险	关注
	7）网上讨论		
	8）个体网上发帖		

8. 联席会议的部门意见（表11-12）

表11-12　联席会议的部门意见表

项目名称

风险等级＼风险因素	某具体部门的意见		
	高风险	中风险	低风险
一、规划选址方面			
二、拆迁补偿及安置方面			
三、环境影响方面			
四、资源开发及配置涉及群众利益方面			
五、施工方面			
六、项目建设涉及群众就业、社保及集体资产处置等方面			
七、项目其他涉及群众利益方面			
八、其他			

9. 周围群众反对意见研判（表 11-13）

表 11-13 周围群众反对意见研判

	意见所处阶段		对意见的定性			化解意见的可控性		风险定级		
	实施中	建成后	合法性	合理性	特殊性	内部控制情况	外部合作情况	高	中	低
群众意见 1										
群众意见 2										
…										

10. 风险定级综合研判（表 11-14）

表 11-14 风险等级的综合研判

序号	研 判 项	研 判 内 容	分 析 依 据
1	反对度	周边居民的反对事由，反对群体的规模，反对程度等	访谈情况，调查问卷统计报告，虚拟空间的社会影响分析报告，基层组织反馈表等
2	意愿度	利好分析，尤其是对周边民众的获益分析	对国家和属地的效益分析，对行业或领域的效益分析，对周边群众的效益分析，市政配套条件
3	容忍度	用"底线思维"，排查周边民众不能容忍的风险	对选址、配套设施、交通影响、环境影响、建筑安全、卫生防护安全、消防安全等是否符合本地习俗等，联席会议意见，专家意见
4	风险度	意愿度、支持度、容忍度、反对度的综合研判，环评、交评、安评等其他评估报告指出的风险	综合四项要素，开展客观主观分析，内部外部分析，静态动态分析等，联席会议意见，专家意见；分析其他评估指出的分析
5	责任落实	责任方、属地管理部门的责任分配、落实状况等	"一案三制"的健全状况，责任人的落实情况，部门间的实际联动情况；督查考核、责任倒查、行政问责制度等
6	矛盾化解	周边居民的矛盾及化解情况，纠纷矛盾的应急预案，突发情况的处置能力等	信访、维稳、综治等部门的评估表
7	承受力	领导小组各成员单位，联席会议各成员单位，对预估风险的承受能力等	联席座谈会记录，成员单位评估表
…	…		
N	风险等级	综合，定性，定级	上述分析结论，可设置加权，确定定级

11. 追踪评估管理（表 11-15）

表 11-15 风险评估与管理的动态更新表

序号	风险点	风险分类	变更说明	可能性等级		后果等级		风险等级		可控性情况	
				原	更新	原	更新	原	更新	原	更新
1											
2											
3											
…											

12. 督察考核（表 11-16）

表 11-16　防范处置的督察考核

事态 ＼ 因素		人 员 保 障	物质、资金保障	技 术 保 障
事件根本控制不住	对策	紧急上报本级与上级党委政府，本级政府派出工作组，必要时请求上级政府支援；信息事关重大，注意报告事项和情态预测的准确性，并尽可能投入人力减缓事件蔓延	基层先行投入，各级政府同时调动物质、资金；物质是基础，注意确保物质资金及时超量到位	基层现场人员提出的技术请求，市、区政府提供技术保障；技术是关键，注意技术熟练，应用迅速
	责任追究	判断明显失误，如人员行动懈怠，物质保障不到位，技术欠缺，报告不及时等，并予以红牌警示		
事件不能迅速控制	对策	基层政府及时上报本级党委政府，并设法控制局面使其不至于蔓延，本级政府迅速派工作组援助并妥善解决，注意及时报告信息，全面掌握和准确预测事件情态	基层政府应马上调动能调动的物质，不能等靠要本级政府调动物质、资金到位再行动，注意对所需物质资金做准确预测，预多不预少，事件结束再统一核算核销	基层政府第一时间报告需要支援的技术设备，本级政府迅速派遣到位，注意做好技术实施前的准备工作
	责任追究	能控制事件却使其失控的，如人员缺乏保障，投入人力、物力解决不够，技术不足，报告不及时，视后果进行批评、教育等，并予以黄牌警示		
事件能迅速控制	对策	由基层政府控制，妥善解决，并将结果上报；平时注意人员的训练有素，事发时"招之即来，来之能战，战之能胜"	由基层政府调动物质、资金解决，并将结果上报；平时注意物质、资金充足及准备到位，事发时能迅速到位	由基层政府负责并将结果上报；平时及时跟进技术的更新与检测，事发时技术能真正发挥作用
	责任追究	无		

课后复习题

1. 社会评价的含义是什么？社会评价的特点有哪些？
2. 项目社会评价的目的是什么？
3. 项目社会评价包含哪些内容？
4. 社会评价有哪几种方法？简单叙述一下。
5. 社会稳定风险评价的含义是什么？具体包含哪些内容？
6. 简述社会稳定风险评价的方法。

第 12 章

项目环境影响评价及安全评价

12.1 环境影响评价

项目的效益应该是经济效益、社会效益和环境效益的统一。在当今社会，可持续发展问题已经成为现实而且迫切需要解决的问题，而环境问题则是首要问题。建设项目一般会引起项目所在地自然环境、社会环境和生态环境的变化，对环境产生不同程度的影响。为此，对拟建项目的评价，不仅要做好项目的经济评价、社会评价，还需要做好项目的环境影响评价。

12.1.1 环境影响评价概述

1. 环境影响和环境影响评价的含义

环境影响是指人类活动（包括经济活动和社会活动）对环境的作用和因此导致环境的变化，以及由此带来的对人类社会和经济发展的影响。投资项目的实施一般会对环境产生不同程度的影响（如污染、破坏等）。因此，在投资项目实施之前，应该进行环境影响评价（Environmental Impact Assessment，EIA），充分调查涉及的各种环境因素，据此识别、预测和评估该项目可能对环境带来的影响，并按照社会经济发展与环境保护相协调的原则提出预防或减轻不良环境影响的措施。

为了实施可持续发展战略，促进经济、社会和环境的协调发展，预防各类规划和投资项目实施后对环境造成不良影响，我国实行环境影响评价制度，并制定了严格的环境影响评价管理程序，规定国务院有关部门、设区的市级以上地方人民政府及其有关部门在组织编制有关土地、区域、流域、海域的建设开发利用规划和编制工业、农业、畜牧业、林业、能源、水利、交通、城市建设、旅游、自然资源开发的有关专项规划时，应同时组织进行环境影响评价，并根据规划和投资建设项目对当地环境影响程度的不同实行分类管理，委托有资质的相关机构分别编制环境影响报告书、报告表或登记表，对项目产生的环境影响进行分析和全面（专项）评价。对于拟建项目具体需要编制环境影响报告书、环境影响报告表还是环境影响登记表，具体规定参照 2017 年 9 月 1 日起施行的《建设项目环境影响评价分类管理名录》（环境保护部令第 44 号）。

目前，环境影响评价已经成为投资项目前期工作的一项必不可少的内容，相关的法律法规主要有《中华人民共和国环境保护法》（中华人民共和国主席令第九号）、《建设项目环境保护管理条例》（中华人民共和国国务院令第 682 号）、《中华人民共和国环境影响评价法》（中华人民共和国主席令第四十八号）等。依据这些法律法规的规定，在中华人民共和国领域和中华人民共和国管辖的其他海域内建设对环境有影响的项目，都应依法进行环境影响评价。这些与环境影响评价相关的法律法规，对严肃和规范环境影响评价工作都做了一系列具体的规定，为项目的环境影响评价提供了保障和依据。

2. 环境影响评价的原则

建设项目应注意保护场址及其周围地区的水土资源、海洋资源、矿产资源、森林植被、文物古迹、风景名胜等自然环境和社会环境。项目环境影响评价应坚持以下原则：

1）符合国家环境保护法律法规和环境功能规划的要求。

2）坚持污染物排放总量控制和达标排放的要求。

3）坚持"三同时"原则，即环境治理设施应与项目的主体工程同时设计、同时施工、同时投产使用。

4）力求环境效益和经济效益相统一，在研究环境保护治理措施时，应从环境效益经济效益相统一的角度进行分析论证，力求环境保护治理方案技术可行和经济合理。

5）注重资源综合利用，对项目产生的废气、废水、固体废弃物，应提出回水处理和再利用方案。

3. 环境影响评价的步骤和内容

项目的环境影响评价工作是在项目建设前期进行的，而且应该与项目可行性研究分别进行，要先于项目可行性研究报告完成，并作为项目可行性研究的编制依据和项目决策的主要依据之一。

项目决策分析和评价阶段的环境影响评价工作总体可以分为三个阶段：

（1）准备阶段　该阶段主要是研究有关文件，进行初步的工程分析和环境现状调查，筛选重点评价项目，确定建设项目环境影响评价的工作等级，编制评价工作大纲。

（2）正式工作阶段　该阶段的主要工作是进一步做好工程分析和环境现状调查，进行环境影响预测和评价环境影响。

（3）报告书编制阶段　该阶段主要是在汇总、分析前一阶段工作所得到的各种资料、数据的基础上做出评价结论，完成环境影响报告书的编制。

根据国家规定，建设项目在进行项目可行性研究的同时，必须对拟建项目拟采用的生产技术和建设方案进行环境影响评价。建设项目环境影响评价的工作内容取决于建设项目对环境的影响程度。由于建设项目的类型是多种多样的，因此项目对环境的影响也是不同的，但是，项目的环境影响评价在基本内容上还是一致的，环境影响评价内容如下。

（1）环境条件调查　环境条件主要调查以下几个方面的状况。

1）自然环境。调查项目所在地的大气、水体、地貌、土壤等自然环境状况。大气环境主要包括风、沉降物、大气质量等方面的内容；水环境主要包括地表水的来源、总量及其与动植物之间的关系，地下水状况以及水体质量等方面的内容；地貌环境主要包括项目所在地的地形、地势等方面内容；土壤环境主要包括土壤特征、土壤利用等方面的内容。

2）生态环境。调查项目所在地的森林、草地、湿地、动物栖息、水土保持等生态环境状况。

3）社会环境。调查项目所在地居民生活、文化教育卫生、风俗习惯等社会环境状况。

4）特殊环境。调查项目周围地区名胜古迹、风景区、自然保护区等环境状况。

（2）影响环境因素分析　主要是分析项目建设过程中破坏环境，生产运营过程中污染环境而导致环境质量恶化的主要因素。

1）污染环境因素分析。分析生产过程中产生的各种污染源，计算排放污染物数量及其对环境的污染程度。主要包括废气、废水、固体废弃物、噪声、粉尘、其他污染物几方面。

① 废气。包括分析气体排放点，计算污染物产生量和排放量、有害成分和含量，研究排放特征及其对环境的危害程度，编制废气排放一览表，见表 12-1。

表 12-1　废气排放一览表

序号	车间或装置名称	污染源名称	产生量/(m³/h)	排放量/(m³/h)	组成及特性数据					排放特征			排放方式
					成分名称	数量/(kg/h)		数量/(mg/m³)		温度/℃	压力/Pa	高度/m	
						产生	排放	产生	排放				
1													
2													
3													

② 废水。包括分析工业废水和生活污水的排放点，计算污染物产生量与排放数量、有害成分和浓度，研究排放特征、排放去向及其对环境危害程度，编制废水排放一览表，见表 12-2。

表 12-2　废水排放一览表

序号	车间或装置名称	污染源名称	产生量/(m³/h)	排放量/(m³/h)	组成及特性数据			排放特征		排放方式
					成分名称	数量/(mg/L)		温度/℃	压力/Pa	
						产生量	排放量			
1										
2										
3										

③ 固体废弃物。主要包括分析计算固体废弃物产生量与排放量、有害成分及其对环境造成的污染程度，编制固体废弃物排放一览表，见表 12-3。

表 12-3　固体废弃物排放一览表

序号	车间或装置名称	固体废弃物名称	产生数量/(t/a)	组成及特性数据	固体废弃物处理方式	排放数量/(t/a)
1						
2						
3						

④ 噪声。分析噪声源位置，计算声压等级，研究噪声特征及其对环境造成的危害程度，编制噪声源一览表，见表 12-4。

表 12-4　噪声源一览表

序号	噪声源位置	噪声源名称	台数	技术参数（规格型号）	噪声特征			声压级/dB（A）		
					连续	间断	瞬间	估算值	参考值	采用值
1										
2										
3										

⑤ 粉尘。分析粉尘排放点，计算产生量与排放量，研究组分与特征、排放方式及其对环境造成的危害程度，编制粉尘排放一览表，见表 12-5。

表 12-5　粉尘排放一览表

序号	车间或装置名称	粉尘名称	产生数量/（t/a）	排放数量/（t/a）	组分及特性数据	排放方式
1						
2						
3						

⑥ 其他污染物。分析生产过程中产生的电磁波、放射性物质等污染物发生的位置、特征，计算强度值及其对周围环境的危害程度。

2）破坏环境因素分析。分析项目建设施工和生产运营对环境可能造成的破坏因素，预测其破坏程度，主要包括以下几个方面：对地形、地貌等自然环境的破坏；对森林草地植被的破坏，如引起的土壤退化、水土流失等；对社会环境、文物古迹、风景名胜区、水源保护区的破坏。

4. 环境影响评价的分类管理

国家根据建设项目对环境的影响程度，对建设项目的环境影响评价实行分类管理。

建设单位应当按照下列规定组织编制环境影响报告书、环境影响报告表或者填报环境影响登记表：

1）可能造成重大环境影响的，应当编制环境影响报告书，对产生的环境影响进行全面评价。

2）可能造成轻度环境影响的，应当编制环境影响报告表，对产生的环境影响进行分析或者专项评价。

3）对环境影响很小、不需要进行环境影响评价的，应当填报环境影响登记表。

建设项目的环境影响评价分类管理名录，由国务院环境保护行政主管部门制定并公布。

5. 环境影响评价报告书的主要内容

根据有关规定，建设项目环境影响评价报告书主要应包括以下内容：

1）建设项目概况。

2）建设项目周围环境的现状。

3）建设项目对环境可能造成影响的分析与预测。

4）建设项目环境保护措施及经济、技术论证。

5）建设项目对环境影响的经济损益分析。

6）对建设项目实施环境监测的建议。

7）环境影响评价结论。

除此之外，根据规定，专项规划的环境影响报告书的主要内容有：

1）实施该规划对环境可能造成影响的分析、预测和评价。

2）预防或者减轻不良环境影响的对策和措施。

3）环境影响评价的结论。

6. 环境影响报告表的主要内容

环境影响报告表的格式由国家环境保护部统一监制，其内容主要有：

1）建设项目基本情况。

2）建设项目所在地自然环境、社会环境简况和环境质量状况。

3）主要环境保护目标。

4）评价适用标准。

5）工程内容及规模。

6）与本项目有关的原有污染情况及主要环境问题。

7）建设项目工程分析。

8）项目主要污染物产生及预计排放情况。

9）环境影响分析。

10）建设项目拟采用的防治措施及预期治理效果、结论及建议等。

7. 环境影响登记表的主要内容

环境影响登记表的格式由国家环境保护部统一监制，包括四个表：

1）表一为项目基本情况。

2）表二为项目地理位置示意图和平面布置示意图。

3）表三为周围环境概况、工艺流程与污染流程。

4）表四为项目排污情况及环境措施简述。

12.1.2　环境影响评价的主要方法

1. 生命周期评价法

环境的影响主要来源于资源消耗所产生的废物以及被排放到环境当中的物质等，例如：产品的生产、使用等均会对环境造成一定的影响。生命周期评价法指的是编制、评估产品生命循环中的物质、能量流以及潜在的环境危害，它是一种用于评价产品或服务相关的环境因素及其整个生命周期内对环境影响的工具。目前，在生命周期评价法的众多定义中，国际标准化组织（ISO）、国际环境毒理学和化学学会（SETAC）的定义最具权威性，ISO 对生命周期评价法的定义是对一个产品服务体系在整个生命周期内的所有投入及产出对环境造成的潜在影响进行评估的方法，而 SETAC 将其定义为通过对能源、原材料消耗及污染排放的识别与量化来评估有关一个产品的过程或活动的环境负荷的客观方法。在环境管理中，生命周期评价作为环境管理工具被用于清洁生产审核以及用于环境标志认证等。在环境工程中，生命周期评价主要是对污水处理厂和固体废物资源化的管理。此外，该评价方法的应用非常广泛，在工业、农业、环境管理、环境工程等方面，都可以应用生命周期评价法研究环境问题。

2. 生态足迹法与 PCNM 法

生态足迹法是环境影响评价中常用的一种方法。生态足迹也称生态占用，是指特定数量人群按照某一种生活方式所消耗的，来源于自然生态系统的各种商品和服务功能，以及在这一过程中所产生的废弃物需要环境（生态系统）吸收，并以生物生产性土地（或水域）面积来表示的一种可操作性的定量方法。它的应用意义是：通过生态足迹需求与自然生态系统的承载力（也称生态足迹供给）进行比较就可以定量的判断出某一国家或地区环境目前可持续发展的状态，以便对未来人类生存和社会经济发展做出科学规划和建议。生态足迹分析方法已应用于从全球到国家、地区到城市、社区到家庭、商业企业到个人各级规模的人口出行活动水平等。比如应用该方法计算模拟全球人类的足迹与生态承载力，分析计算交通工具（如飞机、火车、巴士、出租车等）的生态足迹、垃圾堆放及处理的生态足迹、家用电器的生态足迹等。随着对生态足迹的方法的深入研究以及不断发展，生态足迹方法的应用越来越广泛，在环境影响评价中的作用也会越来越突出。

影响环境的因素主要来源于人类的生产活动，为了进一步研究人类生产活动与环境之间的因素，探讨环境领域中环境变量和物种之间的关系，一般采用主坐标邻位矩阵分析法（Principal Coordinates of Neighbour Matrices，PCNM）进行分析。PCNM 法在环境评价的应用中还不是很广泛，主要在生态多样性方面应用比较多，比如研究湖泊、热带森林、草原中生物的多样性等。PCNM 法对于一定范围内生态系统中的一些生物多样性的应用有着一定优势，生态系统中有着大量的生物种类和环境因素，PCNM 法可以全面考虑这些影响因素。

12.1.3　建设项目环境保护的基本要求及保护措施

1. 建设项目环境保护的基本要求

根据《中华人民共和国环境保护法》（中华人民共和国主席令第九号）和《中华人民共和国环境影响评价法》（中华人民共和国主席令第四十八号）的有关规定，建设工程项目环境保护的基本要求包括以下几点。

1）开发利用自然资源的项目，必须采取措施保护生态环境。

2）应满足项目所在区域环境质量、相应环境功能区划和生态功能区划标准或要求。

3）对环境可能造成重大影响、应当编制环境影响报告书的建设工程项目，可能严重影响项目所在地居民生活环境质量的建设工程项目，以及存在重大意见分歧的建设工程项目，环保部门可以举行听证会，听取有关单位、专家和公众的意见，并公开听证结果，说明对有关意见采纳或不采纳的理由。

4）建设工程项目中防治污染的设施，必须与主体工程同时设计、同时施工、同时投产使用。防治污染的设施必须经原审批环境影响报告书的环境保护行政主管部门验收合格后，该建设工程项目方可投入生产或者使用。

2. 建设项目环境保护措施

在项目可行性研究的过程中，应该遵守国家有关环境保护法律法规的要求，以环境影响因素及其影响程度的分析为基础，研究并提出治理方案。

（1）治理措施方案　应依据项目的污染源和排放污染物的性质，采用不同的治理措施。

1）废气污染治理。可以采用冷凝、吸附、燃烧和催化转化等方法。

2）废水污染治理。可以采用物理法（如重力分离、离心分离、过滤、蒸发结晶、高磁分离等)、化学法（如中和、化学凝聚、氧化还原等)、物理化学法（如离子交换、电渗析、反渗透、气泡浮上分离、吸附萃取等)、生物法（如自然氧池、生物过滤、活性污泥、厌氧发酵）等方法。

3）固体废弃物污染治理。有毒废弃物可以采用防渗漏池堆存；放射性废弃物可以采用封闭固化的方式处理；无毒废弃物可以采用露天堆存；生活垃圾可以采用卫生填埋、堆肥、生物降解或者焚烧方式处理；可利用无毒害的固体废弃物可加工制作建筑材料或者作为建材添加物，进行综合利用。

4）粉尘污染治理。可以采用过滤除尘、湿式除尘、电除尘等方法。

5）噪声污染治理。可以采用吸声、隔声、减振、隔振等措施。

6）建设和生产运营引起环境破坏的治理。对岩体滑坡、植被破坏、地面塌陷、土壤劣化等，应提出相应治理方案。

在项目可行性研究中，应在环境治理方案中列出所需的设施、设备和投资。

（2）治理方案比选　对环境治理的各局部方案和总体方案进行技术经济比较，并做出综合评价。比较、评价的主要内容有：

1）技术水平对比。分析对比不同环境保护治理方案所采用的技术和设备的先进性、适用性、可靠性和可得性。

2）治理效果对比。分析对比不同环境保护治理方案在治理前及治理后环境指标的变化情况，以及能否满足环境保护法律法规的要求。

3）管理及监测方式对比。分析对比不同环境保护治理方案所采用的管理和监测方式的优点及缺点。

4）环境效益对比。将环境治理保护所需投资和环保设施运行费用与所获得的收益进行比较，效益费用比值较大的方案为优。

环境治理方案经比对选择后，提出推荐方案，并编制环境保护治理设施和设备表。

12.1.4　建设项目环境评价的标准及经济效益指标

1. 建设项目环境评价的标准

经过多年的实践，我国逐步确定了建设项目环境评价的标准：

1）建设项目必须符合国家和行业的产业政策。

2）建设项目厂址选择必须符合地区总体规划布局和环境功能区划要求。

3）建设项目应采用能耗少、无废物排放或者少废物排放的生产工艺，实行"清洁生产"。

4）建设项目必须达到国家或地方规定的排放标准。

5）建设项目必须符合污染物排放总量控制指标。

6）改扩建项目必须通过"以新带老"等措施，实现增产不增污或者增产减污。

2. 建设项目环境评价的经济效益指标

建设项目环境经济效益指标是以具体建设项目的环境经济系统作为监测、表征、评估和调节对象，并用定性或定量的方法将建设项目所确定的发展计划与环境保护目标进行具体化，它是反映项目环境保护与经济活动之间关系的工具。环境经济指标体系是以环境经济和指标体系等有关理论为基础，以项目科学发展为目的而建立起的一套相互联系、相互补充的指标体系，它不仅是反映和评价建设项目环境经济整体状况的工具，也是衡量建设项目环境经济系统协调与否的基础性判别手段。

建设项目环境经济效益指标体系包含四个一级指标以及若干二级指标，各二级指标名称、单位、含义等共同构成了该指标体系。建设项目环境经济效益指标体系见表12-6。

表 12-6　建设项目环境经济效益指标体系

一级指标	二级指标	单　　位	指标说明
环境经济规模	项目环保投资	万元	主要指环保工程和设备等一次性投资
	项目环境成本	万元	主要指环保工程和设备等运行费用
	项目环保事业费	万元	主要指与企业环境保护有关的科研、监测和管理费用等
	项目环境损失	万元	指由于建设项目污染给自身和社会带来的经济损失
环境经济结构	环保投资占总投资的百分比	%	反映环保投入的程度
	环境成本占总成本的百分比	%	反映环境成本在总成本中的水平
	项目环境损失率	%	反映环境损失程度
环境经济效益	项目环保投资回收期	年	反映环保投资与其产生的环境经济效益的关系
	万元产值综合能耗	吨标煤/万元	反映能源消耗方面的环境经济水平
	万元产值综合能耗变化率	%	反映当年与上年度万元产值综合能耗的变化趋势
	万元产值用水量	m^3/万元	反映水资源消耗方面的环境经济水平
	万元产值用水量变化率	%	反映当年与上年度万元产值用水量的变化趋势
环境经济发展	项目环保投资变化率	%	反映当年与上年度环保投资的变化趋势
	项目环境损失变化率	%	当年与上年度环境损失的变化趋势

（1）建设项目环境经济一级指标说明　一级指标不仅具有分解环境经济总目标的功能，而且具有引导建立和综合概括二级指标的功能。具体如下：

1）环境经济规模。该指标反映一定时期内建设项目系统范围内有关环境经济状况的总量和水平。

2）环境经济结构。该指标反映建设项目环境经济系统内部因素平衡协调的关系。

3）环境经济效益。该指标反映建设项目环境经济质量状况，是建设项目经济与环境行为综合后的效果。

4）环境经济发展。该指标反映一定时期内建设项目环境经济系统的变化趋势以及协调发展状况。

（2）建设项目环境经济二级指标说明

1）建设项目环保投资。该指标是指建设项目在一定时期内用于环保工程和设备等一次性资产方面的投资，它能较好地反映建设项目对环保工作的重视程度、建设项目环境经济系统水平的高低以及建设项目可持续发展能力的大小，是一个总量指标。

2）建设项目环境成本。该指标包括建设项目的外部环境成本和内部环境成本，这里的环境成本特指建设项目的内部环境成本。建设项目内部环境成本是指那些保证建设项目环境保护工程和设备等一次性资产项目正常运行的费用以及其摊销费用，这些费用是由建设项目自身承担的，包括环保工程和设备运行过程中产生的材料费、水电费、工程和设备维护费、保证环保工程和设备正常运行的人员费用以及环保工程和设备的折旧费用等。

3）建设项目环保事业费。该指标主要是指与建设项目环保科研费用、环境监测费用以及环境管理费用。环保科研费用是指建设项目为进一步改善或提高建设项目的环保水平和质量而开展的科学研究费用；环境监测费用是指建设项目对污染物及其处理状况进行监控，以及执行某项特定环保工作而开展的监测费用；环境管理费用是建设项目在环境管理方面的各种开支，主要包括环保的培训和宣传教育、环境评价、环境规划、建设项目环保工作条件建设等方面的费用。

4）建设项目环境损失。该指标是指建设项目污染给项目自身和社会造成的各种价值损失，它是一个总量指标。建设项目环境损失一般包括建设项目内及建设项目外一定范围内的人体健康、作物质量等所受经济损失以及因建设项目而产生的排污费和罚金等。建设项目环境损失可分为水污染经济损失、大气污染经济损失、噪声污染经济损失等。

5）建设项目环保投资占总投资百分比。该指标既能反映建设项目应承担的环境成本，也能反映建设项目对环保工作的重视程度，其公式为：

建设项目环保投资占总投资百分比 =（建设项目环保投资/建设项目总投资）×100%

6）建设项目环境成本占总成本百分比。该指标是指在一定时期内建设项目发生的环境成本占全部成本的比例，它不仅可以反映建设项目在环保方面的投入程度，还可反映建设项目环境管理与治理的状况，其公式为：

建设项目环境成本占总成本百分比 =（建设项目环境成本/建设项目全部成本）×100%

7）建设项目环境损失率。该指标是指建设项目在一定时期内的环境损失数额占当年建设项目总产值的比重，是一个相对指标，该指标将建设项目造成的不经济性与建设项目的发展成果结合起来，反映出建设项目环境损失的程度，其公式为：

建设项目环境损失率 =（建设项目环境损失/建设项目总产值）×100%

8）建设项目环保投资回收期。该指标等于建设项目环保投资与环保投资所产生的年净环境经济效益之比，是一个相对指标。建设项目年净环境经济效益等于建设项目年环境经济效益与建设项目年环境保护运行费用之差。其公式为：

建设项目环保投资回收期 = 建设项目环保投资/建设项目年净环境经济效益
= 建设项目环保投资/（建设项目年环境经济效益 –
建设项目年环境保护运行费用）

9）万元产值综合能耗。该指标是指在一定时期内建设项目能源消耗总量与总产值的比率，它能够衡量建设项目纵向和横向的环境经济水平，是一个相对指标，其公式为：

万元产值综合能耗 = 建设项目能源消耗总量/建设项目总产值

10）万元产值综合能耗变化率。该指标是能较好地反映一定时期建设项目环境经济效益的指标，用它可以度量建设项目纵向的环境经济效益状况，其公式为：

万元产值综合能耗变化率 =［（当年万元产值综合能耗 – 上年度万元产值综合能耗）/
上年度万元产值综合能耗］×100%

11）万元产值用水量。该指标是指一定时期内建设项目生产用水总量与总产值的比率，它能衡量建设项目纵向和横向的环境经济水平，是一个相对指标，该指标是生产取用新水量与重复用水量的总和，其公式为：

万元产值用水量 = 建设项目生产用水总量/建设项目总产值

12）万元产值用水量变化率。该指标是反映一定时期内建设项目环境经济效益的指标，用它也可以度量建设项目纵向的环境经济效益状况，其公式为：

$$万元产值用水量变化率 = [(当年万元产值用水量 - 上年万元产值用水量)/$$
$$上年万元产值用水量] \times 100\%$$

13）建设项目环保投资变化率。该指标既可衡量一定时期内建设项目在其生产规模、生产工艺、技术水平等基本状况不变的条件下建设项目环境保护投资变化程度，也可衡量同一性质建设项目之间的环保投资变化程度，其公式为：

$$建设项目环保投资变化率 = [(当年环保投资额 - 上年度环保投资额)/上年度环保投资额] \times 100\%$$

14）建设项目环境损失变化率。该指标既可衡量一定时期内建设项目在其生产规模、生产工艺、技术水平等基本状况不变的条件下建设项目环境损失变化程度，也可衡量同一性质建设项目之间的环境损失变化程度，其公式为：

$$建设项目环境损失变化率 = [(当年环境损失额 - 上年度环境损失额)/上年度环境损失额] \times 100\%$$

12.1.5　案例分析

1. 项目简介

（1）项目名称　某市开发区污水处理项目。

（2）建设单位　某施工单位。

（3）项目地点　某市北部郊区。

（4）建设内容及规模　该工程建设内容为污水处理厂服务范围内的污水收集干管、主干管，总长为20km。污水收集支干管、支管采用其他融资渠道进行建设，且同步实施。

建设项目总投资估算为8000万元：第一部分工程费用6000万元（其中污水处理厂4000万元、污水收集系统1800万元、其他200万元），第二部分工程建设其他费用1800万元、预备费580万元、建设期借款利息340万元、流动资金60万元。

（5）项目实施规划

1）项目准备期（2008年8月~2009年5月）。完成该项目的可行性研究报告，初步设计、施工图设计及相应的审批程序。

2）编制招标文件期（2009年5月~2009年6月）。编制污水处理厂和污水管网工程建设的招标文件。

3）招标与采购期（2009年6月~2009年8月）。完成污水处理厂和污水管网工程建设的招标和采购。

4）污水处理厂施工期（2009年8月~2010年12月）。完成污水处理厂土建、设备安装等全部施工内容。

5）污水管网施工期（2009年8月~2010年12月）。完成污水管网工程建设的全部施工内容。

2. 项目环境影响评价

（1）编制依据

1）《中华人民共和国环境保护法》（中华人民共和国主席令第九号）。

2）《中华人民共和国环境影响评价法》（中华人民共和国主席令第四十八号）。

3）《中华人民共和国大气污染防治法》（中华人民共和国主席令第三十一号）。

4）《声环境质量标准》（GB 3096—2008）。

5）《污水综合排放标准》（GB 8978—1996）。

6)《环境空气质量标准》(GB 3095—2012)。

(2) 工程建设对环境的影响

1) 工程征地的影响。根据该工程建设的要求,近期需要征用土地 90 亩 (1 亩 = 666.67m²),每亩征地费 15 万元 (含拆迁补偿费)。征用的土地均用于建设污水处理厂和污泥转运堆场。

被征用土地目前是一片鱼塘及少量农田。这些土地被征用以后将产生以下影响:

① 渔业及农业耕作面积减少。这些土地被征用后将对农民的收入带来一定的影响,也减少了耕作面积。

② 征地安置。土地的征用使部分农民失去了生产资料,使他们的生活出现了困难,必须对这些农民进行安置。

2) 对交通的影响。该工程的污水管道经过县城主要道路,这些道路交通比较繁忙,工程建设时,有些道路被横穿,有些道路被开挖,使途经这些道路的车辆运输被阻。同时,由于堆土及建筑材料占地,使道路变得狭窄;道路晴天尘土飞扬,雨天泥泞路滑,使交通变得拥挤和混乱,极易造成交通事故。这种影响随着工程的结束而消失。

3) 施工扬尘、噪声的影响。

① 扬尘的影响。工程施工期间,挖掘的泥土通常堆放在施工现场,直至管道敷设完毕,短则几星期,长则数月。堆土裸露,使大气中悬浮物含量骤增,严重影响市容和空气质量。施工扬尘将使附近的建筑物、植物等蒙上厚厚的尘土,给居住区保持环境整洁带来许多麻烦。

② 噪声的影响。施工期间的噪声主要来自施工机械和建筑材料运输、车辆的轰鸣及喇叭的喧闹声。特别是在夜间,施工的噪声将严重影响居民的工作和休息。若夜间停止施工或进行严格控制,则噪声对周围环境的影响将大大减小。

4) 生活垃圾的影响。工程施工时,施工人员的食宿将会安排在工作区域内。这些临时食宿地的水、电以及生活废弃物若没有妥善安排,则会严重影响施工区的卫生环境,尤其是在夏天,施工区的生活废弃物若处置不当则易导致蚊蝇滋生,甚至导致施工区工人暴发流行疾病,严重影响工程施工进度,同时使附近的居民遭受蚊、蝇、异味、疾病的影响。

5) 弃土的影响。施工期间将产生许多弃土,弃土在运输、处置过程中都可能对环境产生影响。若车辆装载过多弃土会导致沿程泥土散落满地;若车轮沾满泥土会导致运输公路布满泥土;晴天尘土飞扬,雨天路面泥泞,影响行人出行和车辆过往的环境质量。弃土处置地不明确或将弃土乱丢乱放,将影响土地利用和河流流畅,破坏自然和生态环境,影响城市的建设和整洁。弃土的运输需要大量的车辆,若在白天进行,必将影响本地区的交通,使路面交通变得更加拥挤。

6) 对地下水的影响。工程建设将不会对地下承压含水层的水流、水量及水质等方面产生影响。

(3) 环境影响的缓解措施

1) 征地后合理安置劳力。农田被征用后应对农民进行合理安置,使他们得到重新工作和安全生活的条件。

2) 交通影响的缓解措施。工程建设将不可避免地与一些道路交叉。道路的开挖将严重影响该地区的交通。建设单位在制订实施方案时应充分考虑这个因素,对于交通繁忙的道路要设计临时便道，并要求施工分段进行，在尽可能短的时间内完成开挖、排管、回填工作。对于交通特别繁忙的道路要求避开高峰时间（如采取夜间施工，以保证白天畅通）。

挖出的泥土除作为回填土外，要及时运走，堆土应尽可能少占道路，以保证开挖道路的交通运行。

施工后应搞好环境卫生，做好环境恢复工作。

3）减少扬尘。工程施工中沟渠挖出的泥土堆在路旁，旱季风致扬尘和机械扬尘导致沿线尘土飞扬，影响附近居民和工厂。为了减少工程扬尘对周围环境的影响，建议施工中遇到连续的晴好又起风的天气条件时，在弃土表面洒上一些水，防止扬尘。工程承包者应按照弃土处理计划及时运走弃土，并在装运的过程中避免超载，装土车沿途不洒落，车辆驶出工地前应将轮子的泥土去除干净，防止沿程弃土满地，影响环境整洁。同时，施工者应对工地门前的道路环境实行保洁制度，一旦有弃土、建材撒落应及时清扫。

4）施工噪声的控制。管线工程施工开挖沟渠、运输车辆喇叭声、发动机声、混凝土搅拌声以及压路机声等造成施工噪声。为了减少施工对周围居民的影响，对于距民舍 200m 的区域内的工程，不允许在晚上十一时至次日清晨六时施工，同时应在施工设备和方法中加以考虑，尽量采用低噪声机械。对夜间一定要施工且会影响周围居民环境的工地，应对施工机械采取降噪措施，同时也可在工地周围或居民集中地周围设立临时隔声类装置，以保证居民区的环境质量。

5）施工现场废物处理。工程建设需要很多施工工人，实际需要的人工数取决于工程承包单位的机械化程度。管线工程施工可能分成多段同时进行，工程承包单位将在临时工作区域内为劳动者提供临时膳宿。建设单位及工程承包单位应与当地环卫部门联系，及时清理施工现场的生活废弃物；工程承包单位应对施工人员加强教育，不乱丢废弃物，保证工人工作环境和生活环境的卫生质量。

6）倡导文明施工。要求施工单位尽可能减少在施工过程中对周围居民、工厂、学校的影响，提倡文明施工，组织施工单位、街道及业主联络会议，及时协调解决施工中产生的环境影响问题。

7）制订弃土处置和运输计划。工程建设单位将会同市有关部门为该工程制订弃土处置计划，弃土主要用于筑路、小区建设等。分散于各个建设工地的弃土运输计划将与公路有关部门联系，避免在行车高峰时运输弃土和建筑垃圾。建设单位应与运输部门共同做好驾驶员的职业道德教育工作，按规定路线运输，按规定地点处置弃土和建筑垃圾，并不定期地检查执行计划情况。

施工中遇到有毒有害废弃物应暂时停止施工，并及时与地方环保、卫生部门联系，经处理后才能继续施工。

12.2 安全评价

安全问题是建设项目关注的重点问题，"安全第一"是指导安全生产的重要方针，也是施工单位施工建设的基本准则。为了科学地评价建设项目安全施工情况，提高安全生产工作和文明施工的管理水平，预防伤亡事故的发生，相关部门必须对建设项目进行系统、全面的安全检查和评价。

12.2.1 安全评价概述

1. 安全评价的含义

安全评价也称为风险评价或危险评价，是以实现工程、系统安全为目标，应用安全系统工程原理和方法，对工程、系统中存在的危险、有害因素进行辨识与分析，判断工程、系统发生事故和职业危害的可能性及其严重程度，从而为制定防范措施和管理决策提供科学依据。其目的是通过实施合理可行的安全对策措施，指导危险源监控和事故预防，以达到最低事故率、最少损失和最优的安全投资效益。

2. 安全评价的原则

安全评价是落实"安全第一，预防为主"方针的重要技术保障，是安全生产监督管理的重要手段，关系到被评价项目是否符合国家规定的安全标准，是否能保障劳动者的安全与健康。因此要做好安全评价工作，必须以被评价项目的具体情况为基础，以国家安全法规及有关技术标准为依据，用严谨的科学态度、认真负责的精神，全面、深入地开展和完成安全评价工作，遵循权威性、科学性、公正性、严肃性、针对性、综合性和适用性原则。

（1）权威性　安全评价是一项国家建立并逐步完善的法律法规，旨在从根本上控制、消除事故隐患。政策、法规、安全标准是安全评价的依据。承担安全评价工作的单位必须是在国家安全生产监督管理部门的指导和监督下，执行国家、行业及地方颁布的有关安全的方针政策、法规标准等。在具体评价过程中，全面、深入地剖析评价项目及发现生产经营单位在执行产业政策、安全生产和劳动保护政策等方面存在的问题，并且在评价过程中主动接受国家安全生产监督管理部门的指导、监督和检查，力争为项目决策、设计和安全运行提出符合方针政策、法规标准要求的评价结论和建议，为安全生产监督管理提供科学依据。这些都体现了安全评价的权威性。

（2）科学性　安全评价涉及学科范围广，影响因素复杂多变。安全预评价从时间上讲有预测和预防性；安全现状综合评价在整个项目上具有全面的现实性；专项安全评价在技术上具有较高的针对性；验收安全评价在项目的可行性上具有较强的客观性。为保证安全评价能准确地反映被评价项目的客观实际和得出正确的结论，在开展安全评价的过程中，必须依据科学的方法、程序，以严谨的科学态度全面、准确、客观地进行工作，提出科学的对策措施，做出科学的结论。

要根据内在的客观规律分析危险、有害因素的种类、程度，产生的原因及出现危险、危害的条件及其后果，才能为安全评价提供可靠依据。从收集资料、调查分析、筛选评价因子、测试取样、数据处理、模式计算和权重值的给定，直至提出对策措施、做出评价结论与建议等每个环节，都必须严守科学的态度，用科学的方法和可靠的数据，按科学的工作程序一丝不苟地完成各项工作，努力在最大程度上保证评价结论的正确性和对策措施的合理性、可行性和可靠性。

（3）公正性　评价结论是被评价项目的决策依据、设计依据、能否安全运行的依据，也是国家安全生产监督管理部门进行安全监督管理的执法依据。因此，对于安全评价的每一项工作都要做到客观和公正。既要防止评价人员受主观因素的影响，又要排除外界因素的干扰，避免出现不合理、不公正的现象。

（4）严肃性　安全评价正确与否直接涉及被评价项目能否安全运行、国家财产和声誉是否受到破坏和影响、被评价单位的财产是否会受到损失、生产能否正常进行、周围单位及居民是否会受到影响。安全评价机构和评价人员应由国家安全生产监督管理部门予以资质核准和资格注册，评价单位和评价人员必须严肃、认真、实事求是地进行公正的评价。

（5）针对性　进行安全评价时，首先是针对被评价项目的实际情况和特征，收集有关资料对系统进行全面的分析；其次是对主要的危险、有害因素及单元进行筛选，并辅以重大事故后果和典型案例的分析、评价。各类评价方法都有特定的适用范围和使用条件，因此要有针对性地选用评价方法；最后要提出有针对性的、操作性强的对策措施，对被评价项目做出客观、公正的评价结论。

（6）综合性　系统安全分析和评价的对象千差万别，涉及企业的人员、设备、物料、法规、环境等各个方面，需用多种方法来完成评价。例如对新设计项目和现有生产项目的评价就应有所区别，前者应从动态角度进行评价，而后者多从静态角度进行评价。又如对危险过程的控制和伤亡数字的目标控制，在方法上也有所不同。因此在评价时要对各种因素与影响进行综合考虑，一般需要采用多种评价方法，以便取长补短。

（7）适用性　系统分析和评价方法要适合企业的具体情况，即具有可操作性。方法要简单，结论要明确，效果要显著，这样才能为人们所接受。

3. 安全评价的内容

目前对建设项目安全评价的主要内容可分为以下几个方面：

（1）总平面布置及建（构）筑物安全性评价　内容包括：项目厂址选择安全性评价；项目各分区、各部分布置情况以及其与外界公共交通道路、居民居住地、学校、重要公共设施等的安全距离；项目中各相邻建（构）筑物之间的防火、防毒间距；厂内道路包括消防车道、坡度、转弯半径、道路上方管线、净空高度；建（构）筑物主要材料、耐火等级、抗震设防、防腐蚀措施、防火分区面积、安全疏散措施、防高处坠落措施、供排水状况等。

（2）供配电系统及防雷、防静电措施安全性评价　内容包括：负荷等级及与负荷等级相匹配的供电条件、用电负荷量与变压器容量的情况；电网供电及配电线路的安全性；各电气保护措施的安全性；火灾、爆炸危险区域的划分及电器配置的安全性；防雷、防静电系统的安全性等。

（3）生产工艺与设备安全性评价　内容包括：生产工艺流程的安全性；某些生产过程中各种原材料在反应过程中产生高压高温、有毒有害气体等有害因素，系统拟采用的对其连续监测、自动调控装置的有效性和可靠性；生产设备选型配套的合理性、安全性；对某些火灾和爆炸危险环境防爆电气设备的选型配套设计的安全可行性等。

（4）防火防爆措施安全性评价　内容包括：根据项目贮存、生产或使用的具有火灾或爆炸危险的物质材料、数量、分布情况及其火灾或爆炸危险性类别，判别其是否属重大危险源，并评价其防火防爆措施的可靠性；项目潜在的火灾或爆炸危险因素起因分析以及重点防火防爆危险场所的区域划分；灭火设施配置情况、消防系统、有毒有害、易燃易爆气体监测报警系统及事故应急救援预案等措施的安全性、可靠性等。

（5）职业危害防范措施评价　内容包括：项目投产后，在生产过程中（包括从原材料、中间产品到成品的生产全过程）可能存在着某些化学性或物理性职业危害因素，如生产性粉尘、有毒物质、腐蚀性物质、生产性噪声和高温、照明环境、电磁辐射等。

12.2.2　安全评价的方法

安全评价方法可分为定性安全评价方法和定量安全评价方法。定性安全评价方法有安全检查表法、故障类型和影响危险性分析法、专家评议法、类比法、规范评价法、单元危险性快速排序法、危险与可操作性分析法等。定量安全评价方法有道化学火灾法，爆炸危险指数评价法，蒙德火灾、爆炸、毒性危险指数评价法。在许多定量的评价方法中，可根据各单位检测检验的数据，按照一定的规则建立数学模型，应用数理统计、概率论的方法，求出评价数量等级，得出评价结果。另外，半定量的方法有预先危险性分析，还有既可采用定性方法也可定量计算的方法有事故树分析法、事件树分析法、作业条件危险性评价法和类比法等。由于系统的复杂性，单一的评价方法往往是针对某一特定方面，难以完全揭示整个系统的情况，常常需要采用多种评价方法综合评估，或者把不同的评价方法结合起来。现对常用的五种安全评价方法做详细介绍。

1. 安全检查表法

安全检查表（Safety Checklist Analysis，SCA）法是依据相关的标准、规范，对工程、系统中已知的危险类别、设计缺陷以及与一般工艺设备、操作、管理有关的潜在危险性和有害性进行检查判别。为了避免检查项目遗漏，事先把检查对象分割成若干系统，以提问或打分的形式，将检查项目列表，这种表就称为安全检查表。它是系统安全工程的一种最基础、最简便、广泛应用的系统危险性评价方法。

（1）编制步骤　要编制一个符合客观实际，能全面识别、分析系统危险性的安全检查表，首先要建立一个编制小组，其成员应包括熟悉系统各方面的专业人员。其主要步骤有：

1）熟悉系统。包括系统的结构、功能、工艺流程、主要设备、操作条件、已有的安全消防设施。

2）搜集资料。搜集有关的安全法规、标准、制度及本系统过去发生过事故的资料，作为编制安全检查表的重要依据。

3）划分单元。按功能或结构将系统划分成若干个子系统或单元，逐个分析潜在的危险因素。

4）编制检查表。针对危险因素，依据有关法规、标准的规定，参考过去事故的教训和本单位的经验，确定安全检查表的检查要点、内容和为达到安全指标应在设计中采取的措施，然后按照一定的要求编制检查表。

5）编制复查表。其内容应包括危险、有害因素明细，是否落实了相应设计的对策措施，能否达到预期的安全指标要求，遗留问题及解决办法和复查人等。

（2）适用范围　安全检查表在我国不仅用于查找系统中各种潜在的事故隐患，还对各检查项目给予量化，用于进行系统安全评价，应用范围广，对不同的检查对象和目标应用不同的检查表。专业检查表与日常定期检查表要有区别，专业检查表应详细、突出专业设备安全参数的定量界限；日常检查表尤其是岗位检查表应简明扼要，突出关键和重点部位。

2. 专家评议法

专家评议法是一种由专家参加，根据事物的发展趋势进行积极的创造性思维活动对事物进行分析、预测的方法。专家评议法的种类有专家评价法和专家质疑法。专家评价法是根据一定的规则，组织相关专家进行积极的创造性思维，对具体问题共同探讨、集思广益的一种专家评价方法。专家质疑法需要进行两次会议：第一次会议是专家对具体的问题进行直接谈论；第二次会议则是专家对第一次会议提出的设想进行质疑。

（1）编制步骤

1）明确具体分析、预测的问题。

2）组成专家评议分析、预测小组。小组组成应由预测专家、专业领域的专家、推断思维能力强的演绎专家等组成。

3）举行专家会议，对提出的问题进行分析、讨论和预测。

4）分析、归纳专家会议的结果。

（2）适用范围　专家评议法适用于类比工程项目、系统和装置的安全评价，它可以充分发挥专家丰富的实践经验和运用理论知识。专项安全评价经常采用专家评议法，运用该评价方法，可将问题研究讨论得更深入、更透彻，并得出具体执行意见和结论，便于进行科学决策。

3. 危险与可操作性分析

危险与可操作性分析（Hazard and Operability Analysis，HAZOP）方法是英国帝国化学工业公司（ICI）开发的，是以系统工程为基础，主要针对化工设备、装置而开发的危险性评价方法。该方法研究的基本过程是以关键词为引导，寻找系统中工艺过程或状态的偏差，然后再进一步分析造成该变化的原因及可能的后果，并有针对性地提出必要的预防措施。

（1）操作步骤　危险与可操作性分析法的目的主要是调动生产操作人员、安全技术人员、安全管理人员和相关设计人员的想象性思维，使其能够找出设备、装置中的危险、有害因素，为制定安全对策措施提供依据。HAZOP 分析可按以下步骤进行：

1）成立分析小组。根据研究对象，成立一个由多方面专家（包括操作、管理、技术、设计和监察等各方面人员）组成的分析小组，一般为 4 ~ 8 人组成，并指定负责人。

2）收集资料。分析小组针对分析对象广泛地收集相关信息、资料，包括产品参数、工艺说明、环境因素、操作规范、管理制度等方面的资料，尤其是带控制点的流程图。

3）划分评价单元。为了明确系统中各子系统的功能，将研究对象划分成若干个单元，一般进行单元划分的原则为：连续生产工艺过程中的单元以管道为主、间歇生产工艺过程中的单元以设备为主。明确单元功能，并说明其运行状态和过程。

4）定义关键词。按照危险与可操作性分析中给出的关键词逐一分析各单元可能出现的偏差。

5）分析产生偏差的原因及其后果。

6）制定相应的对策措施。

（2）使用范围　危险与可操作性分析方法适用于设计阶段和现有的生产装置的评价。起初，英国帝国化学工业公司开发的危险与可操作性分析方法主要在连续的化工生产工艺过程中应用。通过对危险与可操作性分析方法进行适当改进，该方法也能应用于间歇化工生产工艺过程的危险性分析，在进行化工生产工艺过程的评价时，分析对象应是主体设备。

4. 故障树分析法

故障树分析法（Fault Tree Analysis，FTA）是 20 世纪 60 年代以来迅速发展的系统可靠性分析方法，它采用逻辑方法将事故因果关系形象的描述为一种有方向的"树"，把系统可能发生或已发生的事故（称为顶事件）作为分析起点，将导致事故原因的事件按因果逻辑关系逐层列出，用树形图表示出来，构成一种逻辑模型，然后定性或定量地分析事件发生的各种可能途径及发生的概率，找出避免事故发生的各种方案并优选出最佳安全对策。FTA 法形象、清晰、逻辑性强，它能对各种系统的危险性进行识别评价，既适用于定性分析，又能进行定量分析。

（1）操作步骤

1）熟悉分析系统。

2）确定分析对象系统和分析的对象事件（顶事件）。

3）确定分析边界。在分析之前要明确分析的范围和边界，明确系统内包含的内容。

4）确定系统事故发生概率、事故损失的安全目标值。

5）调查原因事件。

6）确定不予考虑的事件。

7）确定分析的深度。在分析原因事件时分析到哪一层为止，需要事先确定。

8）编制事故树应从顶事件起，一级一级往下找出所有的原因事件，直到最基本的事件为止，按其逻辑关系画出事故树。每一个顶事件对应一株事故树。

9）定量分析按事故结构进行简化，求出最小割集和最小径集、概率重要度和临界重要度。

10）结论。找出消除事故的最佳方案，确定采取对策措施的重点和先后顺序，从而得出分析、评价的结论。

（2）使用范围　我国在 1978 年由天津东方化工厂首先将该方法用于对高氯酸生产过程中的危险性分析，对减少和预防事故的发生取得了明显的效果。之后又在化工、冶金、机械、航空等工业部门得到普遍的推广和应用。

5. 事件树分析法

事件树分析（Event Tree Analysis，ETA）法的理论基础是决策论。它是一种从原因到结果的自上而下的分析方法。从一个初始事件开始，交替考虑成功与失败的两种可能性，然后再以这两种可能性作为新的初始事件，如此继续分析下去，直到找到最后的结果。因此 ETA 法是一种归纳逻辑树图，能够体现事故发生的动态发展过程，提供事故后果。

（1）分析步骤

1）确定初始事件。初始事件一般指系统故障、设备失效、工艺异常、人的失误等，它们都是由事先设想或估计的。

2）判定安全功能。系统中包含许多能消除、预防、减弱初始事件影响的安全功能。

3）发展事件树和简化事件树。

4）分析事件树。找出事故连锁和最小割集；找出预防事故的途径。

5）事件树的定量分析。由各事件发生的概率计算系统事故或故障发生的概率。

（2）适用范围　事件树分析法是一种图解形式，层次清楚。可以看作是 FTA 的补充，可以将严重事故的动态发展过程全部揭示出来。ETA 的分析资料可作为直观的安全教育资料，也有助于推测类似事故的预防对策。在安全管理上用 ETA 对重大问题进行决策，具有其他方法所不具备的优势。当积累了大量事故资料时，可采用计算机模拟使 ETA 对事故的预测更为有效。

12.2.3　安全预评价

根据《中华人民共和国安全生产法》（中华人民共和国主席令第十三号）的有关规定，为加强生产经营单位新建、改建、扩建工程项目（矿山建设项目除外）安全设施"三同时"工作，规范建设项目安全预评价行为，确保安全评价的科学性、公正性和严肃性，国家安全生产监督管理局编制了《安全预评价导则》（AQ 8002—2007），要求各地认真遵照执行。

1. 安全预评价含义及原则

安全预评价是根据建设项目可行性研究报告内容，分析和预测该建设项目可能存在的危险、有害因素的种类和程度，提出合理可行的安全对策措施及建议。安全预评价应由具备国家规定资质的安全评价机构科学、公正和合法地自主开展，其目的是贯彻"安全第一，预防为主"方针，为建设项目初步设计提供科学依据，以利于提高建设项目本质安全程度。

2. 安全预评价内容及程序

安全预评价内容主要包括危险、有害因素识别、危险度评价和安全对策措施及建议。

安全预评价程序一般包括如下八个阶段。

（1）准备阶段　明确被评价对象和范围，进行现场调查和收集国内外相关法律法规、技术标准及建设项目资料。

（2）危险、有害因素识别与分析阶段　根据建设项目周边环境、生产工艺流程或场所的特点，识别和分析其潜在的危险、有害因素。

（3）确定安全预评价单元阶段　在识别和分析危险、有害因素的基础上，根据评价的需要，将建设项目分成若干个评价单元。划分评价单元的一般性原则：按生产工艺功能、生产设施设备相对空间位置、危险有害因素类别及事故范围划分评价单元，使评价单元相对独立，具有明显的特征界限。

（4）选择安全预评价方法阶段　根据被评价对象的特点，选择科学、合理、适用的定性、定量评价方法。

（5）定性、定量评价阶段　根据选择的评价方法，对危险、有害因素导致事故发生的可能性和严重程度进行定性、定量评价，以确定事故可能发生的部位、频次、严重程度的等级及相关结果，为制定安全对策措施提供科学依据。

（6）安全对策措施及建议阶段　根据定性、定量评价结果，提出消除或减弱危险、有害因素的技术和管理措施及建议。安全对策措施应包括以下几个方面：

1）总图布置和建筑方面的安全措施。

2）工艺和设备、装置方面的安全措施。

3）安全工程设计方面的对策措施。

4）安全管理方面的对策措施。

5）应采取的其他综合措施。

（7）安全预评价结论阶段　简要列出主要危险、有害因素的评价结果，指出建设项目应重点防范的重大危险、有害因素，明确应重视的重要安全对策措施，给出建设项目从安全生产角度是否符合国家有关法律、法规、技术标准的结论。

（8）编制安全预评价报告阶段　安全预评价报告应当包括以下重点内容：

1）概述。包括以下几点：

① 安全预评价依据有关安全预评价的法律、法规及技术标准，建设项目可行性研究报告等建设项目相关文件；安全预评价参考的其他资料。

② 建设单位简介。

③ 建设项目概况建设项目厂址选择、总图及平面布置、生产规模、工艺流程、主要设备、主要原材料、中间体、产品、经济技术指标、公用工程及辅助设施等。

2）生产工艺简介。

3）安全预评价方法和评价单元。

4）定性、定量评价及评价结果分析。

5）安全对策措施及建议。包括在可行性研究报告中提出的安全对策措施和补充的安全对策措施及建议。

6）安全预评价结论。

12.2.4 案例分析

评价对象：某市中芯国际集成电路制造有限公司。

评价单位：某市泰山安全科技有限公司。

1. 编制依据

1）中华人民共和国主席令第十三号《中华人民共和国安全生产法》。

2）劳动部令第10号《建设项目（工程）劳动安全卫生预评价管理办法》。

3）国家安监总局令第90号《建设项目职业病防护设施"三同时"监督管理办法》。

4）国家安监总局令第77号《建设项目安全设施"三同时"监督管理办法》。

5）《安全评价通则》（AQ 8001—2007）。

6）《安全验收评价导则》（AQ 8003—2007）。

7）该市安管局安监管字［2002］84号《安全评价管理办法》。

8）《电子工业职业安全卫生设计规定》（SJ/T 30002—1994）。

9）国家、地方、行业有关劳动安全的其他法规、规定、规范和标准。

2. 评价内容及范围

(1) 安全验收评价内容

1）检查建设项目中安全设施是否已与主体工程同时设计、同时施工、同时交付生产和使用；评价建设项目及与之配套的安全设施是否符合国家有关安全生产的法规、规定和技术标准。

2）从整体上评价建设项目的运行状态和安全管理是否正常、安全、可靠。

(2) 评价范围 根据该项目安全验收评价技术服务合同书的规定内容，经与建设单位商定，对该公司芯片生产厂房、化学品库、污水处理站以及变配电站、锅炉房、油库、空压站、冷冻站、水泵房的设备、设施进行劳动安全验收评价。

(3) 主要危险危害因素分析

1）物质的危险危害。芯片生产过程中使用多种化学物品，厂区内设有储存这些化学物品的化学品库，化学品种类达80种。按照《化学品分类和危险性公示通则》（GB 13690—2009）的规定，对常用危险化学品要按其主要危险特性进行分类，该项目中使用的危险化学品有压缩气体和液化气体，易燃液体、氧化剂、有毒品、腐蚀品等类别。这些物质的主要危险危害为：

① 有毒有害气体（如 AsH_3、PH_3、SiH_4、CO 等）如泄漏与空气混合遇明火易燃爆，有的可在空气中自燃，有的可致人中毒、冻伤、窒息直至死亡。

② 易燃液体（如丙酮、异丙醇等）若泄漏、挥发与空气混合形成爆炸气体，遇明火、热源可引发火灾爆炸。

③ 氧化剂（如过氧化氢等）若泄漏，与有机物还原剂、易燃物接触可引起火灾爆炸。

④ 腐蚀品（如酸类、碱类等）若泄漏，与人体接触可引起化学灼伤。

2）设备设施的固有危害。该公司的生产设备多且特种设备的种类、数量多。其中，电气设备有 110kV 和 10kV 变配电站的变压器、配电柜，以及各厂房内用电设备及控制系统；特种设备有燃气锅炉、空压设备、冷冻设备、压力容器及多种气瓶和厂内机动车辆；储存设备有储气罐、液氮罐、液氩罐、贮油设备、硫酸罐、氢氧化钠罐等。主要危险因素有：火灾爆炸、物理爆炸、触电危险、静电危害、高空坠落危险、车辆伤害、机械伤害、灼伤危险、噪声危害。

（4）评价方法的选取和评价单元的划分

1）评价方法的选取。结合该项目建设内容及实际安全验收评价内容，采用以下两种方法：安全检查表和专家现场询问观察法（邀请公司专业技术人员参加、配合）。

2）评价单元的划分。依据已确定的评价范围及建设内容，将评价单元划分如下：

① 总平面布置及常规安全防护设施安全评价单元。

② 生产工艺及危险化学品使用安全评价单元。

③ 化学品库安全评价单元。

④ 超纯水制备设施系统安全验收评价单元。

⑤ 锅炉房安全验收评价单元。

⑥ 油罐区、冷冻机房、空压站、水泵房安全评价单元。

⑦ 污水处理站安全评价单元。

⑧ 供配电安全评价单元。

⑨ 安全生产管理安全评价单元。

（5）评价结论 项目评价组依据国家、地方、行业相关安全法规、规范及标准，运用安全系统工程的理论及方法，对项目建设内容及安全管理进行了全面现场查验、查证及综合性安全评价，评价结论如下：

1）厂区总平面布置根据生产、工艺特点，按功能分区布置能够满足生产加工过程流程要求，建（构）筑物安全距离基本符合有关规定要求，厂区道路与主要建筑物轴线平行或垂直，主要生产区、库区、动力区的道路呈环形布置，能满足消防车畅通和回转的要求，厂区各种井、沟有盖板、平台、走台、钢梯等基本符合有关标准要求，但仍有一些问题应引起注意，需采取相应措施以消除可能导致事故发生的隐患。

2）该厂供配电系统能满足工艺要求，环境要求，电源及供电方案、配变电站（室）位置选择合理，设备先进，电气装置的布置、安全通道、安全净距符合要求，安全保护设施设置齐全，基本符合国家现行有关标准、规范要求，但需对尚存的问题认真整改。

3）110kV 总配变电站 20MVA 油浸变压器《35kV ~ 110kV 变电站设计规范》（GB 50059—2011）第 5.0.4 条规定：应同时设置防火墙，为安全起见建议后期按规范规定补建。

4)"电业安全工作规程"DL408-91第11条规定：室内高压设备且有安全措施者，可由单人值班。该公司110kV配变电站为室外露天站设备无遮拦，这与单人值班条件不符，且单人值班不是坐班制而是巡查制，一旦突发事故很可能因无人值班延误处理或使事故扩大，因此建议安排两人值班。此外要重视防范人的不安全因素，提高安全意识，严格安全管理，以保证供配电运行安全。

课后复习题

1. 简述项目环境影响评价的步骤和内容。
2. 环境影响评价的主要方法有哪些？
3. 建设项目环境保护的措施具体有哪些？
4. 建设项目环境评价有哪些经济效益指标？
5. 简述项目安全评价的原则。
6. 简述项目安全评价的主要内容。
7. 安全预评价的程序一般包括哪些？

13

项目的不确定性及风险分析

作为投资决策依据的技术经济分析是建立在分析人员对未来的事件所做的预测与判断基础上的。由于影响各种方案经济效果的宏观环境、资源条件、技术等因素未来的变化带有不确定性，加上预测所依据的历史数据的准确性以及预测方法本身的局限性，都会不可避免地使得方案经济效果评价中所使用的投资、成本、价格、产量等数据的估算和实际情况产生误差，从而给投资者和经营者带来风险。为了避免决策失误，需要了解各种外部条件发生变化对投资方案经济效果的影响程度，了解投资方案对各种条件变化的承受能力，以及各种因素可能变化的概率，掌握各种风险条件下正确的决策方法。项目的不确定性分析以及风险分析正是这种工作。工程项目的不确定性及风险分析，就是考察建设投资、经营成本、产品价格、销售量、项目生命期等因素变化对项目的盈亏以及重要的经济指标所产生的影响，影响越强烈，表明项目方案对这些因素越敏感，决策者和经营者就要对这些敏感因素予以充分地重视。工程项目不确定性分析包括盈亏平衡分析和敏感性分析。风险分析主要涉及以概率为基础的风险估计和风险决策。盈亏平衡分析只适用于财务评价，敏感性分析和风险分析可同时用于财务评价和国民经济评价。

13.1 盈亏平衡分析

13.1.1 盈亏平衡分析概述

盈亏平衡分析（Break-Even Analysis）是指在一定市场、生产能力和经营管理条件下，根据方案的成本与收益相平衡的原则确定方案产量、成本与利润之间变化与平衡关系的方法。当项目方案的收益与成本相等时，即盈利与亏损的转折点，就是盈亏平衡点（Break Even Point，BEP）。盈亏平衡分析就是要找出方案的盈亏平衡点，可以以产量、价格、单位可变成本等表示。盈亏平衡点与额定量相差越远，说明方案盈利的可能性越大，抗风险能力越强。由于盈亏平衡分析是分析产量、成本和利润之间的关系，因此也称为量本利分析。

盈亏平衡分析建立在以下假设条件的基础上：

1）所采取的数据是投资方案在正常生产年份内所达到设计生产能力时的数据，不考虑资金的时间价值及其他因素。

2）产品品种结构稳定，否则，随着产品品种结构变化，收益和成本会相应变化，从而使得盈亏平衡点处于不断变化之中，难以进行盈亏平衡分析。

3）在盈亏平衡分析时，假定生产量等于销售量，即产销平衡。

根据生产成本、销售收入与产量（销量）之间是否呈线性关系，盈亏平衡分析可以分为线性盈亏平衡分析和非线性盈亏平衡分析。

13.1.2 线性盈亏平衡分析

1. 销售收入与产量的关系

线性盈亏平衡分析的前提是按照销售组织生产，生产数量即是销售数量。由于销售价格不变，销售收入与产量之间的关系为：

$$TR = PQ$$

式中 TR——销售收入；

　　P——单位产品价格；

　　Q——产品销售量。

2. 成本与产量的关系

项目投产后，总成本费用可以分为固定成本和变动成本两部分。固定成本是指在一定的生产规模限度内不随产量的变动而变动的费用，变动成本（可变成本）是指随产品产量的变动而变动的费用。变动成本总额中的大部分与产品产量成正比例关系。也有一部分变动成本与产品产量不成正比例关系，如与生产批量有关的某些消耗性材料费用，工夹、模具费及运输费等，这部分变动成本随产量变动的规律一般是呈阶梯状曲线，通常称这部分变动成本为半变动成本。由于半变动成本通常在总成本费用中所占比例很小，在经济分析中一般可以近似地认为它也与产品产量成正比例关系。

总成本费用是固定成本与变动成本之和，与产量的关系可以近似认为是线性关系，即

$$TC = F + C_v Q$$

式中 TC——总成本费用；

　　F——固定成本；

　　C_v——单位可变成本。

3. 盈亏平衡点的确定

（1）基本公式　年利润方程的计算公式为：

$$B = TR - TC$$

当项目达到盈亏平衡状态时，年利润等于零，总成本费用等于总销售收入，即

$$TR = TC$$

综合销售收入与产量关系公式和成本与产量关系公式，如果以 Q_E 表示项目盈亏平衡点产量，则

$$PQ_E = F + C_v Q_E$$

$$Q_E = \frac{F}{P - C_v}$$

将综合销售收入与产量关系公式和成本与产量关系公式表示在同一坐标图上，就可以得出线性盈亏平衡分析图，如图13-1所示。

图13-1中，销售收入和总成本费用的交点即是盈亏平衡点。平衡点以下的销售收入和总成本费用围成的区域为亏损区，平衡点以上的销售收入和总成本费用围成的区域为盈

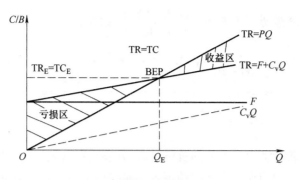

图 13-1　线性盈亏平衡分析图

利区。

如果将产品的销售税金考虑进来，假设 T 为单位产品销售税金，销售税金税率为 t，则：

$$PQ_E = F + C_v Q_E + T Q_E$$

得到

$$Q_E = \frac{F}{P - T - C_v} = \frac{F}{P(1 - t) - C_v}$$

（2）用产量表示的盈亏平衡点　　盈亏平衡点产量为：

$$Q_E = \frac{F}{P - C_v}$$

令 $K = \dfrac{C_v}{P}$，即变动成本率，其经济含义是每单位产品的销售收入中含有多少单位变动成本。K 越大，说明变动成本占销售收入的比重越大，表明产品的直接消耗越大，是项目经营中的不利因素。

若已知项目设计生产能力为 Q_g，盈亏平衡点产量为 Q_E，则盈亏平衡点能力利用率为：

$$\phi = \frac{Q_E}{Q_g} = \frac{F}{(P - C_v) Q_g} \times 100\%$$

盈亏平衡点能力利用率的经济含义是为使项目不致亏损的最低生产能力利用率，该值越小，说明占用越少的项目生产能力即可以达到盈亏平衡点，意味着该项目的风险越小。

（3）用单价表示的盈亏平衡点　　若按照设计能力进行生产和销售，则盈亏平衡销售单价为：

$$P_E = C_v + \frac{F}{Q_g}$$

【例 13-1】　某工业项目设计年生产能力为 100 万件，每件产品销售单价为 300 元，缴付的营业税金及附加为 100 元，单位可变成本为 120 元，年固定成本为 3000 万元，试求用产量表示的盈亏平衡点、盈亏平衡点的生产能力利用率、盈亏平衡点的单价。

解：根据盈亏平衡公式 $PQ_E = F + C_v Q_E + T Q_E$

$$300 Q_E = 3000 \times 10^4 + 120 Q_E + 100 Q_E$$

盈亏平衡点对应的产量 $Q_E = \dfrac{3000 \times 10^4 \text{元}}{(300 - 120 - 100) \text{元/个}} = 37.5 \times 10^4$ 个

$$盈亏平衡点的生产能力利用率\ \phi = \frac{37.5 \times 10^4\ 元}{100 \times 10^4\ 元} = 37.5\%$$

$$盈亏平衡点的单价 = \left(\frac{3000 \times 10^4}{100 \times 10^4} + 120 + 100\right) 元 = 250\ 元$$

13.1.3 非线性盈亏平衡分析

在实际的生产经营活动中，产品的价格受市场供求关系影响，产品数量增加导致供大于求，产品价格会降低，因而项目产品的销售收入曲线斜率会随着产销量的增加而变小，项目的销售收入与产品产量、价格呈非线性关系；在一定的生产规模条件下，产量发生变化或采用不同的加工工艺，导致原材料和工时消耗不同，则单位产品可变成本会发生变化；当产量超过生产能力范围时，就要增加大型设备和管理人员，这样固定成本也会增加。所以，项目的成本与产品产量也呈非线性关系。由于销售收入函数和成本函数均呈现非线性关系，用产量表示的盈亏平衡点可能出现一个以上，此时的盈亏平衡分析称为非线性盈亏平衡分析。

【例 13-2】 某项目建成后，产品售价为 60 元/件，年固定成本为 6 万元，单位产品变动成本为 25 元，由于原材料的批量采购，并且随产量的增大、采购费用节约、劳动工时下降等因素，单位产品可变成本会随着产量的增加而递减 0.001 元/件；产品销量每增加一件，售价平均下降 0.003 元/件。求盈亏平衡点以及最大利润时的销售量以及销售额。

解：（1）单位产品可变成本 $C_v = 25 - 0.001Q$

总成本 $TC(Q) = 60000 + (25 - 0.001Q)Q = 60000 + 25Q - 0.001Q^2$

单位产品售价 $P = 60 - 0.003Q$

销售收入 $TR(Q) = (60 - 0.003Q)Q = 60Q - 0.003Q^2$

因为 $TR(Q) = TC(Q)$

所以 $60Q - 0.003Q^2 = 60000 + 25Q - 0.001Q^2$

化简 $60000 - 35Q + 0.002Q^2 = 0$

计算得到 $Q_1 = 1926$ 件/年；$Q_2 = 15574$ 件/年

（2）利润 = 销售收入 - 总成本

$E(Q) = 60Q - 0.003Q^2 - (60000 + 25Q - 0.001Q^2)$

$E(Q) = -0.002Q^2 + 35Q + 60000$

令 $\dfrac{\mathrm{d}E}{\mathrm{d}Q} = -0.004Q + 35$

$\dfrac{\mathrm{d}^2E}{\mathrm{d}Q^2} = -0.004 < 0$

所以 $E(Q)$ 存在极大值，有 $-0.004Q + 35 = 0$

销售量 $Q = 8750$ 件/年

销售收入 $TR(Q) = (60 - 0.003Q)Q = (60 - 0.003 \times 8750) \times 8750\ 元 = 295312\ 元$

盈亏平衡点及最大利润时的销售量为 8750 件/年，销售收入为 295312 元。

13.1.4 互斥方案盈亏平衡分析

在需要对若干个互斥方案进行比选的情况下，如果有某一个共有的不确定因素影响这些方案的取舍，则可以先求出每个方案的盈亏平衡点，再根据盈亏平衡点进行方案取舍。

【例13-3】 某拟建工程项目，有三个技术方案可以选择，每一种方案的产品单价、成本数据见表13-1，试比较三个方案。

表13-1 三个技术方案数据 （单位：元）

技术方案	产品单价	固定成本	单位可变成本
A	50	30×10^4	20
B	60	40×10^4	22
C	70	50×10^4	25

解：设 Q 为预计产量，各方案的收益方程为：

$E_A = 50Q - 30 \times 10^4 - 20Q = 30Q - 30 \times 10^4$，当 $Q_A = 1 \times 10^4$，$E_A = 0$

$E_B = 60Q - 40 \times 10^4 - 22Q = 38Q - 40 \times 10^4$，当 $Q_B = 1.05 \times 10^4$，$E_B = 0$

$E_C = 70Q - 50 \times 10^4 - 25Q = 45Q - 50 \times 10^4$，当 $Q_C = 11.11 \times 10^4$，$E_C = 0$

令 $E_A = E_B$，有 $8Q_{AB} = 10 \times 10^4$，$Q_{AB} = 1.25 \times 10^4$ 件

令 $E_B = E_C$，有 $7Q_{BC} = 10 \times 10^4$，$Q_{BC} = 1.42 \times 10^4$ 件

令 $E_A = E_C$，有 $15Q_{AC} = 20 \times 10^4$，$Q_{AC} = 1.33 \times 10^4$ 件

以横轴表示产量，纵轴表示收益，绘出盈亏平衡图，如图13-2 所示。

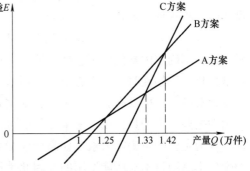

从图中可以看出，当产量小于 1×10^4 时，三个方案都不能选择，当产量为 1×10^4 ~ 1.25×10^4 件时，可以选择 A 方案，当产量为 1.25×10^4 ~ 1.42×10^4 件时，可以选择 B 方案，产量超过 1.42×10^4 件时，可以选择 C 方案。决策时可以结合市场预测结果及投资条件进行方案取舍。

图13-2 多方案比选盈亏平衡图

13.2 敏感性分析

13.2.1 敏感性分析基本原理

盈亏平衡分析不考虑资金的时间价值，只能粗略判断项目方案的风险。敏感性分析是在确定性分析的基础上，通过进一步分析、预测项目主要不确定因素的变化对项目评价指标（如内部收益率、净现值等）的影响，从中找出敏感因素，确定评价指标对该因素的敏感程度和项目对其变化的承受能力。

进行敏感性分析可提高对建设项目经济效果评价的准确性和可靠性。通过敏感性分析，可研究相关因素的变动引起经济效果评价指标的变动幅度，区别不同项目方案的敏感性大小，以便选取敏感性小的方案，减小项目的风险性。

敏感性分析的程序如下：

1. 确定敏感性分析指标

敏感性分析指标就是指敏感性分析的具体对象。常用的敏感性分析指标有投资回收期、内部收益率、投资利润率、净现值等。各种经济效果指标都有其特定的含义，分析、评价经济效果指标所反映的问题也有所不同。对于某一个特定方案的经济分析而言，不可能也不需要运用所有的经济效果指标作为敏感性分析的指标，而是应该根据方案的资金来源和业主需求等的特点，选择1~2种指标进行分析。

确定敏感性分析指标可以遵循以下两个原则：第一，与经济效果评价指标具有的特定含义有关。如果主要分析方案状态和参数变化对方案投资回收快慢的影响，则可选用投资回收期作为分析指标；如果主要分析产品价格波动对方案超额净收益的影响，则可选用净现值作为分析指标；如果主要分析投资大小对方案资金回收能力的影响，则可选用内部收益率指标等。第二，与方案评价的要求深度和方案的特点有关。如果在方案机会研究阶段，深度要求不高，可选用静态的评价指标，如果是在详细可行性研究阶段，则应该选择动态的评价指标。

2. 选取不确定因素，设定其变化幅度和范围

不确定因素是指在预计的可能变化的范围内对经济效益指标值产生较强影响，或在确定性经济评价中对所用数据的准确性把握不大的因素。如产品销量、售价、经营成本、项目建设年限、折现率、投资额、汇率等。

在选择需要分析的不确定因素时，不可能也没有必要对全部不确定性因素逐个进行分析。选择不确定因素的原则包括：第一，选择的因素一定会影响分析指标。否则，当不确定因素变化一定幅度时，并没有引起分析指标变化，达不到敏感性分析的目的，例如，折现率的变化对静态指标没有影响。第二，根据方案的具体情况，选择在确定性分析中采用的预测准确性把握不大的数据或者未来变化的可能性较大、其变化会比较强烈地影响分析指标的数据，作为主要的不确定因素。如高档消费品，其销售受市场供应关系变化的影响较大，而这种变化不是项目本身所能控制的，因此销售量是主要的不确定性因素；生活必需品如果处于成熟阶段，产品售价直接影响其竞争力，能否以较低的价格销售，主要决定于方案的变动成本，因此变动成本就作为主要的不确定因素加以分析；对高能耗产品，燃料、动力等的价格是能源短缺地区投资方案或能源价格变动较大方案的主要不确定因素；如果项目建设借用外币，产品销售也使用外币结算，汇率的变化对分析指标的影响也要考虑在内。

选定了需要分析的不确定因素后，要结合项目的具体情况，根据各个不确定因素可能变动的范围，设定不确定因素的变化幅度，如5%、10%、15%等。

3. 计算不确定因素的变动对敏感性分析指标的影响程度

在固定其他变量因素的条件下，按预定的变化幅度变动某一个或者某几个不确定因素，计算经济指标值，在此基础上，测定不确定性因素与敏感性分析指标之间的对应数量关系，用图或表格表示。

4. 找出敏感因素

项目的敏感因素就是其数值变动对经济评价指标影响最强的不确定因素。判断敏感性因素的方法有以下两种：

（1）敏感度系数 敏感度系数（S_{AF}）是指项目评价指标变化率与不确定因素变化率之比，可按下式计算：

$$S_{AF} = \frac{\Delta A/A}{\Delta F/F}$$

式中 $\Delta F/F$——不确定性因素 F 的变化率；

$\Delta A/A$——不确定性因素 F 发生 ΔF 变化时，评价指标 A 的相应变化率。

（2）临界点 临界点是指不确定性因素的变化使项目由可行变为不可行的临界数值，比如令净现值为零或者内部收益率等于基准收益率，求出待分析的不确定因素的最大允许变动幅度，并与其事先设定的最可能出现的最大变动幅度相比。如果该因素可能出现的最大变动幅度超过其最大允许变动幅度，则说明该不确定因素是敏感性因素。

5. 综合评价，优选方案

根据确定性分析和敏感性分析的结果，综合评价并选择敏感程度小的方案。

13.2.2 单因素敏感性分析

敏感性分析可分为单因素敏感性分析和多因素敏感性分析两种。

单因素敏感性分析是对单一不确定因素变化的影响进行分析，即假设各不确定因素之间相互独立，每次只考察一个因素，其他因素保持不变，以分析这个不确定因素对经济评价指标的影响程度和敏感程度。单因素敏感性分析是敏感性分析的基本方法。

【例 13-4】 某项目现金流量表见表 13-2，针对净现值指标进行初始投资、年收入、年支出、残值这四个因素的敏感性分析。

表 13-2 项目现金流量表 （单位：万元）

参 数	初始投资	年 收 入	年 支 出	残 值	寿命（年）	贴现率（%）
估计值	17	4	0.5	1	10	10

解：按照初始估算值，计算净现值

$$NPV(10\%) = [-17 + (4 - 0.5)(P/A, 10\%, 10) + 1(P/F, 10\%, 10)] 万元$$
$$= 4.89 万元$$

各因素的变动范围分别取原估计值的 ±5%，10%，±20%，分别计算其变化后的净现值，敏感性分析计算表见表 13-3。

表 13-3 敏感性分析计算表 （单位：万元）

变动因素	−20%	−10%	−5%	0	5%	10%	20%
初始投资	8.29	6.59	5.74	4.89	4.04	3.19	1.49
年收入	−0.02	2.43	3.66	4.89	6.12	7.35	9.81
年支出	5.51	5.20	5.05	4.89	4.74	4.58	4.28
残值	4.81	4.85	4.87	4.89	4.91	4.93	4.97

根据表13-3，采用描点的方法画出敏感性分析图，如图13-3所示。从表13-3和图13-3可以看出，此项目的净现值对年收入和初始投资最敏感，对年支出和残值最不敏感。

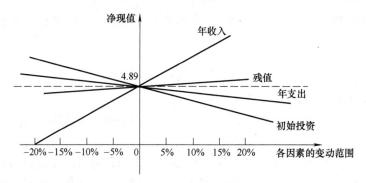

图13-3　敏感性分析图

根据敏感度系数也可以计算得出：

初始投资的敏感度系数：$\dfrac{\left|\dfrac{4.04-4.89}{4.89}\right|}{5\%}=\dfrac{17.38\%}{5\%}=3.48$

年收入的敏感度系数：$\dfrac{\left|\dfrac{6.12-4.89}{4.89}\right|}{5\%}=\dfrac{25.15\%}{5\%}=5.03$

年支出的敏感度系数：$\dfrac{\left|\dfrac{4.74-4.89}{4.89}\right|}{5\%}=\dfrac{3.07\%}{5\%}=0.61$

残值的敏感度系数：$\dfrac{\left|\dfrac{4.91-4.89}{4.89}\right|}{5\%}=\dfrac{0.613\%}{5\%}=0.08$

从敏感性系数来判断，净现值对年收入最敏感，其次是初始投资，对年支出和残值最不敏感。

进行单因素敏感性分析时，不确定性因素敏感性曲线为直线时，直线越陡，即斜率越大，则该因素的变动对经济指标的影响越大。

13.2.3　多因素敏感性分析

如果每次变动的不确定因素超过一个，则应进行多因素敏感性分析。多因素敏感性分析就是要考虑各种不确定因素可能发生的不同变化幅度的多种组合。多因素的组合关系有多种，分析起来非常困难，通常情况下，进行多因素敏感性分析时假定同时变动的因素是相互独立的。

【例13-5】　某项目有关数据同例13-4。假定不确定因素为初始投资和年收入，考虑它们同时变化，采用净现值指标对该项目进行敏感性分析；又假定初始投资、年收入和生命期都是不确定因素，采用净现值指标对该项目进行敏感性分析。

解：令 x 及 y 分别代表初始投资及年收入变化的百分比，则项目必须满足下式才可行。

$$NPV(10\%) = -17(1+x) + [4(1+y) - 0.5](P/A,10\%,10) +$$
$$1(P/F,10\%,10) = -17x + 24.5784y + 4.8916 \geqslant 0$$

直线方程 $-17x + 24.5784y + 4.8916 = 0$ 可以在坐标轴上表现出来，如图 13-4 所示。该直线与坐标轴的交点为：

$$x = 0, y = -19.9\%$$
$$y = 0, x = 28.77\%$$

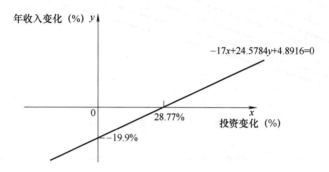

图 13-4　双因素敏感性分析图

在该临界线上，NPV = 0；在该临界线的左上方的区域，NPV ≥ 0；在临界线右下方的区域，NPV < 0。可以根据预测的投资允许变化幅度和年收入可能变化幅度来判断项目的风险。

如果生命期也同时作为不确定性因素存在，则需要分析这三个不确定性因素同时发生变化的敏感性。生命期可以取离散状态（$n = 5,6,7,8,9,10,11,12$）来研究三者同时变化时净现值的相应变化。令 NPV(n) 代表寿命为 n 的净现值，则方案必须满足下列不等式才可行。

$$NPV(5) = -17(1+x) + [4(1+y) - 0.5](P/A,10\%,5) + 1(P/F,10\%,5)$$
$$= -17x + 15.1631y - 3.1113 \geqslant 0$$
$$NPV(6) = -17(1+x) + [4(1+y) - 0.5](P/A,10\%,6) + 1(P/F,10\%,6)$$
$$= -17x + 17.4210y - 1.1921 \geqslant 0$$
$$NPV(7) = -17(1+x) + [4(1+y) - 0.5](P/A,10\%,7) + 1(P/F,10\%,7)$$
$$= -17x + 19.4737y + 0.5526 \geqslant 0$$
$$NPV(8) = -17(1+x) + [4(1+y) - 0.5](P/A,10\%,8) + 1(P/F,10\%,8)$$
$$= -17x + 21.3397y + 2.1387 \geqslant 0$$
$$NPV(9) = -17(1+x) + [4(1+y) - 0.5](P/A,10\%,9) + 1(P/F,10\%,9)$$
$$= -17x + 23.0361y + 3.5807 \geqslant 0$$
$$NPV(10) = -17(1+x) + [4(1+y) - 0.5](P/A,10\%,10) + 1(P/F,10\%,10)$$
$$= -17x + 24.5784y + 4.8916 \geqslant 0$$
$$NPV(11) = -17(1+x) + [4(1+y) - 0.5](P/A,10\%,11) + 1(P/F,10\%,11)$$
$$= -17x + 25.9802y + 6.0832 \geqslant 0$$
$$NPV(12) = -17(1+x) + [4(1+y) - 0.5](P/A,10\%,12) + 1(P/F,10\%,12)$$
$$= -17x + 27.2549y + 7.1666 \geqslant 0$$

根据上述不等式，可以得出一组 NPV = 0 的临界线，如图 13-5 所示。从图上可以看出，只要 $n \geqslant 7$，方案就具有一定的抗风险能力。

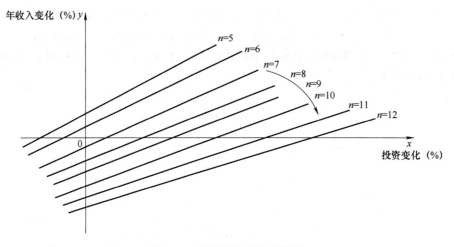

图 13-5   多因素敏感性分析图

13. 2. 4   敏感性分析的局限性

敏感性分析能够指明因素变动对项目经济效益的影响，从而有助于搞清项目对因素的不利变动所能容许的风险程度，有助于鉴别哪些是敏感性因素，从而能够及早放松对无足轻重的变动因素的注意力，把进一步深入调查研究的重点集中放在敏感性因素上，或者针对敏感性因素制定管理和应变对策，以达到尽量减少风险、增加决策可靠性的目的。

但是敏感性分析每次都是针对单一因素进行的，这里隐含着两个基本假设：一是计算某一特定因素变动的影响时，假定其他因素固定不变；二是假设各个不确定因素变动的概率都相同。实际上，许多因素的变动都存在着相关性，一个因素变动往往导致其他因素随之变动。例如，项目产品的售价和数量会相互影响，售价高很可能导致销售数量降低；项目的投资额也会影响项目产品的数量；汇率的变化受国际金融市场的影响；销售价格受市场供求关系的影响；投资额既与市场供求关系有关，又与投资者个人决策有关。因此，各种不确定因素变动的概率是不相同的。在一定的不利变动幅度内，若两个具有同样敏感度的因素，一个发生的概率很大，一个发生的概率很小，那么前一个因素带给项目的风险很大，后一个因素带给项目的风险很小，甚至可以忽略不计。这都说明敏感性分析的这两个假设并不符合实际情况，不能很好地测度项目的风险。为了克服敏感性分析的这一不足，可以在研究分析的基础上设定各个因素将来各自可能的变动范围，分析多因素联动的关系，根据历史数据，考虑各个因素变动的概率，多方面联合，共同判断项目的风险程度。

13.3 风险分析

13. 3. 1   风险的含义及风险程度等级的分类

1. 风险的含义

中华人民共和国国家标准《风险管理 术语》（GB/T 23694—2013）中关于风险的概念：

风险是不确定性对目标的影响。影响是指偏离预期，可以是正面的或负面的。目标可以是不同方面（如财务、健康与安全、环境等）和层面（如战略、组织、项目、产品和过程等）的目标。

风险有对项目目标的风险，也有对企业目标的风险。例如，美国项目管理协会（PMI）发布的项目管理知识体系（PMBOK）中认为风险是一种不确定的事件或条件，风险一旦发生会对至少一个项目的目标（如范围、进度、成本和质量）造成影响。国务院国有资产监督管理委员会在 2006 年发布《中央企业全面风险管理指引》中给出的风险的定义为企业风险，指未来的不确定性对企业实现其经营目标的影响。

项目风险源于项目中存在的不确定性。已知风险是指已经识别并分析过的风险，可对这些风险规划应对措施。对于那些已知但又无法主动管理的风险，要分配一定的应急储备。人们无法对未知风险进行主动管理，因此需要对其分配一定的管理储备。

组织把风险看作是不确定性给项目和组织目标造成的影响，基于不同的风险态度，组织和干系人愿意接受不同程度的风险。组织和干系人的风险态度受多种因素影响，这些因素大致分为三类：

1）风险偏好。为了预期的回报，一个实体愿意承受不确定性的程度。

2）风险承受力。组织或个人能承受的风险程度、数量或容量。

3）风险临界值。干系人特别关注的特定的不确定性程度或影响程度低于风险临界值时，组织会接受风险，高于风险临界值时，组织将不能承受风险。

2. 风险的分类

按照不同的标准，对项目风险可以做不同的分类：

（1）按风险的影响范围，分为总体风险和局部风险　总体风险是指那些存在于群体行为中的，其结果产生的影响范围涉及整个群体的风险。局部风险是指那些仅与某个特定个人行为相关的，其结果产生的影响范围也仅涉及有关特定个人的风险。

（2）按风险的后果，分为纯粹风险和投机风险　纯粹风险是指那些只能带来损失的风险，它往往由外部的不确定因素引起，如战乱、自然灾害、连带责任等。纯粹风险只有"造成损失"和"不造成损失"两种可能的后果，它总是和不幸、损失、威胁等联系在一起。投机风险是指那些既能带来损失又能带来利益的风险，如市场状况的变化、天气情况的变化等。投机风险有"造成损失""不造成损失"和"获得利益"三种可能的后果。

（3）按风险的来源，分为自然风险和人为风险　自然风险是指由于自然力的作用造成人员伤亡或财产毁损的风险，如洪水、地震、火灾等造成的损害。人为风险是指由于人们的活动所带来的风险，可以进一步细分为行为风险、经济风险、技术风险、政治风险和组织风险等。

（4）按风险的预警特性，分为无预警信息风险和有预警信息风险　无预警信息风险是指没有任何预警信息而突然爆发的风险，人们很难对这种风险进行事前预防，因为人们很难提前识别这种项目风险，只能在这种风险发生时采取急救措施来控制和减轻其产生的后果。例如，某些人力不可抗拒和人们尚未认识的风险。有预警信息风险是指风险的发生存在一定的渐进性和阶段性。风险的渐进性是指项目风险并不是突然爆发的，而是随着环境、条件变化和自身固有的规律逐渐产生、发展而形成的。

3. 风险程度等级的分类

风险一般用事件后果（包括情形的变化）和事件发生可能性的组合来表示。风险和概率影响矩阵是美国项目管理协会（PMI）给出的划分项目各风险等级的一种工具。PMBOK中给出了风险的消极影响定义的例子，用于评估风险对四个项目目标的影响，见表13-4。

表 13-4　风险对项目目标的影响量表

项 目 目 标	相对量表或数字量表				
	很低 0.05	低 0.10	中等 0.20	高 0.40	很高 0.80
成本	成本增加不显著	成本增加小于10%	成本增加10%~20%	成本增加20%~40%	成本增加大于40%
进度	进度拖延不显著	进度拖延小于5%	进度拖延5%~10%	进度拖延10%~20%	进度拖延大于20%
范围	范围减少微不足道	范围的次要方面受到影响	范围的主要方面受到影响	范围缩小到发起人不能接受	项目最终结果没有实际用途
质量	质量下降微不足道	仅要求极高的部分受到影响	质量下降需要发起人审批	质量降低到发起人不能接受	项目最终结果没有实际用途

（表头：风险对主要项目目标的影响量表（仅反映消极影响））

基于此标度以及风险概率和影响的各种组合，把风险划分为高、中、低三类，风险概率和影响矩阵见表13-5。按发生概率集和一旦发生所造成的影响，对每一个风险评级。在风险概率和影响矩阵中显示组织对低风险、中等风险与高风险所规定的临界值，根据这些临界值，把每个风险分别归入高风险（深灰色）、中等风险（白色）或低风险（浅灰色）。风险评级有助于指导风险应对。如果风险发生会对项目目标产生消极影响（即威胁），处于矩阵高风险区域，就可能需要采取优先措施和积极的应对策略。而对处于低风险区域的威胁，可能只需将之列入观察清单或为之增加应急储备，而不需采取积极管理措施。

表 13-5　风险概率和影响矩阵

概率	威　胁					机　会				
0.90	0.05	0.09	0.18	0.36	0.72	0.72	0.36	0.18	0.09	0.05
0.70	0.04	0.07	0.14	0.28	0.56	0.56	0.28	0.14	0.07	0.04
0.50	0.03	0.05	0.10	0.20	0.40	0.40	0.20	0.10	0.05	0.03
0.30	0.02	0.03	0.06	0.12	0.24	0.24	0.12	0.06	0.03	0.02
0.10	0.01	0.01	0.02	0.04	0.08	0.08	0.04	0.02	0.01	0.01
	0.05	0.10	0.20	0.40	0.80	0.80	0.40	0.20	0.10	0.05

注：深灰色表示高风险，浅灰色表示低风险，白色表示中等风险。

13.3.2　风险管理的流程

项目风险管理的目标在于提高项目积极事件的概率和影响，降低项目消极事件的概率和影响。要想取得成功，组织应该致力于在整个项目期间积极、持续地开展风险管理。在整个项目过程中，组织的各个层面都应该有意识地积极识别并有效管理风险。项目从启动的那一刻起就存在风险。在项目推进过程中，如果不积极进行风险管理，那些未得到管理的威胁将引发更多的问题。

不同的标准对风险管理流程有不同的规定，但其核心是项目从开始到结束都要进行的风险识别、风险分析、风险应对以及风险监控。

公认的风险管理的流程包括风险识别、风险分析和风险应对。

1. 风险识别

风险识别主要是指明确项目可能存在的风险及其产生的原因，描述这些风险的特征，并对这些风险进行归类的过程。

识别风险的首要工作是根据项目的总目标和项目风险管理计划制定识别风险工作的目标。不同的阶段，由于项目风险的侧重点不同，识别风险的目标也不同。随着项目进展，新的风险可能会出现，或已经识别的风险赖以存在的条件消失，此时需要展开新一轮风险识别工作，因此，识别风险不是一次性的活动，而是一个反复的过程，是项目全生命周期中要经常进行的工作。

识别风险可以从来源来识别，比如政治、经济、环境、管理、技术等方面，然后进一步细分；也可以从过程来进行识别，比如在启动、计划、实施、收尾过程中，每个过程出现的风险不同；还可以从不确定性结果的引起因素来识别，比如从成本超支、进度延期、质量不达标、干系人不满意方面追溯可能的原因。

识别风险的工具主要有风险检查表、假设分析法、SWOT 分析法、专家判断法等。

2. 风险分析

风险分析包括定性风险分析和定量风险分析。

定性风险分析是指通过分析和综合项目风险发生的概率、风险发生对项目目标的影响程度后，对已经识别的风险的优先级进行排序的工作。定性风险分析的工作对象是项目的单个风险，目的是强化对某一具体风险发生可能性及其影响后果的认识，关注优先度级别高的风险。定性风险分析的工具主要有风险概率与影响评估、概率影响矩阵、专家判断法。

定量风险分析是在定性风险分析的基础上，对排序在前、具有潜在重大影响的风险进行量化分析的工作。通过定量评价风险概率和影响程度，进一步综合分析项目风险的总体水平。实施定量风险分析的工具通常包括敏感性分析、概率分析、决策树法等。

3. 风险应对

进行风险分析之后有两种可能结果：一种是项目风险超过了项目干系人的容忍水平；另一种是项目风险在项目干系人可以接受的范围之内。对于前一种情况，如果项目风险极大地超过了项目干系人的容忍水平，且无论采取何种措施都无法避免可能发生的重大损失，那么就应该停止甚至取消该项目；如果项目风险接近项目干系人的容忍水平，则可以通过采取适当的应对措施来拯救项目，以避免或减弱项目风险所带来的损失。对于后一种情况，虽然项目风险在项目干系人可接受的风险水平内，但为了能够将由项目风险造成的损失控制在最小的范围内，也应该采取相应的措施加以应对。

（1）消极风险或威胁的应对策略　消极风险或威胁的应对策略主要有回避风险、转移风险、减轻风险和接受风险。

1）回避风险，是指放弃或者改变项目计划，以排除风险及其产生条件，使项目目标不受影响的一种风险应对技术。当项目的实施将要面临巨大的威胁，而项目管理组又没有其他的办法来应对风险时，项目风险管理团队就应当考虑是否放弃该项目，从而避免产生更多的人员伤亡和更大的财产损失。

当风险发生的概率比较高、影响程度比较严重，并且人们对风险的认识比较充分时，采用回避风险的方法会获得良好的效果；当采用其他风险应对方法的效果不理想时，也可以采用回避的方法。

对于自然灾害、经济危机等风险不能采用回避的方法。另外，在采取风险回避措施时，还应考虑到回避了一种风险可能要面对其他新的风险。

2) 转移风险，也可称为分担风险，其目的在于不降低风险发生概率的前提下，借助一定工具将一部分风险损失转移给项目的第三方。当项目风险发生的概率较小但导致的损失较大，而且项目团队很难应付这种风险时，采用转移风险的方法会获得较好的效果。

转移风险时，需要考虑风险分担的原则：风险分担者要获得与承担风险相匹配的利益；风险分担者要有能力控制和处理所承担的风险；项目团队要意识到转移风险要付出代价。

转移风险可以分为财务型风险转移和非财务型风险转移。

① 财务型风险转移，可以分为保险类风险转移和非保险类风险转移两种。

财务型保险类风险转移是转移风险最常用的一种方法，是指项目组向保险公司缴纳一定数额的保险费，通过签订保险合约来对冲风险，以投保的形式将风险转移到其他人身上。根据保险合约，项目风险事故一旦发生，保险公司将承担投保人由于风险所造成的损失，从而将风险转移给保险公司。在国际上，建设项目的业主不但自己为建设项目施工中的风险向保险公司投保，还要求承包商也向保险公司投保。

财务型非保险类风险转移是指通过商业上的合作伙伴，例如，通过银行以贸易信贷的形式或其他的方法将风险转移至商业上的伙伴，担保就是一种常用的财务型非保险类风险转移方式。在项目管理中，担保是指银行、保险公司或其他非银行金融机构为项目风险负间接责任的一种承诺。例如，建设项目施工承包商请银行、保险公司或其他非银行金融机构向项目业主承诺为承包商在投标、履行合同、归还预付款、工程维修中的债务、违约或失误负间接责任。当然为了取得这种承诺，承包商要付出一定的代价，但是这种代价最终由项目业主承担。在得到这种承诺之后，项目业主就把由于承包商行为的不确定性带来的风险转移到了出具保证书或保函者，即银行、保险公司或其他非银行金融机构身上。

② 非财务型风险转移，是指将项目有关的物业或项目转移给第三方，或者以合同的形式把风险转移到其他人身上，同时也能够保留会产生风险的物业或项目。外包是一种很好的非财务型风险转移策略。在信息技术领域，外包日益流行，外包可以使不同国家的工程师享受不同的工资和福利待遇，同时还可以转移高昂的高技术员工管理费风险。

3) 减轻风险，是通过缓和或预知等手段来降低风险发生的可能性或减缓风险带来的不利后果以达到减轻风险的目的。减轻风险策略的有效性很大程度上取决于风险是已知风险、可预测风险还是不可预测风险。

对已知风险，项目管理组可以在很大程度上加以控制，可以动用项目现有资源降低风险的严重后果和风险发生的频率。例如，可以通过压缩关键工序时间、加班或采取"快速跟进"来减轻项目进度风险。

可预测风险和不可预测风险是项目管理组织很少或不能控制的风险，有必要采取迂回策略，将每个风险都减小到项目干系人能够接受的水平上。在决定开发一个新产品之前，应先进行市场调查（如市场容量、市场前景、现有同类或其他相关产品信息等），了解顾客使用需求、偏好及价格倾向等，在这样基础上提出的项目才有较大的成功机会。实施风险减轻策略时，最好将项目每个具体风险都减轻到可接受的水平。项目中各个风险水平降低了，项目失败概率就会减少，成功概率就会增加。

4）接受风险，是指风险自留，项目团队自己承担风险导致的所有后果。接受风险有主动和被动之分。主动接受风险是在风险管理规划阶段已经对一些风险有了准备，所以当风险事件发生时马上执行应急计划。被动接受风险，即当风险实际发生时，不采取任何措施，只是接受风险损失最小的方案。

接受风险策略适用于：那些发生概率小且后果不很严重的风险；当采用其他的风险应对方法产生的成本大于不采用风险应对措施所造成的损失时，应采用风险接受的方法。

（2）积极风险的应对策略　主要有利用风险、分享风险和促进风险三种。

① 利用风险，其目的在于消除与某个特定积极风险相关的不确定性。当项目组织为了确保机会实现时，就可以对具有积极影响的风险采用该策略。比如分配更多的资源来保证项目在较短的时间内完成目标或超预期高质量实现目标；采用全新或改进的技术来节约成本，缩短实现项目目标的持续时间。

② 分享风险，是指将应对机会的部分或全部责任分配给最能为项目带来利益的另一方，通过建立风险合作关系来实现项目风险向项目机会的转变。如建立合作企业、动态联盟组织等。

③ 促进风险，是指通过提高机会的发生概率或积极影响，最大限度地激发对项目有力的机会，促进项目有利机会的发生概率，强化风险触发条件，提高项目的成功机会，为项目成功带来积极影响。

4. 风险控制

风险控制是指在项目整个生命期间，根据风险管理计划，对项目进程中的风险事件实施的控制活动过程。包括追踪已经识别的风险、观察清单中的风险、重新分析现有风险、监测应急计划的触发条件、监测残余风险、审查风险应对策略的实施并评估其效力等互动。

控制风险过程需要基于项目执行中采集的工作绩效数据，实施风险登记册中所列的风险应对措施，持续监督项目工作，及时发现新风险、过时风险和风险的变化，不断优化风险应对措施。

13.3.3　概率分析

进行决策需要考虑风险，估计风险不仅要考虑损失或负偏离发生的大小、范围以及造成的影响程度，还要综合考虑发生损失或负偏离的可能性大小，也就是概率。概率分析就是对不确定因素发生变动的可能性及其对方案经济效益的影响进行评价的方法，其基本原理是假设不确定因素是服从某种概率分布的随机变量，因而方案经济效益作为不确定性因素的函数必然是一个随机变量。通过研究和分析这些不确定性因素的变化规律及其与方案经济效益的关系，可以全面了解技术方案的不确定性和风险，从而为决策者提供更可靠的依据。

1. 期望值和标准差分析

在概率计算中，期望值是以一个概率分布中相应概率为权数计算的各个可能值的加权平均值。投资方案经济效益的期望值是指参数在一定概率分布条件下，投资效果所能达到的加权平均值。当方案经济效益指标的期望值达到某种标准时，如 $E(\text{NPV}) \geq 0$ 或 $E(\text{IRR}) \geq i_0$，则方案可行。一般情况下，进行多方案比较时，效益类指标的期望值越大越好，费用类指标的期望值越小越好。

期望值表达的是均值的概念。如果概率分布越集中，则经济效益期望值实现的可能性就越大，风险程度就越小，所以，还需要考察方案的经济效益概率的离散程度。标准差反映的是一个随机变量实际值与其期望值偏离程度的指标，这种偏离程度可作为度量方案风险与不确定性的一种尺度，标准差越大，表示随机变量可能变动的范围越大，不确定性与风险也越大。在两个期望值相同的方案中，标准差大的方案意味着经济效益存在的风险大。

（1）离散概率分布　当变量可能数量为有限个时，这种随机变量称为离散随机变量，其概率密度为间断函数，在此分布下指标期望值 $E(x)$ 的一般表达式为：

$$E(x) = \sum_{i=1}^{n} x_i P_i$$

式中　$E(x)$——变量的期望值；

$\quad\quad\;\; x_i$——变量 x 的第 i 个值 $(i=1, 2, 3, \cdots, n)$；

$\quad\quad\;\; P_i$——变量 x_i 的概率。

指标的方差 $D(x)$ 为：

$$D(x) = \sigma^2 = \sum_{i=1}^{n} P_i [x_i - E(x)]^2$$

指标的均方差（或标准差）σ 为 $\sqrt{D(x)}$。

【例 13-6】　某工程项目净现值为随机变量，其离散概率分布见表 13-6，求该净现值的期望值和方差。

表 13-6　某工程项目净现值离散概率分布　　　　　　（单位：万元）

净现值的可能状态	1050	1650	1950	2450
概率分布 P	0.2	0.5	0.2	0.1

解：该净现值的期望值：

$$E(x) = (0.2 \times 1050 + 0.5 \times 1650 + 0.2 \times 1950 + 0.1 \times 2450) 万元$$
$$= 1670 \, 万元$$

净现值的方差：

$$D(x) = [0.2 \times (1050 - 1670)^2 + 0.5 \times (1650 - 1670)^2 + 0.2 \times (1950 - 1670)^2 +$$
$$0.1 \times (2450 - 1670)^2] 万元 = 153600 \, 万元$$

净现值的均方差：

$$\sigma = \sqrt{D(x)} = \sqrt{153600} 万元 = 392 \, 万元$$

（2）连续概率分布　当一个变量的取值范围为一个区间时，这种变量称为连续变量，其概率密度为连续函数。常用的连续概率分布有正态分布、三角分布、梯形分布、均匀分布等。

正态分布是一种最常用的概率分布，特点是密度函数以均值为中心对称分布。正态分布适用于描述一般经济变量的概率分布，如销售量、售价、产品成本等。

设变量为 x，x 的正态分布概率密度函数为 $p(x)$，x 的期望值 $\bar{x}$ 和方差 D 计算公式如下：

$$\bar{x} = \int xp(x)\,\mathrm{d}x$$

$$D = \int_{-\infty}^{+\infty}(x - \bar{x})^2 p(x)\,\mathrm{d}x$$

当 $\bar{x} = 0$、$\sqrt{D} = 1$ 时，称这种分布为标准正态分布，用 $N(0,1)$ 表示。

2. 概率树分析

工程经济学中通常以评价指标作为风险的判别标准。

如果是内部收益率指标，则项目财务（经济）内部收益率大于等于基准收益率（社会折现率）的累计概率越大，风险越小；标准差越小，风险越小。

如果是净现值指标，则项目的财务（经济）净现值非负的累计概率值越大，风险越小；标准差越小，风险越小。

以方案的净现值为例，概率树分析的一般步骤是：

1）列出要考虑的各种风险因素，如投资、经营成本、销售价格等。

2）设想各种风险因素可能发生的状态，确定其数值发生变化个数。

3）分别确定各种状态可能出现的概率，并使可能发生状态概率之和等于 0。

4）分别求出各种因素发生变化时，方案净现金流量各状态发生的概率和相应状态下的净现值。

5）求出方案净现值的期望值（均值）$E(\mathrm{NPV})$：

$$E(\mathrm{NPV}) = \sum_{i=1}^{k} \mathrm{NPV}_j P_j$$

式中　$E(\mathrm{NPV})$——净现值的期望值；

　　　　k——可能出现的状态数（$i = 1,2,3,\cdots,k$）；

　　　　P_j——第 j 种状态出现的概率。

6）求出方案净现值非负的累计概率。

7）对概率分析结果进行说明。

【例 13-7】　某项目现金流量估计值见表 13-7。根据经验推断，投资和营业收入为离散随机变量，不确定性因素变化的范围见表 13-8。计算该项目净现值的期望值，并计算该项目净现值非负的概率。基准收益率为 10%。

表 13-7　现金流量估计值　　　　　　　　　　（单位：万元）

参　数	投　资	营业收入	生产成本	残　值	寿　命
估计值	5000	1000	100	100	10

表 13-8　不确定性因素变化的范围

变动幅度 　概率 风险因素	−20%	0	+20%
投资	0.5	0.4	0.1
营业收入	0.4	0.5	0.1

解：

（1）项目净现金流量未来可能发生的九种状态见表13-9。

（2）分别计算项目净现金流量各种状态的概率 $P_j(j=1,2,3,\cdots,9)$

$P_1=0.5\times0.4=0.2$；$P_2=0.5\times0.5=0.25$；$P_3=0.5\times0.1=0.05$

其余类推。结果见表13-7。

（3）分别计算项目各状态下的净现值 $NPV_j(j=1,2,3,\cdots,9)$

$$NPV_1=\{-5000(1-20\%)+[1000(1-20\%)-100](P/A,10\%,10)+$$
$$100(P/F,10\%,10)\}万元=339.77万元$$

其余类推。结果见表13-9。

表13-9 计算结果　　　　　　　　　　　　（单位：万元）

名称	投资状态概率	收入状态概率	可能状态	状态概率 P_j	NPV_j	$P_j \cdot NPV_j$
项目估算状态	0.5	0.4	1	0.2	339.77	67.95
		0.5	2	0.25	1568.69	392.17
		0.1	3	0.05	2797.61	139.88
	0.4	0.4	4	0.16	-660.23	-105.64
		0.5	5	0.2	568.69	113.74
		0.1	6	0.04	1797.61	71.90
	0.1	0.4	7	0.04	-1660.23	-66.41
		0.5	8	0.05	-431.31	-21.57
		0.1	9	0.01	797.61	7.98
合计	—	—	—	1.00	—	600.01

（4）计算项目净现值的期望值

$$E(NPV)=[0.2\times339.77+0.25\times1568.69+0.05\times2797.61+0.16\times$$
$$(-660.23)+0.2\times568.69+0.04\times1797.61+0.04\times$$
$$(-1660.23)+0.05\times(-431.31)+0.01\times797.61]万元=600.01万元$$

（5）项目净现值非负的概率

$$P(NPV\geq0)=1-0.16-0.04-0.05=0.75$$

该项目净现值的期望值大于零，是可行的。净现值非负的概率也比较大，说明风险性不大，还要结合投资人的风险态度进行决策。

3. 与风险态度有关的决策分析

人是决策中的主体，在风险条件下，决策行为取决于决策者的风险态度，对同一风险决策问题，风险态度不同的人决策的结果通常会有较大的差异。典型的风险态度有三种表现形式：风险厌恶、风险中性和风险偏爱。与风险态度相对应，风险决策人可以有以下决策准则：满意度准则、期望值准则、最小方差准则和期望方差准则。

（1）满意度准则　在工程实践中，由于人本身的"有限理性"以及项目发展的不确定性，追求"最优的"决策意味着要耗费巨额的成本。因此，在实践中只能遵循满意度准则。满意度准则既可以是决策人想要达到的收益水平，也可以是决策人希望避免的损失水平，对风险厌恶或者风险偏好型决策人都适用。

（2）**期望值准则**　期望值准则是根据各备选方案指标损益值的期望值大小进行决策。如果指标为越大越好的损益值，则应选择期望值最大的方案；如果指标为越小越好的损益值，则应选择期望值最小的方案。期望值准则隐含了风险中性的假设，适用于风险中性型决策人。

（3）**最小方差准则**　通常来说，方案指标值的方差越大，则方案的风险性越大。所以，风险厌恶型决策人可以采用最小方差准则选择方差小、因而风险也小的方案。这是一种避免最大损失而不是追求最大收益的准则，具有保守的特点。

（4）**期望值方差准则**　期望值方差准则是将期望值和方差通过风险厌恶系数 A 化为一个标准 Q 来决策的准则，其计算公式为：

$$Q = \bar{x} - A\sqrt{D}$$

其中风险厌恶系数 A 的取值范围为 $0 \sim 1$，厌恶风险取值越大。通过风险厌恶系数 A 的取值范围的调整，可以使 Q 值适用于任何风险偏好型决策人。

13.3.4　案例分析

某公司拟生产某种产品，根据技术预测与市场预测，该产品可行销10年，有三种可能的市场前景，见表13-10。

表13-10　产品市场前景及其概率

产品市场状态	10年内销路一直很好	10年内销路一直不好	第1～2年销路好，第3～10年销路不好
对应状态的概率	$P_1 = 0.6$	$P_2 = 0.3$	$P_3 = 0.1$

公司目前需要做出的决策是建一个大厂还是建一个小厂：如果建大厂，需投资18000万元；如果建小厂，需投资6800万元，两年后可根据市场情况再决定是否扩建，如果扩建小厂需再投资13000万元。不同情况下每年的净收益见表13-11。

表13-11　不同情况下每年的净收益　　　　　　　　（单位：万元）

方　案		$P_1 = 0.6$		$P_2 = 0.3$		$P_3 = 0.1$	
		第1～2年	第3～10年	第1～2年	第3～10年	第1～2年	第3～10年
建大厂		4500	4500	2300	2300	4500	2400
建小厂	两年后扩建	1400	4200	—	—	1400	2300
	不扩建	1400	1400	800	800	1400	800

已知基准收益率 $i_c = 10\%$，试选择方案。

解：（1）**画出决策树**　根据以上数据可以构造如图13-6所示的决策树。

图13-6所示的决策树上有两个决策点：D_1 为一级决策点，表示目前所要做的决策，备选方案有两个，即建大厂和建小厂；D_2 为二级决策点，表示在目前建小厂的前提下两年后所要做的决策，备选方案也有两个，即扩建和不扩建。

（2）**确定各种状态的发生概率**　本例中三种市场前景可以看作是四个独立事件的组合，这四个独立事件是：第1～2年销路好 b_1；第3～10年销路好 b_2；第1～2年销路不好 w_1；第3～10年销路不好 w_2。决策树上各种状态的发生概率分别为：

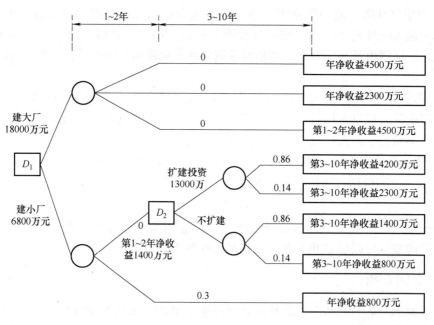

图 13-6　决策树结构图

1）建大厂：

10 年内销路一直很好的概率 $P(b_1 b_2) = P_1 = 0.6$

10 年内销路一直不好的概率 $P(w_1 w_2) = P_2 = 0.3$

前 2 年销路好，后 8 年销路不好的概率 $P(b_1 w_2) = P_3 = 0.1$

2）建小厂：

第 1~2 年销路好的概率 $P(b_1) = P(b_1 b_2) + P(b_1 w_2) = 0.6 + 0.1 = 0.7$

第 1~2 年销路好，第 3~10 年销路好的概率 $P(b_2/b_1) = P(b_1 b_2)/P(b_1) = 0.6/0.7 = 0.86$

第 1~2 年销路好，第 3~10 年销路不好的概率 $P(w_2/b_1) = P(b_1 w_2)/P(b_1) = 0.1/0.7 = 0.14$

10 年内销路一直不好的概率 $P(w_1 w_2) = P_2 = 0.3$

（3）计算各备选方案的净现值　本例是一个两阶段风险决策问题。利用决策树进行多阶段风险分析要从最末一级决策点开始。

1）第二级决策点各备选方案净现值的期望值。

① 扩建方案净现值的期望值（以第 2 年末为基准年）：

$E(\mathrm{NPV})_{扩} = [4200 \times (P/A, 10\%, 8) \times 0.86 + 2300 \times (P/A, 10\%, 8) \times 0.14 - 13000]$ 万元 $= 7987.89$ 万元

② 不扩建方案净现值的期望值（以第 2 年末为基准年）：

$E(\mathrm{NPV})_{不扩} = [1400 \times (P/A, 10\%, 8) \times 0.86 + 800 \times (P/A, 10\%, 8) \times 0.14]$ 万元 $= 7020.86$ 万元

由于 $E(\mathrm{NPV})_{扩} > E(\mathrm{NPV})_{不扩} > 0$，根据期望值原则，在第二级决策点 D_2 应选择扩建方案。

2）第一级决策点各备选方案净现值的期望值。用扩建方案净现值的期望值 $E(\mathrm{NPV})_{扩建}$ 代替第二级决策点进行计算。

① 建大厂方案净现值的期望值（以第 0 年末为基准年）：

$E(\mathrm{NPV})_{大} = \{4500 \times (P/A, 10\%, 10) \times 0.6 + 2300 \times (P/A, 10\%, 10) \times 0.3 + [4500 \times$

$(P/A,10\%,2)+2400\times(P/A,10\%,8)\times(P/F,10\%,2)]\times0.1-18000\}$ 万元 $=5162.034$ 万元

② 建小厂方案净现值的期望值（以第 0 年末为基准年）：

$E(NPV)_{小}=\{[7987.89\times(P/F,10\%,2)+1400\times(P/A,10\%,2)]\times0.7+800\times(P/A,10\%,10)\times0.3-6800\}$ 万元 $=3141.823$ 万元

$E(NPV)_{大}>0$，$E(NPV)_{小}>0$，由于 $E(NPV)_{大}>E(NPV)_{小}$，故应选择建大厂方案。

课后复习题

1. 盈亏平衡分析的基本原理是什么？

2. 敏感性分析的目的是什么？有哪些步骤？

3. 概率分析的基本原理是什么？

4. 某项目设计年生产量为 5000 件，估计销售价格为 60 元，固定成本为 60000 元，每件产品可变成本为 30 元，求项目的最大可能盈利、项目的盈亏平衡点及年利润为 3 万元时的产量。

5. 某投资项目主要经济参数估计值为：投资 9 万元，年收入为 3 万元，年支出为 1 万元，寿命为 10 年，期末无残值回收，投资收益率为 15%。试计算：

(1) 内部收益率指标对年收入变化的敏感性分析。

(2) 投资、年收入、寿命同时变化对净现值指标的敏感性分析。

6. 某项目需要投资 25 万元，预计寿命为 10 年，残值为 0，预计因为市场变化，每年的净收入可能呈现出三种状态：5 万元（$p=0.3$）；6 万元（$p=0.5$）；7 万元（$p=0.2$）。如果折现率为 10%，请根据以上数据计算该项目的期望值和标准差。

参 考 文 献

[1]《投资项目可行性研究指南》编写组．投资项目可行性研究指南［M］．北京：中国电力出版
   社，2002.

[2] 夏普，亚历山大，贝利．投资学［M］．赵锡军，龙永红，译．5 版．北京：中国人民大学出版
   社，2013.

[3] 陈迪，张颢文，李微．孟州市小型农田水利项目建设必要性和可行性分析［J］．河南水利与南水北
   调，2017，46（9）：20-21.

[4] 马立强，温国锋．投资项目评价与决策［M］．成都：西南交通大学出版社，2014.

[5] 王立国．项目评估理论与实务［M］．北京：首都经济贸易大学出版社，2006.

[6] 王立国．投资项目决策前沿问题研究［M］．大连：东北财经大学出版社，2009.

[7] 陆宁，史玉芳．建设项目评价［M］．北京：化学工业出版社，2009.

[8] 王勇，方志达．项目可行性研究与评估［M］．北京：中国建筑工业出版社，2004.

[9] 李开孟，徐成彬．企业投资项目可行性研究与核准申请［M］．北京：冶金工业出版社，2007.

[10] 化学工业出版社．咨询工程师（投资）手册［M］．北京：化学工业出版社，2010.

[11] 成其谦．投资项目评价［M］．3 版．北京：中国人民大学出版社，2010.

[12] 简德三．投资项目评估［M］．2 版．上海：上海财经大学出版社，2009.

[13] 王勇．投资项目可行性分析：理论精要与案例解析［M］．3 版．北京：电子工业出版社，2017.

[14] 刘林．项目投融资管理与决策［M］．北京：机械工业出版社，2009.

[15] 陈进，王永祥．建设项目经济分析［M］．上海：同济大学出版社，2009.

[16] 徐强，董正信．投资项目评估［M］．南京：东南大学出版社，2005.

[17] 刘晓君．工程经济学［M］．北京：中国建筑工业出版社，2009.

[18] 张启振．投资项目评估［M］．2 版．厦门：厦门大学出版社，2004.

[19] 李东林，宋彬，王明秋，等．地质灾害调查与评价［M］．北京：中国地质大学出版社，2013.

[20] 全国造价工程师执业资格考试培训教材编审委员会．工程造价计价与控制［M］．北京：中国计划出
   版社，2019.

[21] 宋维佳，王立国，王红岩．可行性研究与项目评估［M］．2 版．大连：东北财经大学出版社，2007.

[22] 唐钧．社会稳定风险评估与管理［M］．北京：北京大学出版社，2015.

[23] 国家环境保护总局监督管理司．中国环境影响评价培训教材［M］．北京：化学工业出版社，2000.

[24] 王洪德．工程项目管理：安全评价管理实务［M］．北京：中国水利水电出版社，2008.

[25] 周波．安全评价技术［M］．北京：国防工业出版社，2012.

[26] 崔莉凤，杨忠山，黄振芳．环境影响评价和案例分析［M］．北京：中国标准出版社，2005.

[27] 国家发展改革委员会，建设部．建设项目经济评价方法与参数［M］．3 版．北京：中国计划出版
   社，2006.